民國歷史與文化研究

初 編

第 **19** 冊

中韓「安那其主義」運動比較研究

盧壽亨 著

花木蘭文化出版社

國家圖書館出版品預行編目資料

中韓「安那其主義」運動比較研究／盧壽亨 著 -- 初版 -- 新北市：
花木蘭文化出版社，2015〔民 104〕
目 4+288 面；19×26 公分
（民國歷史與文化研究 初編；第 19 冊）
ISBN 978-986-404-155-8（精裝）
1. 政治運動 2. 政治思想 3. 中韓關係
628.08   103027669

ISBN-978-986-404-155-8

民國歷史與文化研究
初　編　第十九冊
ISBN：978-986-404-155-8

中韓「安那其主義」運動比較研究

作　　者　盧壽亨
總 編 輯　杜潔祥
副總編輯　楊嘉樂
編　　輯　許郁翎
出　　版　花木蘭文化出版社
社　　長　高小娟
聯絡地址　235 新北市中和區中安街七二號十三樓
　　　　　電話：02-2923-1455／傳眞：02-2923-1452
網　　址　http://www.huamulan.tw 信箱 hml810518@gmail.com
印　　刷　普羅文化出版廣告事業
初　　版　2015 年 3 月
定　　價　初編 32 冊（精裝）台幣 56,000 元

中韓「安那其主義」運動比較研究

盧壽亨　著

作者簡介

盧壽亨，韓國人（1980年生）。2008年畢業於南京大學歷史系碩士課程、2012年畢業於同學校博士課程。學位論文爲《中國戰爭之前在華韓人安那其主義運動研究》和《中韓「安那其主義」運動比較研究》。到現在發表《韓國志士申采浩的生平和思想簡論》、《在華韓人安那其主義者與巴金》、《1924年的安那其主義者和國民黨》、《替換的社會主義意識形態——安那其主義》、《安那其主義和中國馬列主義的來源》等論文。並從事中韓翻譯，翻譯《中國六朝瓷器》等論著。

提　要

　　本書以「中韓兩國近代安那其主義（Anarchism）思想和運動的比較研究」爲主題，在比較視野下，全面審視和比較，近代以來在中韓兩國激進主義運動中，產生過並深遠影響社會的安那其主義思想、觀念、運動、標誌性人物及其主張。

　　論文的框架如下：（1）中韓知識分子接受該主義和展開運動的過程；（2）「安那其・布爾什維克論爭」；（3）安那其主義者的政黨、政治運動；（4）安那其主義者的社會、文化、教育運動。（5）抗日思想和鬥爭。

　　筆者發現如下特點。第一，共同之處。（1）他們反對少數集團的領導和專制，反對布爾什維克；（2）理論來源於巴枯寧和克魯泡特金；（3）與民族主義（右派）勢力的聯合；（4）重視總體的社會革命。第二，不同之處。（1）該主義在中國新文化運動期間成爲激進思想界的主流，1920年代後喪失地位。韓人安那其主義的鼎盛期是1920年代中期。隨著情況，他們各自實踐思想運動，而人數沒變少；（2）華人感到危機之後，尋找出路，這過程中產生論爭和分裂。韓人具有共同問題，他們之間沒發生論爭和分裂；（3）華人更關注社會矛盾和其解決方法。韓人更關心驅逐帝國主義問題；（4）華人來說，該主義是一個思想理論。韓人來說，該主義是爭取民族、民眾解放的手段。第三，筆者擺脫盲目非難該主義的立場，克服對該主義的偏見，並發現該主義的價值仍不失其生命力。

目
次

中國安那其主義者吳稚暉（1865～1953）　中國安那其主義者李石曾（1881～1973)

中國安那其主義者劉師復（1884～1915）　中國安那其主義者劉師培（1884～1919）

中國安那其主義者區聲白（1892～1945）　中國安那其主義者黃凌霜（1901～1988）

中國安那其主義者巴金（1904～2005）　韓人安那其主義者李會榮（1867～1932）

韓人安那其主義者申采浩（1880～1936） 韓人安那其主義者柳林（1894～1962）

韓人安那其主義者李乙奎（1894～1972） 韓人安那其主義者柳子明（1894～1985）

韓人安那其主義者白貞基（1896〜1934）

義烈團團長金元鳳（1898〜1958）

韓人安那其主義者金宗鎮（1901〜1931）

韓人安那其主義者羅月煥（1912〜1942）

1928年6月，上海，東方無政府主義者聯盟盟員
「前排從左第4位李丁奎（韓）、後排從左第1位秦望山（中）、後排從左第3位李乙奎（韓）、後排從左第5位岩佐作太郎（日）」

緒　論

一、研究動機

　　近年來，中韓兩國歷史學界對各國安那其主義（Anarchism）思想史和運動史的研究湧現許多成果。筆者也攻讀碩士課程時，曾經關注過「在華韓人」〔註1〕安那其主義者的思想和運動問題。〔註2〕本書以「中韓兩國近代安那其主義思想和運動的比較研究」爲題，在比較視野下全面審視和比較研究，近代以來在兩國激進主義運動中，產生過並影響社會的安那其主義思想、觀念、運動、標誌性人物以及其主張。

　　安那其主義，原字來自於古希臘語的「an」和「archie」的合成詞，意思爲「反對強權」，它主張沒有統治權力（或權力機構）的無領導、無強權狀態。中日韓東亞三國的歷史文獻把它稱之爲「無政府主義」，也使用「無強權主義」、「無治主義」、「安那其主義」等詞語。西方歷史上代表性的安那其主義思想家是葛德文（William Godwin：1756～1836，英）、施蒂納（Max Stirner：1806～1856，德）、蒲魯東（Pierre Joseph Proudhon：1809～1865，法）、巴枯寧（Mikhail Aleksandrovich Bakunin：1814～1876，俄）、克魯泡特金（Pyotr Alekseevich Kropotkin：1842～1921，俄）等。

　　近代安那其主義思潮，是在西方資本主義發展的早期階段產生、形成，興起於19世紀中葉，並伴隨資本主義的擴張，從西方很快擴散到其他國家和

〔註1〕 在本書將日本殖民統治時期（1910～1945）爲了祖國的光復流亡於中國關內、滿洲等地的韓人稱作「在華韓人」。
〔註2〕 拙稿：《中日戰爭之前在華韓人安那其主義運動研究》，南京大學碩士學位論文，2008年。

地區。該主義的基本立場是反對以強制權威為基礎的一切組織或形式控制個人自由。〔註 3〕安那其主義者認為這就是在人類的幸福和進步無法欠缺的基礎。雖然他們也認定人是並不完美的存在，可沒有強制的統制和制約，而以自己的努力和意志來可以建設理想社會。因此，安那其主義者主張每個人從一切的權威和支配得到解放，並作為自由意志論者（libertarian）生活時，人類可以建設與現在不同的合理的社會。安那其主義一般分類為「社會的安那其主義（Social-Anarchism）」和「個人的安那其主義（Individual-Anarchism）」。前者反對私有財產製度，而強調生產手段和消費財務的公有，總罷工和基於無產大眾的武裝革命就是主要實踐手段。後者排斥公有制，主張保護個人的經濟活動和私有財產製度，並作為實踐方案提出拒絕納稅、市民不服從、非暴力抵抗等。

　　工業革命後，工業化的大生產反而給多數民眾帶來更痛苦的生活。安那其主義是，小市民對資本主義工業生產帶來的衝擊以及種種社會不公正現象做出的本能反應。基於這樣的本能，後來成為安那其主義者的激進社會主義者反對榨取、壓制人的一切，即在個人方面追求完全自由；在政治方面反對中央集權的權力機構，即政府等一切強權和權力機構；在社會方面反對支配人的一切權威制度（甚至家庭制度），而追求自由社會；在經濟方面反對資本主義體制、追求個體自由的勞動和分配，即「各盡所能、各取所需」。至於資本主義經濟問題，他們反對大生產模式。比如，普魯東主張建立「民眾銀行」，一方面組織生產者之間的產品交換，避開商業資本的侵害，另一方面發放無息貸款，拯救由高利貸被盤剝的一般民眾，並使具有獨立生產創造條件。巴枯寧認為應該把土地分配給「農業協作社」使用，並把資本和一切生產工具交給「工業協作社」使用，而勞動者生產的東西則歸於自己所得。克魯泡特金主張施行中世紀的行會制度和公社，他認為分散的農工業的結合就是社會的理想模式。

　　西方古典安那其主義者把國家當作壓迫和剝削的根源，因此他們主張廢除一切國家、政府，反對任何形式的專政，並主張建立在工團或契約之上的自由聯合社會。他們認為若一個社會能有調和的效果，那不是由於遵守法律

〔註 3〕　（1）《東亞原色世界大百科詞典（第 2 卷）》，東亞出版社，1989 年；（2）徐覺哉：《社會主義流派史》，上海人民出版社，2007 年：（3）S.Faure（著）、하合우（譯）：《ANARCHISM》，冊世上出版社【韓】，2008 年；（4）克魯泡特金（著）：《無政府主義》，帕米爾書店，1987 年 2 版，臺北，187 頁。（5）百度搜索引擎 http://baike.baidu.com/view/231037.htm?fr=ala0_1_1 等。

或服從強權，由於各種團體相互間的自由契約。他們認爲一切階級社會（封建社會、資本主義社會、無產階級專政）都壓迫、扭曲人性，並且把權威和強權看作壓迫人類自由的工具，爲解體這些工具，他們提倡個體之間的互助和以「反抗」來恢復人性。〔註4〕在他們的觀點來看，社會中的個人都得以享受同等的自由，即完善的、理想的社會是沒有任何壓迫個人的統治權力機構、沒有強迫的上下關係。

　　安那其主義是具有世界性的思想，它不僅在西歐國家產生、發展，而且在世界近代社會的發展過程中給不少國家一定的影響。我們在中韓兩國的近代史中也可以找到關於安那其主義運動史的研究價值。首先，20 世紀初的中國是一個後工業化國家，正處於工業化萌生階段；韓國正逐漸進入殖民地狀態。這種狀態伴隨著列強的侵略和掠奪，殖民地資本主義的弊病也都暴露出來。因此，安那其主義在當時中韓兩國的傳播並不偶然。確實，中國現代兩大黨派的主要人物、韓人抗日獨立運動家及社會運動家中不少人都受到安那其主義的影響，甚至以安那其主義爲基礎或手段實踐自己的理想。〔註5〕

　　然而，十月革命後，由於馬列主義思想在中國國內的擴散，安那其主義的影響力越來越小，一些人放棄安那其主義理想，不得不選擇其他路線。並且，中韓兩國建國（1948 年、1949 年）後長期以來，兩國政府和社會並沒有準備好接受、採取安那其主義提倡的模式和方法。安那其主義陣營勢力的弱化，自然引起對它的研究的缺欠，更不用說關於在中韓兩國安那其主義運動的比較研究。筆者認爲我們不能忽略安那其主義對中韓兩國近代社會發展的影響，在中韓兩國現當代的發展過程中，我們確實能感受到安那其主義的後續生命力。比如 1945 年日本帝國主義勢力離開韓半島之後，幾十年間韓國安那其主義並沒有發揮自己的力量，可是 20 世紀末期開始，安那其主義作爲解決韓國目前的社會問題（新社會建設問題、南北統一問題、地區矛盾等）的新方案而重新得到關注。可這只是韓國社會一些具有進步主義者的理性思考

〔註4〕參見克魯泡特金（著）、金永範（譯）：《相互扶助論：萬物은 서로 돕는다》，
　　　　Renaissance 出版社【韓】，2005 年。
〔註5〕中國馬列主義的信奉者基本上深受了安那其主義的影響。（參見蔣俊、李興
　　　　芝：《中國近代的無政府主義思潮》，山東人民出版社，1990 年，239 頁）毛
　　　　澤東（1893～1976）、周恩來（1898～1976）、惲代英（1895～1931）、瞿秋白
　　　　（1899～1935）、施存統（1898～1970）、李漢俊（1890～1927）、高君宇（1896
　　　　～1925）、何孟雄（1898～1932）、鄧中夏（1894～1933）、澎湃（1896～1929）、
　　　　陳延年（1898～1927）、李維漢（1896～1984）等人均曾信仰過安那其主義。

而已，在政治圈或在現實社會裏要實現的話，還需要不少的時間。但筆者認為安那其主義在當代韓國社會以不同的形式來出現，比如，四・一九革命（1960）〔註6〕、五・一八光州民主化運動（1980）〔註7〕、80年代民主主義精神、新村運動、後現代主義（Post-modernism）等。

在近代社會，在每個地區或國家出現的安那其主義的形態各不相同。眾所周知，中韓兩國有近代歷史上經歷過類似的發展過程，所以兩國安那其主義思想和運動具有的特點也與其他地區有所不同。比如，安那其主義的精髓是「反強權」，一般強權問題是在支配階級和被支配階級之間產生的，但近代中韓兩國的強權和反強權問題，不僅是國內支配和被支配的問題，而且是民族和民族（或國家）之間的強權問題。因此，中韓兩國的安那其主義發展模式不像西歐或日本。而且，近現代中韓兩國人站的立場是不同的，所以安那其主義在兩國內發展的速度、運動規模、思想的深度等方面也有著明顯的不同點。

二、中韓兩國安那其主義運動研究現狀

（一）各國學界以往有關中國安那其主義思想的研究

1、中國學界

在中國，對安那其主義的研究始於安那其主義傳入到中國大陸的時期，從當時到現在對安那其主義的研究，大概經過四個階段。第一階段是20世紀初至辛亥革命前後，此為安那其主義「傳播及研究期」；第二階段是20世紀20年代，與其他思潮（馬列主義、共和主義等）之間的「思想論爭期」；第三階段是1949年中共建立全國政府之後到文化大革命，為「肅清期」；第四階段是改革開放之後至今為「主・客觀評價期」。

20世紀初，安那其主義是由接受安那其主義的知識分子所研究的。他們大概如下認識安那其主義：（一）安那其主義反對以政府為核心的一切強權

〔註6〕四・一九革命：1960年4月19日，以韓國學生為主爆發的大規模反政府示威運動。該革命促使李承晚辭去總統職務，執政的自由黨由此走向衰敗。同年3月15日的總統・副總統選舉為革命的導火線，韓國人民對政府憤怒，為民主而鬥爭的火焰。革命迅速演變為全國性的民主化運動。李承晚被迫辭去總統職務，流亡美國。通過國會議員選舉，建立了以張勉（1899～1966）為國務總理的第二共和。

〔註7〕五・一八光州民主化運動：發生於1980年5月18日至27日期間。事件發生在韓國光州及全羅南道。是由當地市民自發要求的民主運動。當時掌握軍權的全斗煥（1929～）下令武力鎮壓這次運動，造成許多市民和學生死亡和受傷。

〔註 8〕；（二）安那其主義主張廢除資產製，生產資料公有、階級平等、各盡所能、各取所需、無政府、無一切國家機器〔註 9〕；（三）對傳統家庭制度持批判的態度；（四）爲成就目的，需採取「平民革命」的手段。

十多年的研究期之後，安那其主義面對了其競爭對手的出現和挑戰。即十月革命之後，中國激進知識分子關注無產階級革命理論，於是在中國的激進主義思想界顯出分道揚鑣的傾向。結果，20 年代初「安那其·布爾什維克」之間有過一場激烈的論戰。

共和國建立以後的 20 世紀 50 年代，關於安那其主義的研究正處於沒落階段，50 年代後期的「反右派運動」引起批判安那其主義的社會風潮，批判安那其主義的研究又活躍起來。隨後因爲十年浩劫的「文化大革命」，學界對安那其主義思想的研究又一度陷入停滯狀態。

文革以後到九十年代以前，雖然一些研究者關注五四時期安那其主義的歷史貢獻，可政治界和思想文化界對安那其主義仍然堅持否定的、批判的立場。〔註 10〕一般從「安那其主義是一種錯誤的思潮」的角度來入手，對它進行抨擊，認爲它是馬克思主義傳播的一大障礙。〔註 11〕它又被認爲「小資產階級的空想、反動的政治思想」，是攪亂馬列主義發展的虛幻的政治理念。〔註 12〕並認爲當代中國具有的各種問題也是安那其主義帶來的後果。這種傾向和評價 1980 年代以後標榜「實事求是」的研究環境中仍然存

〔註 8〕師復：《無政府淺説》，《師覆文存》，第 1 頁，革新書局 1927 年版。

〔註 9〕見《師覆文存》，第 45～46 頁。

〔註 10〕 （1）蔡韋：《五四時期馬克思主義反對反馬克思主義》，上海人民出版社，1961年；（2）中共中央馬克思列寧恩格斯斯大林著作編譯局研究室：《五四時期期刊介紹》，三聯書店，1979 年；（3）陳旭麓：《五四以來政派及其思想》，上海人民出版社，1987 年等。

〔註 11〕80 年代以後出版的，（1）徐善廣、劉劍平：《中國無政府主義史》，湖北人民出版社，1989 年；（2）蔣俊、李興芝：《中國近代的無政府主義思潮》，山東人民出版社，1990 年；（3）胡慶雲：《中國無政府主義思想史》，國防大學出版社，1994 年；（4）湯庭芬：《無政府主義思潮史話》，社會科學文獻出版社，2000 年；（5）李怡：《近代中國無政府主義思潮與中國傳統文化》，華中師範大學出版社，2001 年等著作都仍然堅持這種觀點。

〔註 12〕參見 （1）姜義華：《論近代中國的小資產階級社會主義》，《復旦學報》，1980年 1 期；（2）李光一：《無政府主義在中國的傳播及其破產》，《史學月刊》，1981 年 2 期；（3）郭傑：《淺談中國的無政府主義》，《山西大學學報》，1981年 2 期；（4）徐善光：《試論中國無政府主義的特點》，《武漢師範學院學報》，1982 年 6 期；（5）湯庭芬：《試論無政府主義在中國的破產》，《華中師院學報》，1983 年 4 期等。

在。安那其主義只不過是研究者批判的對象。

在這種觀點上，大多只注重安那其主義者的政治思想以及政治運動，而且對它的評價也很低，缺乏了對它的客觀、綜合的評價。〔註13〕甚至，即使不從任何政治的立場入手研究，對安那其主義的主流研究仍然採取通過與馬列主義的比較來進行。〔註14〕1978 年 12 月，中國共產黨十一屆三中全會以後，大陸學界標榜實事求是的學術態度，開始關注中共建黨過程中發生的「安‧布」之間的論爭。〔註15〕然而，當時的學者們並沒注意到安那其主義對社會的影響力，比如，姚芳蓄先生認為馬列主義者經過一二年的短時期克服了安那其主義。葛懋春先生認為由於 1919 年「進化社」〔註16〕的成立，安那其主義者放棄了安那其主義而轉換為馬列主義，甚至他否定了「安‧布」之間的聯合（哪怕短暫的）。最後這場論爭由於中共的建立和馬列主義的勝利而結束。〔註17〕

〔註13〕【韓】曹世鉉：《清末民初無政府派的文化思想》，社會科學文獻出版社，2003年，6頁。

〔註14〕當時探討安那其、馬克思主義之間的合作、矛盾的文章有（1）簡明：《中國早期共產主義知識分子與無政府主義的影響》，《學術語研究》第 3 期，1983年；（2）顧訓中：《試述無政府主義對中國早期馬克思主義的影響》，《黨史研究》第 3 期，1987 年；（3）左正三：《淺析無政府主義對我國早期共產主義者的思想影響》，《教學與研究》，第 5 期，1988 年；（4）關敏：《試論早期馬克思主義者接受無政府主義的影響》，《瀋陽師範學院學報》第 4 期，1992 年等。

〔註15〕當時出刊的資料大致如下：《無政府主義批判（上‧下）》，中國人民大學，1959年；張允侯等：《五四時期的社團：無政府主義小團體》，三聯書店，1979 年；中國第二歷史檔案館編：《中國無政府主義和中國社會黨》，江蘇人民出版社，1981 年；葛懋春等：《無政府主義思想資料選（上‧下）》，北京大學出版社，1984 年；徐善廣：《中國無政府主義史》，湖北人民出版社，1989 年等。

〔註16〕進化社是 1919 年 1 月，由「民聲社」、「群社」、「實社」、「平社」合併而成立的標榜安那其共產主義的團體。陳延年等在上海出版《進化》月刊，共出 3 期。可數月後被軍閥政府查禁，停止了出刊活動。「民聲社」是 1914 年劉師復等在上海組織的團體，出刊《晦鳴錄》（後來改成《民聲》），共出 29 期，1916 年被停刊。它是晦鳴學舍的繼承團體。1919 年併入進化社，1921 年區聲白在廣州重新發刊《民聲》；「群社」是無吾、求同、真風等 1916 年在南京組織的安那其主義團體，出刊《人群》一冊和《週年報告》一冊，1919 年併入進化社，進化社解散後 1920 年在北京再次宣告群社的復活；「實社」是 1917 年袁振英、黃凌霜、太侔、竟成等人在北京發起的組織，出刊《實社自由錄》兩冊。黃凌霜、區聲白、華林等為主要撰稿人。1919 年併入進化社；「平社」是 1918 年尉克水等在山西建立的安那其主義團體，出版《太平》，1919 年併入進化社。

〔註17〕姚芳蓄：《我對五四三次論戰中幾個問題的看法》，《學術月刊》，1961 年，第12 期；葛懋春：《五四時期馬克思主義與無政府主義論戰》，《三東大學學報》，1962 年，第 3 期。

　　雖然最近少數學者們開始關注馬列主義傳播在中國國內的過程中安那其主義者的貢獻，比如批判封建軍閥的專制統治、使得中國人瞭解十月革命和新思潮、啓蒙運動、工人農民運動等。但學界對中國「安・布」論爭問題，只強調揭露安那其主義的缺點，並且爲了強調、表揚馬列主義的優秀性和論爭的勝利而去執筆，其研究成果也只不過簡單介紹論爭的內容而已。觀點也幾乎一致，認爲安那其主義對馬列主義的發展有反動影響，安那其主義者妨礙了中共的建黨。但通過「安・布」論爭馬列主義者揭露了安那其主義的空想性，又克服了其限制，最後成功建黨。共產黨的創立引起除去安那其主義等不穩勢力的成長，保持馬列主義和共產黨組織的純粹性。李怡先生指出：「近代中國無政府主義思潮幾乎成了不少先進分子從民主主義向社會主義思想過渡的不可或缺的一環。」〔註 18〕一些研究者還指出早期中國布爾什維克的理論限制。〔註 19〕即建黨時期，布爾什維克並沒有瞭解「民主集中制」，不知道資產階級民主主義和無產階級民主主義的區別。由於他們的理論水平的限制，無法防備安那其主義者所提出的「共產黨的官僚化」和「權威主義的可能性」等。結果，布爾什維克主張工業、教育水平很低的中國因爲「開明專制」性質，不得不施行無產階級專政。

　　這樣，既往研究者只注重安那其主義的政治哲學，只對安那其作表面、字面的理解，甚至對「四人幫」具有的「無政府主義」思想就認爲它是安那其主義的本質，爲了批判「四人幫」的錯誤，安那其主義又被學界成爲排斥的對象。筆者認爲當時的研究是爲了強調馬列主義的「眞理性」而借用安那其主義而已。〔註 20〕

　　到了 80 年代後期，中國學界對安那其主義思想開始進行實質研究。這段

〔註18〕李怡：《近代中國無政府主義思潮與中國傳統文化》，華中師範大學出版社，2001 年，1 頁。

〔註19〕比如張靜如：《論五四時期具有初步共產主義思想的知識分子》，《北京師大學報》，1978 年；韓淩軒：《關於五四時期具有初步共產主義思想的知識分子的幾個問題》，《近代史研究》，1983 年第 2 期。

〔註20〕代表的著作爲：（1）中國人民大學：《無政府主義批判》，中國人民大學，1959 年；（2）張允侯、殷敘彝、洪清祥、王雲開：《五四時期的社團》，生活・讀書・新知三聯書店，1979 年；（3）中國第二歷史檔案館：《中國無政府主義中國社會黨》，江蘇人民出版社，1981 年；（4）葛懋春等：《無政府主義思想資料選（上下）》，北京大學出版社，1984 年；（5）陳敬：《無政府主義在中國》，湖南人民出版社，1984 年；（6）徐善廣、柳劍平：《中國無政府主義史》，湖北人民出版社，1989 年等。

時期，學界受到西方自由主義中國學的一定影響，開始提出對中國馬列主義起源的不同解釋，其中最代表的就是李澤厚先生的「啓蒙・救亡」模式。新文化運動被認爲，是引進西方思想及其價值的啓蒙運動。同時救亡圖存造就了民族主義的興起，從而思想啓蒙的主題被壓倒，馬列主義作爲最適合於解困這種民族主義危局之所需要的意識形態而被廣泛接受。可李先生只強調了馬列主義勝於安那其主義，卻忽略了這過程中安那其主義的作用。並且，西方學者是持類似觀點，忽視了安那其主義在新文化運動中的地位。〔註21〕

　　近20多年來，中國學界對安那其主義的研究有明顯進展，陸續整理、出版多種有關的資料集〔註22〕，並出版學術著作10部〔註23〕，還發表一批論文〔註24〕，可謂形成一個研究的熱點。另外，對安那其主義的一些主要流派和

〔註21〕 比如周策縱（Chow, Tse tsung）；周子平等譯：《五四運動──現代中國的思想革命》，江蘇人民出版社，2005年。

〔註22〕 （1）中國第二歷史檔案館：《中國無政府主義和中國社會黨》，江蘇人民出版社，1981年；（2）中國人民大學中共黨史系：《中國無政府主義資料選編》，中國近現代政治思想史教研室，1982年；（3）高軍、王檜林、楊樹標：《無政府主義在中國》，湖南人民出版社，1984年；（4）葛懋春、蔣俊、李興芝：《無政府主義思想資料集（上下）》，北京大學出版社，1984年；（5）李存光：《無政府主義批判──克魯泡特金在中國》，江西高校出版社，2009年。

〔註23〕 （1）徐善廣、劉劍平：《中國無政府主義史》，湖北人民出版社，1989年；（2）蔣俊、李興芝：《中國近代的無政府主義思潮》，山東人民出版社，1990年；（3）路哲：《中國無政府主義史稿》，福建人民出版社，1990年；（4）胡慶雲：《中國無政府主義思想史》，國防大學出版社，1994年；（5）湯庭芬：《無政府主義思潮史話》，社會科學文獻出版社，2000年；（6）李怡：《近代中國無政府主義思潮與中國傳統文化》，華中師範大學出版社，2001年；（7）曹世鉉：《清末民初無政府派的文化思想》，社會科學文獻出版社，2003年；（8）阿里夫・德里克【美】，孫宜學譯：《中國革命中的無政府主義》，廣西師範大學出版社，2006年；（9）孟慶澍：《無政府主義與五四新文化──圍繞《新青年》同人所作的考察》，河南大學出版社，2006年；（10）白浩：《無政府主義精神與20世紀中國文學》，中國社會科學出版社，2008年等。

〔註24〕 這是按照主題分類的關於安那其主義的主要博士、碩士論文。
　　一、有關「安那其主義早期活動及思想」的學位論文。（1）轟長久：《中國早期民粹主義政治思想研究（1907～1927）》，吉林大學博士學位，2008年；（2）張碩：《20世紀中國無政府主義思潮研究──從辛亥革命到新文化運動》，中國政法大學碩士學位，2006年；（3）賈慧舫：《20世紀初新學潮流下的中國社會主義思潮略論》，天津師範大學碩士學位，2009年。
　　二、有關「劉師培」的學位論文。（1）趙慶雲：《試論劉師培早期的民族主義思想》，湖南師範大學碩士學位，2005年；（2）劉聯鋒：《試論劉師培的多變》，華中師範大學碩士學位，2006年；（3）楊林：《劉師培民族思想探析》，陝西師範大學碩士學位，2007年。

代表人物的專門研究也陸續出來。比如，天義派代表人物劉師培（1884～1919）

三、有關「吳稚暉」的學位論文。（1）盛小平：《論辛亥革命前後的吳稚暉》，揚州大學碩士學位，2002 年；（2）丁三伏：《吳稚暉無政府主義思想探析》，湖南師範大學碩士學位，2003 年；（3）譚秋霞：《試論辛亥革命時期吳稚暉的民族主義思想》，湖南師範大學碩士學位，2004 年；（4）楊士清：《吳稚暉教育救國思想評述》，東北師範大學碩士學位，2007 年；（5）王顯波：《《新世紀》中吳稚暉的無政府主義思想》，西北大學碩士學位，2009 年。

四、有關「李石曾」的學位論文。（1）趙穎霞：《李石曾的教育思想及其實踐述論》，河北大學碩士學位，2003 年；（2）董懷良：《李石曾政治思想及活動述論：1945 年前》，河北大學碩士學位，2005 年；（3）余劍偉：《李石曾文化教育思想研究》，華中師範大學碩士學位，2006 年。

五、有關「其他安那其主義者」的學位論文。（1）黃有東：《黃文山文化思想研究》，中山大學博士論文，2007 年；（2）易勁鴻：《張繼與辛亥革命》，湖南師範大學碩士學位，2002 年；（3）李同樂：《朱謙之的「唯情哲學」——一個現代性視角的考察》，華東師範大學碩士學位，2007 年。（4）齊冰：《毛澤東對民粹主義認識的思想發展軌跡》，河北師範大學碩士學位，2007 年。

六、有關「安那其主義文學」的學位論文。（1）張全之：《無政府主義與中國近現代文學》，南京大學博士學位，2004 年；（2）白浩：《無政府主義精神與20 世紀中國文學》，武漢大學博士學位，2005 年；（3）嚴麗珍：《論巴金小說中的人物形象》，復旦大學博士學位，2008 年；（4）杜可君：《巴金翻譯作品研究》，廣東外語外貿大學碩士學位，2002 年；（5）金大悟：《魯迅在殖民地韓國的接受——影響研究》，清華大學碩士學位，2005 年；（6）齊浩：《文化生活出版社時期巴金的編輯出版思想研究》，河南大學碩士學位，2005 年；（7）徐小敏：《巴金在文化生活出版社時期的文學編輯活動研究》，福建師範大學碩士學位，2006 年；（8）王薇：《抗戰後期巴金小說與俄國文化》，重慶師範大學碩士學位，2007 年；（9）唐悅：《無政府主義與蔣光慈小說》，湖南師範大學碩士學位，2008 年。

七、有關「互助論」的學位論文。（1）周寧：《清末民初的互助進化思想》，安徽大學碩士學位，2004 年；（2）吳浪波：《互助論在近代中國的傳播與影響》，湖南師範大學碩士學位，2005 年。

八、有關安那其主義者的「教育活動」的學位論文。（1）張蓉：《中國近代民眾教育思潮研究》，華東師範大學博士學位，2001 年；（2）康重文：《留法勤工儉學運動與社會主義思潮在中國的傳播》，湖南師範大學，2002 年；（3）張尚武：《中國無政府主義教育思潮及流派研究》，華中師範大學碩士，2003 年；（4）楊衛明：《無視時期工讀互助團的教育探索簡論》，福建師範大學，2004 年；（5）李雷燕：《華法教育會研究》，華中師範大學，2004 年；（6）王華銀：《留法勤工儉學運動與中國現代教育》，河北大學碩士學位，2004 年；（7）黃中軍：《論湖南留法勤工儉學運動》，廣西師範大學碩士學位，2008 年；（8）董麗燕：《熊自難留法勤工儉學研究》，貴州師範大學碩士學位，2008 年；（9）李遲輯：《徐特立與留法勤工儉學運動》，湘潭大學碩士學位，2008 年；（10）熊錫徵：《周恩來留法期間對傳播馬克思主義的貢獻》，湖南師範大學碩士學位，2008 年。

〔註25〕、何震〔註26〕；新世紀代表人物李石曾（1881～1973）〔註27〕、吳稚

〔註25〕 關於劉師培和安那其主義的研究成果如下，（1）經盛鴻：《劉師培史事考訂》，
《史學月刊》，1986年；（2）經盛鴻：《論劉師培的前期思想發展》，《徐州師範
學院學報》，1988年；（3）經盛鴻：《論劉師培的三次思想變化》，《東南文化》，
1988年；（4）陳奇：《講習會派社會主義思想探析》，《近代史研究》，1994年；
（5）蔣俊：《論劉師培解決中國農民問題的思路》，《齊魯學刊》，1994年；（6）
李洪岩：《劉師培何以要背叛革命》，《中國社會科學院近代史研究所青年學術
論壇》，2000年；（7）吳豔玲、高士臣：《劉師培無政府主義思想評析》，《齊齊
哈爾大學學報》，2000年；（8）曹世鉉（韓）：《在國粹與無政府之間——劉師
培文化思想管窺》，《東方論壇》，2000年；（9）趙炎才：《劉師培無政府主義倫
理道德思想析論》，《江海學刊》，2001年；（10）經盛鴻：《辛亥革命中一位風
雲文人的浮沉——劉師培三次思想劇變述論》，《民國檔案》，2001年；（11）陳
奇：《劉師培投身革命原因新探》，《黔南民族師範學院學報》，2002年；（12）
趙慶雲、尹巧頤：《劉師培民族主義思想初探》，《船山學刊》，2004年；（13）
趙炎才：《略述劉師培的家族制度思想及其倫理近代化觀》，《學術研究》，2004
年；（14）朱義祿、張新：《論劉師培的「大道爲公之世」》，《同濟大學學報》，
2004年；（15）陳奇：《劉師培與暗殺王之春案》，《貴州社會科學》，2005年；
（16）賈乾初：《劉師培社會主義觀試探》，《前沿》，2006年；（17）喻大華：《晚
清國粹潮流中的章太炎與劉師培》，《河北師範大學學報》，2006年；（18）馮朝
亮：《劉師培的無政府主義社會理想探析》，《傳承》，2008年；（19）化貫軍：《劉
師培民族主義思想探析（1903～1907）》，《遼寧行政學院學報》，2008年；（20）
趙炎才：《清末民初的革命人格與國民人格——以劉師培與陳獨秀爲中心》，《東
南大學學報》，2008年；（21）趙炎才：《清末民初劉師培陳獨秀人格説合論》，
《天府新論》2008年；（22）張全之：《無政府主義「東京派」與中國現代文學》，
《上海師範大學學報》，2009年；（23）安秀麗《以國粹論證無政府主義——「天
義」派知識分子的理想社會觀》，《滄州師範專科學校學報》，2009年等。
〔註26〕 關於何震和女權運動的研究成果如下。（1）經盛鴻：《民初女權運動概述》，《民
國春秋》，1995年；（2）劉貞曄：《論中國近代「天義派」關於婦女問題的主
張》，《婦女研究論叢》，2000年第2期；（3）陳文聯：《論《天義報》的婦女
解放思想》，《益陽師專學報》第22卷第2期，2001年；（4）劉永生：《何震
的無政府主義思想初探》，《貴州師範大學學報》，2003年；（5）劉慧英：《從
女權主義到無政府主義——何震的隱現與《天義》的變遷》，《中國現代文學
研究叢刊》，2006年；（6）夏曉虹：《何震的無政府主義「女界革命」論》，《中
華文史論叢》，2006年等。
〔註27〕 關於李石曾和安那其主義的研究成果如下，（1）孫增閬：《李石曾與留法勤工
儉學運動述論》，《黨史博采》，2005年3月；（2）趙穎霞、齊春梅：《論李石
曾的教育思想》，《保定師範專科學校學報》第19卷第1期，2006年；（3）李
京龍、周俊紅：《李石曾對近代高陽的影響》，《黨史博采》，2007年11月；（4）
劉曉：《李石曾與近代學術界劉發牌的形成》，《科學文化評論》第4卷第3期，
2007年；（5）王磊：《李石曾與民初進德改良運動》，《文教資料》，2007年1
月；（6）劉曉：《李石曾與中華民國大學院》，《中國科技史雜誌》第29卷第2
期，2008年；（7）劉曉：《李石曾的桃花源——1918～1937年北京西山的鄉

暉（1865～1953）〔註28〕；民聲派代表人物劉師復（1884～1915）〔註29〕；五四時期黃淩霜（1901～1988）〔註30〕等人的論著。中國學界對安那其主義思想、運動史，雖然肯定近代化過程中發揮的啓蒙作用，但是仍然堅持否定的立場。

村教育和建設實驗》，《科學文化評論》第 6 卷第 3 期，2009 年；（8）趙穎霞：《李石曾的政治思想及實踐活動述評》，《保定學院學報》第 22 卷第 2 期，2009 年；（9）趙穎霞、石麗娟：《李石曾近現代大學區制教育思想與實踐評析》，《保定學院學報》第 22 卷第 3 期，2009 年；（10）趙穎霞：《李石曾與留法勤工儉學運動》，《教育評論》，2009 年等。

〔註28〕 （1）李瑗、胡長水：《從無政府主義者到資產階級政客的吳稚暉》，《求是學刊》，1982 年；（2）周爲號、鐘聲：《吳稚渾無政府主義思想剖析》，《江蘇社會科學》，1991 年；（3）吳小龍：《吳稚暉與近代中國的科學主義》，《民主與科學》，1997 年；（4）趙慧峰、楊玉好：《論抗戰時期的吳稚暉》，《煙臺師範學院學報》第 17 卷第 3 期，2000 年；（5）趙慧峰、李圍：《吳稚暉與教育救國》，《煙臺師範學院學報》第 18 卷第 4 期，2001 年；（6）歐人、王世勇：《評吳稚暉「反傳統」的道德觀》，《信陽師範學院學報》第 21 卷第 2 期，2001 年；（7）湯煥磊：《《新世紀》時期吳稚暉政治思想研究》，《臨沂師範學院學報》第 23 卷第 5 期，2001 年；（8）彭國運：《五四時期吳稚暉所提倡的科學思想》，《學術研究》，2002 年；（9）譚秋霞：《辛亥革命時期吳稚暉民主革命思想形成初探》，《昭通師範高等專科學校學報》第 25 卷第 6 期，2003 年；（10）楊智勇、丁三伏：《吳稚暉無政府主義思想淵源初探》，《湖南省社會主義學院學報》，2003 年；（11）楊天石：《四一二政變前夕的吳稚暉——近世名人未刊函電過眼錄》，《歷史研究》，2003 年；（12）湯煥磊：《論吳稚暉 20 世紀初期的科學教育思想》，《渝西學院學報》第 2 卷第 3 期，2003 年；（13）湯煥磊：《吳稚暉旅歐時期的教育思想淺析》，《商丘師範學院學報》第 20 卷，2004 年；（14）湯煥磊：《《新世紀》時期吳稚暉對萬國新語的鼓吹》，《煙臺師範學院學報》第 22 卷第 1 期，2005 年；（15）秦英君：《20 世紀早期吳稚暉的唯科學主義評述》，《新視野》，2006 年；（16）譚秋霞：《辛亥革命時期吳稚暉的國民性思想淺析》，《内江師範學院學報》第 24 卷第 5 期，2009 年等。

〔註29〕 （1）劉貴福：《劉師復社會主義思想述論》，《近代史研究》，1994 年；（2）劉聖宜：《師復主義及其評價之我見》，《華南師範大學學報》，1999 年；（3）張勝祖，韓未名：《劉師復無政府主義思想探析》，《益陽師專學報》第 22 卷第 2 期，2001 年；（4）張勝祖、韓未名：《「晦鳴學舍」和中國社會黨》，《益陽師專學報》第 22 卷第 5 期，2001 年；（5）彭劍，湯蕾：《「二度失望」後的抉擇——劉師覆信仰無政主義起始時間考釋及其他》，《鄂州大學學報》第 12 卷第 1 期，2005 年；（6）闞京田：《解析劉師復及其思想》，《科技咨詢導報》，2007 年等。

〔註30〕 黃淩霜：廣東新寧人。又叫「黃文山、兼生、兼勝、超海等。早年在香港學習英文，後入北京大學外文系學習。五四前後，積極宣傳安那其主義，曾參與過《實社自由錄》、《進化》、《北京大學學生周刊》、《新生命》等的編輯，並翻譯過克魯泡特金的《近世科學與無政府主義》等書。1922 年赴美留學，1928 年回國，任中央大學社會學系教授。中日戰爭後再次赴美。參見葛懋春、蔣俊、李興芝：《無政府主義思想資料選》，北京大學出版社，1984 年。

2、美國學界

研究中國安那其主義的西方學者中，有斯卡拉皮諾（R.A.Scalapino：1919
～）、伯納爾（Martin Bernal）、馬思樂（Maurice Meisner）、阿里夫‧德里克
（Arif Dirlik）和沙培德（Peter Zarrow）等。斯卡拉皮諾在《The Chinese Anarchist
Movement》中第一次概括中國安那其主義運動，尤其強調新世紀派先驅的貢
獻。〔註 31〕但他也對新世紀派的局限性如此解釋：辛亥革命以後，之所以國
民黨的政治力量急速下降，是因為傾向於安那其主義的國民黨員（指李石曾、
吳稚暉等）的政治「不參與」給國民黨不好的印象。但至於國民黨的沒落，
安那其主義者也有一定的責任。〔註 32〕伯納爾關注日本的安那其主義思想給
中國民眾的影響，因此他關注劉師培等東京派的形成過程。〔註 33〕馬思樂在
《李大釗與中國馬克思主義的起源》〔註34〕中著重分析民粹主義（populism）
和安那其主義給李大釗的影響。這本書做出開創性的貢獻，但由於這本書的
出版比較早，有些史實尚未理清，故他的分析和結論有許多不盡確當之處。〔註
35〕另外，阿里夫‧德里克在《中國共產黨的起源》中詳細地分析中國馬列主
義的起源，其中他反覆分析安那其主義和 10 月革命給中國馬列主義形成帶來
的影響。並且，他在《中國革命中的無政府主義：Anarchism in the Chinese
Revolution》一書中，比較研究安那其主義的革命觀與其他中國激進主義的革
命觀。他通過這本書，專門集中研究中國安那其主義作為思想和運動產生、
發展的歷史，又深入做思想研究，其中有思想史脈絡的梳理，思想要義的分
析。他對民主思想源泉的肯定、對安那其主義的支持，把安那其主義置於中
國激進主義發展的線索中，充分論述安那其主義在中國革命話語形成、革命
思想建構和推動社會革命運動上所做的貢獻。他強調安那其主義在新文化運
動中的地位，指出雖然「五四示威」的要求是「民主」和「科學」，但在民主
概念裏內涵很深的安那其主義政治理論，比如強調個人的發展、個人對國家

〔註31〕 參見 R. A. Scalapino：《The Chinese Anarchist Movement》，Berkeley University，
　　　　1961 年。
〔註32〕 參見 R. A. Scalapino：《The Chinese Anarchist Movement》，Berkeley University，
　　　　1961 年。39 頁。
〔註33〕 Martin Bernal：《Chinese Socialism to 1907》，Cornell University，1976 年。
〔註34〕 馬思樂：《李大釗與中國馬克思主義的起源》，中譯本，中共黨史資料出版社，
　　　　1989 年。
〔註35〕 馬思樂：《李大釗與中國馬克思主義的起源》，中譯本，中共黨史資料出版社，
　　　　1989 年。

的獨立思想。他把五四時期安那其主義和中國馬列主義運動結合在一起，重視它們之間的關係。並且，他批判既往西方對東方的研究傾向，以左派的立場將安那其主義作爲在世界變革運動中的一個思想來解釋。並且，他在這本書中努力解釋安那其主義對中國革命的一些先見之明。因此，這本書給英文世界提供迄今爲止有關中國安那其主義的最爲詳盡的研究成果。〔註 36〕他對安那其主義思想的傾向性和確定性的掌握，並未沖淡歷史研究的客觀性，而是保證研究視野。他雖然提出安那其主義在新文化運動過程中作爲激進主義思潮做出貢獻，可因過多地關注安那其主義的社會革命觀和馬列主義的政治、經濟觀之間的複雜關係，在價值性層面上忽略中國「安・布」之間的連續性。而且，他沒有關注東方傳統文化在現代知識分子當中所產生的持續的影響力。沙培德注重安那其主義者的政治文化思想和運動本身的問題，尤其他查明近代安那其主義和中國傳統文化之間的關係，比其他學者更加重視政治文化環境的因素。〔註 37〕他在安那其主義和傳統文化的關係問題上，進行深度的研究。〔註 38〕

3、日本學界

日本學界早就開始關注劉師培和劉師復的安那其主義思想。尤其是劉師培在日本展開安那其主義活動，因此對他的傳統學術、政治思想的研究比較多。其中，丸山松幸認爲劉師培的「反強權論」，不僅基於排滿主義、種族主義，而且基於安那其主義的反帝國主義。劉的反精英主義加上平等論的徹底化。〔註 39〕狹間直樹和阪井洋史關注過五四時期安那其主義在中國大陸造成的影響力和對歷史的貢獻。〔註 40〕接著，玉川信明撰寫概括中國安那其主義運動的著作，這本書對瞭解中國安那其主義運動的來龍去脈有所幫助。〔註 41〕嵯峨隆以「傳統和近代」爲主題而專門研究近代中國安那其主義思想〔註 42〕，阪井洋史等人出

〔註 36〕顧昕：《無政府主義與中國馬克思主義的起源》，《二十世紀中國思想史論》，
　　　　東方出版中心，2000 年，401 頁。
〔註 37〕Peter Zarrow：《Anarchism and Chinese Culture》，Columbia University，1990 年。
〔註 38〕曹世鉉：《清末民初無政府派的文化思想》，社會科學文獻出版社，2003 年。
〔註 39〕丸山松幸：《中國近代の革命思想》，東京，研文出版社，1982 年。
〔註 40〕狹間直樹：《中國社會主義の黎明》，東京，岩波書店，1976 年；《五四運動の
　　　　精神的前提——惲代英アナキズムの時代性》，《東方學報》，第 61 卷，1989
　　　　年等；阪井洋史：《近代中國アナキズム研究おめくって》。
〔註 41〕玉川信明：《中國の黑い旗》，東京，晶文社，1981 年。
〔註 42〕嵯峨隆：《近代のアナキズム中國研究》，東京，研文出版，1994 年。

版的資料集也可幫助我們研究中國近代安那其主義運動。〔註43〕

4、韓國學界

在韓國學界，以劉師培的國粹主義爲研究主題的千聖林先生和以有關新世紀派的思想和活動爲研究主題的朴濟均先生等開始關注中國安那其主義思想，並且研究內容與中國安那其主義運動具有深刻的關係。〔註44〕曹世鉉、朴濟均、朴蘭英是研究中國安那其主義運動史的代表韓國的研究家。曹世鉉先生在《清末民初無政府派的文化思想》一書中脫離以政治思想研究爲主題的既往研究方法，而關注中國安那其主義給近代中國文化思想的肯定作用。他基於這本書發表中國社會黨的運動和思想、安那其主義和中國近代的家庭問題、「安・布」論爭等文章。〔註45〕朴濟均先生主要研究新世紀派。他認爲該派的影響力不局限於清末，而應該延長到 20 世紀中後期。這過程中，他重新評價吳稚暉、李石曾的政治、教育思想。同時，他還關注留法勤工儉學運動和新世紀派安那其主義的關係。〔註46〕朴蘭英女士雖然不是歷史學家，但發表撰寫安那其主義作家巴金（1904～2005）之思想的多數論文。〔註47〕

〔註43〕 阪井洋史、嵯峨隆：《原典中國アナキズム史料集成》，東京，綠蔭書房，1994年。

〔註44〕 千聖林：《辛亥革命時期對於國粹學派的研究》，梨花女子大學校博士學位，1995 年；朴濟均：《中國「巴黎小組」（1907～1921）的無政府主義思想和實踐》，慶北大學校博士學位，1996 年。

〔註45〕 曹世鉉：《清末民初無政府派的文化思想》，社會科學文獻出版社，2003 年。除此之外，有（1）《中國 Anarchist 의 「國家」와 「政黨」에 對한 論議》，《東亞研究》第 32 集，1996 年；（2）《清末民國初 無政府主義와 家族革命論》，《中國現代史研究》第 8 集，1999 年；（3）《中國五四運動時期 Anarchism Bolshevism 論爭》，《歷批論團》，2003 年；（4）《民國初 中國社會黨의 政治思想》，《歷史와 境界》，2003 年；（5）《Voitinsky 의 中國 訪問과 『社會主義者同盟』》，《中國史研究》第 36 集，2005 年等。

〔註46〕 朴濟均：（1）《無政府主義思想의 中國으로의 傳播》，《慶北史學》第 16 集，1993 年；（2）《五四期 無政府主義者의 理想追求運動》，《大丘史學》第 50 集，1995 年；（3）《民國初期 「Paris group」의 現實對應과 劉師復의 無政府主義》，《中國史研究》第 1 集，1996 年；（4）《《工學》雜誌와 五四時期 無政府主義思想》，《中國現代史研究》第 1 集，1995 年；（5）《辛亥革命前「新世紀派」의 無政府主義思想》，《慶北史學》第 19 集，1996 年；（6）《1920年代後半 中國無政府主義者들의 政治活動（上、下）》，《中國史研究》第 14 集，2001 年等。

〔註47〕 （1）《巴金의 抗戰三部作《火》研究》，《中國語文論叢》第 6 集，1993 年；（2）《1920 年代 巴金 Anarchism 研究》，《中國語文論叢》第 19 集，2000

（二）各國學界以往有關韓國安那其主義思想的研究

1、韓國學界

在韓國，雖然以前也使用過「Anarchism」一詞，但這仍然隱含著比較深刻的「無政府主義」的意思，被命名爲無政府主義時期的安那其主義是指一種「烏托邦（Utopia）」的空想主義思想。作爲後現代主義（post-modernism）文化理念的安那其主義的出現只不過10多年之前。而且，對安那其主義的研究仍然有限制，其中比較大的原因在於史料的缺少。史料問題一直是制約這項研究的重要因素。因此，關於它的研究還沒有全面化，只有成就地區、人物、個案的研究。韓人的安那其主義是在日本殖民統治之下展開的，因此無法留下很多參與該思想運動之人的資料，甚至大多數記錄是由當時的日本統治者來寫成的。而且，在中國地區活動的韓人獨立運動家群體是流動性極強的，所以一些與當時活動直接有關的內部文字資料很少流傳下來。韓國國內和日本方面現存的史料也不多，並且有些現存的資料是由日本政府和殖民機構整理的，內容並不完全可靠。因此目前學界在研究韓人安那其主義運動時，只能較多地依靠當時人的自傳、證言、安那其運動團體的期刊及出版物等資料。這些資料對研究韓國殖民地時期安那其主義運動具有非常重要的作用。我們可以參考當時直接參與該運動之人的回顧錄，通過他們的文章，瞭解他們思想體系的形成過程以及接受安那其主義的過程。

在韓國，對安那其主義運動史的研究問題，不僅有學術上的問題。由於殖民地（1910年～1945年）和分裂（1948年至現在）等特殊的民族現實，其研究無法避免兩個對峙的意識形態（盲目的反共主義、變質的社會主義）的影響。在韓國社會，安那其主義總是被分類爲「不穩」的左派理論之一，因此不會受到研究者的關注。但20世紀80年代以後，隨著民主化運動的成長，多數年輕的歷史學家開始關注韓國的近現代史，對安那其主義的研究也自然逐漸形成。尤其前蘇聯的解體和東歐的沒落使進步的學者們更關注安那其主義思想和運動史。

年：（3）《1930年代 巴金 Anarchism 研究》，《中語中文學》第30集，2002年：（4）《巴金과 韓國人 Anarchist》，《中國語文論叢》第25集，2003年：（5）《巴金의 抗戰三部作《火》과 韓國人》，《中國語文學誌》第14集，2003年：（6）《申采浩와 巴金의 Anarchism 과 反戰思想》，《中國現代文學》第38號，2006年等。除這些文章以外也有不少研究巴金的著作，可探討巴金的安那其主義思想的文章大概如上。

　　截至目前，韓國學界對安那其主義研究的成果大概如下。首先，有「無政府主義運動史編纂委員會」的河崎洛（1912～1997）先生 1978 年發刊的《韓國ANARCHISM 運動史》和 1991 年發刊的《奪還》。這兩本書是概括日本殖民地時期韓人安那其主義運動的資料集，並且是較系統整理的最早資料。出版這兩本書之前，我們只能依靠日本官方的資料。這兩本書是以親自參加過安那其主義運動之人的證言爲基礎而整理的。隨後河先生又出版《自己를 解放하려는 百姓들의 意志（爲解放自己之百姓的意志）》〔註48〕，在這本書中他還探討光復（1945 年）以後的安那其主義運動。以後，由朴煥〔註49〕、吳章煥〔註50〕、俞英九〔註51〕先生正式研究韓人的安那其主義運動史。此外，李浩龍、金成局先生對韓國安那其主義進行過比較深刻的討論。他們兩位之間討論的主要內容是：（1）韓國安那其主義是否屬於民族主義；（2）韓國安那其主義是否屬於右派的意識形態；（3）韓國安那其主義是否簡單的反共思想；（4）在韓國安那其主義是否已經衰落等。〔註52〕筆者認爲，到目前李浩龍先生的關於韓人安那其主義的研究成果最多。首先，李浩龍先生在他的博士論文中主張韓人接受安那其主義的時期並不晚於中日兩國，因爲東亞思想界是在接受西方近代思潮的立場上幾乎站在同一位置，即他認爲 19 世紀末安那其主義已經傳入到韓國內，到20 世紀初與中國一樣成爲思想界的主流思想之一，而 20 世紀 20 年代中後期經過「安‧布」論爭之後喪失本來的地位。其次，他對殖民地後期和光復後安那其主義運動的變化持否定立場。他認爲由於安那其主義運動路線的變化，安那

〔註48〕何岐洛：《自己를 解放하려는 百姓들의 意志》，申明出版社，1993 年。於 1984年在意大利何岐洛舉辦的世界安那其主義者大會，爲介紹韓國內的運動而寫的。吳章煥：《韓國安那其主義運動史研究》，國學資料院，1998 年，4 頁。

〔註49〕朴煥：《韓人의 Anarchism 收容——1920 年代 前半 北京地域 韓人Anarchism》；《在中國韓人 Anarchist들이 關與한 terrorism 團體》；《1920 年代 後半 在中國朝鮮無政府共產主義者聯盟의 結成과 奪還의 刊行》（1988年）；《1930 年代 前半 南華韓人青年聯盟의 結成과 活動》；《中日戰爭 以後中國地域 韓人 無政府主義 系列의 向背》；《在滿朝鮮無政府主義者聯盟의結成과 韓族總聯合會》；《朝鮮共產無政府主義者聯盟의 結成》；《李會榮과民族運動》（1989 年）。

〔註50〕吳章煥：《1920 年代在中國韓人無政府主義運動》，1991 年；《韓國 Anarchism運動史 研究》，國學資料院，1998 年等。

〔註51〕俞英九：《關於 1930 年代前後在滿洲地區民族運動過程中展開的韓人安那其主義者運動的研究》，1986 年。

〔註52〕李浩龍：《柳林의 Anarchist 思想과 活動》；金成局：《旦洲柳林과 韓國Anarchism의 形成》；金成局：《旦洲柳林과 21 世紀 韓國 Anarchist 政治》。

其主義在韓國社會完全失去其命脈。〔註53〕第三,他在不少的文章裏探討「安・布」之間的論戰內容、結果、評價等。〔註54〕

　　至於安那其主義者個人的研究,關於申采浩(1880～1936)的研究獲得較深階段的成果。〔註55〕另外,雖然李會榮(1867～1932)〔註56〕、李丁奎(1897～1984)、朴烈(1902～1974)等的研究也不少,但還沒完全整理好他們的安那其主義思想的接受、活用、變化過程。然而關於光復之後安那其主義運動的研究,到目前爲止很少。〔註57〕

2、中國學界

　　除了這些韓國學者的研究之外,中國學界的關注也愈來愈多。1992年中韓建交以來,中國學界對韓國的研究也逐步升溫,其中韓國獨立運動史也是韓國學研究的重要課題之一,並出現大批韓國學研究者和韓國研究團體。然

〔註53〕 李浩龍:《韓國의 Anarchism》,知識產業社,2001年。
〔註54〕 (1)《解放前後 韓國 Anarchist 들의 國家觀》,《韓國史學報》第9號,2000年;(2)日帝強佔期 國內 Anarchist 들의 組織과 活動》,《歷史와 現實》,2002年;(3)日帝強佔期 國內 Anarchist 들의 宣傳活動》,《韓國民族運動史研究》,2005年;(4)《日帝強佔期 國內 Anarchist 들의 共產主義에 對한 批判的 活動》,《歷史와 現實》,2006年等。
〔註55〕 關於申采浩的安那其主義的研究大概如下:(1)千亨均:《丹齋申采浩의 思想에 나타난 民族主義 理念의 特性》,1976年;(2)張乙炳:《丹齋 申采浩의 民族主義와 無政府主義》,《丹齋 申采浩와 民族史觀》,丹齋申采浩先生紀念事業會,1980年;(3)金喜坤:《旦洲 柳林의 獨立運動과 思想》,《安東文化研究》第6集,安東文化研究會,1992年;(4)吳章煥:《李丁奎의 無政府主義運動》,《史學研究》第49號,韓國是學會,1995年;(5)金成局:《Anarchist 申采浩의 試論的 再認識》,《Anarchism 研究》創刊號,1995年;(6)배용일:《申采浩의 民眾革命의 光復獨立思想考》,《誠信史學》,1995年;(7)최종순:《丹齋 申采浩 小說에 나타난 無政府主義》,牧園國語國文學,1996年;(8)이경아:《申采浩를 通해 본 韓國 Anarchism의 特性》,建國大學碩士學位,2003年;(9)李浩龍:《申采浩의 Anarchism》,《歷史學報》第177集,2003年;(10)李浩龍:《申采浩,民族解放을 꿈꾼 Anarchist》,《來日을 여는 歷史》,2004年;(11)임태영:《1920年代 申采浩의 Anarchism과 郎家思想》,忠北大學碩士學位,2006年;(12)류지아:《申采浩의 民眾革命論과 歷史認識》,釜山大學碩士學位,2008年。
〔註56〕 김명섭:《友堂 李會榮의 Anarchism 認識과 抗日 獨立運動》,《東洋政治思想史》,2007年;서점영:《友堂 李會榮의 獨立運動:1920年代 獨立運動方案으로서 無政府主義의 受容을 中心으로》全北大學碩士學位,1992年。
〔註57〕 對這一時期的安那其主義運動,只有李文昌先生(1927～)發表過回顧錄《解放空間의 Anarchist》,理學社,2008年。

而，迄今爲止，還沒有多少中國學者對此進行專門研究。筆者認爲關於在中國境內展開的韓人安那其主義運動史的研究，有助於拓展和深化中國學界對韓國獨立運動史的研究。〔註58〕日本殖民統治之下的韓人安那其主義運動由於時代的特殊性，不僅在韓半島展開，而且在中國大陸和日本等地同時展開。所以探討韓國以外韓人安那其主義運動的來龍去脈是不可或缺的研究課題。其中，中國是較長時間沒有直接受到日本帝國主義之影響的地方，所以韓人可以確保有一定的活動空間。因此，目前學界得到了關於在華韓人安那其主義者展開的運動的研究成果〔註59〕，但是和在日韓兩地展開的安那其主義運動的研究成果相比其數量並不是很多〔註60〕，並且這些研究也只提出安那其主義運動的史實而已。既往學者們對中韓安那其主義者的基本立場是在運動過程中都喪失其獨立性，可我們對其史實，需要重新探討他們的根本立場。

三、本研究的創新之處

筆者認爲關於中韓兩國安那其主義思想和運動的比較研究是一個有價值

〔註58〕 到目前爲止，中國學者中王培文先生對韓人安那其主義運動的研究成果較多。比如，（1）《中國境內朝鮮無政府主義運動史論（1919～1945）》，廣西師範大學碩士學位，2005 年；（2）《二十世紀三十年代初韓國無政府主義者在中國的抗日活動》，《和田師範專科學校學報》，第 26 卷，2006 年；（3）《中國境內韓國無政府主義運動的興起》，《赤峰學院學報》第 29 卷，2006 年；（4）《中國抗日戰爭時期朝鮮無政府主義者的活動》，《時代人物》，2008 年 8 月；（5）《中國關內地區韓國無政府主義團體初探》，《當代韓國》，2009 年；（6）《中國境內韓國無政府主義運動及其評價》，《上饒師範學院學報》，2009 年第 1 期。

〔註59〕 關於中國內韓人運動的研究大致如下。孔基澤：《南華韓人青年聯盟의 無政府主義運動》，國民大學碩士學位，1990 年；朴煥：《朝鮮共產無政府主義者聯盟의 結成》，《國史館論叢》，第 41 集，1988 年；朴煥：《1920 年代 在中韓國人無政府主義運動과「奪還」의 刊行》，《韓國學報》第 52 集，1988 年；朴煥：《韓人의 anarchism 收容》；吳章煥：《1920 年代 在中國韓人 無政府主義運動》，《國史館論叢》第 25 集，國史編纂委員會，1991 年；俞英九：《1930 年代 前後 滿洲 anarchism 運動》，漢陽大學碩士學位，1986 年。

〔註60〕 （1）【日】堀内念：《在日朝鮮人 Anarchism 勞動運動（解放前）——朝鮮勞動東興同盟會》，《在日朝鮮人史研究》第 16 號，東京，1986 年；（2）【日】堀内念：《日帝下朝鮮北部地方에서의 Anarchism 運動》，《朝鮮民族運動史研究》第 5 集，朝鮮民族運動史研究會，東京，1988 年；（3）함용주：《民族解放運動過程에서 Anarchism 의 役割에 對한 批判的 考察》，西江大學碩士學位，1994 年。（4）吳章煥：《1920 年代初期 國內 社會主義 收容期의 Anarchism 의 傾向에 關한 一考察》，《Anarchism 研究》創刊號，自由社會運動研究會，1995 年。

的研究項目。安那其主義本身明顯具有「國際性」，若我們的研究範疇僅限於一民族、一國家的話，不僅會產生視域狹小、研究深度不夠的問題，也不容易全面認識東亞近代安那其主義思想和運動的特點與思想價值。由於筆者本人為韓國留學生，通過幾年的在中國學習、生活，已能熟練地閱讀和利用收藏於中國各地檔案館內的檔案文獻，以及報章資料，從而具備了深入考察和研究這個課題所需的語言能力。因此，在研究手段和方法上，筆者使用了比較研究法，即首先經過中文、韓文、日文的原始史料的收集、閱讀，對中韓安那其主義運動史的來龍去脈做出初步梳理。在此基礎上，進一步對兩國安那其主義運動流變的過程和特點做出分析，找出其異同，並分別予以評析。筆者嘗試更深入考察兩國近現代安那其主義的發展過程，以及對一般所說的「無政府主義」思想進行重新考察和評價。「Anarchism」是一個含義複雜的詞語〔註61〕，對它的解釋和評價也各有不同，甚至也可以說「安那其主義是基於信念（Belief）和感情（Emotion）的特殊思想」。那我們對安那其主義和安那其主義者如何解釋、如何評價呢？是否認為安那其主義者只不過是為打開黑暗的世界走犧牲之路的（可空想性濃厚的）可悲的知識分子？或認為是具有空虛性的「無政府主義者」？其實，我們不能用一句話來定義「Anarchism」。安那其主義是很多種思想的結合體，而且並不是由一兩個人在一兩本論著中完成的，而是隨著資本主義發展而產生的社會矛盾的增大、帝國主義勢力的擴散、與反安那其主義學說的論爭過程中，不斷充實內容、修正面貌而逐漸形成的思想體系。

　　首先，筆者為了使大家清楚地界定安那其主義與同一時期其他主義之間的界線，以「安那其主義不是什麼主義、不屬於什麼主義」的方式來整理安那其主義的定義問題。雖然安那其主義具有以下要提出的一些主義的特點，可筆者認為這些主義的「補集（Complementary set）」就是安那其主義。

　　（1）「Anarchism」不是「馬列主義（Marxism-Leninism）」。多數安那其主義者也提倡「共產主義（Communism）」和「集產主義（Collectivism）」，然

〔註61〕其實我們對安那其主義思想無法一概而論。語言學家兼安那其主義者【美】喬姆斯基（Avram Noam Chomsky：1928～現在）指出：「誰也不能獨佔安那其主義。」即每個安那其主義者以不同的方法來解釋安那其主義，安那其主義不是簡單的一個政治、社會哲學，而是它是作為人生的方式，包括政治的、實用的、個人的方面。喬姆斯基、이정아譯：《Chomsky on Anarchism》，해토出版社，2007年。）

而他們強烈反對馬列主義者所信奉的「全體主義（Totalitarianism）」。馬列主義者強調前衛黨、無產階級專政等權威主義的組織和機構。他們認爲通過共產主義革命以及隨著時代的變化，國家會被消滅，而安那其主義者卻認爲無產階級專政之下國家無法消失，反而國家主義更容易澎湃，並且無法控制共產黨一黨專制。筆者認爲雖然「安·馬」兩主義都屬於廣義的社會主義，可安那其主義者拒絕共產黨等前衛組織和無產階級專政，因此無法和馬列主義者達成一致。〔註62〕

（2）安那其主義不是「**個人主義（individualism）**」。我們很容易混淆這兩個主義。兩者都強調個人自由、反對國家體制。然而，個人主義最強調個人的存在和私立欲求的追求，即個人主義者根據自由的經濟觀念，主張無限的自由市場和資本主義，而安那其主義卻重視社會構成人員之間的和諧和共同體。個人主義者同意爲保護私有財產的武力使用，反對妨害自由經濟活動的政府的一切干涉，並看不中「非經濟的價值」。雖然個人主義者也具有反國家主義的特點，但又認同社會的或基於經濟的權力關係等競爭模式。與此相反，安那其主義者追求社會平等主義，反對貧富差距的發生和造成這現象的任何制度。安那其主義者雖然贊成個人的自由意志（free will）和創意力，但同時重視無能之人的存在。一些安那其主義者主張廢除任何形態的資本和經濟體制，並主張工人、農民所有制和完美的「參與民主主義」。

（3）安那其主義不是「**自由主義（liberalism）**」。在歐美政治觀念來看，安那其主義屬於左翼自由主義。安那其主義者講究擴大個人自由和減少國家的功能。可他們不僅主張既往社會制度的改革，而且追求當今社會的全面改變，即該主義又不屬於一種自由主義。雖然，安那其主義者支持「進步」的立場，而在傳統的「政治光譜（Political Spectrum）」裏無法找到它的準確位置。〔註63〕自由主義者一般通過選舉、組織的示威活動、政治的宣傳等來改善現存制度，可安那其主義者卻渴望通過更根本的方法來全改變既往不合理的社會制度，並希望不依靠任何形式的國家主義，通過直接行動（direct action）來建設人道主義的社會。並且，安那其主義者不僅相信革命的效果，而且相信進化的有效性，成就「進化」的前提就是眞正的「社會再構成」，爲此非徹底

〔註62〕 參見徐覺哉：《社會主義流派史》，上海人民出版社，2007年，82～113頁。
〔註63〕 Leon P Baradat、申福龍等譯：《Political Ideologies：Their Origins and Impact（現代政治思想）》，首爾，1995年版，223頁。

消除支配、被支配關係不可。他們認爲「權力機構的存在」就是問題的根源，因此某種權力機構不能成爲解決問題的基礎。雖然一些安那其主義者認爲小規模社會的改善也有價值，所以參與自由主義的方式——選舉、投票、組織的抵抗等，但他們還知道那些活動只不過是臨時的手段而已，爲達成本質的、持續的變化，應該超出那些活動。

（4）安那其主義不是「**虛無主義（Nihilism）**」。虛無主義的核心是「否定一切」。具有虛無主義傾向的人主張自己爲安那其主義者，可安那其主義者卻不像虛無主義者推動隨意的暴力、破壞以及非法混亂。由於權力者的宣傳等，安那其主義總是被認爲是個混亂、虛無的象徵，可該主義主要反對「中央中心的」和「品級序列」模式而已。

（5）安那其主義不是「**恐怖主義（terrorism）**」。由於許多引人注目的暴力行動和一些人採取的恐怖行動〔註 64〕，安那其主義者時常被描繪爲「危險的恐怖分子」。但這是幾乎所有的革命勢力都具有的共同特點。並且，安那其主義只允許對明確對象（一般是仇敵的魁首）的暴力行爲，因此我們不能把它視爲盲目的「恐怖主義」。那些誤解是，因爲只強調所謂恐怖行爲的副作用，而忽略安那其主義者具有的道德觀和對建設新社會的熱情。並且對此誤解安那其主義者也有一定的責任。因爲過去不少安那其主義者具有過分強調「破壞」的傾向，尤其廢除一切權威的主張被人誤解爲根除近代社會秩序的骨幹，並且安那其主義者所主張的建設計劃很簡單，所以很不容易說服大眾。19 世紀後期的一些革命家鼓勵政治上的暴力行動，這類行動通常被稱爲「行動宣傳（Propaganda of the deed）」。這一詞的原本涵義是指做出示範性的直接行動，以鼓舞群眾來展開革命。巴枯寧、克魯泡特金、馬拉泰斯塔（Errico Emma Malatesta：1853～1932）等認爲暴力是必要的，有時它也是革命中的理想手段。克氏認爲革命是人類進化過程中無法避免的階段，但革命期間又無法避免暴力。日本安那其主義者幸德秋水（1871～1911）對歐美安那其主義者的恐怖行爲評價爲：「安那其主義者中有暗殺者，可安那其主義者就是暗殺者的等式是不可成立的。除了安那其主義者以外，社會黨、共和黨、民權論者、愛國者、保皇派當中也有暗殺者。暗殺者的出現與某個主義並沒有關係，其當時特殊的情況和個人的氣質帶來暴力的使用。比如說，由於政府的逼迫，同志們完

〔註64〕俄皇亞歷山大二世（1818～1881 年）、法國總統卡諾（1894 年）、意大利國王昂伯特（1900 年）、美國總統麥金利（1901 年）都是被安那其主義者暗殺的。

全被剝奪言論、出版、集會的權利，並且生活手段也被奪去，以合法的、和平的方法來無法解決問題的時候，熱烈青年的話只能做恐怖行爲，可對這行爲我們看作是正當防衛。」〔註65〕在近代史上沒有一個安那其主義者主張盲目的、個人衝動的恐怖行爲，他們並沒有對暴力的效用和正當性有一定的共識。甚至代表的「破壞論者」巴枯寧也在《在德國的反動（Reaction in Germany）》一本書中指出：「對破壞的熱情就是對創造的熱情」。

安那其主義者對現實改革的問題，一直堅持樂觀的信念，這就是安那其主義和「恐怖主義」的最大區別。他們都主張安那其主義不應該只使用在破壞既往的秩序上，而應該使用在建設更新、更人道、更合理的對策上。甚至一些安那其主義者主張徹底的非暴力。比如，托爾斯泰（1828～1910）以及跟隨他的和平主義者反對任何情況之下的暴力。托爾斯泰的理念通常被視爲「基督教安那其主義（Christian Anarchism）」。美國安那其個人主義者也強烈譴責行動宣傳。葛德文和普魯東也主張通過討論、工會組織等和平的改革。

（5）安那其主義不僅僅意味著不要政府的「**無政府主義**」。在亞洲19世紀末日本人第一次認識「Anarchism」一詞。1877年，「征韓論者（提倡征服韓國）」西川通徹在《虛無黨事情》中首次使用「無政府主義」一詞，從此以後在東亞地區的漢字文化圈一般把「Anarchism」翻譯成「無政府主義」。在中國，1900年梁啓超（1873～1929）在《清議報》的《無政府黨之兇暴》中第一次使用「無政府」一詞。〔註66〕他直接借用當時日本人使用的「無政府」一詞，以後在中國也廣泛使用這一詞。〔註67〕韓人也都借用這一詞。可是「無政府主義」一詞是在翻譯過程中（無論故意還是無意）被歪曲的，它便被人理解爲俄羅斯虛無主義或恐怖主義的同義詞。而且，「無政府主義」成爲否定所有政府或組織的混亂、暴動、暴力的象徵。可事實上，「Anarchism」並不意味著無政府的混亂狀態。雖然「Anarchism」的確包含反對政府或國家的內容，從這種意義上講，可以把Anarchism翻譯成「無政府主義」。可「無政府主義」一詞只表示安那其主義的這一個特點而已，甚至一些安那其主義者認爲在安

〔註65〕【韓】國民文化研究所：《抗日革命家——鷗波白貞基義士》，國民文化研究所出版，2004年，17～18頁。
〔註66〕洪德先《早期國人對無政府主義的初步認識》，《食貨月刊》，1985年，臺北
〔註67〕參見洪德先：《早期國人對無政府主義的初步認識》，《食貨月刊》，1985年，臺北

那其主義裏面並沒有「無政府主義」的概念。〔註68〕「Anarchist」所拒絕的是
壓迫人民的非法強權、榨取財富的政府，他們並不排斥保護民眾自治管理秩
序的國家或組織。所以安那其主義在剛傳入中國的時候，北大教授高一涵
（1885～1968）也使用「無政府主義」一詞，而把它譯爲「無治主義」。因爲
他已經認識到安那其主義不僅主張「無政府」，而且主張無強權、無宗教、無
姓氏、無民族、無婚姻（提倡自由戀愛）、無家庭等。安那其主義的最終目標
是建立一個無強權的社會。〔註69〕因此，東亞的一些安那其主義者主張廢除
「無政府主義」一詞的使用，而使用「無強權主義」，可是「無政府主義」一
詞已成大眾的普遍接受。

　　總而言之，筆者如下定義安那其主義。安那其主義追求沒有強制的自由社
會，若用漢字來翻譯的話最好的是「無強權主義」。該主義的本質在於自然主義
的社會觀、個人的自主性、對權威的抵抗。安那其主義者相信每個人從外部的
強制和內面的壓迫得到解放時，社會可以建設「調和」的秩序，基於那樣的情
況下每個人可以發揮無限的潛力。因此對他們來說，強制性的支配和各種妨害
個人自由的制度都是該剷除的對象，其中包括國家、宗教、經濟制度、家長制
度。安那其主義對既往的現實體制具有強烈的反感，可這反感並不是單純的「破
壞」的本性（該主義的「破壞」意味著爲創造的破壞）或對權力盲目的排斥。

　　第二，到目前兩國學者中不少人已經關注過安那其主義運動史，可並不
多見關於兩國思想變化之間的共同或不同之處等比較研究的成果。〔註70〕過
去對中日韓東亞三國的安那其主義運動和思想的研究主要局限於一個民族或
一個國家的範圍內。因此我們難以瞭解安那其主義具有的國際主義的特點和
東亞安那其主義運動的眞面目。所以筆者關注安那其主義運動的國際性和近
代中韓兩國處於的情況的異同性，擺脫單一國史研究，對中韓兩國安那其主
義思想與運動的變化等做比較。先輩研究者的研究成果爲基礎，筆者入地比
較、分析中韓近代（從清末（中）、舊韓末（韓）到 1945 年日本帝國主義的
沒落）安那其主義思想的發展和衰落的過程。

〔註68〕代表人物是韓國安那其主義者柳林和河岐洛等。對柳林的安那其主義思想，
　　　　在本文的第三章中詳細探討。參見《朝鮮日報》，1945 年 12 月 5 日記載的柳
　　　　林的採訪內容。
〔註69〕胡慶雲：《中國無政府主義思想史》，國防大學出版社，1994 年，1 頁。
〔註70〕韓國學者曹世鉉先生第一次提出這些問題，並發表過《東 ASIA Anarchism，
　　　　그 反逆의 歷史》（冊世上出版社，2001 年）、《東亞三國（韓・中・日）無政
　　　　府主義的比較》（吉首大學學報，2005 年 4 月）等著作和論文。

　　第三、筆者擺脫盲目批判、非難安那其主義的研究態度，在理解安那其主義的立場上研究中韓兩國安那其主義運動史。筆者認爲現在的我們也還沒擺脫既往的成見，只看安那其主義的負面（這負面也是由安那其主義批判論者所產生的，可這並沒有意義，先探討它具有的歷史上的肯定因素以及尋找影響未來的作用，這才有學術研究價值。

　　第四，本書爲了避開翻譯詞彙帶來的誤解和誤讀，不使用既往在東亞國家（尤其在中國）學界使用的「無政府主義」，而使用「Anarchism」或「安那其主義」。〔註71〕如上所述，不管無意還是故意使用「無政府主義」一詞之後，我們對「Anarchism」不知不覺中產生否定的看法，至少沒有在客觀的立場上看待「Anarchism」。

　　第五，雖然筆者才淺學疏，但在既往先輩研究者的研究成果之上補充一點敘述在華韓人安那其主義運動史時遺漏的史實，並試談韓人安那其主義者和同一時期堅持安那其主義運動的華人安那其主義者的關係以及共同展開的運動的過程。筆者爲了進行比較研究，除了中國國內的資料以外多使用韓國方面的史料及資料。主要使用以下幾類：第一類是當時在韓國或中、日地區刊行的《東亞日報》等報刊。雖然僅僅通過這份報紙無法系統地整理當時安那其主義運動的變化過程，但其中一些零散的文章或新聞報導可以部分地反映日本政府逮捕、審訊安那其主義運動家的情況、當時一般民眾對安那其主義的看法等。第二類是一些著名安那其主義者的自傳、回憶錄和文集。〔註72〕第三類是由一些親歷者與史學工作者合作產生的口述史資料。〔註73〕這些資

〔註71〕 在漢字文化圈地區中，除「Anarchism」以外也有其他因翻譯產生的問題。比如一般來說，英文「Nation」和「Nationalism」的近代翻譯詞是「民族」和「民族主義」，但英文 Nation 本是有關公共事務的、與國家相關的政治概念。所以英文的「Nation」和「Nationalism」翻譯成「國家主義」比「民族主義」更好。中韓等東亞社會的所謂「國家主義」政治理念，實際上是爲建設強有力國民國家追求國家與社會的協助，然而安那其主義則強調國家與社會的對立，否認現存國家的存在意義，並且主張進行解體國家的社會革命，這就是它們之間的根本性的差異。

〔註72〕 回顧錄當中比較代表性的是：申采浩：《申采浩全集》；金山：《阿里郎》；李乙奎：《是也金宗鎭先生傳》，1963 年；鄭華岩：《이 祖國 어디로 갈 것인가》，1982 年；李丁奎：《又觀文存》，1984 年；柳子明：《한 革命家의 回憶錄》，1984 年；李丁奎：《友堂李會榮略傳》，1985 年等。

〔註73〕 其中採用較多的是李庭植先生編輯的《革命家들의 抗日回想》（民音社，2005年）。內容是編者李庭植對鄭華岩、李康勳等安那其主義者的採訪記錄。

料幫助我們瞭解安那其主義運動陣營內部的情況和安那其主義者的觀點，但其中包含大量爲辯護自己的內容。

　　第六、筆者關注中韓安那其主義思想具有的持久性。其實，90 年代以來，中韓兩國學界對安那其主義的研究比較多，也取得大量的學術成果。然而其研究內容只局限於 20 世紀 30 年代之前。雖然在每個研究著作中提到 30 年代或中日戰爭時期的安那其主義運動〔註 74〕，但都是簡單的介紹性敘述而已。〔註 75〕中國學界認爲 20 年代「安・國合作（或稱爲「安溶於國」）」之後，由於國民黨的鎮壓和背叛，安那其主義在中國完全消失。〔註 76〕1929 年，在中國的安那其主義同馬列主義一樣確實遭遇國民黨當局的鎮壓，無法再進行正常的運動，同時失去了激進思想界的地位。所以，到目前爲止學界忽略了抗戰時期安那其主義者的活動。其次，韓國學界在一些研究著作裏介紹中日戰爭時期韓人安那其主義者在中國與華人展開的聯合運動和武力抗戰的內容，而其研究深度較淺。其原因在於中韓安那其主義運動本身。首先在中國 20 年代後半期以後安那其主義的力量確實變弱，且中國處於戰爭狀態。安那其主義者無法再主張社會的變化和改革，他們也只能參加抗戰。因此在後人看來當時的安那其主義運動不屬於安那其主義運動，並且安那其主義者放棄了自己的信念。但我們應該注意他們參戰的原因和態度是如何的。我們從抗戰時期安那其主義者表現出的「投入精神」，可以看出安那其主義的影響或隱或現的事實。我們雖然不能擴大當時安那其主義者對抗戰的影響，可筆者在本書中分析、比較中韓安那其主義者對共同仇敵——日本帝國主義強權的鬥爭和其精神。

〔註74〕蔣俊、李興芝：《中國近代的無政府主義思潮》，山東人民出版社，1990 年，383～390 頁；路哲《中國無政府主義史稿》，福建人民出版社，1991 年，327～332 頁；湯庭芬：《無政府主義思潮史話》，社會科學文獻出版社，2000 年，185～187 頁；蔣俊：《盧劍波先生早年的無政府主義宣傳活動紀實》，《無政府主義思想資料選》，北京大學出版社，1984 年，1009～1021 頁。

〔註75〕比如，梁華瑋先生在他的小論文中提出學界應該關注所謂後期的安那其主義運動，而他探討的話題也局限於 20 年代安那其主義思想的分化，並沒提出中日戰爭時期安那其主義者的活動和它的歷史意義。梁華瑋：《淺析 20 世紀 20 年代中後期的無政府主義》，《首都師範大學學報》，2004 年增刊。

〔註76〕既往的研究者們把安那其主義在中國的發展過程分爲四個階段。一是 20 世紀初以日本留學生爲主題的宣傳浪潮；二是 1907 年在法國和日本創辦《新世紀》和《天義》；三是民國初年在國內的傳播；四是五四時期崛起的傳播高潮。齊衛平：《近代中國無政府主義傳播的原因新論》，《學術月刊》，1997 年第 7 期。

四、研究範圍及框架

筆者在本書中，不僅進行比較中韓兩國安那其主義的興衰過程，同時還揭示同一時期對安那其主義和其他思潮、政治集團（馬列主義、民族主義）之間的思想和組織方面的一些關係等。中韓安那其主義者展開運動的過程雖有各自的特徵，但他們在精神上都具有類似於西方古典的安那其主義。我們通過比較研究法，會更加瞭解兩國安那其主義思想與運動的異同之處，同時可以發現近代東亞安那其主義的歷史意義。

在第一章，筆者主要分析 20 世紀初兩國早期激進主義知識分子通過何種方式和渠道接受安那其主義、展開什麼樣的運動，即安那其主義運動的來龍去脈。比較分析該主義爲何在歷史的某一段時期內興起以及兩國安那其主義者所主張的特點。

在第二和第三章，主要探討圍繞安那其主義的、並在中韓兩國安那其主義運動中出現的兩大論爭。在第二章，梳理中韓安那其主義者與布爾什維克展開的「安‧布」論爭。在第二章，筆者先分開梳理中韓兩國的「安‧布」之間發生的論爭（對此問題，中韓人之間並沒有論戰），比較「安‧布」之間的聯合、分離、爭論的過程。另外，分析「安‧布」兩者爲什麼展開那麼激烈的論爭，而且中韓安那其主義者爲什麼無法接受布爾什維克的理論。此外，謹慎提出筆者對「安‧布」論爭的看法以及對既往「安‧布」論爭的評價。

在第三章，筆者介紹開創中韓兩國「特色」安那其主義的三位安那其主義代表人物吳稚暉、李石曾、柳林（1894～1962）。他們果敢參與既往安那其主義者忌諱的政治運動，即展開「安‧國合作」和「民族戰線運動」。中韓安那其主義者也按照古典安那其主義理論，反對政府和政治運動，然而一些安那其主義者爲了防止馬列主義的擴散，與民族主義（右派）勢力聯合，並努力尋找兩個陣營之間的共同之處。筆者認爲這是在中韓安那其主義運動中出現的很重要的特點。筆者先整理吳稚暉、李石曾等主張的「革命程序說」的內容，並且檢討由此引起的圍繞安那其主義的「原則」問題。接著解釋 20 年代中期（1924 年～1927 年）安那其主義者具有的各種想法、他們之間發生的論爭內容、對此問題的個人評價等。筆者通過這些比較研究重新思考在中韓兩國出現的獨特的安那其主義政治思想。

在第四章，筆者主要探討中韓安那其主義者所展開的社會、文化、啓蒙運動──「理想村建設運動」、「教育活動」。安那其主義不僅僅是政治思想，

尤其中國安那其主義者不僅展開反政治、反強權等思想運動，而且注重社會
啓蒙運動。並且，在中國展開獨立運動的韓人安那其主義者的第一目標是驅
逐日本帝國主義，但爲有效的、持久的鬥爭，他們展開農村運動和教育運動
等。筆者通過他們留下的回憶錄、日本警察的文件〔註77〕等，查明在華韓人
爲建設安那其主義理想社會，經歷什麼樣的過程以及它的意義和限制。

　　在第五章，筆者探討中日戰爭時期中韓安那其主義者的抗日思想以及抗
日鬥爭。既往的研究者一般忽略此問題，筆者通過本書揭示安那其主義的生
命力和抗戰史中的貢獻。筆者先梳理中日戰爭時期在中國大陸展開的中韓安
那其主義者所具有的思想、活動、共同目標、聯合運動等。爲此，筆者主要
參考當時他們發行的《驚蟄》、《破曉》、《烽火》（中方）和《韓國青年》、《南
華通訊》、《抗日時報》（韓方）等期刊。

〔註77〕研究殖民地時期韓人的安那其主義運動時，我們基本只能依靠他們的回憶錄
　　　　和日本員警的報告書等，所以我們不容易復原當時的眞相。

第一章 安那其主義傳入中韓兩國的過程比較

第一節 近代中國安那其主義運動

一、早期安那其主義

在東亞社會，「安那其主義」一詞並不是陌生的單詞，但正確瞭解東亞各國安那其主義運動的來龍去脈卻不是簡單的事。其實，否定權力的思想（即使它並不標榜安那其或無政府）是自古以來以不同的形式來出現的，在東亞的歷史中也容易找到這些思想的來源。近代中國安那其主義者，尤其劉師培等人將老子的小國寡民思想、莊子的虛無主義、孔孟的仁愛思想、墨子的兼愛學說都說成是最古老的安那其主義學說。[註1] 他還認為阮籍（210～263）、陶淵明（365～427）、葛洪（284～354）等人也具有安那其主義的傾向。並且，不公仇等主張李贄（1527～1602）是東亞安那其主義的始祖。[註2] 西方安那

〔註1〕劉師培稱老子為「無政府主義發明家」，在《天義報》上刊登「中國無政府主義發明家老子像」。他說：「中國捨老、莊而外，學者鮮言廢人治。至於魏、晉之際，學士大夫多治老・莊家言而廢滅人治之昌，然實以鮑生為嚆矢。」劉師培：《鮑生學術發微》，《天義》第八、九、十合冊，1907年。

〔註2〕不公仇：《李卓吾先生學說》，《天義報》第1號，1907年6月10日。他指出：「西歐有巴枯寧，中國亦有巴枯寧；中國之巴枯寧且生於西歐巴枯寧數百載前。其人惟何？即明溫李卓吾先生是也……李卓吾倡導爭取一為身體之自由，一為思想之自由，為得到這兩種自由，就必須一曰破貴賤貧富之界，二曰破親疏之界，三曰破男女之界。」

其主義學者穆瑞‧羅斯巴德（Murray Rothbard）也將古代老莊思想爲最早出現的安那其主義思想。他對莊子評價爲全世界最早的安那其主義者。確實，老子指出由於統治者的窮奢極欲、橫征暴斂造成社會的混亂，給社會生活和民眾財產造成極其嚴重的危害，繼續走下去的結果只能是死路一條。老子站在「無爲自然」的立場嚴重批判人爲的制度和權力。老子說：「小國寡民，使有什伯之器而不用；使民重死而不遠徙；雖有舟輿，無所乘之；雖有甲兵，無所陳之。使人復結繩而用之。甘其食，美其服，安其居，樂其俗。鄰國相望，雞犬之聲相聞，民至老死，不相往來。」〔註3〕老子面對當時的社會現實，主張應該回到遠古社會的小國寡民狀態。他認爲要達到那種狀態，該施行「任其自然，無爲而治」。一般認爲古代東亞政治思想只強調百姓對君主的服從，並且它輔助支配階級的統治正當性，可筆者卻認爲在儒、墨等東亞古代政治思想中也不難發現鉗制權力的理念。比如，孟子主張仁義和王道政治；強調權力之根在平凡的民眾；在墨家的反戰思想也具有反強權傾向。安那其主義雖然是近代西歐資本主義發展的產物，可在東亞傳統的思想，我們不難查處傾向於安那其主義的反強權、分權、自由平等思想。

19世紀後半期開始，中華帝國受到西方列強帝國主義勢力的政治、經濟、文化各方面的侵奪。這狀況與過去中原民族由於北方民族的侵略而丟失中原的歷史截然不同的，過去中原民族雖然受到北方民族的政治上的支配，而在其他方面卻具有同化他們的能力，並保持中原文化的連續性。但這時期的所謂「西勢東漸」帶來「千年未有之變局」的衝擊，使得中國人認識到基於近代資本主義的西歐帝國主義的文化比傳統中華文化更優秀。這種認識使中國青年知識分子放棄以中華爲世界中心的天下觀。並且，對傳統文化的反思帶來對異民族王朝——清政府的反感，於是從1864年開始30年間在中國國內爆發了4,462件的反政府運動。〔註4〕當時不少漢人將國內外矛盾的根源歸咎於異民族王朝的無能，這自然引起民眾蜂起，中華民族主義在這些混亂中活躍起來。眾所周知，清末的政治思潮主要分爲兩大系統：一爲康有爲（1858～1927）、梁啓超所代表的君主立憲派（改良派）；一爲孫文（1866～1925）所領導的民主革命勢力。改良派是爲推進近代化和對抗帝國主義，初次提倡民族主義、國家主義的勢力，可是由於中法戰爭（1884～1885）、清日（甲午）

〔註3〕《老子》第八十章。
〔註4〕具升會【韓】等：《韓國 ANARCHISM 100年》，理學社，2004年，75頁。

戰爭（1984）的敗北和變法運動（1898）的失敗，改良主義不能再次得到民眾的支持。至於清末的革命運動，雖然孫文領導的革命勢力是主流的，但其勢力是在許多革命團體的推動下形成的。不能再依靠改良運動的情況下，中國民眾相信革命是唯一的出路，並且受到義和團運動洗禮的中華主義思想就開始盛行起來。這過程中，革命派人物以及國外不少留學生主要在日本等地開始接觸日本和俄羅斯式的「安那其主義」。〔註5〕清日戰爭以後，許多中國年輕人東渡日本，這成為當時的一種時尚。當時在日本社會主義思潮十分盛行，由於西方各種社會主義思想之影響，安那其主義也得到日本思想界的關注。〔註6〕

　　19世紀上半葉在歐洲抬頭的安那其主義，20世紀初（主要1907年以前）由於在國外的人士和留學生的關心以及革命派的興起，作為一個「新主義」〔註7〕傳入於中國大陸。〔註8〕雖然19世紀80年代，中國就已出現有關外國安那其主義思想和活動的報導和介紹，可當時人們對該主義都具有否定的態度，直到20世紀初，才認識到安那其主義帶有改造社會的目的性，作為一種社會思想逐漸被人們接受。進步的知識分子中一些人希望通過該主義建立一個自由、平等、博愛的新中國、新世界。比如，梁啟超在變法運動失敗後流亡於日本，這時期他對西歐的自由主義思想表示強烈的肯定，尤其關注盧梭（Jean Jacques Rousseau：1712～1778）的民權思想、社會契約、自由意志，同時接觸西方安那其主義思想。1901年，他在《難乎為民上者》指出：「無政府黨者，不問為專制國，為自由國，而惟以殺其首長為務，彼等之目的在破壞秩序。若夫專制秩序與自由秩序，皆非所詞也。」〔註9〕他雖然已經認識到

〔註5〕高瑞泉：《中國近代社會思潮》，華東師範大學出版社，1996年，328～329頁。
〔註6〕當時比較代表性的著作中有宮崎夢柳（1855～1889）翻譯的《虛無黨》、堺利彥（1871～1933）翻譯的《百年後的新社會》、煙山專太郎（1877～1954）的《近世無政府主義》等。
〔註7〕馬敘倫1903年在《政藝通報》上以《二十世紀之新主義》為題的文章介紹安那其主義。
〔註8〕李怡、齊衛平兩位先生將安那其主義在中國的發展、變化過程分為4個階段。第一階段是20世紀初日本留學生為主宣傳；第二階段是1907年中國民眾在日本和法國創辦《天義》和《新世紀》；第三階段是民國早期在國內的傳播；第四階段是五四時期掀起熱潮。李怡：《近代中國無政府主義思潮與中國傳統文化》，華中師範大學出版社，2001年，18頁。1901～1911年為潮汛初起；1912～1917年為湧流擴散；1918～1923年為驚濤拍岸；1924～1927年為分崩離析。齊衛平：《近代中國無政府主義傳播的原因新論》，《學術月刊》，1997年。
〔註9〕梁啟超：《難乎為民上者》，《清議報》第98冊，1901年。

西方思想中安那其主義的存在，可對該主義的認識僅僅涉及到以「破壞秩序」
為目的的思想，並沒有發現反對任何權威、權力的思想宗旨。可我們無法忽
視他對中國國內思想界的影響，確實不少青年激進分子在他之後開始關注安
那其主義思想。

　　《漢聲》、《浙江潮》、《江蘇》等刊物刊載在日留學生發表的有關安那其
主義的文章。1902 年，張繼（1882～1947）、金一（金天翊）等通過上海廣智
書局發行馬君武翻譯的英國人克喀伯的《俄羅斯大風潮》；日本人久津見蕨村
的《近世無政府主義》、煙山專太郎的《近世無政府主義》（譯名《自由血》）、
《無政府主義之製造》、《無政府主義》、《近世之社會主義》、《社會黨》等著
作。1903 年，蘇曼殊在《國民日報》發表《女傑郭耳縵》一文，介紹在美國
活動的俄羅斯安那其主義者愛瑪・高德曼（Emma Goldman：1869～1940）姐
妹的活動。同年，馬敘倫在《二十世紀之新主義》」〔註 10〕；冷血（陳冷）、
金一在《虛無黨》（《蘇報》）；1904 年在《自由血》、《俄國虛無黨源流考》、《神
聖虛無黨》（《俄事警聞》）等介紹反對專制主義、提倡廢財產、廢婚姻等的安
那其主義。1905 年以前，安那其主義在中國的宣傳是偏重於外國安那其主義
者的活動，當時在中國內的報刊中，《蘇報》、《俄事警聞》、《中國白話報》、《政
藝通報》、《江蘇》、《浙江潮》、《民報》等刊物上出現介紹俄國虛無主義的文
章。〔註 11〕激進知識分子通過這些著作介紹在日本流行的安那其主義思想以
及西歐和俄羅斯安那其主義者的暗殺活動等各種思想運動。他們認為中國的
政治情況相似於俄羅斯，因而自然主張以破壞的手段對付清政府。〔註 12〕

　　中國早期安那其主義是經過俄羅斯和日本而傳入的，接受安那其主義的
知識分子深入研究純粹的理論之前，關注日俄兩國的現實狀況和革命運動的
進行過程，尤其是對抗沙皇專制政權的虛無黨的反政府、反權力鬥爭。他們
看來虛無黨人常以暗殺、破壞等手段來展開運動，對暗殺認為是一種組織群
眾運動的有效方法。通過《革命》、《就社會主義以正革命之義論》等文章，
他們提倡並行暗殺和軍事行動的原則。他們在《知與行》一文中寫道：「其
積極之行為，或暗殺，或起革命軍，以達推翻政府的目的。其間如暗殺手段，

〔註10〕馬敘倫：《政藝通報》14～15 期。
〔註11〕沈駿：《中國早期無政府主義思潮初探》，華中師範大學學報，1981 年。
〔註12〕1880 年代，中國民眾通過《萬國公報》等接觸俄羅斯虛無黨或安那其主義者
　　　　的活動，1884 年康有為也在《大同書》提到過俄羅斯皇帝亞歷山大二世
　　　　（Alexandrovich II：1818～1881）被虛無黨人殺害的事情。

較爲簡單，而備器械、探蹤跡、已非盡日之力能達而革命軍之複雜不待言矣」。他們又認爲以皇帝爲中心的君主專制是最具破壞的對象，即社會革命的第一目標是推翻君主專制（排皇革命）。他們結合中俄的情況，宣傳破壞封建專制和爭取民眾自由。俄羅斯安那其主義者巴枯寧的思想傳入中國以後，中國知識青年開始崇尚暴力和恐怖。巴枯寧崇尚暴力的「破壞主義」，並主張依靠以流氓無產者和農民爲主體的暴動和起義，以此來實現無政府和無國家。早期中國安那其主義者把該主義作爲一種「救國救民」、「救亡圖存」的學說，又認爲不僅是一種政治思想，而且是情感世界的一種風習。中俄安那其主義具有的激進性是相互一致的，對傳統文化的革新意識讓當時中國知識青年對安那其主義感到新鮮感，並把它看成爲反對清政府專制統治的一種「新武器」。

和其他社會主義派別相比，安那其主義者從一開始就形成組織，成爲運動的先鋒，並起到反封建的積極作用。因爲他們的基本主張是反對專制、追求自由和平等，所以各級政府官員和地主士紳把安那其主義卻誣之爲「洪水猛獸、異端邪說」，對宣傳安那其主義的社團、報刊和個人，極盡誣衊、鎮壓之能事，查禁追捕，不一而足。

當時排滿、反政府運動不僅基於安那其主義，而且基於中華民族主義。在中國的基於民族主義的安那其主義與西歐的安那其主義截然不同，俄羅斯虛無黨人使用的恐怖行爲是爲實現社會革命的一環，中國知識分子卻爲了實現政治革命而使用安那其主義。而且由於各方面條件的限制，當時接觸安那其主義的留日學生、革命派、改良派人士對安那其主義的理解十分混雜，並對安那其主義的認識水準也還較爲膚淺、不深刻，基本上片段、零星地介紹或截取安那其主義中的某些觀點。

二、天義派和新世紀派

1902 年開始，雖然在中國國內安那其主義思想鼓吹，可當時人並不瞭解眞正的安那其主義思想。從刊載的文章來看，介紹安那其主義之人的立場也並不完全一致，在中國國內並沒有形成標榜該主義的組織。1907 年，留日、留法的學生以及激進主義人士通過出版期刊等方式系統地介紹、宣傳安那其主義思想。這樣標榜安那其主義的第一代團體是在國外組織的。

1904 年至 1908 年間在同盟會的指導部內發生矛盾，出現反對孫文的風

潮，並出現反對政府本身的安那其主義者，結果他們沒法實行一直提倡的民主革命。這時期，接受安那其主義的人士願以安那其主義爲基礎改組同盟會。張繼於 1906 年 4 月在《民報》上登載巴枯寧的半身像，於 1907 年翻譯出版德國安那其工團主義者羅列（A.Roller）的著作《總同盟罷工》和意大利人馬拉泰斯塔的《無政府主義》兩篇小冊子。廖仲愷於 1907 年 1 月在《民報》上發表久津見蕨村的《無政府主義之二派》、煙山專太郎的《虛無黨之小史》等一些日本安那其主義者的文章。〔註13〕

　　1907 年 6 月，留日學生劉師培、何震夫妻和張繼等（都是同盟會員）得到日本安那其主義者的幫助，在東京組織「社會主義講習會」，並創辦《天義》。〔註 14〕《天義》是一份華人最早發刊的以安那其主義思想爲宗旨的刊物，該團體（天義派）也是華人所建設的最早安那其主義團體。他們從 1907 年起共發行 19 期，1908 年 4 月改爲《衡報》。然而，張繼很快離開日本去法國，章太炎初期積極參與該團體，後因與劉師培、何震發生衝突而離開該團體，並開始批判安那其主義。1908 年秋，《衡報》被封，劉師培、何震、汪公權同年底回國，依附於清朝大臣端方（1861～1911），叛變安那其革命，他們的活動就此結束。

　　在日本，天義派和日本安那其主義者幸得秋水（1871～1911）、堺利彥（1870～1933）等人有著密切的關係。因此天義派所宣傳的安那其主義學說帶有當時日本工人運動的特點。另外，他們受列托爾斯泰的影響，關心婦女、農民問題，美化中國古代的烏托邦思想，提出農村公社等的設想。他們通過《天義》和《衡報》探討在各國流行的安那其主義各派學說，並奠定此後中國安那其主義思想的基礎。劉師培在社會主義講習會第一次大會上主張：「吾輩之宗旨，不僅以實行社會主義爲止，乃以無政府爲目的者也。……無政府主義，於學理最爲圓滿，至於實行起來，則以中國爲最易，亦當以中國爲最先。」〔註15〕他重視中國農民問題，認爲中國革命爲「農民革命」，使農民組織「勞民協會」，自發起來抗租稅，驅逐政府官吏，然後開展總同盟罷工，繼而建立一個工農結合的「人類均力」社會。他研製「人類均力說」，這是一個平均主義，他想建立以平均主義爲基礎的新社會。

〔註13〕《民報》第 11 號，1907 年 1 月，89～101 頁。
〔註14〕1907 年 1 月創刊，1908 年 8 月終刊。
〔註15〕《社會主義講習會第一次開會記事》，《天義》第 6 卷，1907 年 9 月 1 日舉行。

　　創刊《天義》後不久，留法學生李石曾、吳稚暉、張繼、褚民誼（1884
～1946）、張靜江（1876～1950）等於 1907 年 6 月 22 日在巴黎創辦《新世
紀》周刊。《新世紀》由張靜江出資，李石曾、吳稚暉等人編輯出版。張繼
1908 年由日本逃亡法國後，加入新世紀派。《新世紀》自 1907 年 6 月 22 日
創刊，至 1910 年 5 月 21 日停刊，維持時間近 3 年，共出版 121 期〔註 16〕。
李石曾管理豆腐工廠和茶社，所以他們自己可以確保運動資金。他們用此期
刊介紹西方安那其主義者和安那其主義運動史等文章。此外，他們還出版《新
世紀叢書》，介紹葛德文、蒲魯東、托爾斯泰、施蒂納、巴枯寧、克魯泡特
金等著名安那其主義者的簡歷、觀點以及主要著作等。〔註 17〕1911 年武昌起
義後，他們先後回國，在巴黎的活動就結束。他們與孫文等同盟會派保持友
好關係。

　　他們認為，推翻清政府的君主專制是安那其革命的起點。李石曾主張：「傾
覆強權必自傾覆皇帝始」。〔註 18〕吳稚暉主張：「皇帝之一物，無論其為滿人
與漢人，皆於中國民眾之進步有礙，故中國革命必當先除皇帝。」〔註 19〕他
們發表揭露清政府腐敗面目的文章，並介紹中國各地革命的消息，比如馬福
益、徐錫麟、秋瑾等的活動等。他們的目標是打破政治的權威、軍隊、所有
法律、階級差別、私有財產、資本等，而且建立理想社會，並使用宣傳、大
眾集會、罷工、不買運動、大眾暴動、暗殺等手段。因為專制妨礙個人的自
由，所以他們反對君主專制。

〔註 16〕在《新世紀》上刊登 687 篇文章，其中吳稚暉的有 153 篇、占 22%；李石曾
　　　　的有 210 篇、占 30.6%，吳、李兩人的文章合計占 52%，超過全數之半。洪
　　　　德先：《辛亥革命前的世界社及無政府主義思想》，食貨月刊第 12 卷第 2 期，
　　　　1982 年，21 頁。李石曾的言論思想予人以理性凌駕情緒之感，而吳稚暉正好
　　　　相反，他所表現的言論往往是情緒超過理性。蔡國裕：《1920 年代初期中國社
　　　　會主義論戰》，臺灣商務印書館，1988 年 4 月，109 頁。
〔註 17〕《新世紀叢書》第一集，共有七冊，分別為（1）革命、（2）思審自由、（3）
　　　　告少年、（4）秩序、（5）世界七個無政府主義家、（6）無政府主義與共產主
　　　　義、（7）萬國革命暗殺圖。在《革命》中指出政治革命為權輿，社會革命為
　　　　究竟，並駁斥非難者為「中國無行社會主義之資格」和「恐社會主義有不利
　　　　於本國」之論，還提出進行革命的 5 種方法（書說、抵抗、結會、暗殺、眾
　　　　人起事）。在《無政府主義與共產主義》中強調真民（李石曾）：《革命》，《新
　　　　世紀叢書》第 1 集，1907 年。
〔註 18〕李石曾（真民）：《革命》，《新世紀叢書》第 1 集，1907 年。
〔註 19〕吳稚暉：《皇帝》，《新世紀》第 68 號。

　　《新世紀》是一份對中國安那其主義傳播作用很大的刊物，辛亥革命後中國安那其主義者把新世紀派的主張視爲安那其主義學說的正統。新世紀派受到克魯泡特金的影響，提倡科學主義。他們認爲中國進化遲緩的主要原因在於民眾的愚昧和落後，因此提出基於結合知識與勞動的教育理念以及工讀互助運動。他們認爲他們的主要任務是「普及革命」，應以書報宣傳和辦教育爲手段來傳播科學知識、批判封建思想，進而推翻政府，建立安那其主義社會。

　　天義派和新世紀派作爲辛亥革命前代表的華人安那其主義團體。他們的共同願望是在中國建立安那其主義社會，因而主張反對權威的封建王朝和同盟會等主張的共和主義。但至於中國問題的解決方案是截然不同的。天義派結合中國傳統思想和近代西方安那其主義，以傳統文化爲背景，多將安那其主義宣講與中國傳統文化掛鈎，這使他們後來與清政府官僚妥協、投靠封建集團的一個文化基礎；可新世紀派卻以西歐的思想，尤其以法國大革命的文化爲背景，主張和傳統極端分離，表現出情感上的排他心理。〔註20〕兩派對同盟會也有不同的看法，天義派早期本爲同盟會成員，後來不滿於孫文等人，從同盟會分裂出來；而新世紀派則對建立民主共和制國家視爲通向安那其共產主義（Anarcho-Communism）的渠道，因而認同同盟會的主張。他們具有改良主義的傾向，後來成爲國民黨的元老派，並積極推動安那其主義者和國民黨的聯合——即「安國合作」。

三、中國社會黨和「師復主義」

　　辛亥革命以後，安那其主義正式傳入中國國內，安那其主義者在各地進一步傳播思想、結社辦報，其影響力不斷擴大。然而，袁世凱（1859～1916）復辟後，國情更惡劣，民眾看到政府的貪婪腐敗，在這特殊的歷史條件下，「欲救其弊、必從根本上實行社會革命、破除一切強權」的安那其主義在國內逐漸成爲主要政治思潮。其中，有代表性的團體是江亢虎（1883～1954）等組織的「中國社會黨」和以劉師復爲代表的「民聲派」。尤其，曾經參加過同盟會、組織過「支那暗殺團」的劉師復與彼岸、佩綱、危離、天放、抱蜀、無爲等人積極投入安那其主義運動。當時，他們醉心於巴枯寧、克魯泡特金、托爾斯泰的理論，批判現存的所有思想體系，強調個人對社會的功能、文化的變化力量、革命進程中大眾參與的重要性等。

〔註20〕曹世鉉：《二十世紀初的「反對國粹」和「保存國粹」》，《文史知識》，中華書局，1999 年，114～1119 頁。

1911 年，江亢虎組建「中國社會黨」。他自稱爲「國內宣講社會主義第一人」，並宣傳「三無（無宗教、無國家、無家庭）主義」和「二各（各盡所能，各取所需）學說」。可江亢虎主張改良性質的包容和多種政治派別的聯合。他具有折衷主義的特點，即各種社會主義和安那其主義的結合、國家社會主義和個人社會主義的結合、新世紀派和天義派的結合、三民主義和三無主義的結合等。〔註21〕所以沙金、太虛等 1912 年 11 月離開江亢虎而另組「社會黨」。這兩個社會黨先後被袁世凱所查禁解散。江亢虎和他的社會黨流行一時，不能算是一般意義上的安那其主義運動，對此劉師復先後發表《無政府共產主義釋名》、《孫逸仙江亢虎之社會主義》、《江亢虎之無政府主義》等文章，批判孫文和江亢虎的社會主義思想，並進行清理安那其主義理論和捍衛該主義。

劉師復（1884 年），出生於廣東香山縣。早年接受傳統教育，具有傳統觀念和樸素的反滿意識。成年後他積極投身於反清革命，參加演說社、研究社等團體活動。1904 年赴日留學，開始接受激進主義思想，作爲排滿主義者參加同盟會。1907 年開始，他在中國隱秘地閱讀巴黎出版的《新世紀》，逐漸成爲一個安那其主義者〔註22〕，並且在該刊物的影響下組織暗殺團，以反抗強權爲宗旨，以刺殺清政府官員爲手段。1912 年 5 月，他在廣州發起組織「晦鳴學舍」〔註23〕，同年 7 月，該學舍的會員在廣州的東堤東園地方組織「心社」。〔註24〕1913 年 8 月 28 日，他們創刊晦鳴學舍的機關報《晦鳴錄》周刊，宣佈實行安那其共產主義。《晦鳴錄》被查禁後改名爲《民聲》。晦鳴學舍會員又重新編輯發行《新世紀》上的文章，並大量翻印在巴黎出版的安那其主義小冊子。

1913 年 9 月，「二次革命」失敗後，袁世凱政府加緊鎮壓激進主義和其團體。但這種鎮壓並沒有得到預期的效果，全國各地標榜安那其主義的組織卻不斷成長。在袁世凱政府的獨裁之下，「民聲派」作爲代表民國初安那其主義

〔註21〕汪佩偉：《江亢虎研究》，武漢出版社，1988 年，82 頁。
〔註22〕路哲：《中國無政府主義史稿》，福建人民出版社，1991 年；湯庭芬：《無政府主義思潮史話》，社會科學文獻出版社，2000 年 9 月等。
〔註23〕《致無政府黨萬國大會書》，《民聲》第 16 號，1914 年 6 月 27 日。
〔註24〕「心社」的戒約是：一、不食肉，二、不飲酒，三、不吸煙，四、不用僕役，五、不坐轎及人力車，六、不婚姻，七、不稱族姓，八、不作官吏，九、不作議員，十、不入政黨，十一、不作海陸軍人，十二、不奉宗教。文定：《師復先生傳》，《師覆文存》，4 頁。這些主張是 20 世紀早期中國安那其主義者的革命方案，其核心內容是個人的道德自律和絕對自由。

的團體，成爲唯一倖存下來的革命團體，並在教育和勞動領域繼續堅持社會主義運動。劉師復 1914 年 8 月還組織「無政府共產主義同志社」，以該團體爲中心結合各地安那其主義團體〔註 25〕，並發表綱領文章《宣言書》和《無政府共產黨之目的與手段》。劉師復在這些文章主張廢除財產私有制、推翻政府、改造社會，並提出作爲社會變革之方法──「革命」和作爲組織之原則──「聯合」。〔註 26〕與此同時，這期間劉師復努力與世界安那其主義組織聯合，比如 1914 年 8 月，他致書萬國安那其主義者大會，報告中國安那其主義者建立和發展安那其主義組織，以及傳播安那其主義思想的經過，並向大會提出五項建議：（1）組織萬國機關；（2）關注東亞之傳播；（3）與工團黨聯絡一致進行；（4）實行萬國總罷工；（5）採用世界語（Esperanto）。〔註 27〕

跟隨劉師復的一群「師復主義者」從 1914 年開始，在中國各地建設許多安那其主義的組織。比如 1914 年 5 月，在常熟組織的「無政府共產主義傳播社」〔註 28〕；同年 7 月，在上海、廣州成立的「無政府主義同志社」〔註 29〕；在南京組織的「無政府主義討論會」〔註 30〕；1916 年在南京組織的「群社」；1917 年在北京組織的「實社」；1918 年在山西組織的「平社」等。這些團體出刊《人群》、《實社自由錄》、《太平》、《勞動》等。這時期安那其主義者開始關注廣州等地「理髮工會」和「茶居工會」等的工人運動。劉師復以克魯泡特金的安那其共產主義爲基礎展開安那其工團主義運動。他爲實現安那其共產主義採用工團主義（syndicalism）的方法，結果創出了中國式的安那其主義。

1915 年劉師復的死亡對中國安那其主義理論建設與實際運動造成巨大的損失。可劉師復病故後，黃凌霜、區聲白（1892～1945）等人繼承其衣鉢，於 1918 年創辦《實社自由錄》。他們仍然積極參與新文化運動，堅持對傳統文化的全面批判的態度，隨著資本主義的日漸成長，開始重視工人和農民。

〔註 25〕 當時比較著名的安那其主義團體是：（1）劉石心在上海組織的「無政府共產主義同志社」、（2）蔣愛眞在江蘇省常熟組織的「無政府共產主義傳播社」、（3）楊志道在南京組織的「無政府主義討論會」、（4）袁振英、趙畸、黃凌霜、竟成等在北京組織的「實社」等。（參見路哲：《中國無政府主義史稿》的第 7 章、8 章，福建人民出版社，1990 年。）

〔註 26〕 劉師復：《無政府共產主義同志社宣言書》，《民聲》，第 17 號。

〔註 27〕 師復：《致無政府黨萬國大會書》，《民聲》16 號，1914 年 6 月 27 日。

〔註 28〕 師復：《風雨鳴聲錄》，《民聲》第 11 號，1914 年 5 月 23 日。

〔註 29〕 劉師復：《致無政府黨萬國大會書》，《民聲》第 16 號，1914 年 6 月 27 日。

〔註 30〕 《風雨鳴聲錄》，《民聲》第 8 號，1914 年 5 月 2 日。

由此以工農爲主的安那其工團主義運動在安那其主義運動中逐漸增多。並工團主義運動擴散到其他社會階層與團體，促成更廣泛的社會群眾運動。

四、五四新文化運動時期的安那其主義

　　安那其主義思想和運動，在五四運動前成爲社會主義思潮的主流，1920年代初中國安那其主義運動達到鼎盛期。1915 年，陳獨秀在上海創立《青年雜誌》（改名爲《新青年》），這成爲新文化運動的開始。該刊物的創辦目的是促進政治改革和文化改革。確實，當時人對軍閥和舊官僚統治制度感到痛恨。然而，軍閥割據的政治形勢卻成爲各種思想傳播的有利條件，並且由於十月革命的影響，各種社會主義學說流行起來，這自然爲安那其主義的傳播的基礎。當時在《新青年》上發表的傾向於安那其主義的文章與新世紀派所宣傳的內容基本一致。

　　新文化運動時期，「師復主義」滲透於一群進步的知識青年，信奉「師復主義」的青年們發刊、組織許多刊物和團體，安那其主義運動進入最快發展的階段。十月革命以後和五四時期宣傳安那其主義的著作大大增加，其影響擴散到全國，標榜安那其主義的社團和報刊如雨後春筍般地出來。據葛懋春、蔣俊、李興芝先生的統計，從 1919 年到 1923 年，除上海、廣州、北京等地以外，天津、太原、南京、蕪湖、武漢、長沙、重慶、成都等地也出現七十多個標榜安那其主義團體和一百多種刊物。〔註31〕

〔註31〕當時的安那其主義團體爲：（1）北京：實社、進化社、奮鬥社、互助社、學匯社、中華農村運動社、無政府黨同盟、覺民社、愛智學社；（2）上海：道社、民眾社、上海工團聯合會、安那其同志社、自由社、青年自覺會、七日評論社、自由人社；（3）南京、江蘇：群社、民鋒社、安社、眞社、前途社、陶社、微明學社；（4）湖南：安社、星社、大同合作社、安社、大同協社；（5）廣州、廣東：民鐘社、火蜂社、民聲社、社會主義同志會、心言社、因是社、五一俱樂部、老農會、素社；（6）山西：平社、見聞觀摩會；（7）四川：適社、人聲社、半月社、均社、瀘隆民社、民鋒社、同社、無共社、青年互助社、紅社、引社、平平社、益社、成都社、覺社、益社、覺社、明社、無社、安那其研究會；（8）湖北：明社、人道學社、雞鳴學社、致忠學社、中社；（9）天津：星光社；（10）山東：濟南工友讀書會、濟南學生聯合會；（11）安徽：影響社、青社。除此之外，在國外有巴黎的工餘社；加拿大溫哥華的加拿大木瓦業華工聯會；美國舊金山的平社；日本的紅社、人人會、祕密講演會等等。當時宣傳安那其主義的期刊包括：《人群》、《週年報告》、《華星》、《平民》、《實社自由錄》、《太平》、《勞動》、《進化》、《平民日報》、《勞動潮》、《新生命》、《兵士須知》、《光明》、《民風》、《閩星》、《現代思想批評》、《奮鬥》、《北京大學學生周刊》、《自由》、《和平》、《平民鐘》、《共產原理》、《新春秋報》、

　　五四時期，比較代表性的團體爲「實社」、「進化社」、「奮鬥社」〔註32〕、「互助社」、「學匯社」、「民鐘社」等。他們作爲「新思潮」和「社會主義」的立場獲得復興的機會。劉師復死後，「民聲派」分散到全國各地，其中主要成員來到北京。〔註33〕朱謙之〔註34〕回憶說：「1917 年，我進北大預科讀書時，在北大圖書館裏，陳列著不少安那其主義的書刊。…… 在那個時候，所謂新思想，就是指的無政府主義思想。無政府主義思想揭發社會的黑暗，是作爲社會主義思潮被介紹到中國來的。」〔註35〕

　　（1）實社：1917 年 5 月，太侔、震瀛、竟成、黃凌霜等北京大學生發起組織，同時 7 月出刊《自由錄》。他們在《社約》中規定，以研究安那其主義爲範圍，設置通信討論部、講演會、編譯部、圖書館。黃凌霜在《自由錄》的第一集《弁言》指出：「無政府至美也，共產至善也，欲成就之，蓋未可以且夕幾也。」〔註36〕

　　（2）進化社：1919 年 1 月成立於北京，是由民聲社、實社、平社、群社的聯合團體。主要成員是黃凌霜與區聲白。他們出刊《進化》雜誌，每月出

《革命》、《好世界》、《社會運動》、《新社會》、《新少年》、《救世音》、《世界軍人》、《共產》、《本月》、《警群》、《人聲雜誌》、《目兵須知》、《新安徽》、《革命哲學》、《明星》、《工餘》、《平民之聲》、《民鐘》、《學匯》、《綠波》、《星光》、《見聞》、《人》、《自由周刊》、《綠光》、《影響》、《前進》、《23》、《民聲》、《因是社月刊》、《心言》、《五一月刊》、《民鐘日報》、《火》、《心聲》、《新大陸》、《無所謂宗教》、《互助月刊》、《前途》、《自由女》、《國民》、《農民之友》、《哀鳴》、《春雷》、《新海宴》、《理髮》、《民鋒》、《黑瀾》、《新村》、《微明》、《人聲》、《成都》、《福音》、《零星》、《愛波》、《洞庭波》、《平民之鋒》、《雞鳴》、《先鋒》、《秋生旬刊》、《先鋒月刊》、《綠雲》、《人權》、《太陽》、《長亭會》、《罪案》、《布爾什維克之暴政》、《七日評論》、《自由人》、《平平旬刊》、《勞動旬刊》、《驚蟄》、《破壞》、《不平鳴》、《紅黨治下之工人革命》、《枯葉集》等。葛懋春、蔣俊、李興芝編：《無政府主義思想資料選》，北京大學出版，1984 年，1059～1087 頁；《五四時期的社團（四）》，152～322 頁。

〔註32〕奮鬥社：1920 年 1 月，北京大學的學生朱謙之、易家鉞、郭夢良等組織的標榜安那其個人主義的團體，他們從同年 1 月起發刊旬刊《奮鬥》，共處 9 期。

〔註33〕張允候：《五四時期的社團（4）》，三聯書店，1979 年，158 頁。

〔註34〕朱謙之（1899～1972）：福州人。1917 年入北京大學學習，後來在北京大學哲學系任教授。五四時期編過《奮鬥》旬刊，撰寫《現代思潮批評》、《革命哲學》等，宣傳虛無主義、個人主義的安那其主義。

〔註35〕高軍等主編：《朱謙之的回憶》、《無政府主義在中國》，湖南人民出版社，1984 年，507 頁。

〔註36〕黃凌霜：《弁言》，《自由錄》第一集。

版一冊，以鼓吹安那其主義、工團主義、聯合主義（federalism），以進化為宗旨。〔註37〕

（3）奮鬥社：1920 年 1 月成立於北京，主要成員是朱謙之、郭夢良、易家鉞等。他們出刊《奮鬥》旬刊，提倡「奮鬥主義」的人生觀，並反對布爾什維克主義。他們從《奮鬥》第三期起，發表文章時用兩個英文字母來表示作家名。這是因為安那其主義主張廢姓。因此現在我們難以查明文章的作家是誰，只知道朱謙之用 A.A、易家鉞用 A.D。〔註38〕

五四時期，在中國安那其主義內部主要有兩派，一是以「師復主義」為旗幟的安那其共產主義派，骨幹分子多為師復的同事、新友、學生，黃凌霜、區聲白等成為代表人物。這一派是中國安那其主義的主流派。另一派則是以奮鬥社為代表的個人安那其主義派，他們自稱虛無主義者，提倡宇宙革命、虛無革命。甚至他們認為安那其共產主義對安那其革命不夠徹底，它只是通向虛無革命的一個階段而已。個人安那其主義派雖然人數不多，在安那其主義運動中被邊緣化，但對思想界、文學界有較深刻的影響。

（4）民鐘社：1922 年 7 月在廣東組織的團體，該社出刊《民鐘》。他們的宗旨為「宣傳安那其主義，計劃中國大革命」。其主要工作有八項。

（5）學匯社：1922 年 10 月 10 日成立於北京，創辦《學匯》。《學匯》是北京《國風日報》的副刊。在《學匯》第 174 期上刊載安那其主義的 12 個綱領和 6 個革命手段。12 個綱領是（1）除過節、（2）化種見、（3）廢家庭、（4）削倫常、（5）非宗教、（6）抹孔孟、（7）鏟法律、（8）去私產、（9）滅金錢、（10）打權勢、（11）掃群魔、（12）平不平；6 個革命手段是（1）暴動、（2）罷工、（3）示威、（4）暗殺、（5）拒租、（6）抗租。〔註39〕

（6）互助社：1923 年初成立於北京，同年 3 月 15 日出版《互助月刊》。主要撰稿人是曉星、克勞、血鍾等。血鍾在《互助月刊》第一期發表《革命運動》。在此文章，他指出：「追求極美滿、極愉快、極和平、極博愛、極平等、極自由的無政府共產社會」的團體追求的理想。他還指出四種革命運動：（1）見幾的革命運動、（2）暗殺的革命運動、（3）造謠的革命運動、（4）軍隊的革命運動。並且他認為展開這革命運動時應該具有三個條件——決心、

〔註37〕　《民聲社、群社、實社、平社特別啟事》，《進化》第一卷三期，1919 年 3 月。
〔註38〕　《五四時期的社團（4）》，193 頁。
〔註39〕　雄毅（吳克剛）：《徐州安琪兒：呱呱》，《學匯》第 174 期，1923 年 4 月 21日。

忍耐、犧牲。〔註40〕

　　除此之外，在天津有「眞社」，出版《新生命》雜誌，在成都有「均社」，出版《半月刊》。

　　當時中國安那其主義者強調個性解放和個人的絕對自由。所以他們主張廢止婚姻、家族、政府、法律等現存的社會制度和政治制度；第二，主張廢除階級、種族等區別，消除腦力勞動和體力勞動的分工；第三，主張以「各盡所能、各取所需」和「相互扶助」來實現基於無政府共產主義（Anarcho-Communism）的平等社會；第四，主張「直接行動」和「工團主義」運動。

　　雖然五四時期中國安那其主義並沒有樹立統一理論，但他們都追求「個人的自由、各盡所能、各取所需」。因而他們無法贊同國內的軍閥、國民黨政府以及布爾什維克的強權。尤其，在《進化》和《奮鬥》明確表示反對馬克思的集產社會主義〔註41〕。他們將蘇聯布爾什維克黨評論爲：「殺人放火的強盜，無所不用其強權手段，束縛人們的自由」。〔註42〕隨著十月革命的擴散，馬列主義傳入於中國，並迅速廣泛地傳播到中國思想界。結果，一些安那其主義者對他們自己的主義具有懷疑，在安那其主義陣營內部發生分歧，思想界也發生嚴重的分化。中國安那其主義者因蘇聯布爾什維克政權具有的破壞和強制，無法接受馬列主義在中國的擴大，因而通過各種期刊來表示憂慮馬列主義的擴散。他們與中國布爾什維克的論爭（安・布論爭）之後，尋找新的出路，比如吳稚暉、李石曾等爲防止馬列主義勢力的擴大，與國民黨合作。另外一批人不能脫離純粹安那其革命的實現，或以文藝、教育爲武器，或以研究社會科學爲手段來表達自己對安那其主義的嚮往。雖然安那其主義對社會的影響力有所減弱，但它依然給在華展開復國運動的韓人影響；並且抗日戰爭時期，盧劍波（1904～1991）〔註43〕、

〔註40〕血鍾：《革命運動》，《互助月刊》第一期，1923 年 3 月 15 日。

〔註41〕黃凌霜：《平《新潮》雜誌所謂今日世界之新潮》，《進化》第 1 卷 2 期，1919 年 2 月 20 日。

〔註42〕A.D（易家鉞）：《我們反對「布爾札維克」》，《奮鬥》第 2 號，1920 年 2 月 24 日。

〔註43〕盧劍波：四川合江人。原名盧廷傑，筆名劍波、左馨、田申雨、幼葭、黑囚、Inferlo（以上二十年代開始用）、江一、Gitav（以上解放後用）。自中學時期起閱讀《新青年》、《新潮》等。因參加學潮受到迫害。1920 年 16 歲時自學世界語（Esperant），爲推動社會改革和介紹新文化思潮從事世界語傳播。早年著有《世界女革命家》、《社會價值的變革》、《爲世界語主義的世界語》及《伊索智慧》等。1922 年到南京求學，入江蘇省第 1 中學 3 年級文科。後北上參加北京大學入學考試。他和巴金秘密組織安那其主義團體「均社」，在杭州西

巴金〔註44〕等人還是堅持安那其主義理想積極參加抗日戰爭。

第二節　日本殖民統治時期在華韓人安那其主義團體及運動

一、在華韓人接受安那其主義的背景和過程

　　韓人安那其主義運動可分爲「安那其主義傳入時期（1920 年代初～1920
年代末）」、「抗日戰爭時期（1930 年代初～1945 年解放）」、「社會建設時期（1945
年～現在）」的三個時期。1919 年的「3·1 運動」〔註45〕是韓國獨立運動史的
轉折點，該運動主要體現韓國民族主義的精髓，在對外方面影響日本殖民統治

　　湖召開秘密會議，印發傳單，創辦《平民之聲》，發表《均社宣言》等。從 1925
年到 1931 年在上海，從事寫作和翻譯工作，加入上海世界語學會。1928 年上
海國民大學畢業。畢業後在上海、四川三臺等地執教。1930 年，他與巴金等
人創辦世界語雜誌《綠光》。1933 年創建成都世界語學會，當選爲主席，出版
《綠幟》月刊。1934 年，同車耀先、張良卿在成都創辦《語言》刊物，宣傳
漢字拉丁化和世界語以及編輯《時與潮》、《民鋒》等刊。1940 年以後，先後
在華西協中和四川大學任教，後爲歷史系教授，並任四川省歷史學會理事、
省語言學會理事、中華全國世界語協會理事等職。他與巴金都曾積極投入「五
四運動」，具有強烈的反封建意識及尋求改革社會、振興中華的熱情。關於盧
劍波的研究有蔣俊先生的《盧劍波先生早年的無政府主義宣傳活動紀實》，《無
政府主義思想資料選（下）》，北京大學出版社，1984 年。

〔註44〕巴金本名是李堯棠，他爲提倡安那其主義，用俄羅斯巴枯寧的「巴」和克魯泡
特金的「金」來，取爲筆名。1979 年巴金對自己的筆名作出解釋，1979 年是
文革剛結束的時期（甚至現在中國社會也不容易）隨便公開自己的理想或思想
是非常冒險的舉動。儘管他因崇拜安那其主義受到迫害，然而他到逝去的當時
依然用「巴金」的筆名。所以筆者認爲巴金一輩子的信仰是「安那其主義」。

〔註45〕三·一運動：在日韓併合（1910 年）之後，朝鮮人民發起的獨立運動。由
於發起日爲 1919 年 3 月 1 日而得名。美國總統威爾遜（Thomas Woodrow
Wilson：1856～1924）在巴黎和會時，提倡反殖民的「民族自決主義」，這
原則鼓舞在日留學的韓人學生。並且，對高宗（1852～1919）過逝的毒殺疑
惑，使得韓國各宗教界的呼應。1919 年 3 月 1 日，在京城（首爾）Pagoda
公園中有三十三名獨立運動家發表《獨立宣言文》，引起民眾的支持與示威，
群眾高呼「獨立萬歲」的口號舉辦示威遊行，之後運動遍佈全韓半島。後因
日本帝國主義的殘酷鎮壓，運動最終失敗，至於有多少人死亡目前仍然是難
以統計。該運動後，韓國本土的獨立運動受到不小的衝擊，不少獨立運動家
亡命國外，或改採取武裝革命方式的獨立運動。日本統治韓國的方式也因該
運動，改爲「文治主義」爲主的懷柔政策。中國五·四運動也受到了該運動
的較深的影響。

政策的變化，最終導致日本帝國爲應對民族運動的分裂而施行「文化統治」。由
於日本殖民統治政策的變化，韓人可以開辦報紙、雜誌等，一般民眾也可接受
近代西歐的各種思想。《東亞日報》、《朝鮮日報》等報刊譯介關於社會主義理論
的文章，遺憾的是多數人對社會主義思想的諸潮流認識還很模糊。〔註 46〕在這
樣的社會背景下，不少人開始主張以西歐近代思想來改造陳舊的社會制度，並
建立新韓國。其中有理想的社會主義、馬克思的科學社會主義理論、列寧的布
爾什維克、克魯泡特金的安那其主義等被稱爲激進派的理論。〔註 47〕

　　韓國學界一般認爲韓人接受安那其主義思想的時間是比日中兩國稍晚的
1920 年代初。〔註 48〕其主要原因是殖民地朝鮮民眾缺少接受以反政府爲標榜
的安那其主義的組織支撐。〔註 49〕並且，朝鮮內韓人的安那其主義運動與國
外（中國關內、滿洲、日本等地）相比顯得有些沉悶，因爲在國外對外國人
的思想統制比較寬鬆，活動比較自由，便於開展運動。韓人的解放運動最活
躍的地方是中國關內和滿洲地區。這兩地至少不是日本直接統治的地方，即
可以爭取相對自由的活動空間，故許多韓人愛國志士流亡到中國。他們一方
面積極開展反日本殖民統治的鬥爭，另一方面積極投身於中國革命。金奎極、
權鐸、洪允明等人於 1908 至 1909 年來到中國，辛亥革命期間曾加入學生軍，
並參加北伐戰爭。〔註 50〕申圭植（1879～1922）於 1911 年三月前後流亡到上

〔註 46〕陽明（鄭泰信）1924 年在《開闢》指出：「釋迦、孔子以來的多有的東洋思想
　　　　和耶穌、蘇格拉底以後的所有思想都聚在一起，相互都主張自己正確，簡直
　　　　是混沌狀態。」；1920 年 5 月 12 日，《東亞日報》指出：「過激主義（社會主
　　　　義）橫行的威風比火焰更猛烈，比綢緞瀑布的威勢更極深。」《東亞日報》。

〔註 47〕《新生活》於 1922 年創刊。由「三‧一運動」領袖朴熙道（1889～1951）等
　　　　發起，集聚金元璧（1894～1928）等基督教系列的青年團體和金明植（1890
　　　　～1943）、鄭柏（1899～1950）、辛日鎔（1894～？）等左派青年力量；《朝鮮
　　　　之光》於 1922 年創刊，由李星泰（1901～？）等發起，是當時馬列主義思潮
　　　　主要陣地。

〔註 48〕韓國無政府主義運動史編纂委員會：《韓國 ANARCHISM 運動史》，1978 年；
　　　　吳章煥《韓國 ANARCHISM 運動史 研究》，國學資料員，1998 年。

〔註 49〕李浩龍（韓）先生認爲，「三‧一運動」之前在韓人思想家中不少人認識到安
　　　　那其主義，並且安那其主義廣爲流傳，占思想界的優勢。與日中兩國相似，
　　　　作爲社會主義思想界的主流，安那其主義比馬列主義更早點傳來、接受。然
　　　　而，1919 年之前標榜安那其主義的組織、團體和他們的活動是極少的。李浩
　　　　龍：《在中國韓國人 ANARCHIST 의 民族解放運動》，國史編纂委員會，2000
　　　　年；《韓國의 Anarchism》，知識産業社，2001 年，第一章。

〔註 50〕韓國獨立運動史研究所：《李泰俊이 安昌浩에게 보내는 書信》（1912.7.16），
　　　　《陶山安昌浩資料集 2》，獨立紀念館，1991 年，128 頁。

海〔註51〕，他也參加辛亥革命。李泰俊、金弼淳（1880～1922）等人在聽聞辛亥革命的消息後結伴流亡到中國，目的是加強與中國革命人士的交往。〔註52〕當時許多韓國革命人士認爲，中國革命的成功將會促進韓國獨立的實現。

　　韓人與中國革命人士的交往，使他們初步接觸安那其主義，有些人還直接參加中國安那其主義活動。李乙奎（1894～1972）〔註53〕、李丁奎兄弟流亡北京時，受到時任北大校長的蔡元培（1868～1940）和生物系教授李石曾的大力幫助。他們在李石曾的幫助下插班，在北京大學經濟學系就讀，並蔡、李的幫助下沉迷於安那其思想，積極投身於安那其主義實踐。〔註54〕他們與中國安那其主義者一起研習安那其主義思想〔註55〕，也深受蔡元培、李石曾等新世紀派的影響。〔註56〕申釆浩也得到李石曾、吳稚暉等人的幫助。申釆浩在 1920 年底至 1921 年初創辦《天鼓》時，李石曾幫助他解決經費問題。後來申釆浩潛心研究韓國古代史，李石曾又設法幫助他閱覽北大圖書館的《四庫全書》等資料。雖然申釆浩的安那其主義思想和李石曾並不一致，可這樣

〔註51〕辛勝夏：《睨觀 申圭植과 中國革命黨人의 關係》。
〔註52〕韓國獨立運動史研究所：《李泰俊이 安昌浩에게 보내는 書信》（1912.7.16），《陶山安昌浩資料集 2》，獨立紀念館，1991 年，126 頁。
〔註53〕李乙奎於 1924 年 4 月與李會榮、柳子明、白貞基、鄭華岩等組織「在中國朝鮮無政府主義者聯盟」；1927 年在南京組織「東方無政府主義者聯盟」。朴煥：《大陸으로 간 革命家들》，國學資料院，2003 年，29 頁。
〔註54〕李石曾使激進的韓人知識青年容易接受安那其思想，在李石曾與蔡元培等的幫助之下李丁奎 1922 年插班於北大經濟學系 2 年級。以後李石曾一直支持後來李丁奎活動的上海勞動大學、福建省農民自衛運動以及東方無政府主義者聯盟。而且與魯迅的交流也使李丁奎比較容易吸收安那其思想。（參見《魯迅日記》1923 年 3 月 18 日。）除了與中國人的直接交流以外，他通過對思想問題的研究瞭解安那其主義。李丁奎將安那其主義可以和民族主義結合，因此他自然而然採用安那其思想。李丁奎：《又觀文存》，國民文化研究所古典刊行會，1984 年。
〔註55〕李丁奎：《又觀文存》，國民文化研究所古典刊行會，1984 年。
〔註56〕在華韓人的安那其主義具有激進的民族主義，一些學者認爲這是因爲他們受到中國新世紀派的影響，新世紀派通過《新世紀》主張破壞既往中國的一切價值和制度，他們想用安那其主義方法來解決封建、殖民地狀態。然而，他們具有民族主義的傾向，韓人安那其主義者受到他們具有的民族主義的傾向。（參見具升會等《韓國 ANARCHISM100 年》，理學社，2004 年，208 頁。）然而筆者以爲，在華韓人安那其主義者具有濃厚民族主義傾向的原因並不僅是新世紀派影響，其實除了新世紀派以外其他中國安那其主義者都具有民族主義傾向，韓人安那其主義者接受安那其主義的目的就是爲了實現民族解放。雖然無法否認韓人安那其主義者受到中國新世紀派的影響，可他們具有民族主義的傾向和新世紀派沒有直接關聯。

的交流幫助使申采浩接受安那其主義。柳林、沈容海（1904～1930）、柳基石（柳絮：1905～1980）〔註57〕、柳子明（1894～1985）等人與巴金等人的交往也體現中韓安那其主義者之間的密切關係。〔註58〕

　　除了與中國安那其主義者直接交往之外，在華韓人還通過俄羅斯的克魯泡特金、愛羅先珂（Erosenko：1889～1952）和日本人幸得秋水等的關係，接觸安那其主義理論。代表的在華韓人安那其主義者申采浩、李會榮、柳子明等人都關注克氏的安那其共產主義思想。當時「社會進化論」已變質，甚至辯護日本殖民統治的「帝國主義理論」，可克氏的「相互扶助論」可以克服社會進化論具有的弱點，並且安那其主義批判傳統，可克氏理論具有東亞傳統的性善說、兼愛論等的特點，所以韓人也比較容易接受他的思想。柳子明在晚年回憶文章中坦誠：「我讀《一個革命家的回憶》（克魯泡特金自傳）之後，入迷於無政府主義。」〔註59〕李乙奎、李丁奎兄弟翻譯了大量克魯泡特金的著作，如《告少年》、《法律和強權》、《無政府主義者的道德》等小冊子。〔註60〕「在中國朝鮮無政府共產主義者聯盟」期刊《奪還》〔註61〕的名字亦源於克魯泡特金的《麵包略取》。

　　愛羅先珂出生在烏克蘭的中小農家庭，四歲時因疾病失明，曾旅居日本，從1914年開始用世界語和日語寫作童話。1921年5月，他因參加「勞動節」

〔註57〕 柳基石：又叫柳絮、柳樹人。筆名有柳絮、友竹、劉平、鄧茹英、劉雨亭、李啓東等。出生於韓國黃海南道金川（今日屬於北韓）。1912年來中國，1916年入中國籍，1926年畢業於朝陽大學經濟系。早年積極反對日本軍國主義對朝鮮和中國的侵略，曾與朝鮮黑幟團有聯繫，並發表《主張組織東亞無政府主義者大聯盟》等宣傳安那其主義的文章。先後擔任天津商報、河南民報、中韓文化月刊編輯、主編，河南大學農學院、江蘇教育學院、南通農學院副教授。1952年任江蘇師範學院歷史系教授，1955年獲准恢復北韓的國籍。參見東亞出版社百科辭典部：《東亞原色世界百科辭典》第二卷，東亞出版社，1989年。

〔註58〕 拙稿：《在華韓人安那其主義者與巴金》，《韓國研究論叢》第21輯，2009年，232頁。

〔註59〕 李浩龍：《柳子明의 ANARCHIST 活動》；柳子明《한 革命者의 回憶錄》，獨立紀念館影印，1999年。

〔註60〕 李丁奎：《又觀文存》，國民文化研究所古典刊行會，1984年，4頁。

〔註61〕 以韓漢文字發刊，目前存有創刊號（1928年6月1日）、創刊號增刊（1928年6月15日）、第4號（1928年12月1日）、第5號（1929年3月1日）、發刊、第6號（1929年5月1日）、第7號（1930年1月1日）。함용주：《民族解放運動過程에서 ANARCHISM 의 役割에 對한 批判的 考察》，西江大學，1994年；吳章煥：《韓國 ANARCHISM 運動史研究》，國學資料員，1998年。

慶祝活動，被日本驅逐，流亡於中國。翌年 2 月，他到北京擔任北大講師，與魯迅（1881～1936）、周作人（1885～1967）等人合作開展世界語普及運動。不少在華韓人也跟他學習世界語和安那其主義理論。鄭華岩（1896～1981）指出：「在北京受到俄羅斯盲人詩人愛羅先珂和魯迅的影響，接受安那其主義」。〔註62〕李丁奎提到，由於愛羅先珂的影響而接受安那其主義。〔註63〕李會榮也在北京時經常訪問愛氏，討論安那其思想並決定以安那其主義的方法來開展民族解放運動。〔註64〕

　　幸得秋水也對安那其主義在韓國民眾中的傳播有一定影響。申采浩就是深受幸得秋水影響的人。他曾高度評價幸得的《基督抹殺論》，並把它翻譯成中文。〔註65〕申采浩還在《帝國主義和民族主義》一書中，以幸得的觀點來批判帝國主義。〔註66〕1929 年申采浩因從事抗日活動受到日本殖民當局逮捕審判，當審判長問及是否受到辛得的影響從事抗日活動時，申采浩坦陳：「我認爲幸得的著作是最合理的」。〔註67〕

　　下面筆者還挑出在中國接受安那其主義的柳子明和李丁奎兩人，以他們爲代表整理一下，韓人在中國接受安那其主義的過程。因爲在華韓人安那其主義實施路徑選擇上也各有不同。在華韓人安那其主義運動主要包含兩大內容——恐怖的直接行動和理想村建設運動，柳子明提倡恐怖行動；李丁奎則是理想村建設運動和安那其教育運動的先驅。

　　1916 年柳子明畢業於水原農林學校，曾擔任忠州簡易農業學校教員。〔註68〕「3‧1」運動期間，他在老家（忠州）主導「萬歲運動（和平示威）」，但被當地警察局發覺，不得不逃到京城（今日的首爾）。1919 年 6 月，參加「大韓民國青年外交團」〔註69〕，被選爲漢城政府忠清北道大議員。之後他經過

〔註62〕李庭植：《革命家들의抗日回想》，民音社，1988 年，272 頁。

〔註63〕《李丁奎公判記事》，《東亞日報》，1919 年 2 月 16 日。

〔註64〕李丁奎：《又觀文存》，國民文化研究所古典刊行會，1984 年，75 頁。

〔註65〕朴煥：《殖民地時代韓人 ANARCHISM 運動史》，先人出版社，31 頁；李浩龍：《申采浩의 ANARCHISM 申采浩的安那其主義)》。

〔註66〕金三雄：《丹齋申采浩評傳》，時代의窓出版社，2005 年，347 頁。

〔註67〕《申采浩公判記事》，《東亞日報》，1929 年 10 月 7 日。

〔註68〕柳子明：《한 革命者의 回憶錄》，獨立紀念館影印，1999 年。

〔註69〕「大韓民國青年外交團」是上海臨時政府派遣到巴黎的外交機關，其任務是給臨時政府報告國內外的情況、募捐獨立運動資金、宣傳活動等鼓吹獨立意識。李浩龍：《柳子明의 ANARCHIST 活動》，2 頁；柳子明：《한革命者의回憶錄》，獨立紀念館影印，1999 年。

新義州遁跡於上海。在滬期間，他與一些日本共產主義者有所接觸。同年 12 月回到朝鮮，他和金翰在《共濟》〔註70〕、《東亞日報》、《朝鮮日報》等刊物上發表一些關於社會主義的論說。在《內的 改造論의 檢討》〔註71〕一文中，他反對通過所謂「精神改造」的方法達到改造社會的目的，而提倡社會制度的根本性改造。他認為若沒有社會制度改造，即使改造人心也沒有用，結果只會給民眾更大傷害。現存的宗教、哲學、道德、科學、藝術等都是庇護資本主義的因素。可見他在上海流亡期間，受到廣義社會主義思潮的影響。他一度對馬列主義產生強烈好奇心，但 1920 年「森戶事件」〔註72〕後，他轉向於大杉榮（1865～1923）、克魯泡特金等所主張的安那其主義。〔註73〕他認為當時韓國社會的主要矛盾不是「階級矛盾」，而是「民族矛盾」。他是在華韓人中最早接受安那其主義的革命者。他不同意馬克思、恩格斯等人所論斷的「人類過去的所有歷史是階級鬥爭的歷史」的命題，也不贊成勞動階級的「國際聯合」。他發現朝鮮民眾反抗日本殖民統治和鬥爭與反對國家權力的主張具有相同性質。結果，他開始主張義烈鬥爭方式，即暗殺日本帝國的首腦、破壞日本帝國的統治機關。基於上述的認識，他和申采浩聯手韓人義烈愛國團體「義烈團」，撰述著名文章《朝鮮革命宣言——義烈團宣言》（韓國三大獨立宣言文），他們以安那其主義理論為基礎辯護義烈團的恐怖行動，並論證它的正當性。

李丁奎既是出類拔萃的安那其主義理論家、實踐家。他和親兄李乙奎〔註74〕一起從事翻譯工作，向韓人譯介安那其主義。克魯泡特金、巴枯寧、馬拉泰斯塔、愛利賽·邵可侶（Elisee Reclus）等人的韓文文章，一般是李氏兄弟翻譯，並在韓人團體廣泛流傳。李丁奎還積極參加 1923 年湖南洋濤村理想村建設運動和 1927 年福建自衛運動。

1923 年申采浩發表《朝鮮革命宣言》以後，安那其主義者在韓國國內以京城、大邱、平壤、忠州為中心組織一些小團體，比如京城的「黑旗聯盟」

〔註70〕 《共濟》是傾向於安那其主義的團體「朝鮮勞動共濟會」的期刊。
〔註71〕 《東亞日報》1921 年 4 月 28～30 日。
〔註72〕 「森戶事件」是指東京大學經濟學部助教授森戶辰男在該校期刊《經濟學研究》創刊號發表《クロポトキンの社會思想の研究》，遭到當局軟禁 3 個月和罰款 70 円。柳子明：《한 革命者의 回憶錄》，獨立紀念館影印，1999 年。
〔註73〕 柳子明：《한 革命者의 回憶錄》，獨立紀念館影印，1999 年。
〔註74〕 李乙奎被稱為韓國的克魯泡特金。吳章煥：《韓國 ANARCHISM 運動史 研究》，1998 年，國學資料院，136 頁。

和大邱的「眞友聯盟」。1924 年 12 月，徐千淳、郭徹、申榮雨等組織「黑旗聯盟」，在京城和忠州地區糾合勢力。1925 年 3 月，他們制定綱領，計劃 5 月初舉行創立大會，但由於日本警察的阻礙而失敗，都被逮捕。同年 9 月，徐東星、方漢相、馬鳴等人組織「眞友聯盟」。他們與在日本的朴烈等人維持密切聯繫，尤其方漢相等親自赴日本發起募捐。1926 年，韓國內安那其主義者在關西（平安道）、關北（咸鏡道）等地組織「關西黑友會」和「本能兒聯盟」；在平壤、安州、鐵山、端川等地組織「黑友會」。「關西黑友會」糾集工人、農民，開展社會運動，發刊《黑色戰線》，並組織「社會生理研究會」、「少年會」、「勞動組合」等。他們與京城的「黑旗聯盟」等維持密切的聯繫，另外與「新幹會」的馬列主義者開展理論論爭。他們雖然主張自由聯合主義和工會之間的相互扶助，可由於馬列主義勢力擴張導致無法繼續，結果沒有得到多數民眾的支持。同年東京的「諸聖會」會員試圖暗殺日王，即「第二不敬事件」。1927 年 3 月，金豪九等人組織「黑戰社」，試圖殺害日王、破壞日本統治機構，但同年 7 月被逮捕。1928 年在晉州、馬山、昌原等地也出現安那其主義革命運動。在濟州島民展開「宇利契」運動，他們標榜安那其主義，願意在濟州島建設安那其社會。李弘根、崔甲龍等人與中國奉天的柳林等糾合國內和滿洲的安那其主義者，組織「朝鮮共產無政府主義者聯盟」，然而 1931 年 7 月，13 名團體的負責人全被逮捕。1930 年代，韓國內安那其主義運動由於「9‧18」事變和日本侵華戰爭逐漸衰落。

韓人在日本也積極開展安那其主義運動。1919 年，3‧1 運動前後，在日韓人留學生的「親慕會」逐漸演變成思想團體，深得大杉榮等日本安那其主義者的指導。1920 年 11 月，朴烈、曹奉岩（1898～1959）、金若水（1893～1964）等組織在日最早的韓人思想團體「黑濤會」。該團體雖然標榜安那其主義，但是也宣揚民族主義和馬列主義。翌年 2 月朴烈把「黑奴會」改名爲「黑友會」，併發刊《不逞鮮人》。1923 年 9 月 1 日，關東大地震時，日本政府捏造與日本社會主義者有密切關係的所謂「不逞鮮人」企圖暴動的謠言，屠殺在日韓人。朴烈和他的愛人金子文子（日本）也以暗殺天皇未遂爲罪狀被逮捕。日司法部宣告死刑，以後減刑爲無期徒刑。金子文字在獄中猝死，朴烈在 1945 年 10 月由麥克阿瑟司令部得保釋回國。朴烈案件後，在日韓人安那其主義者在東京、大阪等地組織「黑友聯盟」、「東興勞動聯盟」等安那其主義的團體，併發刊《黑色新聞》、《自由 commune》等雜誌。

由於革命活動範圍不同，韓人安那其主義者受當地（日、中）安那其主義運動的影響。在華韓人安那其主義者關注民族問題，目標傾向於民族解放，執著於革命實踐，都具有濃厚的民族主義傾向。在日韓人安那其主義者更關注安那其主義思想本身，對勞動運動、難民救濟、思想宣傳等表示關心。可在中日安那其主義者的第一課題仍然是解決日本殖民統治。

二、在中國組織的韓人安那其主義團體

為尋求祖國獨立，流亡到中國的韓人當中一批人經過許多的挫折之後，接受了安那其主義，但是接受的程度有所不同。由於安那其主義思想本身的廣義性，每個人理解的運用方法也有不同。他們的第一目標仍是尋求從日本殖民統治下恢復朝鮮民族的主權。對在華韓人組織或參加的十多個安那其主義以及傾向於安那其主義的團體及其開展的革命活動主要涉及直接革命行動、思想運動、教育活動、革命根據地建設運動、安那其主義研究等活動。在本章，為了敘述的方便，按照他們的傾向分類介紹宣傳安那其主義為主（六個）、直接行動為主（五個）、理論研究為主（兩個）、抗戰活動為主（六個）的團體。雖然也有這些團體以外的小規模組織，但因資料等問題，只整理了如下團體。

（一）宣傳思想為主的團體

按照組織時期來羅列安那其主義思想運動團體的話，有「三‧二協會」、「黑色青年同盟北京支部」、「在中國朝鮮無政府主義者聯盟」、「在中國朝鮮無政府共產主義者聯盟」、「東方無政府主義者聯盟」、「無政府東方聯盟（A東方聯盟）」等六個團體。

1、三‧二協會

「三‧二協會」於 1920 年在上海成立，它是韓、中、俄人組織的聯合團體。「三」是指無政府、無宗教、無家庭；「二」是指「自己的長處」和「實近於本能」。因為該組織的基地在上海，所以和上海大韓民國臨時政府的李東輝（1873～1935）〔註75〕、文昌範（1870～1934）〔註76〕等人接觸較多。

〔註75〕 李東輝：號誠齋，出生於朝鮮咸鏡南道端川。1899 年畢業於首爾陸軍武官學校，任陸軍參領，1902 年組織開革黨，開展開化運動，1907 年在江華島傳燈寺發動義兵，但失敗。同年和安昌浩組織新民會。1911 年由於 105 人事件被入獄，釋放後亡命到西伯利亞，組織大韓國民會議。1919 年參與建立韓國臨時政府，任軍務總長和國務總理。這時轉向於共產黨，和李承晚、安昌浩等對立。雖然在蘇聯獲得獨立資金 100 萬盧布，但其中把 40 萬盧布用於高麗共產黨組織基金上。在西伯利亞病死。

〔註77〕俄羅斯組織人員赴日本東京，給中韓工人團體發放宣傳物《克魯泡特金》，介紹安那其主義。該協會雖然是韓人在華最早的傾向於安那其主義的國際團體，但韓人只是參與而已。

2、黑色青年同盟北京支部

黑色青年同盟，於1921年由國內知識分子在韓國國內結成的，北京支部是申采浩等人同年組織。〔註78〕該團體標榜安那其主義思想，中、臺、日青年安那其主義者也參與該支部。〔註79〕1924年，共產黨和馬列主義的興起，安那其主義者喪失影響力，該團體處於解體，當時同盟的創始者申采浩也處在被監禁。

3、在中國朝鮮無政府主義者聯盟（簡稱「朝無聯」）

1923年，與中國新世紀派安那其主義者有密切關係的李會榮、申采浩、柳子明、李乙奎、李丁奎、鄭華岩〔註80〕等北京流亡革命人士，決意基於自

〔註76〕文昌範，出生於咸鏡北道慶源。亡命於西伯利亞後1917年在雙城結成全露韓族中央總會，被選爲會長。1919年4月參加建立臨時政府，擔任交通總長，5月25日改閣時辭職，其後繼續進行抗日鬥爭。

〔註77〕《每日新報》，1920年11月8日。

〔註78〕金山在《阿里浪》指出：申采浩是黑色青年同盟的創設者。但當時申在北京，所以不容易參加國內（韓）的黑色青年同盟的創立，但我們考慮申采浩在中國時，還聘任過大同青年團團長、參加「朝鮮勞動共濟會」等（《申采浩全集（下）》），可以猜到他一定程度上關係於國內黑色同盟的創立。

〔註79〕赤色象征馬列主義，黑色象徵安那其主義。黑色包含著所有顏色，而且混合所有顏色時才能產生，即可以說所有顏色的基礎。함용준：《民族解放運動 過程에서 ANARCHISM의 役割에 對한 研究》，1993年，西江大學博士論文。

〔註80〕鄭華岩：出生於韓國全羅北道金堤。三‧一運動的氣勢還沒沉澱的1920年7月，美國議會使節團訪問韓國，他揭露日本侵略和虐政，受到日本員警的追擊，1921年10月亡命於上海。同年11月爲了參加在俄領伊爾庫次克（Irkutsk）舉行的「遠東革命家大會」去北京的路上發生形勢的變化停止計劃。爲了與國內運動的聯絡1922年潛入於國內，以「民音社」爲中心組織國內聯絡網。再次亡命到中國之後，1924年在北京與李會榮、申采浩等交流，確認武力鬥爭是爭取祖國解放運動的最佳之法，因此學習炸彈製造方法和摸索軍費募捐等。1927年6月，在福建省泉州市中國同志秦望山等組織「25縣民團編練處」開展安那其主義式農村自治自衛運動，並且指導福建省排斥日貨運動。1928年，他參加組織「在中國朝鮮無政府共產主義者聯盟」，發刊《奪還》。1930年4月，他與柳子明、李達（1907～1942）、李何有、吳晃植（1894～1938）等組織「南華韓人青年聯盟」，試圖進行更堅強的暗殺、破壞爲主的武力鬥爭。同年11月，組織了南華聯盟屬下的國際暗殺團體——「黑色恐怖團（BTP）」，該團體也對日本領事館和兵營等進行恐怖行爲。1933年，他糾合李康勳、元

由意志、自由聯合的獨立運動。李會榮對獨立運動路線的分歧、混亂等問題指出：「那些混亂，起因於從個人的英雄心理出來的權力欲。因此我認爲若排斥權力，而以自由平等的原理來開展獨立運動的話，可以解決獨立運動各派的分裂。」〔註81〕因此他們批判臨時政府的組織形態和獨立運動團體的分裂現象，並主張以自由聯合方式組織安那其主義團體。〔註82〕爲批判1923年日本關東大地震時期，日本政府對韓人的屠殺，1924年4月底，在李石曾等人協助下，李會榮、李乙奎、李丁奎、鄭華岩、白貞基〔註83〕、柳子明等人在北京李會榮的宿舍組織〔註84〕「在中國朝鮮無政府主義者聯

心昌、白貞基、柳基文、李容俊、陳樹芳、田華民等組織「上海解放聯盟」。同年3月17日，鄭華岩獲得了日本駐中上海公使有吉明（1876～1937）邀請中國政界人士，在武昌路的叫「六三亭」的日式餐廳約會的情報。鄭華岩、柳子明等策劃刺殺日本駐華公使有吉明，但由日本員警密探的報告舉事之前白貞基、李康勳等被逮捕了。雖然暗殺計劃流產，但使日本統治者大爲恐慌，沉重打擊了日本帝國主義侵略者。從1936年發行《南華青年》月刊，鼓吹抗日意識，組織「猛血團」繼續進行武力鬥爭。1937年9月，他和中國安那其主義者結成「中韓青年聯合會」，發刊《抗爭時報》圖謀中韓國民的共同鬥爭。以後參加臨時政府活動，比如，與李剛、申貞淑、全福根、姜治明等在上海等地把握英美俘虜收容所的位置等諜報活動。1945年恢復祖國之後，10月回上海爲了朝鮮人的安全的歸國努力。1946年在上海任居住民會長及「人性學校」的董事長。1948年暫時歸國，同年8月爲了拜訪中國同志赴上海，翌年共產政權的樹立後無法回國，暫時跑到臺灣。1950年韓國戰爭期間經過香港回國了。

〔註81〕 李丁奎：《友堂李會榮先生略傳》，《又觀文存》。

〔註82〕 鄭華岩對聯盟組織的主要原因指出：「當時北京韓人中不少人接受安那其主義思想，首先需要找統一點，並且對關東大地震時日本政府的屠殺行爲有抱負心理。」（鄭華岩：《이 祖國 어디로 갈 것인가》，自由文庫，1982年，62頁。）

〔註83〕 白貞基（1896～1934）：號鷗波，生於貧農之家，1916年（19歲）上京（首爾）學習，1919年三·一運動爆發時，帶《獨立宣言文》和傳單歸老家主動抗日運動，還破壞日帝軍事設施，被日本員警拘禁。其後，他潛於各地，募捐獨立運動資金，亡命北京，致力於破壞日帝軍事設施。1924年爲暗殺日王去東京，未果。1925年返上海加入安那其主義團體，並投身於農民運動。1933年在上海組織「自由革命家聯盟」（「黑色恐怖團」），開展抗日鬥爭。1933年3月在上海試圖暗殺日本大使有吉明明，失敗被捕。移送到日本長崎，受終身刑，其後獄死。

〔註84〕 沒有明確記錄該組織成立地點。當時該宿舍是北京韓人運動家的秘密聯絡地點。李乙奎、李丁奎、白貞基等住在李會榮的宿舍，沈昌淑、申采浩等經常訪問李會榮。（李恩淑：《民族運動家 아내의 隨記》，正音社，1983年，48頁）1923年夏秋之際，柳子明先後與申采浩、李會榮合住。（柳子明：《我的回憶》，遼寧出版社，1984年。）吳章煥先生認爲，該時期就是北京韓人安那其主義運動的開始。（吳章煥：《韓國 ANRCHISM 運動史研究》，國學資料院，1998年，138頁。）

盟」。〔註85〕由於受到慶尙道（韓國東南部地區）人池明大的幫助，他們可

〔註85〕 李會榮、李乙奎、李丁奎、白貞基、柳子明、鄭華岩等是該團體的主要人物。
　　　　對創立時期的成員問題到目前仍然有不同的看法。鄭華岩指出：「當時申采浩
　　　　蟄居北京觀音寺研究朝鮮史，無法參加該聯盟。」（鄭華岩：《이 祖國 어디
　　　　로 갈 것인가》，自由文庫，1982年，61～62頁。）李圭昌指出：「申采浩因
　　　　生活上的困難，1924年3月10日進北京的觀音寺當和尚，但他不關心佛教，
　　　　只爲避開經濟問題，依靠寺廟而已。該時期申采浩致力研究朝鮮史。」（李德
　　　　逸：《ANARCHIST 李會榮과 젊은 그들》，熊津出版社，189頁；李圭昌：《運
　　　　命의餘燼》，寶蓮閣，1992年。）李丁奎指出：「申采浩自己認爲，從1923
　　　　年開始已沉迷於安那其思想。」李浩龍先生主張，申采浩和其他安那其主義
　　　　者對安那其思想看法不同，申采浩、柳子明便不加入「朝無聯」。其他人重視
　　　　「建設革命根據地」，而申采浩、柳子明卻強調「義烈鬥爭」。（李浩龍：《申
　　　　采浩 ANARCHISM》，《歷史學報》，2003年）申采浩關注義烈團體——多勿
　　　　團，雖然因年齡的原因不會直接參加，但不妨礙爲他們發表《多勿團宣言》
　　　　等，指導其革命活動。愼鏞廈先生認爲，在組織「朝無聯」時期，申采浩的
　　　　思想裏包含不少安那其主義因素，但他無法放棄民族主義思想，甚至不投稿
　　　　於「朝無聯」的《正義公報》。（愼鏞廈：《申采浩의 社會思想研究》，NANA
　　　　出版社，2003年，403頁。）
　　　　筆者並非完全同意李、愼先生的看法。首先李會榮、白貞基、鄭華岩等「朝
　　　　無聯」成員不僅重視理想村建設運動，還重視烈鬥爭。李會榮的兒子李
　　　　圭駿是多勿團中心人物，暗殺密探金達河時甚至李會榮的女兒李圭淑也參
　　　　加。他們還參加1932年白貞基在上海虹口公園（今魯迅公園）組織的尹奉
　　　　吉炸彈義舉。（李德逸：《ANARCHIST 李會榮과 젊은 그들》，熊津出版
　　　　社，242～247頁。）申采浩、柳子明不僅關注義烈鬥爭，還參加各種獨立
　　　　運動。1920年代初，在華韓人安那其主義者採用的方法是「理想村建設運
　　　　動」和「恐怖行動（義烈鬥爭）」。李會榮、李乙奎、李丁奎等對前者，柳
　　　　子明、申采浩等對後者表示更大關心。所以李先生等認爲因思想的差異這
　　　　兩人不參加「朝無聯」。雖然在華韓人民族主義者、馬列主義者、安那其主
　　　　義者的最終目的地是不同的，但最先要解決的問題是恢復民族主權，只不
　　　　過其方法和政治理念不同而已。從方法來看，組織「朝無聯」之前，申采
　　　　浩已經接受安那其主義，並且滿足申采浩思想的團體仍然是「朝無聯」等
　　　　安那其主義小團體。他於1926年正式加入「朝無聯」，從1927年開始積極
　　　　開展安那其運動，並且1928年4月親自組織韓人爲主的「無政府主義東方
　　　　聯盟」。對申采浩一開始不參加「朝無聯」的原因，鄭華岩、李圭昌、李丁
　　　　奎等的回憶似乎更爲可信，即不是他和「朝無聯」成員看法不完全一致，
　　　　而是因個人問題，不能直接參加。組織「朝無聯」時，柳子明在上海開展
　　　　義烈活動。鄭華岩在回憶錄提出柳子明參加「朝無聯」。（鄭華岩：《이 祖
　　　　國 어디로 갈 것인가》，自由文庫，61～62頁。）李浩龍認爲柳子明也許
　　　　沒參加，而且李丁奎在《友堂李會榮先生略傳》也沒提到柳子明。雖然柳
　　　　子明在上海，不能直接去北京參加朝無聯創立會議，但其可登記爲創立成
　　　　員。柳子明是在華韓人當中最先接受安那其主義的，給申采浩、李會榮等
　　　　介紹安那其主義，而且「朝無聯」是在華韓人的團體中第一次使用「無政

以發刊《正義公報》。〔註86〕池氏曾經居於上海，而去美國之後又發行傾向於安那其主義的韓文雜誌《黑旋風》。《正義公報》是正式標榜安那其主義的韓人的最初雜誌，李會榮承擔期刊的經費問題，發行到第 9 號，而因為經濟上的原因無法再發刊。〔註87〕該報刊是研究早期在華韓人安那其主義的很好的資料，但均已散失。〔註88〕

　　他們通過《正義公報》批判上海臨時政府民族主義分裂現象和標榜無產階級專政的馬列主義路線的革命理論。他們對民族主義團體要求在自由聯合原理之上團結。鄭華岩指出：「旬刊基於安那其主義要求解決民族主義陣營內的派別問題，並號召所有獨立運動團體根據自由聯合組織原理結集力量，激烈批判標榜無產階級專制的共產主義布爾什維克革命理論」。〔註89〕李丁奎也指出：「《正義公報》的內容是以聯盟的主張和主義的宣傳為主。按照（李會榮）先生的編輯方針宣傳安那其主義、提供獨立運動理論。準與馬列主義的理論的論爭，並且批判獨立運動陣營內部的缺點，我們以這些活動為主任務。因此《正義公報》給所有人嶄新的刺激，批判邪教哲學共產主義理論，並且

府主義」的團體，因此「朝無聯」的組織人員可以給柳氏通知「朝無聯」的結成消息或「朝無聯」是在柳子明指導下創立。柳子明與申采浩強調恐怖的直接行動，除距離限制外，沒有不參加「朝無聯」的任何理由。雖然李浩龍的韓人安那其主義運動的分類法是正確的，但當時在華安那其主義者之間沒有思想分歧，哪怕有方法上有差異。咸용주認為，李會榮為在華韓人安那其主義運動第一世代主導者，李乙奎、李丁奎、白貞基、柳子明、鄭華岩為第二世代。（咸용주：《民族解放運動過程에서 ANARCHISM 의 役割에 對한 批判的 考察》，西江大學，1994 年）李會榮的年齡比他們老，但接受安那其思想的時間反而比柳子明、李丁奎晚。李會榮被捕（1932 年）後，他無法繼續開展安那其主義運動，故李會榮和其他人活動時間有所不同。20 年代在華韓人的安那其主義運動，不需要世代的區分，且無法區分。（鄭華岩：《이 祖國 어디로 갈 것인가》，自由文庫，1982 年，62 頁。）

〔註86〕在華朝鮮無政府主義者聯盟綱領：一、一切組織都基於自由聯合。二、反對一切政治活動。三、只使用直接的方法（直接宣傳、暴力的直接行動）。四、因為未來的社會都基於自由聯合的原則，所以尊重政治的黨派以外的各獨立運動團體、革命運動團體，並且維持戰友的關係。五、廢止國家。六、消滅一切執權的組織。七、廢除私有財產，實行共產主義。但廢除產業的集中，實行工農的併合，即實行地方的分散。八、廢止宗教、結婚制度及家族制度。（金成局：《韓國의 ANARCHIST》理學社，2007 年，47 頁。）

〔註87〕李德逸：《ANACHIST 李會榮과 젊은 그들》，熊津出版社，2001 年，184～185 頁。

〔註88〕李庭植：《革命家들의 抗日回想（鄭華岩）》，民音社，329～330 頁。

〔註89〕鄭華岩：《이 祖國 어디로 갈 것인가》，自由文庫，1982 年，61～62 頁。

攻擊布爾什維克共產革命和獨立運動家的分裂現象、興士團的務實力行論和國民代表大會等。」〔註90〕

　　他們和魯迅和周作人、愛羅先珂、李石曾、蔡元培、範本梁等維持緊密關係，期待實現韓、中、臺灣的國際聯合。但因經濟問題和排斥嚴密組織的安那其主義本身原因，他們的活動局限於個人活動。因此 1924 年 9 月李乙奎、李丁奎、白貞基等人轉移到上海。只有李會榮留在北京承擔與國內聯絡和募集資金工作。〔註91〕

4、在中國朝鮮無政府共產主義者聯盟（簡稱「朝無共聯」）

　　「朝無聯」因資金問題無法繼續開展活動而解體。這時期民族主義者和馬列主義者開展左右合作運動——1927 年組織「新幹會」。在華韓人安那其主義者感覺到安那其勢力萎縮，並爲反對「左右聯合運動」，1927 年 10 月發起「在中國朝鮮無政府共產主義者聯盟」，翌年 3 月在上海成立。韓人馬列主義者只依靠共產國際（komintern），因此安那其主義者憂慮韓人獨立運動失掉方向。「新幹會」是民族主義和共產主義系列的獨立運動人士，以「民族統一戰線」爲宗旨所合作的結果。但安那其主義者已知馬列主義者以民族統一的名義滲透於民族主義陣營，並建立親蘇維埃的朝鮮政權。無法接受馬列主義的安那其主義者，自然反對民族主義和馬列主義陣營的合作〔註92〕，對此 1928 年 8 月「朝無聯」上海部發表《誅伐新自治派共產黨》，批判馬列主義者。

　　繼《正義公報》之後，他們發刊《奪還》，批判國內外的「左右合作運動」，強調安那其共產主義理念。〔註93〕1927 年 10 月創刊，1928 年 3 月發行，同年 6 月開始刊行。〔註94〕柳基石、韓一元等人主筆，李乙奎、李丁奎、鄭華

〔註90〕李丁奎：《又觀文存》，國民文化研究所古典刊行會，1984 年，80 頁。

〔註91〕李庭植：《革命家들의 抗日回想（鄭華岩）》，民音社，1988 年，330 頁。

〔註92〕但申采浩是比較特別的例子，參加新幹會。《年譜》，《丹齋申采浩全集下》，503 頁。

〔註93〕劉師復在《克魯泡特金無政府共產主義之要領》整理克氏的安那其共產主義：即（一）爲經濟上之自由。一切生產從資本勢力之束縛擺脫，凡共同勞動之結果勞動者得自由取用之；（二）爲政治上之自由。從政府之束縛擺脫，而自由組織各種公會及團體，由單純以至複雜；（三）爲道德上之自由。脫宗教的道德束縛，以達於無義務，無制裁之由，人群生活之關係，以互助之感情維持之。（《民聲》第 17 號，1914 年 7 月 4 日。）劉師復除這篇文章以外，在很多文章強調施行安那其共產主義，並且其思想的來源是克魯泡特金。

〔註94〕《奪還》的目錄如下：《創刊號》1928 年 6 月 1 日：（1）《奪還의 主張》，又觀李丁奎。（2）《沿海洲의 朝鮮農民을 擁護하라》，黑奴。（3）《无政府工團

岩、柳子明、李會榮等投稿。該聯盟的思想來源是 1914 年在上海和廣州劉師復等建立的「無政府共產主義同志社」。他們使用劉師復的「無政府共產主義」，提出將來社會模式會接近於劉師復的理論。

5、無政府東方聯盟（A 東方聯盟）

1927 年 9 月，由韓、中、日、臺、安南、印度等 6 國 120 名人士在南京組織「無政府東方聯盟（A 東方聯盟）」〔註95〕，總部設在上海，1928 年 4 月正式開展活動。他們主張安那其主義者在團結、國際紐帶、自由聯合組織原則下開展理想社會建設。

申采浩和李弼鉉由臺灣安那其主義者林炳文介紹加入聯盟。申采浩加入聯盟後，對安那其主義運動表示極大熱情。他爲了發行聯盟的正式刊物返回北京，組織召開「朝鮮無政府主義者北京會議」，發表《宣言文》，號召全世界無產大眾，尤其東方各殖民地、半殖民地無產大眾團結對抗帝國主義及壓迫勢力，調萬國勞動者的團結。申采浩和林炳文等以製造國際假幣的方式解決宣傳及運動的資金問題。1928 年他們僞造一批外幣，通過林炳文將這些假外幣混入郵務匯款系統，到臺灣用化名異地變現。但實施計劃過程中，申采浩在基隆港被日本警察逮捕，判處有期徒刑 10 年。由於申采浩使用化名「申丹齊」，國內（韓國）並不清楚申采浩逮捕之事。〔註96〕

6、東方無政府主義者聯盟

1928 年 6 月，在華韓人安那其主義者爲加強國際聯合，加盟於上海的「東方無政府主義者聯盟」。6 月 14 日，在上海法租界李梅路的華光醫院，李丁奎、柳基石、赤川啓來（日）、毛一波、王樹人、吳克剛（中）等人協議〔註97〕，

主义로 가는 길》，呂君瑞翻譯。(4)《青年에게 訴함》，李乙奎翻譯。(5)《消息》……：英文《創刊號增刊》1928 年 6 月 15 日：(1)《奪還의 첫 소리》，又觀李丁奎。(2)《革命原理와 奪還》，又觀李丁奎。(3)《日無政府主義者의 본 바 朝鮮獨立運動》，Pasarof。(4)《在中國朝鮮無政府共產主義聯盟發起文及聯盟綱領》。鄭華岩《이 祖國 어디로 갈 것인가》，自由文庫，1982 年，62 頁。

〔註95〕 現在無法明確判斷 A 東方聯盟的創立時期。在《申采浩公判記錄》指出，1928 年 4 月在北京舉辦創立會議。但我認爲此聯盟的本部在上海，在南京舉辦創立會議。在《申采浩公判記錄》上說的 1928 年 4 月是指申采浩回北京之後，在天津舉辦的「朝鮮無政府主義者天津大會」的時期。並且這地方也還無法確定北京還是天津。

〔註96〕 《東亞日報》，1928 年 7 月 20 日。

〔註97〕 《東亞日報》，1929 年 2 月 16 日。

韓、中、日、臺灣、安南、印度、菲律賓等7個國家代表200多人結成聯盟。華光醫院是上海安那其主義運動的中心，由四川人鄧夢仙開設。〔註98〕李梅路的貨幣路書店也是上海各國安那其主義者的聯絡之地。〔註99〕兩處是大杉榮、岩佐作太郎、山鹿泰治、柳子明、金光洲、李慶孫、金明水、安偶生等人經常往來的地點。李丁奎、毛一波、王樹人等擔任書記部委員。該聯盟強調東方各國安那其主義者的團結和聯合、自由聯合的組織原理下建設各民族獲得自主和各個人享受自由的理想社會。他們爲共同抵抗日本的朝鮮併合、法國的安南統治、美國的菲律賓支配、英國的印度支配、西方各國的中國侵略而組織的。李會榮1928年4月的天津會議上發表《韓國의 獨立運動과 無政府主義運動（韓國的獨立運動和無政府主義運動）》，強調：「韓國的無政府主義運動是眞正的獨立運動，在韓國的眞正的解放運動──無政府主義運動就是爲朝鮮獨立的運動」。〔註100〕對李會榮來說安那其主義是民族主義的新形態，他呼籲各國支持韓國獨立運動，該文章被選爲該聯盟的決議案。〔註101〕李丁奎還主張：「我們在獲得獨立的韓國，應該建設四民平等、萬人享受自由和平等的社會，同時應該建設自由發展的機會均等的社會……我不想受別人的支配，所以我也不支配別人。在得獨立的韓國建設無支配、無壓抑、無掠奪的世上是我的一貫的政見」。〔註102〕安那其主義提倡的「國際主義」讓他們從既往狹隘民族主義中擺脫，強調對強權、壓迫的抵抗，重視各國、各地區的自由聯合。但是他們不是選擇以蘇聯爲主的共產國際，而是保持國家、地區之間的平等。該聯盟得到一批中國著名人士的支持，李石曾、胡漢民、吳稚暉、魯迅等人也參加在天津舉辦的兩次會議。書記局發刊《東方》，但其報刊已流失，到目前還沒找到關於天津會議的詳細資料，但通過他們的《決議案》〔註103〕可以籠統地判斷天津會議的基本面相。

〔註98〕柳子明《나의 回憶》，遼寧人民出版社，1984年，121頁。
〔註99〕鄭華岩《이 祖國 어디로 갈 것인가》，自由文庫，1982年，278～279頁。
〔註100〕1928年8月20日李丁奎發表《告東方無政府主義者》，《東亞日報》，1929年2月16日。
〔註101〕李丁奎：《友堂李會榮略傳》，《又觀文存》三化印刷出版社，1974年，53頁。
〔註102〕李丁奎：《友堂李會榮略傳》，《又觀文存》三化印刷出版社，1974年，53～54頁。
〔註103〕決議案內容：一、反對極不純粹的現下朝鮮民族主義運動。二、否定一切政治運動。三、排斥似而非（邪教）革命共產專制。四、清算共產主義者使用的模糊的事大主義（大國屈從主義）。（吳章煥《韓國ANARCHISM運動史研究》，國學資料員，1998年。144頁。）

從各種資料可以看出，韓國革命人士爲了恢復祖國亡命中國。他們從中國民族解放實踐中發現民族主義和馬列主義的不足與弊端，從而接受安那其主義。他們的第一個目標仍然是尋求民族獨立與解放，並將安那其主義運動視爲民族獨立運動。因此他們激烈批判蘇聯爲主操控的共產國際體系，而強調聯合國家之間沒有上下構造的國際紐帶。由於他們在國外開展活動，在革命經費等方面對外界依賴性較強，安那其主義革命團體維繫的時間短暫，無法維持幾年甚至幾個月以上。這是作爲流亡革命家群體難以開展激進革命的主要原因。

（二）直接行動爲主的團體

直接行動主要是指出韓人開展的針對日本殖民統治者的，以暗殺爲主要方式的各種極端革命行動。以義烈鬥爭（恐怖行動）爲主進行安那其主義運動的團體，主要有 1920 年代的「義烈團」、「多勿團」以及 1930 年代活動的「南華韓人青年聯盟」等。

1、義烈團

義烈團是由激進主義年輕人組成的開展恐怖行動的傾向於安那其主義的團體。1919 年 11 月 9 日，金元鳳（1898～1958）〔註104〕和姜世宇、郭在驥、徐相洛、韓鳳根、權俊、李鍾岩、裴東宣、金相潤、申哲休、黃尙奎、尹世冑、韓鳳仁、金玉、李成宇、郭敬、梁健浩等人，在中國吉林省巴虎門外的中國人潘某家秘密集會，決定成立「義烈團」。〔註105〕他們大多數是與李會榮所建立的「新興武官學校」的畢業生。其綱領是「驅除倭奴、光復祖國、打破階級、平均地權」。〔註106〕該團體是由暗殺部、財務部、教育部（以上在哈

〔註104〕金若山：本名金元鳳，出生於慶尙南道密陽。1918 年就讀於南京金陵大學，同年 11 月棄學，與金若水、李如星等同學研究具體抗日之法，參加抗日鬥爭。1919 年 12 月組織「義烈團」，以破壞國內外機關以及暗殺親日要人爲主要手段，開展安那其主義鬥爭。1925 年畢業於黃埔軍官學校。1935 年領導朝鮮民族革命黨，主導關內地區韓人民族解放運動。並在中國國民黨的支持下組織「朝鮮義勇軍」。1942 年就任朝鮮光復軍副司令。1944 年任韓國臨時政府國務委員以及軍務部長。1945 年日本投降後歸國。1948 年南北協商時赴北朝鮮，同年 8 月當選爲朝鮮最高人民會議第一期大議員。1952 年任勞動相、1956年任朝鮮勞動黨中央委員、1957 年 9 月任最高人民會議常任委員會副委員長等。但 1958 年 11 月因金日成圖謀的清洗延安派事件被殺害。
〔註105〕他們的第一公約是「猛烈實行天下正義之事」，所以把團體名定爲「義烈團」。
〔註106〕公約如下：一、堅決實行天下正義之事業；二、爲朝鮮的獨立與世界的和平犧牲自身；三、具有忠義氣魄與犧牲精神始爲本團團員；四、履行團約是團員的首要義務；五、選舉義伯 1 名爲本組織的代表；六、不管何時何地每月

爾濱）、飛行機部、爆彈部、武器製造部（以上在海參崴）、宣傳部（在北京）組成的。〔註107〕北京和上海是他們的主要活動地區。他們決議爲了祖國光復獻身，還確定了「驅除倭奴、光復祖國、打破階級、平均地權」等的基本綱領〔註108〕和「五破壞、七可殺」〔註109〕的行動方針以及「公約十條」。〔註110〕1923 年 6 月末，他們爲進一步加強紀律、壯大隊伍，義烈團在上海召開總會，制訂了《八條行動綱領》。到 1924 年爲止，該團體共有七十多名成員。他們開展的義烈鬥爭大概如下：

（1）1920 年 3 月：朴在驥等人破壞朝鮮總督府的密陽炸彈事件。

（2）1920 年 5 月 13 日：郭在驥、李成宇潛入首爾，暗殺朝鮮總督等日本官吏。

均得向團報告活動狀況；七、不論何時何地絕對服從團之召喚；八、不怕犧牲勇盡團員義務；九、九死一生獻身事業；十、違背團約者格殺不論。（朴泰遠：《若山과 義烈團》，1947 年。）

〔註107〕《韓國民族運動史料：中國編》，國會圖書館，首爾，1976 年，383 頁。

〔註108〕後來通過數次的修正過程，他們對四個項目發表了如下的文章。第一、徹底打倒朝鮮民族生存的仇敵日本帝國主義的統治，完成朝鮮民族的自由獨立；第二、剷除封建制度及一切反革命勢力，建立眞正的民主國家；第三、消滅少數人剝削多數人的經濟制度，建立朝鮮人民生活上平等的經濟組織；第四、同世界反帝國主義民族聯合打倒一切侵略主義；第五、實施民眾的武裝教育；第六、人民具有言論、出版、集會、決社、居住的絕對自由；第七、人民具有無條件的選舉和被選舉權；第八、實施以一個郡爲單位的地方自治；第九、女人在政治、經濟、教育、社會上具有與男人同等的權利；第十、以國家經費實施義務教育、職業教育；第十一、沒收朝鮮內日本人的各種團體和個人所有的一切財產；第十二、沒收賣國賊、偵探奴等叛徒的一切財產；第十三、保障農民運動的自由，給貧苦農提供土地、家屋、機具等；第十四、保障工人運動，給工人平民提供家屋；第十五、建設養老、救濟等公共機關；第十六大規模的生產機關及容易壟斷的企業（鐵道、礦山、運輸、電氣、銀行等）是由國家來經營；第十七、以累進率徵收所得稅；第十八、取消一切雜稅；第十九、安全保障海外居住同胞的生命、財產，給他們提供生活上的安全。參見朴泰遠：《若山과 義烈團》，1947 年，29 頁。

〔註109〕「五破壞、七可殺」指施行直接行動的對象。破壞的對象是：一、朝鮮總督府；二、東洋拓殖株式會社；三、每日新報社；四、各員警署；五、其他倭敵重要機關等日帝統治機關及其關聯機關。「七可殺」是指暗殺對象：一、朝鮮總督以下高官；二、軍部首腦；三、臺灣總督；四、賣國奴；五、親日派巨頭；六、敵探（密探）；七、反民族的土豪劣紳。值得注意的是，義烈團的暗殺對象中包括臺灣總督，這說明該組織不僅致力於朝鮮人民的解放運動，而且十分重視殖民地民眾反日鬥爭的內在關聯和互動，積極支持臺灣人民的解放運動。

〔註110〕朴泰遠，《若山과 義烈團》，1947 年。

（3）1920 年 9 月 13 日：朴載赫炸死釜山警察署長橋本秀平。

（4）1920 年 12 月 27 日：崔敬鶴（崔壽鳳）潛入密陽警察署暗殺日本官吏。

（5）1921 年 9 月 12 日：金益相攜帶炸彈潛入朝鮮總督府進行暗殺。

（6）1922 年 3 月 28 日：金益相、吳成倫、李鍾岩暗殺日本軍隊長田中義一的事件。

（7）1922 年 3 月：金始顯、黃鈺等企圖在韓國策劃大暴動，事泄被捕

（8）1923 年 1 月 12 日：金相玉在漢城鍾路警察署等地進行暗殺行動。

（9）1923 年 3 月：金始顯等人破壞朝鮮總督府、朝鮮銀行、京城銀行、京城電氣會社，暗殺朝鮮總督及警務總監事件。

（10）1923 年 12 月：具汝淳等人暗殺日本政府大臣。

（11）1924 年 1 月：金祉燮潛入日本東京，在宮城前二重橋櫻田門投彈。

（12）1925 年 3 月 30 日：李仁洪等在北平處死朝鮮總督密探金達河。

（13）1926 年 12 月：羅錫疇在朝鮮殖產銀行及東洋拓殖株式會社投彈案件。〔註111〕

　　為體現組織的包容性，他們表面上不提出任何主義，結果更多的革命青年參與各種暗殺和破壞活動，各種信仰的青年加入該團體。對此，社會主義者金山（1905～1938）回顧：「1921 年和 1922 年是朝鮮無政府主義的鼎盛時期。」〔註112〕金元鳳指出：「我們開始光復運動之後，嘗試各種方法，比如組織臨時政府、與軍隊或共產主義者攜手、舉辦國民代表會議等。但到底獲得什麼結果呢？若 5、6 次暗殺朝鮮總督，沒有人敢承擔那種地位。若每年在東京進行兩次以上恐怖，日本人自己放棄對朝鮮的殖民統治。」〔註113〕3‧1 運動後，他們感到抵抗日本帝國時，若缺乏武力難以取得成功。他們通過暗殺、暴力等手段開創了獨立運動的新局面〔註114〕。他們認識到只有以全民族遊行運動和直接義烈行為（恐怖）才能得到抗日鬥爭的效果。他們對各地獨立運

〔註111〕慎鏞廈：《申采浩의 社會思想 研究》，NANAM 出版社，2003 年，392 頁。

〔註112〕金山指出：「從 1919 年到 1924 年，只在國內發生 300 件以上的義烈運動，施行恐怖的團體基本上基於安那其主義思想。朝鮮無政府主義者的鼎盛期是從 1921 年到 1922 年。」（金山、Wales Nym，조우화譯：《阿里浪》，東녘出版社，1999 年，103～105 頁。）

〔註113〕慶尚北道員警部：《高等員警要史》，慶尚北道員警部，1934 年，97 頁。

〔註114〕石源華：《韓國反日獨立運動史論》，中國社會科學出版社，1997 年，281 頁。

動小團體的妥協態度慨歎，標榜激進獨立運動。〔註115〕

　　1920 年代初，積極的義烈鬥爭引起其他政府或國家的恐懼，同時共產國際開始干涉在華韓人馬列主義者的行動，馬列主義者和穩健民族主義者開始反對義烈團的義烈活動。義烈團需要同時應付兩股勢力〔註116〕，因此 1922年金元鳳邀請申采浩和柳子明〔註117〕撰寫辯護該團體的文章。申、柳在《朝鮮革命宣言（義烈團宣言文）》〔註118〕一文，在安那其主義的立場上解釋義烈團的綱領、鬥爭目標、政治理念，並批判日本帝國主義者以及只主張內政獨立、自治、參政權的韓人。申采浩將這些人定為「民族之敵」，同時他們批判主張外交論、準備論的臨時政府，提倡基於民眾力量和暴力的「直接行動論」、「民眾直接革命」。他將獨立運動的方式確定為「武力革命」，在民族獨立運動的範疇排除所有非暴力運動。韓人安那其主義者鄭華岩對申采浩的思想解釋為：「抗日獨立和無政府主義」。〔註119〕

　　申采浩的《朝鮮革命宣言》有如下特點：第一，他對朝鮮民族的強迫者、經濟的榨取者確定為日本帝國和朝鮮親日勢力，宣佈對他們的斷然決戰，堅決反對妥協、情願等方法。與「3・1 運動」時發表的《朝鮮獨立宣言文》之「約法三章」比較，確實該文章具有更加明確的激進型。第二，確定民族獨

〔註115〕朴泳模：《義烈團 創團過程에 關한 一考察》，慶星大學碩士論文，1998 年。

〔註116〕金若山指出：「雖然暗殺和破壞是重要的，但行動後沒有宣傳的話，一般民眾只能看行動裏的暴力，並不能理解暴力裏的精神。不斷的暴力，同時需要宣傳、煽動和啓蒙。」（박태원：《若山과 義烈團》，여강出版社，1986年。）

〔註117〕對柳子明參加義烈團時期，有不同看法，但看 1922 年與申采浩草擬《義烈團宣言——朝鮮革命宣言》，至少他 1922 年之前加入了義烈團。他擔任通訊和宣傳。該時期他和申采浩、李會榮等交流，摸索獨立運動的方法。（李浩龍：《柳子明의 ANARCHIST 活動》，《歷史와 現實》，2003 年。）

〔註118〕學者們對《朝鮮革命宣言》的看法有所不同。慎鏞廈、吳章煥先生認為，雖然受到不少安那其主義影響，但仍然屬於基於民族主義的從民族主義到安那其主義的過渡期作品，至於革命方法受到安那其主義影響，革命目的是民族的獨立。（慎鏞廈：《申采浩의 社會思想研究》，NANA 出版社，2003 年、吳章煥：《韓國 ANARCHISM 運動史 研究》，國學資料院，1998 年，170 頁。）李德逸先生只簡單地指出文章裏內涵著安那其主義的特點。（李德逸：《ANACHIST 李會榮과 젊은 그들》，熊津出版社，2001 年，159 頁。）與此相反，金成局先生認為，申采浩 1920 年已經幾乎入迷於安那其主義，寫《朝鮮革命宣言》之前已經成為安那其主義者。（金成局：《ANARCHIST 申采浩의 試論的 再認識》，《韓國의 ANARCHIST》，理學社，32 頁。）

〔註119〕李庭植：《革命家들의 抗日回想》，民音社，1988 年。

立運動的主體爲朝鮮民眾，拒絕精英引導的革命，所以民眾直接蜂起爲唯一的革命手段。第三，他根據巴枯寧理論強調破壞，認爲「革命之路從破壞開始」、「對破壞的熱情就是對創造的熱情」。

　　金元鳳與日本安那其主義者大杉榮計劃在東京設立義烈團東京支部，可無法達成這計劃。1924 年開始，義烈團出現分裂現象。金山回顧：「到 1924 年，階級意識具體化之後，義烈團分裂成三個方向，即民族主義、安那其主義、共產主義。這三種思想都受到安那其主義哲學的影響，但因在朝鮮大眾運動的迅速發展，1924 年以後大眾運動更傾向於共產主義意識形態。大眾運動的發展給義烈團造成很大的影響，證明馬克思主義的正當性。」〔註120〕柳子明等憂慮馬列主義興起，努力構築安那其主義的正當性。他維持義烈團員的身份，追求安那其主義的獨自路線。由於馬列主義的興起，在華韓人安那其主義者需要全面團結的新出路。1928 年 10 月 4 日，在義烈團第三次全體大會上更系統地修改了綱領。〔註121〕1920 年代後期，義烈團積極開展民族運動統一運動。1929 年義烈團上海支部解散，此後實質的義烈鬥爭幾乎停止。〔註122〕義烈團完全分裂爲安那其主義、民族主義、共產主義等力量，無法統一。1935 年 7 月，由 5 個民族主義政黨構成「民族革命黨」〔註123〕時，義烈團才重新統合。

　　雖然建立義烈團時期，團體標榜的意識形態比較模糊，但從柳子明、申采浩加入後，安那其主義的宗旨更加明確。可義烈團員並沒有正式標榜他們是追求安那其主義的團體，而且從 20 年代後期開始，他們與民族主義、馬列主義陣營開展聯合鬥爭。金榮範先生等認爲這時期在華韓人安那其主義運動開始沒落。〔註124〕因這理由，一些韓國學者們對在華韓人安那其主義運動表示不滿。〔註125〕但換角度看的話，這就是在華韓人安那其主義運動的特點。

〔註120〕金山、Wales Nym，조우화譯：《阿里浪》，東녘出版社，1999 年，104～106 頁。

〔註121〕朴英姬：《朝鮮義烈團의 成立과 抗日鬥爭》，《歷史檔案》，2006 年第 04 期。

〔註122〕國會圖書館：《韓國民族運動史料：中國篇》，國會圖書館，1976 年，43 頁。

〔註123〕1935 年 7 月，在南京韓國獨立黨、新韓獨立黨、朝鮮革命黨、大韓獨立黨、義烈團 5 黨代表 14 人結成民族革命黨。九‧一八以後，在華韓人感到需要建設統一戰線體系，但該時期支持臨時政府的韓國獨立黨的一部分人不參加。1936 年初設置華中、華南、華東、華西、華北、滿洲、朝鮮等支部。以「三均主義」爲綱領，企圖建立民主共和國、土地國有化、大規模生產機關的國有化、保障民主的權利。刊行《民族革命》。

〔註124〕金榮範：《韓國 近代民族運動과 義烈團》，創作과 批評社，1997 年，124～125 頁。

〔註125〕慎鏞廈：《申采浩의 社會思想研究》，NANA 出版社，2003 年，445～446 頁。

隨著安那其主義的世界化，當時的韓人接受安那其主義，無論使用的方法如何，他們都是努力堅持安那其主義的本質。

2、多勿團

1920 年代，積極配合義烈團從事義烈鬥爭的團體是「多勿團」。多勿團經過兩個發展階段，1923 年組織的多勿團的前身「多勿團」和 1925 年與國民黨聯合的「多勿團」。〔註 126〕前身「多勿團」大概建立於 1923 年 9 月以前，由於李圭駿、李圭鶴、李性春、柳子明等居住於北京的青年們在北京創立。〔註 127〕早期由於申采浩、柳子明、李會榮等人的指導下，即李會榮 1924 年創立朝無聯、申和柳當時已經接受安那其主義，〔註 128〕該團體傾向於安那其主義。〔註 129〕「多勿團」的另外一個支流是 1923 年 3 月底裴天澤、南亨祐、金東三（1878～1937）、金昌淑（1879～1962）、徐曰甫、徐東日、韓震山、柳青宇、金世俊等人在上海組織的「國民黨」。〔註 130〕

1925 年 4 月 14 日，兩個團體在北京暗地組織「多勿團」。創立時，沒有正式的本部，在關內地區代表的獨立運動團體集中於上海，因為北京地區韓人數量不多。〔註 131〕他們大多是亡命革命人士或學生，只能協助中國志士開

〔註 126〕朴煥：《殖民地時代韓人 ANARCHISM 運動史》，先人出版社，2005 年，63～65 頁。

〔註 127〕「1923 年 9 月，我赴北京，見多勿團團長黃海觀，和他商量朝鮮獨立運動的方法之後，決定加入多勿團」。國史編纂委員會：《韓民族獨力運動史資料集（30）》，國史編纂委員會，1997 年。

〔註 128〕李圭昌（1913～2005）：李會榮的兒子。1913 年 3 月 28 日出生於滿洲通化縣，小時跟著家人赴北京。1929 年跟著父親又移住到上海。1932 年李會榮的獄中死亡後，在上海加入「花郎青年團」、「南華韓人聯盟」等，跟著白貞基、嚴舜奉、李康勳等開展抗日鬥爭。1933 年 3 月組織黑色恐怖團，在上海試圖駐華日本公使有吉明，但失敗。以後致力於募捐軍資金。1935 年 3 月暗殺親日密探李容魯。但被日本員警捕。1936 年 4 月 24 日被判刑 13 年。1945 年光復後出獄。2005 年 8 月 2 日逝世。李圭昌指出：「多勿團是 1923 年，李圭駿、李圭鶴、李性春等數名和義烈團的柳子明先生商量之後組織的團體。」（李圭昌：《運命의 餘燼》，寶蓮閣，1992 年，74 頁。）

〔註 129〕李圭昌：《運命의 餘燼》，寶蓮閣，1992 年，74～75 頁。

〔註 130〕國民黨綱領：（一）為祖國和民族犧牲我。（二）養成實力，求自給自足之路。（三）開拓南北滿洲土地，處理獨立資金。（四）使在滿朝鮮人負軍務義務，每年在雲南武官學校培養軍事幹部。（五）組織冒險團購買炸彈，開展直接活動。（六）和統義府聯絡。

〔註 131〕當時在北京的韓人只不過 40 戶左右。（獨立運動史編撰委員會：《獨立運動史資料集（9）》，國史編撰委員會，1975 年，947 頁。）

展革命活動。「多勿」是意思爲「勇敢、前進、埋頭苦幹」的古韓語，或者說古代高句麗語「恢復故土」的意思。〔註132〕組織多勿團的目的是爲從自然到文化、從依賴到獨立，實行自給自足，基於共存共榮之思想改變階級的習氣，並且實現全世界弱小民族的解放。1925 年 3 月，多勿團員李仁洪、李箕煥等在北京，按照李會榮、申采浩、黃益洙、李浩榮、柳子明等義烈團的鬥爭方法，暗殺親日密探金達河。〔註133〕多勿團人員中也包含著共和主義者和安那其主義者〔註134〕，他們希望與滿洲地區的獨立運動團體（大韓統一府、正義府〔註135〕等）進行聯合鬥爭，批判上海臨時政府的妥協路線。後來並於義烈團。〔註136〕

3、南華韓人青年聯盟

1920 年末，在關內地區指導安那其主義的申采浩、李丁奎、李乙奎、柳林等被捕，柳基石暫時離開安那其主義陣營〔註137〕，革命陷入低潮。除刊行《奪還》雜誌以外，沒有特別的活動。他們把運動地區擴展到滿洲地區，開展直接行動爲主的獨立運動，但在滿洲地區運動十分困難。〔註138〕首先，由

〔註132〕李德逸：《ANARCHIST 李會榮과 젊은 그들》，熊津出版社，2001 年，169 頁。

〔註133〕國史編纂委員會：《韓國獨立運動史（4、5 卷）》，國史編撰委員會，1968、1969 年。無政府主義運動史編撰委員會：《韓國 ANARCHISM 運動史》，螢雪出版社，1978 年等。

〔註134〕朴煥：《殖民地時代韓人 ANARCHISM 運動史》，先人出版社，79 頁。

〔註135〕在滿洲地區的韓人感到獨立運動團體聯合的必要性。正義府是 1925 年 1 月，由吉林住民會（居民會）、義成團、匡正團、自治會、大韓獨立軍團、學友會等結成的團體。本部在於樺甸縣，李沰、金履大、池青天、吳東振、金虎、李震山、玄益哲、崔明洙、金東三、鄭伊衡等主導該團體。他們強調軍事活動，並且設立管轄地區僑民的經濟、文化機關和各級學校，比如興和中學、東明中學、華成義塾等，這些學校的設立目的也是養成軍事幹部。他們又發刊《戰友》、《大同民報》等期刊，通過開墾荒地和農業公司等的設立扶助獨立運動家庭的經濟問題。1927 年，經過與參議府、新民府等統合，成爲臨時政府屬下的韓國獨立黨，而且其軍隊屬於獨立黨軍。

〔註136〕鄭華岩：《이 祖國 어디로 갈 것인가》，自由文庫，1982 年，61 頁。

〔註137〕柳基石在北平擔任市政府的秘書。（國會圖書館：《韓國民族運動史料（中國篇）》，國會圖書館，1976 年，646 頁。）

〔註138〕韓人安那其主義的活動越激烈，日本員警逮捕安那其主義指導者也越激烈。第一犧牲者是李丁奎，1928 年在上海被捕，在關內地區很不容易開展安那其主義。1929 年 7 月，金宗鎮、金野蓬、李達、李德載、李鵬海、李俊根、嚴舜奉、金野雲、李康勳等在新民府本部海林組織「在滿朝鮮無政府主義者聯盟」。同時開始批判馬列主義陣營。他們爲對抗馬列主義，組織聯合會。（李庭植：《革命家들의 抗日回想（李康勳）》，民音社，2006 年版，501 頁。）

於團體之間的複雜性，難以團結；其次，各組織互相攻伐。獨立運動團體之間頻繁武力衝突，發生暗殺事件，「安‧布」矛盾也不例外出現；第三，在滿洲韓人人群複雜，有爲獨立運動亡命的人、避著日本帝國的掠奪逃跑的人和在國內犯罪之後逃過來的人，很多方面妨害獨立運動；第四，1931 年「九‧一八事變」爆發，難以繼續開展獨立運動。

　　1929 年 7 月，金宗鎮（1901～1931）同金野蓬、李康勳、金野雲等人在滿洲結成「在滿朝鮮無政府主義者聯盟（簡稱在滿聯盟）」。〔註 139〕金宗鎮爲責任委員。該聯盟不強調某某主義、思想，而努力強化 200 萬在滿僑胞的生存權保障，強調農村自治組織和僑民教育。金宗鎮、金佐鎮（1889～1930）改編新民府，建立保障在滿韓人政治、經濟活動的自治團體──「韓族總聯合會」。但 1930 年 1 月，金佐鎮、金宗鎮、金野雲三人相繼被朝鮮共產黨員暗殺。1931 年日軍侵佔滿洲後，該聯合會完全喪失在滿根據地，被迫轉移到上海、北京等地。

　　撤到上海後，申鉉商〔註 140〕、崔錫榮等從韓國帶五萬多元獨立運動資金，赴中國。〔註 141〕1931 年 9 月，李會榮、柳子明、鄭華岩、白貞基、李康勳〔註 142〕、柳基石、元心昌、嚴舜奉（別名嚴亨淳）、李達（1907～1942）

〔註 139〕接受李會榮思想的金宗鎮和金佐鎮合意，在新民府內推進安那其主義運動路線。他們與李乙奎、柳華永等，1929 年在海林小學結成「在滿朝鮮無政府主義者聯盟」。團體基本綱領爲：（一）體現完全保障人類尊嚴和個人自由的無支配社會；（二）在社會上個人是平等的，各人以自主的創意和相互扶助的自由來合作，追求各人自由；（三）追求各盡所能、各取所需的經濟秩序。此團體重視 200 萬在滿韓僑的生存權保障，並且提出農民的經濟團體「農村自治組織」的建設和僑民教育的強化。金宗鎮和金佐鎮解體新民府，改編爲「在滿韓族總聯合會」。但由於馬列主義者的妨害，1930 年 1 月和 7 月金佐鎮、李俊根、金野雲等共產黨員被殺害，金宗鎮也被綁架。滿洲安那其主義運動銷聲匿跡。（李乙奎：《是也金宗鎮先生傳》，韓興印刷所，首爾，1963 年。）

〔註 140〕1924 年申鉉商亡命到上海任臨時政府書記。1929 年 3 月，由於臨時政府的指令，潛入於國內，吸收崔錫榮在天安湖西銀行偷竊的 5 萬 8000 元。同年 5 月回中國之後，在上海、天津等地給獨立運動團體提供軍資金。1930 年 3 月 5 日，和柳基石襲擊天津日本領事館時，被盯梢的日本員警捕。韓國戰爭時被共產黨殺害。（東亞出版社百科辭典部：《東亞原色世界百科辭典》第二卷，東亞出版社，1989 年。）

〔註 141〕李庭植：《革命家들의 抗日回想（鄭華岩）》，民音社，2006 年版，359～360 頁。

〔註 142〕李康勳（1903～2003）：號靑雷。出生於韓國江原道金化。三‧一運動之後赴上海，1920 年任臨時政府國務總理室秘書。1925 年加入新民府，翌年由金佐鎮的指示在安圖縣三人坊新彰學校等屬於新民府的學校任教。1929 年加入韓

〔註143〕、羅月煥（1912～1942）、李圭昌等 30 人〔註144〕以此資金結成繼承「朝無共聯」的團體「南華韓人青年聯盟（簡稱：南華聯盟）」〔註145〕和屬下團體「南華俱樂部」。南華聯盟的結成是基於 20 年代的安那其主義運動，並發展為 30 年代在華安那其主義運動的核心勢力。他們反對私有財產製度，並主張自由平等的新社會建設。〔註146〕

他們發表如下的綱領和規約。

一、一切組織基於自由聯合的原則。

二、否認一切政治運動和勞動組合（工會）至上主義運動。

三、否認私有財產。

四、否認「偽道德」的宗教和家族制度。

五、建設絕對自由平等的理想的新社會。

規約

一、本聯盟照著綱領，以履行社會革命為目的。

二、為履行目的通過全體盟員的承認過程，採用其方法，若牴觸於綱領，通過每個人的提議和自由合議來處理。對個人問題本聯盟不能干涉。

族總聯合會，12 月在海林舉辦「北滿民立中學期成會」，鼓吹民族精神。1932年重赴上海加入南華韓人青年聯盟，翌年 3 月組織黑色恐怖團，和白貞基等企圖暗殺日本公使有吉明，但由日本員警被捕，被押送到日本。1933 年 11月在長崎審判所受 15 年刑。

〔註143〕李達（1907～1942）：出生於平安道定州（今屬於北韓）。畢業於北京平民大學。1932 年 10 月入朝鮮革命幹部學校，翌年畢業（第一屆畢業生）。畢業後在該校任教官。1937 年 12 月入中國中央陸軍軍官學校，翌年 5 月畢業。同年 5 月參加朝鮮義勇隊，任安那其主義團體朝鮮革命者聯盟的中央委員。1940年 2 月在朝鮮義勇隊政治組工作。朝鮮義勇隊的主力移動到八路軍的時期，留下於重慶韓國光復軍第 1 支隊任秘書。

〔註144〕因思想的原因和南華聯盟聯繫的人超過幾百個人，只是 30～40 多個人會參加直接行動。這些人直接或間接參加 1933 年 3 月的六三亭事件。（李庭植：《革命家들의 抗日回想（鄭華岩）》，民音社，2006 年版，398 頁。）

〔註145〕除了李會榮以外都屬於青年。李會榮（65 歲）、柳子明（38 歲）、鄭華岩（36歲）、白貞基（36 歲）、李康勳（29 歲）、柳基石（27 歲）、元心昌（26 歲）、嚴舜奉（26 歲）、李達（22 歲）、羅月煥（20 歲）、李圭昌（19 歲）。（朴煥：《殖民地時代韓人 ANARCHISM 運動史》，先人出版社，122～124 頁。）並且他們的出生地區也各色各樣的，即他們不管學、血、地緣等關係，只由於理念來組織聯盟。）李庭植：《革命家들의 抗日回想（鄭華岩）》，民音社，2006 年版，387 頁。）

〔註146〕《思想彙報》第 5 號。

三、加入本盟員時，先以自由意志贊同本聯盟的綱領，並且該受全盟
　　員的承認。

四、盟員自己分擔本聯盟的一切經費。

五、本聯盟有年會、月會以及臨時會等集會，對其召集書記部來擔當。

六、爲公務處理設置書記部，書記以全盟員的選舉來選拔若干名，其
　　任期限於一年。

七、通過全盟員的決議除名不符合綱領或破壞規約的盟員。

八、盟員可以自由退出組織。

九、盟員會合時，若受全盟員的同意，可以缺席。

十、本規約，可在每年的大會，通過全體討論，取得一致後，進行修
　　正、訂正。

　　1936 年 1 月開始南華俱樂部刊行《南華通訊》，發行於關內、滿洲、韓國。
該期刊現存五卷。〔註147〕他們通過該期刊介紹安那其主義，陳述民族主義運
動和馬列主義運動的弊端，強調只有安那其主義才是克服所有問題的指導理

〔註147〕《南華通訊》的目錄以及作者：第 1 號（1936 年 1 月）：《吾等의 語》、《最
　　　近世界政治 經濟의 動向》林生、《無政府主義란 어떠한 것인가》白民、《政
　　　治運動의 誤謬》有何（李何有）、《急告》、《政客과 反逆（政客和反逆）》蒼
　　　波、《僑胞諸君의 反省을 促한다》朴浩、《慈母會의 使命》、《藝術家와 上
　　　海》癡生、《日本無政府主義事件》、《消息蘭》；第 2 號（1936 年 6 月）：《我
　　　青年의 責任과 그 使命》何（李何有）、《激動하는 西班牙（繼續）》野民譯、
　　　《否定의 革命論》逢、《人間生活의 根本的 原理》淳、《無政府主義革命》
　　　克魯泡特金，木耳翻譯；第 3 號（1936 年 10 月）：《朝鮮民族統一戰線의 中
　　　心問題》；第 4 號（1936 年 11 月）：《民族統一戰線의 可能性》舟、《革命의
　　　普遍性과 特殊性》平公、《實現的 視點으로부터 본 無政府主義思想》克魯
　　　泡特金、《故友堂先生》、《故丹齋先生諭示》、《民族統一戰線을 爲해서、革
　　　命同胞에게》、《民族統一戰線을 어떻게 結成할 것인가》李何有、《民族統
　　　一戰線에 對한 冷心君의 疑問에 答한다》瑾（柳子明）、《革命인가 陶醉인
　　　가》流生、《農村問題片談（其四）》明（柳子明）；第 5 號（1936 年 12 月）：
　　　《民族統一戰線에 關하여》魯、《民族統一戰線의 行動綱領草案》平公、《파
　　　쇼가 朝鮮에 있어서 成立되지 않는 理由》種、《理想과 革命——K 君에게
　　　보내는 短信》、《我等의 急先務》何（李何有）、《나의 疑問》S 生、《門外
　　　漢의 革命學 第 1 章 第 1 節》流生、《無政府主義의 本質에 對한 隨感》克
　　　魯泡特金、《農村問題片談》明（柳子明）、《同志 嚴舜奉君을 슬퍼한다》達
　　　（李達）、《我 運動의 惡弊를 清算해야 한다》望、《社會인가 監獄인가》
　　　大杉榮。《朝鮮統治史料》10 卷、《思想政勢視察報告集（3）》以及朴煥《1930
　　　年代 前半 南華韓人青年聯盟의 結成과 活動》等。（鄭華岩《이 祖國 어디
　　　로 갈 것인가》，自由文庫，1982 年，134 頁。）

論，鼓勵暴力鬥爭的青年們。尤其他們主張申采浩提倡的暴力革命，確實由於他們的暴力鬥爭給日本帝國主義不少的壓力。

然而抗戰期間，他們強調實現「民族統一戰線」。〔註148〕雖然他們的主要目標是實現安那其主義社會，但因時局緊張、籌備資金極少，他們只能主張聯合鬥爭。他們依靠中國抗日團體、上海臨時政府的支持，或者搶奪親日派資產家。1931 年 12 月到 1932 年 10 月，抗日救國聯盟的王亞樵（1887～1936）〔註149〕向南華聯盟提供 12,000 美元及其革命人士生活費用。資助他們暗殺有吉明、給白貞基提供暗殺資金、幫他們在上海聖母院路開一個印刷廠，韓人通過這地方搜集有所情報，並解決生計問題。

4、抗日救國聯盟

1931 年 11 月，中國安那其主義者王亞樵、華均實等找李會榮、白貞基、鄭華岩等人提議重建代替「東方無政府主義者聯盟」的新組織。11 月中旬，在上海法租界，李會榮、鄭華岩、白貞基、金性壽等韓方 7 人、王亞樵、華均實等中方 7 人以及田華民（佐野）、吳秀民（伊藤）等日方組織「抗日救國聯盟」和「黑色恐怖團（BTP）」。韓方的主要成員還是南華聯盟成員。

抗日救國聯盟主要採用直接的恐怖行動〔註150〕，開展資金募捐、宣傳活動、民族統一戰線運動等。〔註151〕他們以「（一）否定現社會的所有權力，（二）建立全人類在所有方面可以享受自由、平等的新的社會」為綱領。該團體由財政部、情報部、宣傳部構成，王亞樵專門負責財政部的經濟問題。然而，

〔註148〕《吾等의 語》、《僑胞諸君의 反省을 促한다》朴浩、《朝鮮民族統一戰線의 中心問題》、《我青年의 責任과 그使命》何（李何有）、《民族統一戰線의 可能性》舟、《民族統一戰線에 對한 冷心君의 疑問에 答한다》瑾（柳子明）、《民族統一戰線에 關하여》魯、《民族統一戰線의 行動綱領草案》平公等。

〔註149〕鄭華岩指出：「王亞樵是安徽省人，和胡漢民、白崇禧、李宗仁等第 19 路軍有密切的關係。看他的政治的傾向不像安那其主義者，只是利用政治策動恐怖的流民。當時他和蔣介石堅持敵對關係，但還是希望和我們交流，也許為利用和蔣介石有關係的我們韓籍安那其主義者，參加政治活動。」李庭植：《革命家들의 抗日回想（鄭華岩）》，民音社，2006 年，382 頁。

〔註150〕規約如下：（一）破壞軍警機關以及收容機關、暗殺敵要人、肅清中國親日分子。（二）為中國各地的排日宣傳，文化機關的動員計劃。（三）人員及經費的具體的設計。朴煥《殖民地時代韓人 ANARCHISM 運動史》，先人出版社，137 頁。

〔註151〕（一）本聯盟隨著綱領，隨行社會革命；（二）本聯盟有年會、月會、臨時會，書記部擔當召集；（三）本聯盟為事務設置書記部，但以盟員全體的選舉來決定，其任期為一年。《思想彙報》5 卷，112 頁。

1933 年初王亞樵突然中斷資金和武器供給。主要原因在於中韓雙方的立場不同導致的各種分歧。王亞樵是作為 19 路軍成員的一個「反蔣」勢力，而韓人與中國國民黨堅持友好關係，雙方難免產生各種矛盾。

該聯盟實施了如下暗殺恐怖行動：（1）狙擊汪精衛。汪受傷赴日治療無效死亡；（2）1932 年 1 月，他們在天津碼頭炸毀裝載軍事用品的日本汽船、破壞天津日本領事館；（3）同年 10 月中旬，爆炸在北京的日本軍部和總領事館；（4）同年 10 月，爆炸福建省泉州的日本領事館；（5）同年 12 月，在天津偷襲日本軍艦及日軍兵營。〔註 152〕

1932 年底，李會榮為開展更激進的抗日活動把根據地轉移到滿洲。但他在前往大連的途中被日本警察特務逮捕，在拷問中死去。1933 年 3 月 17 日，白貞基、元心昌、李康勳等人在上海中國餐廳「六三亭」，試圖暗殺日軍司令和日本駐華大使有吉明，暗殺未遂。白貞基和元心昌被判處無期徒刑、李康勳被判處十五年刑。白貞基死於獄中、元心昌和李康勳等人直到日本投降後才出獄。〔註 153〕

5、鋤奸團

1932 年 4 月尹奉吉（1908～1932）在上海虹口公園（今日魯迅公園）起義後，鄭華岩等人為有效懲治親日派，與金九（1876～1949）的「韓人愛國團」聯合，組織「鋤奸團」，向親日韓人和密探進行義烈行動。雖然當時臨時政府從中國國民黨得到一定的經濟支持，但是資金還不足以支撐南華聯盟等組織的抗日活動，於是兩團體實行聯合，組建新的團體。

該團員開展了如下活動：（1）1933 年 8 月，鄭華岩、嚴舜奉、李圭虎等人在上海法租界暗殺親日人士玉觀彬；（2）同年 12 月暗殺親日人士玉成彬；（3）1935 年 3 月暗殺親日人士李容魯、〔註 154〕延忠烈、李圭瑞、

〔註 152〕李德逸，《ANARCHIST 李會榮과 젊은 그들》，熊津出版社，240 頁。

〔註 153〕日本陸軍大臣荒木貞夫（1877～1966）給在華日本公使有吉明提供四千萬元，派赴中國，讓他與中國戰敗軍閥以及國民黨內部人士勾結。日本帝國試圖讓國民政府取締反滿抗日運動家、平息在熱河省的抗日運動等。

〔註 154〕李容魯（？～1935）：赴美留學的人物，來上海之後在臨時政府和興事團工作，從事貿易。但他作為朝鮮人居留民會長給日本總領事提供獨立運動家的動靜，並且探知獨立志士的地址幫助逮捕他們。因此 1935 年 3 月 17 日前後，南華聯盟的李達、李容俊、鄭華岩、嚴舜奉決定暗殺李容魯，嚴舜奉等同年 3 月 25 日在李氏家暗殺。（朴煥：《殖民地時代 韓人 ANARCHISM 運動史》，仙人出版社，2005 年，143 頁。）

〔註 155〕李鍾洪等人。

玉觀彬是佛慈樂公司和三德洋行老闆，財產豐實。曾經參加各種抗日運動，但他爲獨立運動機關提供資金不力，反而爲日本軍隊提供資金達兩萬元，爲日本從事密探工作。鋤奸團遂決定暗殺玉氏，隨後金九等人以鋤奸團的名義，在上海法租界發佈檄文《暴露叛徒玉觀彬的罪狀》。這些暗殺活動對在華親日分子起到震懾作用。〔註 156〕需要注意的是，雖然他們與臨時政府暫時聯合戰鬥，但鋤奸團堅持批判臨時政府的立場。他們無法容忍臨時政府的黨派鬥爭、消極恐怖行動、路線限制等方面問題。

韓人安那其主義者反對日本強權主義、軍國主義，以保障自由和獨立的、自由聯合的平等社會爲理想，並把暗殺、暴動等手段作爲主要鬥爭方式，確實襲擊性的暗殺活動給日本軍國主義勢力和親日派造成了極大的恐懼和不安。同時，他們的鬥爭促使對獨立戰爭信心不足的韓人接受安那其主義。早期他們只依靠自己力量開展義烈鬥爭，但是資金匱乏是他們亟需面對的難題，所以他們強調與中、日等地革命力量的國際聯合與支持。國際聯合運動較好地配合了其他地區的民族獨立運動。另外，他們意識到民族獨立運動離不開國際統一戰線，與積極謀求與民族解放和階級解放戰線的聯合戰鬥。30年代以後，爲抵制馬列主義的壯大和突破組織發展的局限性，他們不斷嘗試與臨時政府開展合作。

（三）安那其思想研究團體

1、高麗青年社

由留學生爲主體構成的安那其思想研究團體也是在華韓人安那其主義運動的突出體現。有代表性的團體有「高麗青年社」和「克魯泡特金研究會」。1924 年，北京民國大學〔註 157〕的柳基石、沈容海等韓籍學生與巴金、向培良、

〔註 155〕1932 年農曆 7 月，鄭華岩、李達、白貞基、元心昌、吳冕植等在上海南翔立達學院附近，用馬繩子來絞殺延忠烈和李圭瑞。因爲他們給日本員警密告李會榮赴滿洲地區的路程。

〔註 156〕李庭植：《革命家들의 抗日回想（鄭華岩）》，民音社，2006 年版，408～410 頁。

〔註 157〕北京民國大學由蔡公時等人於 1916 年創立。1917 年 4 月正式開學，設文、法、商三科。1920 年蔡元培任校長。1931 年 2 月，改稱「私立北平民國學院」。抗戰爆發後，該校先後南遷開封、長沙、益陽、漵浦、寧鄉、安化等地。抗戰結束後，遷寧鄉。1946 年 5 月，該校奉令留滬辦學，改名爲私立民國大學，設中文、數理、法律、農藝、園藝等系。1949 年被人民政府接管。（湖南省檔案館網站，http://www.hn-archives.gov.cn/）

高長虹、郭棟軒、方宗鼇等中國學生為研究、宣傳安那其思想以及對抗馬列主義組織「黑旗聯盟」。〔註158〕1925年春，該聯盟由蔡元培、張繼、李石曾、吳稚暉、方宗鼇等人的支持發行《東方》雜誌，宣傳安那其主義。1926年3月，柳基石、沈容海、呂君瑞為承襲「黑旗聯盟」宗旨組織以韓人為中心的「高麗青年社」。〔註159〕3月27日，在安定根的支持下，在北京刊發《高麗青年》雜誌，第一次發行量達到1,000卷。〔註160〕該刊《宣言文》強調：（一）向著全世界被壓迫民族陳述日韓吞併實情；〔註161〕（二）批判韓民族的歷史，認為朝鮮民族無能。傳統社會以只依賴中華王朝為傳統，以清朝束縛自己為自豪。近代轉而依賴日本，備受奴役。十月革命後，被蘇聯的「援助弱小民族」的招牌所欺騙，獨立軍被屠殺的命運；（三）批判馬列主義。他們批判政客扯著「代表民眾利益」的幌子欺騙、藐視民眾的行徑。〔註162〕

　　早期黑旗聯盟的巴金，為促進組織發展，寄給他們有名的《一封公開的信》。〔註163〕巴金在信中坦陳自己是克魯泡特金主義者，指出他為其主義獻身，同時指出韓人獨立運動的正當性。他代替韓人指出韓人殖民地境遇的苦難。指出韓國民族主義和其他列強民族主義不同之處。即韓國的民族主義只是為實現所有高麗人享受自由、平等的手段，並不是為建設強大之國而所主張的意識形態。巴金還提到與韓人的親密關係，介紹柳基石和沈容海，同時讚頌韓人義烈鬥爭和獨立精神等。他在信中還強調中國民眾應學習韓人的孤

〔註158〕該聯盟的存在有待考證。1923年關東大地震時，由於所謂大逆事件（暗殺日王未遂事件）被捕的洪鎮裕、徐相庚等釋放之後歸國，與申榮裕、韓晒熙、李復遠、徐千淳、郭徹、李基永等人在首爾組織黑旗聯盟。但1925年5月被日本員警拘禁，同年10月28日《東亞日報》以《組織前被捕的黑旗聯盟，初有的安那其主義者公判》為題報導此聯盟。（參見無政府主義運動史編撰委員會：《韓國 Anarchism 運動史》，螢雪出版社，1978年；吳章煥：《韓國 ANARCHISM 運動史研究》，國學資料員，1998年。）但對在中國的「黑旗聯盟」，沒有任何資料可證。但在韓國資料中有提到在北京組織「黑旗聯盟」。

〔註159〕朴煥：《殖民地時代 韓人 ANARCHISM 運動史》，先人出版社，2005年，38頁；吳章煥：《韓國 ANARCHISM 運動史 研究》，國學資料員，1998年，139頁。

〔註160〕朴煥，《殖民地時代韓人 ANARCHISM 運動史》，先人出版社，39頁。

〔註161〕日本通過欺騙性宣傳，主張朝鮮被日本吞併後卻得到經濟社會大發展，使得韓人與其他民族難以聯合。

〔註162〕《高麗青年發刊宣言文》，《高麗青年》，第1期，1926年3月27日。

〔註163〕《民國日報‧覺悟》，1926年3月27日；《巴金全集18集》，民眾文學出版社，1993年，77～79頁。

軍奮戰精神，希望中韓兩國民眾的聯合。〔註164〕

　　該團體包容符合民族生存的各種主義、制度，強調各民族共存共榮。他們雖然沒有直接使用「安那其主義」等詞彙，但從其主要成員的思想追求與旨趣，可知該團體實際上是宣揚鼓吹安那其主義思想的韓籍留學生的秘密團體。

2、克魯泡特金研究會

　　1926 年 9 月，沈容海、柳基石、吳南基、丁來東等，在北京組織「克魯泡特金研究會」。柳基石當時使用化名方美藝，通過北京中央郵局郵政信箱與各國安那其團體交流。〔註165〕由於社會角色的差異，他們的主要活動範圍是學生群體，與革命團體直接聯繫較少。〔註166〕目前不太確定這些留學生團體和其他革命團體之間的關係。

（四）抗戰時期的團體

1、朝鮮革命者聯盟、朝鮮民族戰線聯盟

　　1936 年 2 月，西班牙「民眾戰線」在選舉中獲勝。6 月，法國民眾戰線政府成立。反對法西斯而結成的民眾戰線的勝利使在華韓人重新思考「聯合戰線」問題。韓人安那其主義者以民族解放為首要目標，反對了民族主義和馬列主義，認為以抗日的幌子下結成「民族統一戰線」的行為只不過是與資本家妥協的行為。然而，30 年代後半期開始他們提倡「民族統一戰線論」，開始相信打破日帝殖民統治的最佳辦法是「民眾戰線」和「民族統一戰線」。他們主張各黨派和各階級在廣大民眾的基礎上結成「民族統一戰線」，實現民族解放。首先該思想的團體是繼承南華聯盟的「朝鮮革命者聯盟」。他們從 1936 年開始在《南華通訊》中宣傳民族統一戰線的必要性。

　　1937 年，日本發動全面侵華戰爭，南華聯盟意識到民族統一戰線的重要性，需要組織再整合，於是把名稱改稱為「朝鮮革命者聯盟」。〔註 167〕盟員

〔註164〕《巴金全集18集》，民眾文學出版社，1993 年，77～79 頁。

〔註165〕這時期（9 月、10 月），李乙奎、李丁奎、鄭華岩、白貞基赴上海，奪取帽兒胡同的賣國親日韓人的錢。

〔註166〕德籍猶太人 Machall 教李乙奎、李丁奎、白貞基、鄭華岩炸彈製造技術。而且在《若山義烈團》指出，不少義烈團團員也跟他學習炸彈製造法。

〔註167〕金光洲解放後，在《時代》撰文《上海時節回想記》，「我和鄭海理在陰森森的房間撰寫聲討文，我自己寫石板草稿。向著獨立運動者聯、革命家聯等不純分子、共產獨裁者走狗寫聲討文，並且寫打倒日本帝國主義、根除惡習的檄文」。（朴煥：《中日戰爭以後中國地區韓人無政府主義派的立場》，《韓國獨立運動研究》，學苑出版社，1999 年。）

20 個人，主要人物有柳子明、鄭華岩、柳基石、羅月煥、李何有等。11 月 12 日，「朝鮮革命者聯盟」在南京與「朝鮮民族革命黨」、「朝鮮民族解放同盟」、「前衛同盟」等聯合，1937 年 12 月在武漢正式創立「朝鮮民族統一戰線聯盟」。他們開始展開全面戰爭。

抗戰過程中，柳子明爲鞏固全民抗日統一戰線，作爲「朝鮮革命者聯盟」的代表參與臨時政府有關活動。他擔任議政員議員，促進全民族統一戰線運動。〔註 168〕

2、朝鮮義勇隊、韓國青年戰地工作隊、韓中合同游擊隊、韓僑戰地工作隊

1937 年 11 月，鄭華岩等一些南華聯盟盟員遷移到江西省上饒，組織中韓合作武裝團體「韓中合同游擊隊」，展開游擊戰。1938 年，柳子明、柳基石、李達、李剛、羅月煥、李何有、朴基成、金東洙（1916～1982）、李在賢（李海平：1917～1997）等「朝鮮民族統一戰線聯盟」盟員爲開展全面的抗日，組織武裝團體「朝鮮義勇隊」和「韓國青年戰地工作隊」。1939 年初，羅月煥、李何有、朴基成、李在賢等人組織標榜安那其主義的武裝團體「韓國青年戰地工作隊」，承擔韓人學生兵歸順工作和拯救俘虜作戰。〔註 169〕柳基石組織「韓僑戰地工作隊」。他們還指出：「日本帝國主義是韓、中兩國的共同之敵，中國抗日戰爭的勝利意味著韓國的獨立，是韓國民族解放的大好機會，因此我們盡力援助中國的抗戰。中國的抗日戰爭和韓國的獨立解放運動是都意味著打到日本帝國主義，所以在意義和行動上無法分開、不得分開。」〔註 170〕1941 年，臨時政府創設「韓國光復軍」，這時安那其主義者的武裝團體也整編爲光復軍「第二支隊」。〔註 171〕

安那其主義給韓人獨立運動家提供了爭取民族解放的鬥爭方法。1920 年代安那其主義對韓人抗日解放運動做出了很大的貢獻，然而由於各種原因 1930 年代以後逐漸喪失了活力。雖然在華韓人安那其主義者早就認識到民眾就是民族解放的主體，並提出具體的實踐方案，可無法組織大眾鬥爭，沒獲

〔註 168〕柳林作爲「朝鮮無政府主義者總聯盟」代表參加臨時政府活動。
〔註 169〕無政府主義運動史編撰委員會：《韓國 Anarchism 運動史》，螢雪出版社，1978 年。
〔註 170〕《韓國青年—發刊詞》，第 1 卷，第 1 期，1940 年 7 月 15 日。
〔註 171〕對中日戰爭時期韓人安那其主義者的抗日戰爭問題，在本書的第 6 章「中日戰爭和中韓安那其主義者」重新探討，在本章暫且留步。

得實際的成果。因爲他們在異國他鄉開展運動，並重視個別的存在和反對中央集權組織體系，所以只能進行基於小規模組織的分散的義烈鬥爭、小規模農村活動、工人運動、教育運動。

第三節　中韓兩國人接受安那其主義的原因比較

　　至於所謂的「接受」問題，我們難以確認究竟在哪一時期中韓兩國人正式接受安那其主義。因爲安那其主義同其他思潮在同一時期傳入東亞各國，並且當時東亞人也並沒有區別安那其主義和其他社會主義。對此問題，英國安那其主義研究者 John・Crump（1944～2005）主張亞洲人於 1906 年在東亞正式組織西方式的近代安那其主義團體。〔註 172〕因爲那年 6 月底日本最早的安那其主義者幸德秋水在美國受到「安那其工團主義」的影響後回日本〔註 173〕，正式開展各種安那其主義運動，不少日本知識青年參與了幸德主導的這場運動。幸德秋水從美國回來之後，公開聲明自己從（廣義的）社會主義者轉換爲安那其主義者。這就意味著東亞安那其主義從許多社會思潮中作爲獨立的思想分化出來。中國人 1907 年在日本東京和法國巴黎正式組織了標榜安那其主義的團體，這些團體都在革命派的立場上開展了革命活動。韓人比日、中兩國稍晚，從 1919 年的「3・1 運動」以後正式開始開展安那其主義運動。

〔註 172〕John・Crump：《韓國 社會主義運動의 展望》，《ANARCHISM 研究》創刊號，1995 年。

〔註 173〕1905 年的 11 月 29 日，幸德秋水爲了解決同志們之間的聯繫網問題，到美國旅行去了。留美期間，和片山潛（1859～1933）等建立起的留美日人中的社會主義者接觸，積極參加了演說會、研究會等活動，1906 年 6 月 1 日，岩佐作太郎、岡繁樹等旅美日本社會主義者五十多人，組成了社會革命黨。還有，對以「安那其・工團主義」爲主流的 IWW（世界產業勞動組合）寄予強烈的關心。6 月底回國，他公開表明了他思想的轉變，批判議會主義政策，認爲通過工人的總同盟罷工的直接行動是今後世界革命的方向。他又在《平民新聞》報紙上發表《我的思想的轉變》（1907 年 2 月），否定了普遍選舉和議會政策，而主張以工人的直接行動爲社會主義的手段。宣佈普選和議會政策都不能完成社會革命，只有靠「直接行動」才能達到社會主義目的。在同月 17 日舉行的日本社會黨第二次大會上，圍繞著大會決議案，提出直接行動論。（參見張陟遙：《幸德秋水社會主義思想研究》，東北師範大學博士學位，2007 年。）

一、華人接受安那其主義的原因分析

　　眾所周知，中國安那其主義具有西方安那其主義的基本理論因素。20世紀早期的中國，民族、社會危機急劇加深，並由於軍閥混戰、政治局勢動盪等很不安，致使百姓厭惡國家、政治、法律和權威。多數知識青年在政治上感到絕望，對政府產生憤激情緒。〔註174〕這時引進的安那其主義和各種廣義的西歐社會主義學說，成爲解決整個中國社會問題的理論武器。中國知識分子無論是什麼思想或者理論只要能夠解決中國問題的話都可以接受並加以嘗試。安那其主義也是作爲建設新社會的一個方案採用。當時知識青年反對封建專制和禮教、帝國主義，安那其主義在這些問題上確實起著積極作用，並具有革命性，鼓動一些富有理想的熱血青年走上革命道路。西方近代安那其主義否認任何國家和政權、任何權力和權威，鼓吹絕對自由和絕對的民主，追求建立一個「無命令、無權力、無服從、無制裁」的理想社會。因此，安那其主義作爲一種外來思想在中國有著較爲深厚的社會心理基礎。

　　在本節，我們簡單整理一下激進知識分子如何的原因關注安那其主義思想。

　　第一，安那其主義具有反帝反封建、嚮往自由平等、追求合理的特點。

　　這特點很容易引起正處於「反封建、反帝國」社會環境的中國民眾的共鳴。五四時期，安那其主義成爲衝擊軍閥政治和封建思想的一個有利工具。激進知識分子對反帝反封建的宣傳和活動等問題以及社會改造和民族出路問題開展積極討論。首先，他們批判資產製度，把它稱之爲「平民第一之仇敵，社會罪惡之源泉」。〔註175〕其次，他們批判封建專制統治和倫理道德觀念，而提出「家庭革命、聖賢革命、綱紀革命」等口號。〔註176〕他們深受帝國主義、封建主義之苦，深感封建宗法禮教之害，意識到政治腐敗、社會黑暗等社會現象。強烈要求改變現狀，提出「社會改造」、「根本解決」。

　　第二，安那其主義提供新社會、新生活的美好社會藍圖。

　　劉師復指出：「無政府則剿滅私有制度，實行共產主義，人人各盡所能，各取所需，貧富之階級既平，金錢之競爭自絕，此時生活平等，工作自由。

〔註174〕彭明：《五四運動史》，人民出版社，1998年，591頁。
〔註175〕劉師復：《無政府主義同志社宣言書》，《民聲》17號，1914年7月4日。
〔註176〕劉師復：《廢家族主義》（1912年5月），《師覆文存》，上海書店（泰東圖書局1926年版影印），115頁。

爭奪之社會，一變而爲協愛」。〔註 177〕中國激進份子尋找能夠使自己擺脫困境、改造社會的方案。於是轉而求助於以反對任何服從、紀律、權威、國家和政府爲特徵的安那其主義思想。他們普遍支持克魯泡特金的「安那其共產主義」和「互助論」。他們接受該理論後，立刻進行、參加籌建「新村」，開展「工讀互助團」、出國勤工儉學運動等。

第三，知識青年對共和革命喪失信心，轉而求助於社會主義思潮。

中國知識青年接觸的社會主義中包括馬列主義、安那其共產主義、新村主義、工團主義等。然而早期他們對安那其主義與其他社會主義之間的區別並沒有深刻的理解。早期激進知識分子中有些人親身參加過反清共和革命運動，如吳玉章是跟隨孫文多年的老同盟會員、陳獨秀早年在上海參加過革命黨組織的暗殺團。激進知識青年雖然支持共和革命和民主主義理論，可「共和國理想」的破滅使他們對共和民主主義開始感到失望，轉而信仰安那其主義的社會主義。結果，安那其主義在中國得到迅速傳播，標榜安那其主義的組織和刊物在各地如雨後春筍般湧現。

第四，中國傳統思想本身具有類似於安那其主義的因素。

近代西方安那其主義是爲自由、自主的民眾在平等的社會享有博愛精神而產生的社會思想。〔註 178〕安那其主義者爲實現這理想而設想的社會模式就是「無政府」的民眾共同體。他們認爲資本主義制度是基於社會達爾文主義而產生的，他們反對競爭原理，主張通過個人之間的「相互扶助」方式改善社會。他們認爲「互助」是堅持無階級平等共同體，並抑制強權的唯一手段。安那其主義者相信即使保障無限制的自由，民眾也可以按照自己的本性維持平等的共同體，能夠保障絕對自由權。

中國民眾長期依賴封建秩序和專制皇帝支配體系生活和存續，但是民眾渴望的理想社會並不是階級社會。支配傳統社會秩序的儒家、道家、佛教都提示過個人的絕對自由和社會成員的絕對平等。儒家的大同社會、佛教的彌勒信仰、道家的無爲自然和小國寡民等社會是傳統時代的人民也具有的盼望，即近代安那其主義宣揚的「無政府共產社會」對中國民眾來說並不是陌生的或極端的概念。尤其「互助論」基於「性善說」強調的個人修養和責任

〔註 177〕劉師復：《無政府淺說》（1913 年 8 月），《師覆文存》，上海書店（泰東圖書局 1926 年版影印），3 頁。

〔註 178〕朴濟均：《無政府主義思想의 中國으로의 傳播》，《慶北史學》第 16 卷，1993 年。

意識，這就與傳統儒家社會倫理有些殊途同歸的契合。筆者認爲克魯泡特金的安那其共產主義與傳統儒家的理想幾乎一致。〔註179〕在農奴制沙俄醞釀的克氏思想具有與東亞政治、社會文化背景相結合的親和力。他的安那其共產主義理論與追求儒學倫理政治的中國社會思想結構極其相似。中國知識青年也發現安那其主義思想裏含有的中國傳統思想的元素。比如，章太炎混合一起「無政府、無聚落、無人類、無眾生、無世界」的「五無論」和老莊的虛無思想、出世主義；安那其共產主義和儒家的大同思想（老有所終、壯有所用、幼有所長、鰥寡孤獨皆有所養）；互助論和墨家的「兼愛」思想。19世紀末20世紀初的中國民眾還是受到中國傳統影響較爲深刻，因此他們接受安那其主義時，需要在與傳統社會思想的比照中完成理解並最終接受。

　　第五，社會經濟特點讓激進主義者接受安那其的經濟理念。

　　近代中國是一個小生產者占絕對多數的國家。小生產者擔心社會動盪和嚴重不平等的情況侵入到未來的生活，因此期待建立一種相互關聯、相互幫助、相互平等的新社會。在帝國主義和封建主義的雙重壓迫和剝削之下，小生產者幾乎陷於破產的境地。中國農村社會接受安那其主義之前已經有「自律的傳統」基礎，自秦漢以來中國社會一直受皇帝專制統治，處於官僚制度和中央集權體制的管理，可是鄉村社會卻具有自律的共同體。農民除租稅和兵役等義務以外，可以享受自律的農村共同體秩序。劉師培發現傳統農村社會的特點，主張：「中國社會比任何其他國家更容易實現安那其主義。」其他激進知識分子也比較容易接受主張「自律共同體」的安那其主義。

　　客觀而言，安那其主義的國家論、經濟理論、革命手段是一定程度上都是難以實現的烏托邦式的美妙設想。可是在半封建半殖民的時代背景下，中國激進知識分子具有變革國家的目的意識，安那其主義正好提供了銳利的武器。易言之，中國民眾接受的安那其主義不是抽象的價值或口號，而是能夠轉化爲具體革命方案的實實在在的革命思想。安那其主義思想在辛亥革命時期成爲作爲打倒滿清「殺身成仁」的思想，在民國早期則作爲新文化運動的中心思想提示變革中國的新路徑。

〔註179〕安那其主義從「性善論」出發，認爲互助是人的本能，主張人類在互助進化中實現無私產、無強權、各盡所能、各取所需的自由平等共產社會。中國知識分子長期接受儒家思想教育，「性善論」和「大同」的觀念在他們的意識中根深蒂固。因此以「性善論」爲基礎的安那其共產主義思想容易被他們接受。

二、韓人接受安那其主義的原因分析

一般而言，在華韓人安那其主義群體大概是在 20 年代初期開始正式信奉安那其主義。從大體來看，主要原因在於深刻的社會背景和社會思潮的轉變。如「3‧1 運動」帶來的衝擊；上海臨時政府的無能和分裂；獨立戰爭的挫折；「義烈團」暗殺活動的成效；對馬列主義不滿；對安那其主義理想共鳴等。

第一，韓人獨立運動家受到「3‧1 運動」的衝擊。

韓人獨立運動家認為 3‧1 運動之前的民眾是啓蒙的對象，民眾（國民）還在蒙昧之中，尤其申采浩等人認為獨立運動的主體勢力並不是民眾，而是職業的革命家。〔註180〕從 1910 年到 1919 年 3‧1 運動之前，不少韓人激進主義者在中國長期的民族主義理念之下從事抗日救亡運動，然而他們的民族主義運動在近 10 年的時間裏沒有取得任何實質性成果。〔註181〕1910 年代後半期所謂的職業革命家無法正常開展獨立運動。這樣的情況下發生了 3‧1 運動。這件事使韓人獨立運動家感到很大的衝擊，在這運動中領悟到「民眾」的價值，即民眾沒有前衛團體的指導下也可以隨行爲自由的自律運動。從此開始激進主義者主張民眾就是獨立運動的主體力量，由於 3‧1 運動的衝擊，關注了主張「民眾直接蜂起」的安那其主義理論，並且也開始主張「民眾直接革命」。

第二，對上海大韓民國臨時政府的不滿。

1919 年 4 月，流亡於中國的韓人獨立運動團體在上海共同建立了「大韓民國臨時政府」。但因為臨時政府內部存在認識方面的嚴重分歧，所以並不能有效地領導獨立運動。後來接受安那其主義的激進主義者一開始積極參加了臨時政府活動〔註182〕，而對主張「聯合國委任統治（mandatory）」的李承晚（1875～1965）被選爲國務總理的事情感到極大的不滿。〔註183〕對主張「完全獨立」、「絕對獨立」的激進主義者來說李承晚的美國委任統治論是一

〔註180〕申采浩：《二十世紀新國民》，《申采浩全集（別集）》，210～229 頁。

〔註181〕申采浩對此現象指出：「其所得只不過是幾個不穩定的學校和沒實力的某某會罷了！」（申采浩：《朝鮮革命宣言》，《全集（下卷）》，40 頁。）確實申采浩從 1910 年到 1919 年期間，亡命於海參崴組織「光復會」，在《勸業新聞》等雜誌社工作，可除此之外幾乎流浪於上海、北京等地而已。

〔註182〕比如申采浩、李會榮等參加 4 月 10 日舉行的「29 人會議」，並被選爲臨時政府國務總理候選人。（參見《臨時議政院記事錄（第二回集）》，《韓國獨立運動史（2）》，國史編撰委員會，386 頁。）

〔註183〕李承晚曾希望借助「國際干預」實現韓國民族獨立。但巴黎和會證明了這種想法的虛構性。結果臨時政府成立不久便發生嚴重分裂。

種賣國行爲。雖然申采浩等人批判李承晚，甚至退出會議場，可當時的韓國臨時政府認爲沒有美國的支持就無法成就獨立，並且當時他們並不知「委任統治」的概念。1919 年 8 月李承晚被選爲上海大韓民國臨時政府的總統，引起陣營內部產生分裂。同年 9 月 11 日李承晚爲中心的上海臨時政府統合了各地的臨時政府，名義上成爲韓人獨立運動的中心。因此激進主義者無法再參加臨時政府活動，開始進行反對臨時政府運動。比如，申采浩同年 10 月創刊《新大韓》批判臨時政府，臨時政府也爲了對抗申采浩的活動創刊《獨立新聞》。「親臨時政府派」和「反臨時政府派」通過這兩個期刊相互攻擊對方。〔註184〕李會榮、金昌淑（1879～1962）、申采浩等在北京形成了反對臨時政府的所謂的「北京派」。後來李會榮和申采浩接受了安那其主義，這說明他們的「反臨時政府路線」是成爲接受安那其主義的重要原因。可我們要注意的是這時期在華韓人激進主義者只反對臨時政府的路線，並沒有拒絕政府本身。

　　第三，武裝鬥爭的失敗。

　　早期在中國開展獨立運動的激進主義者認爲獨立軍的獨立戰爭是唯一的復國之法。確實 3・1 運動以後在滿洲、俄領等地雨後春筍般出現了武裝勢力。〔註185〕許多獨立軍部隊中大韓獨立軍、北路軍政署等獲得了大規模的勝利，可是這些抗日武裝沒有統一的指揮體系，而且對上海臨時政府的態度也不一致，甚至有些部隊公開表示反對臨時政府。他們從一開始就不贊成李承晚等人外交的努力和妥協的傾向，主張以武裝鬥爭作爲謀求民族獨立的主要手段。〔註186〕爲此，申采浩、朴容萬（1881～1928）、申肅（1885～1967）等

〔註184〕申采浩借著《新大韓》公開批判李承晚的委任統治案、臨時政府的外交獨立運動論、不徹底的戰鬥性、臨時政府的無能和分裂等。（參見愼鏞廈：《申采浩의 社會思想 研究》，NANAM 出版社，2003 年，380 頁。）

〔註185〕大韓獨立軍、都督府軍、義團軍、大韓正義軍政司、義軍府、朝鮮獨立軍、北路軍政署、光復團、光正團、義民團、野團、大韓新民會、學誠團、太極團、老農會、光榮團（以上北滿洲地區）、西路軍政署、光韓團、大韓獨立團、大韓青年團聯合會、光復軍總營、天麻山隊、普合團（以上南滿洲地區）、大韓獨立軍決死隊、大韓獨立軍（以上俄領地區）等。（參見愼鏞廈：《申采浩의 社會思想 研究》，NANAM 出版社，2003 年，381 頁。）

〔註186〕早在 1919 年 2 月，申采浩等對李承晚提出的國際聯盟《委任統治邀請案》表示激烈反對。同年 4 月臨時政府成立後，李承晚被選爲臨時政府的首腦。申采浩認爲李承晚等主張的所謂外交獨立運動實際上是賣國行爲。1919 年 9 月，反臨時政府勢力在北京組織「大韓獨立青年團」，翌年 8 月組織「普合團」。他們主張獨立運動的惟一的方法是武裝軍事活動。

人於 1920 年 9 月發起「軍事統一促成會」；翌年 4 月 21 日舉辦「軍事統一籌備會」，加以整合分散在各地的韓人武裝力量，以便更有效地展開軍事鬥爭。但是隨著韓人武裝力量的逐步消亡，他們不得不放棄原來的想法，轉而尋求其他抗日的方法。另一方面，由於日本殖民當局和中國地方軍閥的共同打擊〔註 187〕、1912 年 6 月 22～28 日發生的「黑河事變（利伯維爾慘變）」〔註 188〕等，在滿洲地區和俄領的韓人武裝力量也基本上被消滅，使得許多從事民族獨立運動的愛國主義者感到無比的絕望。經過這些過程，在華韓人激進主義者開始對既往的養成獨立軍、獨立戰爭等獨立運動之法產生懷疑，開始注目小規模的恐怖、暗殺、破壞以及民眾的暴動等，這樣的想法自然而然的讓他們比較容易接受允許恐怖、暗殺、破壞等直接行動的安那其主義。

第四，「義烈團」活動的成果。

申采浩曾經對朝鮮的滅亡如下解釋：「（1）觀念的誤謬：只有仁柔、恩厚的偏頗的道德論。（2）服從的偏重：只有忠臣、狗儒，並沒有革命家、破壞者的專制時代專制的道德論。（3）公私的顛倒：比國家和社會的公德更重視五倫，即更重視個人關係的私德論。（4）過度消極：保守、消極的東洋道德論。」〔註 189〕他認為朝鮮民族缺乏了暴力性，沒有保護自己的能力。所以，他 1910 年在《鐵椎歌》主張：「繼承暗殺秦始皇的滄海力士的意志，以鐵椎驅逐暴虐無道之類，發揚韓國的國威國光，並慰勞高漸離和荊軻等

〔註 187〕 1925 年 6 月 11 日，朝鮮總督府警務局長三矢宮松和奉天軍閥張作霖（1975～1928）締結協定（所謂三矢協定），宣佈韓人在滿洲開展的韓國民族獨立運動是屬於違法行為，若中國官憲逮捕韓人獨立運動家，直接引渡到日本官憲。這個協定直接導致滿洲地區韓人獨立運動的萎縮，並且在滿韓人農民的損害也很深刻。當時主要協定內容如下：（一）中日兩國員警合作防止在奉天東部活動的韓國獨立運動；（二）中國當局逮捕韓人獨立運動家，直接交割於朝鮮總督府，並且朝鮮總督府對此交付賞金；（三）給朝鮮總督府通報韓人獨立運動家的名單。

〔註 188〕 1920 年 10 月，由流亡滿洲韓人組成的「北路軍政署」和「大韓獨立軍」等部隊聯合組建「大韓獨立軍團」前往蘇聯邊境城市的利伯維爾（原名是 Alexsievsk 市，蘇聯政府為了宣傳蘇俄政府保障弱小民族的自由的獨立運動，把城市名改為利伯維爾）並和蘇聯紅軍締結相互援助協定，準備開展獨立戰爭。但日軍從西伯利亞撤軍，並且幫蘇聯政府驅逐反革命勢力。因此但蘇聯政府突然要求獨立軍解除武裝，遭到獨立軍拒絕，最終發生武力衝突，獨立軍受到莫大的傷害。此後少數獨立軍殘餘人員逃到滿洲試圖再建，但無法恢復原有的勢力。

〔註 189〕 申采浩：《道德》，《丹齋申采浩全集（下）》，137～139 頁。

吧！。」〔註190〕

　　同時，義烈團的暴力鬥爭也給在華韓人獨立運動家（獨立運動方法上找不著出路時期）提供了嶄新的復國運動之法。義烈團運動的目的是與其他獨立運動團體相一致的「朝鮮的獨立」和「世界的平等」，而在方法上他們採取猛烈的暴力。這暴力不意味著獨立軍活動或獨立戰爭，而是少數人的暗殺、破壞、暴動等。從他們的綱領、行動方針和內部規約等可以看出，他們的極端的行為並不是報復的虛無主義。對他們來說恐怖的目的並不是恐怖本身，而是他們希望以恐怖來覺醒朝鮮民眾，恐怖只是「通過事實的宣傳」。因此他們確信暴力鬥爭是最佳獨立運動之法。尤其「3‧1 運動」之後，獨立運動家領悟到若缺乏成熟的政治家和武裝力量的話，在抗日復國運動中難以取得成功。結果他們只能選擇暗殺、暴力等極端的鬥爭。〔註191〕義烈團雖然並沒有公開標榜該團體屬於安那其主義的團體，可自然而然與安那其主義不謀而合。對此，上海臨時政府、高麗共產黨等批判義烈團的恐怖行為，但是處在殘酷的殖民統治下的多數熱血青年加入了該團體。

　　義烈團的暴力鬥爭雖然也有未成功的，活動規模也不大，可相對來說他們獲得了有效的成果，在一定程度上引起日本帝國的恐慌不安，並鼓舞、激勵韓人的反日鬥志。結果主張武裝獨立運動的激進主義者重新思考復國運動之法，開始關注暗殺、破壞、暴動等。

　　第五，對社會進化論、民族主義理論的懷疑。

　　從第一到第四的原因是一種社會上的原因，而且思想上的變化也讓他們接受安那其主義思想。舊韓末（1897～1910）的民族主義知識分子接受了斯賓塞（Herbert Spencer：1820～1903）的「社會進化論（Social Darwinism）」，比如生存競爭、適者生存、優勝劣敗、弱肉強食等。他們認為「競爭」就是進化的原動力，優等民族支配劣等民族是一種自然法則。他們本來想基於社會進化論使韓民族成為優者、強者，並講究韓國的自強，而這些想法使殖民地的民眾不得不承認帝國主義對弱小民族的侵奪和侵略的合理性，這意味著俯首稱臣、任人宰割是殖民地民眾的唯一選擇。這就是社會進化論的自相矛盾。由於這矛盾，雖然他們徹底批判帝國主義、開展反帝運動，可理論上無法對抗帝國主義論理。接受安那其主義之前，韓人具有的民族主義是基於社會進化論的，認同「競爭」

〔註190〕申采浩：《鐵椎歌》，《大韓每日新報》，1910 年 3 月 25 日。
〔註191〕石源華：《韓國反日獨立運動史論》，中國社會科學出版社，1997 年，281 頁。

的社會進化論，這使得他們無法徹底否定帝國主義和強權主義，因而無法領導民族獨立運動。社會進化論在本質上是支持強者，因此很難包容多數，處於殖民狀態的情況下，民族精英無法再主張基於社會進化論的民族主義。可他們發現安那其主義可以解決民族主義理論的自相矛盾。

他們在克魯泡特金的「相互扶助論」找到了解決此矛盾的答案。克魯泡特金雖然接受了達爾文的進化論，主張社會進化的普遍性，可他主張人類的社會組織原理和生物進化的主要原因並不根據「競爭」，而是「相互扶助」。這就將韓人知識分子從一個兩難的境地中解救出來，給殖民地民眾提供抵抗帝國主義侵略的理論依據。克氏在《相互扶助論（Mutual Aid：A Factor in Evolution）》一書，介紹五種相互扶助（1. 動物的、2. 蒙昧人的、3. 野蠻人的、4. 中世都市的、5. 近代社會的相互扶助）。他認為無論在動物世界或在人類社會，相互扶助就是社會進化的原動力。他認為盡量減少個別的鬥爭、多發揮相互扶助的種子成為「適者」更繁盛。〔註192〕安那其主義者看來，精英主導的民族主義運動帶著一個明顯的悖論：即民族主義者一方面積極致力於反抗帝國主義的侵略、爭取民族獨立的鬥爭，另一方面認同生存競爭、優勝劣敗、弱肉強食的社會進化理論。前者承認殖民地民眾反抗殖民統治鬥爭的合法性，後者又承認現存殖民統治秩序的合法性。然而，克魯泡特金的「相互扶助論」使韓國的民族精英擺脫上述的思想的困境。

克氏還認為：「競爭的極端形態（戰爭）是破壞人類幾百年業績的罪魁禍首，雖然戰爭也帶來了一定的進化，但這只不過是戰爭過程中成就的人類相互扶助的結果。到目前為止人類成就的社會生活的條件是由於相互扶助，並且給人類帶來理想社會的也是相互扶助。」〔註193〕克氏以「相互扶助論」原理徹底批判帝國主義和強權主義，指出：「強權主義、帝國主義是人類的最大之惡。」〔註194〕1913 年，申采浩應申圭植之邀赴上海，閱讀劉師復的論著〔註195〕，認識到「相互扶助論」。他對克魯泡特金評價為：「同釋迦牟

〔註192〕參見克魯泡特金，具慈玉譯：《相互扶助進化論》，韓國學術情報，2008 年。

〔註193〕克魯泡特金在《相互扶助論（Mutual Aid；A Factor in Evolution）》中，詳細列舉了動物界、蒙昧人、野蠻人、中世都市、近代社會中種種「相互扶助」的情況，主張不管在動物界還是人類社會，「相互扶助」都是社會進化論的原動力。

〔註194〕同書。克魯泡特金指出：「甚至禽獸也同種之間不競爭，以相互扶助來進化，人類同種之間怎麼能侵略、剝削呢？這是無法容忍的惡。」

〔註195〕無政府主義運動史編撰委員會：《韓國 Anarchism 運動史》，螢雪出版社，1978 年，142 頁。

尼、孔子、耶穌、馬克思是人類歷史上五個最偉大的思想家」〔註196〕，並
主張：「朝鮮青年應該接受克魯泡特金《告少年》的洗禮。」〔註197〕這樣，
克魯泡特金的觀點使韓人從道義上徹底顛覆了帝國主義侵略的合法性，從而
給殖民地朝鮮民眾的反抗鬥爭提供了理論依據。

　　第六，對蘇俄當局外交政策、韓人馬列主義團體、馬列主義理論的不滿。

　　其實，在與以李承晚爲代表的精英主導的民族主義運動主流派的鬥爭
中，接受安那其主義和馬列主義的人們在某些問題上有著類似的看法。然而，
後來接受安那其主義的志士們因下面的幾個原因無法認同馬列主義：第一，
他們爲了實現朝鮮的完全獨立，最初積極投身於精英主導的民族主義運動，
強調韓民族的主體性，但馬列主義卻強調「無產階級的國際主義原則」。這實
際上意味著其他國家的馬列主義組織必須無條件服從莫斯科政府的指令。申
采浩等人由此認定馬列主義運動只不過是以「民眾解放」口號加以僞裝的新
帝國主義和強權主義。李會榮對十月革命以後的蘇聯表示反感，指出：「他們
（蘇聯政府）所說的平等的生活與每天吃三頓飯的監獄有什麼不同呢？……掌
握獨裁權，支配人民的政治比過去的絕對王權更嚴重的政治性暴力。」〔註198〕
第二，韓人愛國志士追求的目標不僅是要擺脫日本的殖民統治，而且獨立後
要在韓國建設一個與舊體制完全不同的社會秩序，即實現全社會成員可以享
受自由平等的社會。而馬列主義主張實行「階級鬥爭」和「無產階級專制」。
在安那其主義者看來，「階級鬥爭」含有階級報復的色彩，「無產階級專政」
也無疑是一種強權政治。這與安那其主義所主張的「階級互助」和「自由聯
合」原則不相兼容。柳子明在他的自傳指出：「我不瞭解或不同意馬克思和恩
格斯在《共產黨宣言》指出的關於階級鬥爭理論……我從此開始關注無政府
主義。」〔註199〕第三，雖然蘇俄政府口頭上支持殖民地半殖民地人民的民族
解放鬥爭，但是當這種鬥爭與蘇俄的國家利益發生衝突時，蘇俄政府的外交
利己主義本質便表現出來了。例如一部分韓人愛國志士脫離上海臨時政府
後，將根據地轉移到海參崴。蘇俄政府考慮到與日本的外交關係，不同意他
們在俄國領土內開展獨立運動。結果這些韓人在海參崴建立新的流亡政府的
計劃就失敗了。1921 年發生的「黑河事變（利伯維爾慘變）」，就是蘇俄政府

〔註196〕鄭華岩：《이 祖國 어디로 갈 것인가》，自由文庫，1982 年，62 頁。
〔註197〕申采浩：《浪客의 新年漫筆》，《東亞日報》，1925 年 1 月 2 日。
〔註198〕李乙奎：《是也金宗鎮先生傳》，韓興印刷所，1963 年，43 頁。
〔註199〕柳子明：《한 革命家의 回憶錄》，1983 年，50 頁。

動用軍隊取締韓人獨立軍的軍事行動。這使得絕大多數獨立運動人士更加敵視蘇俄政府。第四，曾經出任臨時政府總理的共產派首腦李東輝在職期間發生貪污列寧資金的醜聞，以及韓國共產派團體內部的殘酷爭鬥，例如黑河事變使源於共產派內部高麗共產黨上海派和伊爾庫次克（Irkutsk）派之間的矛盾，這件事使多數韓人愛國志士重新看馬列主義的實體。

第七，安那其主義給民族解放運動提供了新的理論基礎和鬥爭方法。

他們認爲安那其主義和民族主義之間並沒有矛盾，兩者之間可以相互兼容。安那其主義者鄭華岩曾經指出：「讓韓人入迷於安那其主義的原因有兩個，第一是對日帝的反抗，第二是對共產主義的憧憬。但最主要的目的是爲了打倒日本帝國主義。韓國的安那其主義是獨立運動的一種方法。」〔註200〕李會榮和金宗鎮的談話中說：「（有人認爲我是）從一個民族主義者轉變爲一個無政府主義者，但這不是故意的。只是我對成就韓國獨立問題方法與當代思想思考的話，安那其主義最相通，絕對不是『覺今是而昨非』式的轉換思想」。〔註201〕這樣在華韓人基於抵抗帝國主義的民族主義立場上接受了安那其主義。

他們在安那其主義的理論中關注「自由聯合」。他們認爲獨立運動家每個人、每個團體按照自己的意志開展獨立運動的方法爲最有效果的方法。對此李會榮指出：「在現實，所有運動家不管自己的思想如何，都實行安那其主義的自由聯合理論。不關己未年（1919年）前或己未年後，到現在出現了無數的團體和組織，他們中誰不按照自由意思，盲從於強制的命令而行動呢？哪個團體是這樣的呢？……因此所謂解放運動或革命運動是追求自由和平等，運動家自己也以自己的自由的決議來進行組織的運動，無論形式的形態是如何，實際上都是自由合意的組織運動。」〔註202〕這樣，安那其主義爲韓國獨立運動提供了具體的方法。

他們都很看重「自由」、「平等」、「博愛」的價值，認爲民族主義和馬列主義主導的獨立運動路線只重視「自由」或「平等」中的一個方面：民族主義保障自由卻犧牲平等，馬列主義保障平等卻犧牲自由。但安那其主義創導的「自由聯合論」，主張同時實現個人的自由和社會的平等。其具體方法便是由個人的自由聯合構成的「小規模自由聯合體制」。這對韓國獨立以後的發展，規劃了一幅十分美妙的藍圖。

〔註200〕李庭植：《革命家들의 抗日回想（鄭華岩）》，民音社，1988年，333頁。
〔註201〕李乙奎：《是也金宗鎮先生傳》，韓興印刷所，首爾，1963年，42頁。
〔註202〕李乙奎：《是也金宗鎮先生傳》，韓興印刷所，首爾，1963年，43～44頁。

第八，他們天生具有強烈的反強權意識。

筆者認爲個人的天性也導致韓人接受安那其主義的主觀因素。如果他們沒有天生的反強權意識，即使面臨上面提到的一些問題，也不會接受安那其主義。外面的變化要求思想的變化，但究竟接受什麼思想，還是由不同人物的心性的基礎來決定的。比如，柳子明與金翰曾一起研究社會主義思想，但柳子明接受了安那其主義，可金翰卻接受了馬列主義。作爲「三韓甲族」的李會榮早年對待家奴的態度，以及李丁奎兄弟早年對自由主義思想的關注，使我們不難發現「平等」和「自由」是他們內心根深蒂固的主觀價值預設。由此可見，除了外部的政治、社會變化以外，安那其主義者的天性、人生哲學也使得他們比較容易產生對安那其主義的共鳴。

20 世紀初期，中韓兩國都面臨著急劇加深的國家、社會危機，救亡圖存是當時亟待解決的問題，即反封建・反帝國是中韓兩國民該解決的最重要的任務。這時期，兩國的一些激進主義者爲解決這兩個問題，積極接受了從西方、日本傳來的安那其主義。安那其主義提倡反對封建專制、私有制度，並提供美好的理想藍圖，這與兩國激進知識分子追求的新社會、新生活一致。因此，他們基於安那其主義，規劃了新社會模式。日本帝國強制合併韓國後，韓人開展各種爭取獨立、復國的運動，但外交上的失敗、武裝鬥爭的限制等使得韓國激進主義者尋找新的路徑。他們雖然參考過從蘇聯來的馬列主義模式，可這模式也只是另一個強權而已。然而，安那其主義給韓人的民族解放運動，提供了嶄新的理論基礎和鬥爭方法。中國激進主義者爲了解決當時中國根深蒂固的政治、社會問題，即爲了解決「反封建」問題，使用安那其主義思想；韓國激進主義者則是爲了解決「反帝國」問題，即安那其主義是爲爭取民族的完全解放、爲建設自主國家，接受安那其主義思想。

第四節　中韓兩國安那其主義理論

安那其主義強調個人的絕對自由，因此其思想沒有像其他主義或思想等具有的教條理論，自稱爲安那其主義者的人都具有不同的傾向和思想的特點。因此我們分析中韓安那其主義者主張的理論時不能一概而論。在本節，筆者簡單整理中韓安那其主義各派所提倡的內容，並進行比較中韓安那其主義各團體具有的思想特點。

一、華人安那其主義者的主張

在中國國內正式出現安那其主義團體之前，在日本和法國出現了安那其主義派別——天義派和新世紀派。劉師復去世之後，明顯出現每個安那其主義者追求的理想的不同之處。我們可以將這些分派分類為安那其個人主義派、安那其共產主義派、安那其工團主義派等。在本節，筆者將中國安那其主義理論分為「天義派」、「新世紀派」、「師復主義（民聲派）」、「個人主義」、「共產主義」、「工團主義」。

（一）天義派

劉師培、何震、張繼等天義派所主張的核心內容是「人類均力說」和「理想的農村社會實現」。雖然劉師培投身於安那其主義運動的時間比較短，可在那段時間裏他很熱情地開展思想運動。他涉獵了東西方的很多思想，尤其精通於傳統中國政治的儒家思想。他作為獨特的身份（天才的學者、古風的文人）接受、解釋了安那其主義。他認為傳統中國社會本來具有濃厚的安那其主義因素，因此安那其革命應該在中國先開始。同時他的社會構想也具有傳統中國的浪漫主義的因素。天義派主要提倡如下幾點：

第一、平等權——人類均力說。

劉師培認為當時中國面對的最大的問題是如何解決不平等的問題。他相信安那其革命可以根本解決這問題，為實現全人類的幸福，應當以平等之權為尤重。他認為在平等、自由、獨立三大權利中，平等權是最重要的，[註203] 即只有實現人類的完全平等，才可以謀求整個人類的幸福。對實現平等社會之方法，他提出破除階級、一切階級差別、分工、職業差別等。他認為財產公有、人人勞動等不算是實現完全平等的方法。因為勞動有苦樂之分，所以他提出了「人類均力說」。它是重視平等觀的天義派最大特點。[註204] 它是每個人在一生中，都按照

〔註203〕劉師培認為人類有三種權利，平等權、獨立權、自由權。指出：「一曰獨立權，二曰獨立權，三曰自由權。平等者，權利義務無復差別之謂也；獨立者，不役他人，不倚他人之謂也；自由者，不受制於人，不役於人之謂也。此三權者，吾人均認為天賦。獨立自由二權，以個人為本位，而平等之權必合人類全體而後見。故為人類全體謀幸福，當以平等之權為尤重。獨立權者，所以維持平等權者也。惟過用其自由之權則與他人之自由發生衝突，與人類平等之旨，或相背馳，故欲維持人類平等權，寧限制個人自由權。此吾人立說之本旨也。」申叔（劉師培）：《無政府主義之平等觀》，《天義報》第 4、5、7 卷，1907 年 7 月 25 日、8 月 10 日、9 月 15 日。

〔註204〕張碩：《二十世紀中國無政府主義思潮研究》，中國政法大學碩士學位論文，2008 年 3 月。

年齡分檔，各司其事，定期輪換，沒人在勞動中難易苦樂的機會均等。他具體安排人們怎樣分工生產、怎樣分配產品、怎樣共同生活等的問題。他提出「人類均力」的三個好處，即是適於人性、合於人道、合於世界進化之公理。他認為只有基於「均力主義」，才實現完全的社會平等，人類才能享受真正的幸福。

第二，廢財、廢兵、廢除政府。

天義派主張人生是平等的，不須國家和法律，人人都是獨立的個體，每個人不受其他人的任何約束。他們反對「權力集於中心」，而主張「無中心」、「以平等為歸」。他們認為人類生來是平等的，後來社會出現了競爭，進而產生階級和國家，於是有了不平等和貧賤富貴的出現。劉師培認為古時根本沒有君主，更沒有君臣上下和統治和被統治的區分，人們享有完全的自由，人類過著自給自足的自然單純的幸福生活。但由於區別人與人之間強弱智愚的不同，產生現今的不平等階級社會。劉師培、何震認為階級制度是害民的工具，武力兵備是統治階級欺凌百姓的手段。〔註205〕他們認為財富、知識、權力就產生統治和被統治之分。強者以手中的權力來讓自己更強，而弱者永遠只能是受人欺凌的普通貧民階級，所以這世界並不存在平等、獨立、自由的三大權利。他們指出造成人類產生不平等的原因主要是階級職業不同、男女不平等等因素所致。劉師培認為解決這些根本的問題只有「廢財、廢兵、廢除政府」。〔註206〕即不再需要政府、國家的存在，對他們來說「國家是萬惡之源」。〔註207〕劉師培還強調：「君主既非天神……則君主不可居民上。非惟君主不可居民上也，凡一切王族、貴族、官吏、資本家，其依附君主而起者，均當剝奪其特權，而使人類復歸於平等。」〔註208〕這想法自然引起對清政府的反抗意識，他們主張推翻清政府後盡快實行「無政府」式模式。

第三，提倡農民革命。

他們接受托爾斯泰的思想，願意在農村建立共同體生活。他們堅信要實現上述的「無政府」社會模式，只能進行「農民革命」，農民革命是實現安那其主義革命的重要手段。他們之所以相信通過農民革命可以取得無政府革命的勝

〔註205〕震（何震）、申叔：《論種族革命與無政府革命之得失》，《天義報》第7卷，1907年9月1日、9月15日。

〔註206〕申叔：《廢兵廢財論》，《天義報》第2期，1907年6月25日。

〔註207〕參見《政府者萬惡之源也》，《天義報》第3其，1907年7月10日。

〔註208〕震（何震）、申叔（劉師培）：《論種族革命與無政府革命之得失》，《天義報》第7卷，1907年9月1日、9月15日。

利，因為農民很團結、無政府主義的理想正好迎合了農民的生活、農民已經施行共產制，並且農民具有抵抗的能力。〔註209〕他們說的農民革命是「以抗稅諸法反對政府及田主」。〔註210〕並且，農民革命的具體動員方法是通過報刊和演說宣傳安那其主義，之後集合勞動團體進行罷工、抗稅、革命，直至顛覆政府。他們所追求的革命成功後的社會並不是西方安那其主義者所主張的社會，而是接近於傳統中國的農村社會。即他們具有濃厚的「反近代主義」傾向。

第四，廢家庭。

劉師培在《毀家論》主張「廢家庭」。他們關注傳統時代女性的痛苦。在他們看來家庭讓人變得自私，並且婦女還要受男人的壓迫，有家庭之後有損無益之事都會發生。因此劉師培以「廢家」為社會革命的開端，提出：「家之罪惡已如鐵案之不可移易矣……家是萬惡之源」。〔註211〕他認為：「國家之起源，起於家族，蓋家族壓制之堅，皆由家族思想之發達。」〔註212〕天義派指出，婦女受壓迫的根源就是家庭，婦女受到丈夫的壓迫和剝削，為了解放婦女應該「破除家庭」。天義派大量揭露中國婦女在封建社會受到種種欺壓和折磨以及婦女在舊社會的悲慘遭遇。他們希望破除家庭之後，把中國改造成以社會為主的國家。為此，他們還提出父子平等、男女平等、一夫一妻制、婚姻自由、經濟獨立等家庭革命。

（二）新世紀派

第一，法國式安那其主義。

新世紀派活動於蒲魯東的出生地法國。安那其主義早在法國興旺，因此新世紀派自然受到法國安那其主義的影響。新世紀派追求的社會模式是「眾生一切平等，自由而不放任，無法律以束縛箝制之，而外出於強迫也……故無所謂軍備，無所謂政府，無所謂種界，更無所謂國界」〔註213〕的安那其共產主義社會。即是沒有國家、法律、軍隊、家庭，只有人人平等、聚散自由（自然存在的自聯合體）的生活在無強權的新社會。並且，他們所追求財產公有、按需分配、沒有貨幣等的經濟模式。

〔註209〕劉師培：《無政府革命與農民革命》，《衡報》第 7 號，1908 年 6 月 28 日。
〔註210〕劉師培：《無政府革命與農民革命》，《衡報》第 7 號，1908 年 6 月 28 日。
〔註211〕漢一（劉師培）：《毀家論》，《天義報》，第 4 期，1907 年 7 月 25 日。
〔註212〕漢一（劉師培）：《毀家論》，《天義報》，第 4 期，1907 年 7 月 25 日。
〔註213〕民（褚民誼）：《普及革命》，《新世紀》，十五、時期、十八、二十、二十三號，1907 年 9～11 月。

第二，教育革命。

1912 年吳稚暉、李石曾、汪精衛、張繼等新世紀派人士發起「進德會」，並主張「不狎妓、不賭博、不置妾、不作官吏、不作議員、不吸煙、不飲酒、不食肉」等道德自律。他們相信通過教育可以達成安那其主義革命。他們把教育當成革命手段，主要原因是：「無政府主義者，其主要即喚起人民之功德心，注意於個人與社會之相交，而以捨棄一切權利，謀共同之幸樂。」〔註214〕他們所設想的安那其主義社會，博愛、平等、自由、眞理、公道等功德心的基礎上，養成這些功德心，就需要破除功名之心。他們認爲通過教育會提高全世界的功德心，自然而然建設安那其主義社會。

第三，批判一切強權政府。

新世紀派認爲任何形式的政府都是建立自由、平等、博愛、眞理、公德等「大同社會」的最大障礙，因此爲了實現大同社會必須廢除政府。他們看來國家強權剝奪個人的獨立性，即它是人類實現自由、平等之敵。同時他們還主張廢除軍隊和法律。他們所批判的政權並不是晚清政府，而是行使強權的一切政府。首先，他們攻擊傳統中國根深蒂固的封建性專制。他們看來：「中國野蠻政體，黑暗專制，兇暴殘忍，爲世界胞所耳不忍聞、目不忍睹。兇殘官吏，只知肆殺同種以討滿洲惡政府之歡心，求陞官發財。」爲了功名利祿，中國封建政府無惡不作，使大眾百姓處於水深火熱的危之中，比如封報館，殺學生，搶饑民，戮婦女。掠民財，沒財產，造謠言等。〔註215〕甚至他們揭露西方民主制度的虛僞性，哪怕西方社會表面上高喊「自由、平等、博愛」。他們主張爲了使人們擺脫苦難、每個人獲得平等和自由，必須要廢除政府。

第四，反對「三綱」。

他們認爲在原始社會，並沒有家庭，只有男女混雜的人群，也沒有私心，也沒有強權。在家庭裏的夫權、父權以及君權都是以家庭爲基礎產生的強權。他們也認爲家庭是萬惡之源，造成了社會的不平等。這種強權出現之後，人類社會就會出現了不平等現象，所以人類要想得到個人的自由和平等，首先要「毀家」。他們主張毀壞「小家庭」，該建立以社會爲一家的「大家庭」。這

〔註214〕燃（吳稚暉）:《無政府主義以教育爲革命說》,《新世紀》第 65 號，1908 年 9 月 19 日。

〔註215〕參見盧信:《政治》,《人道》，1908 年。

「大家庭」組織是基於「契約」和「自由聯合」之上建立的。他們設想的這模式相似於法國安那其主義者蒲魯東的想法。蒲魯東曾經把安那其主義社會看成爲一種「自由聯合社會」，新世紀派借用了這一觀點。只不過蒲魯東以「家庭」爲起點，而新世紀派以「個人」爲起點。

第五，「尊今薄古」和「祖宗革命」。

他們認識到爲了成就安那其主義革命，必須清除一般民眾具有的根深蒂固的迷信。因此他們提出「尊今薄古」和「今必勝昔，新必勝舊」等口號，認爲這是歷史發展的客觀規律。他們認爲近代化成功的國家基於「尊今薄古」，中國落後的因爲就是「尊古薄今」。

與此同時，他們提倡「祖宗革命」。這是針對當時腐敗虛僞的社會風氣。他們批判「三綱五常」、「祖宗之法」等封建倫理道德觀念。他們接著對以孔學爲中心的封建禮教進行了激烈的抨擊，並提出「行孔丘之革命」的口號。在他們看來儒家的教條主義嚴重阻礙人們的思想。他們堅信不破除孔子的影響，無論什麼革命都難以取得成功。這些主張成爲推翻清政府統治起到了推動作用。他們基於啓蒙意義反對宗教迷信、提倡科學新文化運動。對此劉師復評價爲：「《新世紀》繼續出版者三年，編輯李君不但熱心，且精研學理，多與法比黨人遊，凡克魯泡特金及其諸大家之著述，時時譯爲華文，復創刊傳播小冊子多種……中國無政府主義之種子實由此傳播之矣。歐洲之中國留學生感受思想者殊重。」〔註216〕

（三）師復主義派

第一、主張實現「安那其共產主義（Anarcho-Communism）」。

1910年代由於劉師復的努力，安那其主義的組織運動就形成了中國安那其主義的一個重要思想體系，我們把它稱爲「師復主義」。劉師復的安那其共產主義基於克魯泡特金的「互助論」〔註217〕和托爾斯泰的「泛勞動主義」。他所說的「無政府主義」是指：「無地主、無資本家、無首領、無官吏、無代表、

〔註216〕劉師復：《致無政府黨萬國大會書》，《民聲》16期。

〔註217〕劉師復將克氏的安那其共產主義思想歸納爲：（一）爲經濟上之自由。一切生產從資本勢力之束縛擺脫，共同勞動之結果勞動者得自由取用之；（二）爲政治上之自由。從政府之束縛擺脫，而自由組織各種公會及團體，由單純以至複雜；（三）爲道德上之自由。脫宗教的道德束縛，以達於無義務，無制裁之由，人群生活之關係，以互助之感情維持之。（師復：《克魯泡特金無政府共產主義之要領》，《民聲》第17號，1914年7月4日。）

無家長、無軍隊、無監獄、無牢房、無警房、無裁判所、無法律、無宗教、無婚姻制度的社會」〔註218〕。還有：「沒有政府、軍隊、警察、監獄、法律、婚姻制度、道德、宗教、稅制等，只有改良勞動、調節生產的，由自律運營的」。〔註219〕師復主義者所追求的理想社會是指：「消滅私有財產，而實行共產主義。全員都參加勞動，但在勞動中沒有限制和強迫，就是實現各盡所能、各取所需的社會」。師復主義者批判資本主義制度，設想：「人人自由，人人自治，以獨立之精神，行互助之大道，實行財產公有制，一切生產要件均為社會所公有。」〔註220〕

同時，他們認為政府是「萬惡之源」，剝奪了個人的自由，政府運用國家機器來欺壓人民。如果除去政府，就會使整個國家和社會變得美好和諧，就會使「互助之道德自由發達至於圓滿。」〔註221〕他們制定了安那其主義的政治綱領，提出消除資本主義制度之後，不再需要政府來改造社會。這理想社會裏實行生產資料公有制和按需分配。

要實現共產主義社會，劉師復提出兩種方法：第一，廢除國家，實現社會財富的公有制。他說：「社會者反對私有財產，主張以生產機關（土地、機器）及其它產物（衣服、住房等）歸之社會公有之謂也，其簡單之理由以人類之生活賴乎衣食住行，衣食住行之所由來，則土地生產之，氣械作之，而尤必加以人工者也。」〔註222〕他反對財富的私有化，一切社會生產和生活資料均為社會公有。第二，實行「各盡所能，各取所需」。他認為「各盡所能，各取所需」才是合理、公平的，「各盡所能、按勞取酬」的分配原則仍然不平等。這說明劉師復公開批判馬克思主義的經濟模式。甚至他認為馬克思的理論是實現安那其主義的最大障礙。〔註223〕另外，他主張個人的絕對自由，將「絕對自由」視為評判制度好壞的標準。他指出：「無政府黨極端反對管理代表等權，而主張絕對自由者也，故無政府黨不應如當世之政黨組織機關，自定黨綱，招人入黨。」〔註224〕

〔註218〕劉師復：《無政府共產主義同志社宣言書》，《民聲》第17號，1914年7月4日。
〔註219〕劉師復：《無政府共產黨之目的與手段》，《民聲》第19號，1914年7月18日。
〔註220〕劉師復：《無政府共產主義釋名》，《民聲》第5號，1914年4月11日。
〔註221〕劉師復：《無政府共產主義同志社宣言書》，《民聲》第17號，1914年7月4日。
〔註222〕師復：《無政府共產黨之目的與手段》，《民聲》第19號，1914年7月18日。
〔註223〕師復：《無政府共產主義釋名》，《民聲》第5號，1914年4月11日。
〔註224〕師復：《論社會黨》，《民聲》第9號，1914年，5月9日。

第二、道德來挽救社會危機。

師復主義還要求高尚的道德律。新世紀派曾經重視教育及道德。他們認為這是實現安那其主義之途徑。劉師復也跟隨新世紀派熱衷於以道德來挽救社會危機的方案。所以他建立「心社」，並提出「十二條戒律」。〔註225〕他想以「心社」來提高人們的道德心，從而培養創造安那其社會的「新民」。劉師復一方面系統地整理、闡述安那其共產主義理論體系，一方面自己身體力行，以安那其主義道德嚴格自律，獻身於安那其主義傳播事業，成為中國安那其主義者的偶像。

第三、主張平民大革命。

安那其主義者都認為，只有多數人民的支持革命，才能取得真正的勝利。他們為獲得群眾的支持，開展了宣傳活動。這項活動是朝著三個目標（政府、資本家、社會）而實施的。對政府的反抗是集中在反對軍備、法律和賦稅上；反對資本家是集中打擊私有財產的觀念；並揭露宗教和家庭制度等社會問題。在具體策略上，對政府開展暗殺活動；對資本家實行罷工；對社會實行博愛。劉師復設想超越一個國家的世界大革命，稱之為「世界大革命」。他指出：「故吾黨萬國聯合，而不區區為一國說法。現在傳播時代，各同志就其他位之所宜與能力之所及，從事於（一）（二）兩種方法〔註226〕，將來時機既熟，世界大革命當以歐洲為起點，如法、德、英、西班牙、意大利、俄羅斯等國，均以傳播及廣，一旦起事，或數國選舉，其餘諸國皆必聞風響應。工黨罷工，軍隊倒戈，歐洲政府將依次倒閉，吾黨之在南北美及亞洲者，亦當接踵而起，其成功之迅速，必有不可思議者。」〔註227〕他強調「勸其感化」，甚至把感化平民作為唯一的工作，使人們都自覺發揚互助之良德，為實現共產主義理想

〔註225〕心社的「十二不」社約：（1）不食肉、（2）不飲酒、（3）不吸煙、（4）不用僕役、（5）不坐轎及人力車、（6）不婚姻、（7）不稱族性、（8）不作官吏、（9）不作議員、（10）不入政黨、（11）不作海陸軍人、（12）不奉宗教。（師復：《心社趨意書》，《社會世界》，1912年11月。）

〔註226〕（一）、（二）兩種方法是：「（一）用保障、書冊、演說、學校等等，傳播吾人主義於一般平民，務使多數人曉然於吾人主義之光明，學理之圓滿以及將來組織之美善，及使知勞動為人生之天職，互動為本來之良德。（二）當傳播時期中，各視其時勢與地方情形，可兼用兩種手段：1.抗戰，如抗稅抗兵役罷工罷市等，2.擾動，如暗殺暴動等。」（劉師復：《無政府共產黨之目的與手段》，《民聲》第19號，1914年7月18日。）

〔註227〕劉師復：《無政府共產黨之目的與手段》，《民聲》第19號，1914年7月18日。

社會而努力。這樣，劉師復排斥嚴格組織紀律的政黨，崇尚「自由集合之團體」，並對安那其主義革命強調依靠這些團體，可反對革命政黨的領導。他認為要實現理想的安那其主義社會最重要的就是「平民大革命」，這革命是信封安那其主義的人自發組織的小團體，用口舌筆墨之傳播，使大多數平民贊成「無政府」乃起而革命。他們一般借用罷工、暗殺、暴動等手段來擴大安那其主義的影響，等待時機的成熟，發動同盟罷工推翻政府。

（四）安那其個人主義（Anarcho-Individualism）派

　　新文化運動之後，思想界出現了幾種分化，劉師復去世後安那其主義者也分為幾個派別，即個人主義派、共產主義派、工團主義派。其中，代表個人主義派的團體是郭孟良、朱謙之（1899～1972）等於1920年在北京大學創立的「奮鬥社」。他們提倡「奮鬥主義」，而反對軍閥官僚、封建專制、資本主義，其中最激烈反對馬列主義和布爾什維克思想。

　　他們鼓吹「虛無主義（nihilism）」和安那其主義的「個人主義」。他們將德國安那其主義者施蒂納（Max Stirner：1806～1856）的「個人主義」作為奮鬥哲學。施蒂納是一般被稱之為安那其個人主義的鼻祖。他以「自我」作為根本的出發點，鼓吹極端個人主義，並認為自由是至高無上的，要把「自我」發揮到極限。施蒂納還指出：「只有唯一者才是萬物的主宰和尺度，在我之中，一件事的對或不對，由我決定；在我之外不存在任何法……凡是我認為是對的這也因此就是法。」〔註228〕中國安那其個人主義派在施蒂納的理論基礎上崇尚極端個人主義，鼓吹「奮鬥」。他們認為沒有奮鬥就沒有進化，越能奮鬥的人就越能創造，其奮鬥的結果就是創造，創造的結果就是進化。他們基於施蒂納的個人主義，公然宣揚為了真正的革命成功，需要抵抗、暴動、抗稅、罷工、暴烈彈等武力。〔註229〕甚至他們主張要個人的絕對自由，必須反對一切形式的民主革命。

　　同時他們反對「科學」。朱謙之提出：「我反對科學最大的原因，是因為科學的精神還夠不上革命的程度。……可見革命和科學的不相涉……科學方法固然是一種有根據的、有條理的、肯尋思搜索的方法，但可惜給改良派弄糟了，這固然不是科學方法本身的罪狀，然亦可見改良派把科學方法應用到

〔註228〕施蒂納：《唯一者及其所有物》，《馬克思恩格斯全集（3）》，人民出版社，1960年，365頁。
〔註229〕A.A（朱謙之）：《革命底目的與手段》，《奮鬥》第4號，1920年3月20日。

思想方面，實在是存心不良，結果阻礙宇宙的進化不少。現在我已經悟了！敢奉勸抱革命主義的朋友，以後都捨棄了科學方法，完全採用哲學方法。因爲哲學和革命的關係是密切的，我們假使稍加研究，就發覺哲學和革命的出發點相同而哲學方法才眞正是革命時代的邏輯。」〔註230〕

（五）安那其共產主義（Anarcho-Communism）派

俄國安那其主義者克魯泡特金提倡的安那其共產主義，是在20世紀初國際社會中最流行的安那其主義理論，同時在中國新文化運動時期的安那其主義理論中影響力最大的理論。「實社」和實社的聯合團體「進化社」是標榜安那其共產主義的代表團體。「進化社」繼承劉師復的衣鉢，以克魯泡特金的《互助論》爲思想依據。他們認爲「相互扶助」是人類的本性，可國家是實現互助社會的最大妨礙物。因此他們主張不管以何種形式與何種內容，應當消滅以往的國家。消滅國家的最好的方法就是：「介紹科學之眞理傳播人道主義、以教育言論勸其感化，求大多數之同智同德」。他們與安那其個人主義派不同，宣傳主義時努力與「科學」聯在一起。他們相信只有科學才能解決一切社會問題。

黃淩霜不再提出個人和自由，而強調社會的安那其主義。區聲白也主張：「有社會的無政府主義，不是個人的無政府主義」。安那其共產主義基於自由契約而建立團體，不需要中央統治機關的干涉。因爲以自由契約來成立，團體成員共同遵守規則，共同制定，可以隨時修改，隨時退出，不是靠權威和法律維繫的。可我們要注意的是，他們想廢除的強力的組織並不是廢除一切所有的組織，即：「不以少數人強制多數人的意志，也不以多數人強制少數人的意志，使個人的天才，在各個方面自由盡量發展，以求社會的向上和進步。」〔註231〕黃淩霜又指出：「自從人類進入社會群體之後就有兩種不同的組織思想進行鬥爭，一種是廣大平民爲了求生存，爲了協力與互助而建立起來的自由平等的自由契約組織，一種是由一部分把持橫施於他部分的強力組織，就是指的國家和政府。」〔註232〕

〔註230〕A.A（朱謙之）：《革命與哲學》，《奮鬥》第6號、7號，1920年4月20日、30日。

〔註231〕兼勝（黃淩霜）：《批判朱謙之君的無政府主義批判》，《北京大學學生周刊》第12號，1920年。

〔註232〕兼勝（黃淩霜）：《批判朱謙之君的無政府主義批判》，《北京大學學生周刊》第12號，1920年。

（六）安那其工團主義（Anarcho-Syndicalism）派

他們講究全工人的現實生活，並相信罷工是推翻資本主義制度的唯一手段。在他們看來國家只不過是資產階級的壓迫多數工人的工具，因而主張推翻資本主義制度，並建立以工人為主的社會。對此劉師復曾經說過，「目的為安那其主義建設，手段為工團主義」，〔註233〕對此他言及：「工團之宗旨，當以革命的工團主義為骨髓，而不可含絲毫之政治意味。」〔註234〕他們認為工會高於一切，主張各地所有工會聯合起來代替國家，反對政治鬥爭，尤其反對共產黨領導的工人革命。他們通過《民鐘》等期刊揭露蘇俄政權的表裏不一。確實，十月革命勝利後，列寧政權屠殺參加革命的安那其主義者，西方大部分安那其主義陣營處於瓦解狀態，其影響力也日趨減弱。因此在中國的安那其主義者自然反對馬列主義和無產階級專政。

二、韓人安那其主義者的主張

（一）否定既往的一切權威

安那其主義者一般都否定政治和政府以及所有帶有支配、被支配的社會結構。韓人安那其主義者也否定一切權威——政治、政府、法律、倫理道德。例如代表韓人安那其主義思想家申采浩主張反政治、反政府、反權威、反法律、反刑法、反倫理、反道德等。他對這些概念如下解釋：「（1）政治是奪取民眾生存的仇敵；欺騙已享受自由、平等的民眾，為了獲得支配者的地位，在白晝施行掠奪的；（2）政府是通過政治的掠奪而所得的人肉貯藏所；分配從無產民眾剝奪的所得的機構；（3）法律是有國家的佬為了壓迫無國家的佬而制定的、有權力的佬為了束縛無權力的佬而制定的。就是支配者為了永遠享受其權威，制止民眾反抗的工具；（4）倫理道德是既往的倫理道德比較更兇殘。」〔註235〕與此同時，他認為科學和文學也在舊秩序中庇護支配權力，即科學的學說和文學的宣傳支持統治階級的權利，因為科學和文學被權威者誘惑而成為支配者工具。〔註236〕

〔註233〕師復：《無政府共產黨之目的與手段》，《民聲》第19號，1914年7月18日。
〔註234〕師復：《上海之罷工風潮》，《民聲》第23號，1915年5月5日。
〔註235〕申采浩：《宣言文》（1927年），《丹齋申采浩全集（下）》，螢雪出版社，1962年，48～49頁。
〔註236〕申采浩：《宣言文》（1927年），《丹齋申采浩全集（下）》，螢雪出版社，1962年，49頁。

　　韓人安那其主義者處在日本帝國的殖民統治，該解決的最大問題就是擺脫日本殖民統治，實現建立無榨取、無壓迫的安那其主義的理想社會。他們不僅拒絕日本的殖民統治，而且反對任何形式的強權。同時他們認為資本家階級也一種強權勢力，對它解釋為：「奪取無產階級血液的強盜」〔註237〕。他們又指出：「如今的階級戰爭是『勞動』和『資本』兩階級的戰爭，隨著資本主義的發展，勞工和小資本家無法避免滅絕。」〔註238〕所以他們主張必須打倒資本家等支配階級，建設無貧富差距的平均的理想、社會無榨取社會。在這理想社會中，宗教、道德、政治、法律、學校、教科書、教堂、政府、銀行、公司等支配性的體制建構都不復存在，人們獲得真正的解放，所有財貨都是公有的，人們「各盡所能，各取所需」，真正實現絕對自由和絕對平等。〔註239〕這就安那其主義者與民族主義精英不同的地方。

（二）民眾直接革命論

　　克魯泡特金曾提出：「無論什麼樣的革命都不是從議會或某某集會的抵抗或攻擊開始，而是從民眾開始」。他說的民眾不是受到統率的對象，而是按照自己的理想的判斷和良心決定自己行為的獨立的、主體的集合體。申采浩在《朝鮮革命宣言》主張：「為保護朝鮮民眾的生存，首先非驅逐日本強盜不可，而要實現這個目標，該開展革命。」他在該文章中主張的革命是：「民眾直接革命，是民眾自己成為革命的主體，在革命中完成人類解放、階級解放、民族解放。」他認為民眾為了民眾自己開展的革命才是真正的革命。〔註240〕他認為：「古時的革命是民眾為國家的奴隸，其上面有支配他們的上層特殊勢力。所謂革命只不過是甲特殊階級用民眾的力量來代替乙特殊階級，因此不會完全改變上下支配結構。」〔註241〕由此可見，申采浩所說的革命並不是單純的民族解放或一個政黨取代另一個政黨的政治革命，而是一場影響廣泛而深遠的社會革命，其最終的成果不是韓民族從日本殖民者的奴役下解放出來，更不是恢復朝鮮王朝勢力的支配地位，而是廣大民眾從「英雄主義」情結和「民族精英」領導下解放出來，實現個人的絕對自由和人與人之間的絕對平等。他常憂慮革命主體從民眾轉移到權力者，並堅信沒有基於覺醒的民

〔註237〕申采浩：《朝鮮革命宣言》，1923 年 1 月。

〔註238〕申采浩：《創刊詞》，《新大韓》，1919 年 10 月。

〔註239〕申采浩：《龍과 龍의 大激戰》，《申采浩全集，別集》，279 頁。

〔註240〕申采浩：《朝鮮革命宣言》，1923 年 1 月。

〔註241〕申采浩：《朝鮮革命宣言》，1923 年 1 月。

眾的支持和支持無法完成革命。

（三）破壞・建設論

蒲魯東在《經濟的矛盾（Economic Contradiction）》一書中作爲攻擊工人專制政治的手段指出：「我破壞又建設」；巴枯寧在《在德國的反動（Reaction in Germany）》一書中主張：「應該相信作爲創造之源泉的破壞和絕滅的精神」，「對破壞的熱情是可以成爲創造的熱情」。巴枯寧認爲：「因爲人類是愚蠢的，所以需要有血革命，並且爲了目的的純粹性和完全性也需要有血革命，這是無法避免的『必要惡』。」克魯泡特金也承認條件性的暴力。他認爲：「若暗殺者具有高貴的暗殺動機，那可以容許暗殺。高貴的暗殺動機是對被壓迫者的憐憫而產生的動機。」〔註 242〕這樣西方古典安那其主義者提倡改變現實——「破壞」。他們都認爲恐怖是對被壓迫的大眾來說可以選的不多的抵抗手段，同時通過恐怖宣傳自己的行爲，並且刺激對叛亂的一種本性擴散革命。

在華韓人安那其主義者雖然開展農村、勞動、教育等各種運動，可暗殺等直接行動是他們的主要對抗手段。其他獨立運動陣營對直接行動批判爲「冒險主義」，而安那其主義者毫無懷疑直接行動是抵抗日本帝國的最佳之法。雖然這行動是以小規模人員展開的，可他們比任何團體都更沉重打擊了日本帝國，並使日本當局感到恐懼。

在殖民地情況下開展的韓人安那其主義者的直接行動，雖然是韓人的抗日鬥爭中出現的零散的行動，可這些行動是思想的基礎上進行的理念的實踐過程。尤其在申采浩、柳子明的思想中，有「破壞」與「建設」的內在關係，並可以看到他們理想中的新社會輪廓，並且可以看到幸德秋水、巴枯寧、克魯泡特金等人對他們的深刻影響。韓人安那其主義者認爲民眾要開展的革命不僅僅是破壞，還包括「建設」。申采浩認爲：「革命之路從破壞開始。可這不是爲破壞的破壞，而是爲建設的破壞，若不懂得建設就不懂得破壞，不懂得破壞就不懂得建設。破壞和建設只不過是形式上的區別，其實它們是同一事物的正反兩面，可精神上破壞就是建設。」〔註 243〕他相信伴同破壞的建設才成進入眞正的新世界。

〔註 242〕George Woodcock，河岐洛譯：《Anarchism（2）：思想篇——自主人의 思想　과 運動과 歷史》，螢雪出版社，1981 年。
〔註 243〕申采浩：《朝鮮革命宣言》，1923 年 1 月。

他又對破壞的對象明確指出：「（1）日本帝國的對朝鮮民族的統治（異族統治）；（2）統治朝鮮民眾的總督府的特權階級（特權階級）、（3）掠奪民眾生活的經濟制度、（4）社會的一切不平均、（5）強者論理的文化思想（奴化思想），因爲只有破壞異族統治，才能恢復朝鮮的獨立自主；只有破壞特權階級，才能實現朝鮮民眾的自由；只有破壞經濟掠奪制度，才能建設民眾的經濟；只有破壞社會的不平等，才能建設民眾的社會；只有破壞奴隸的文化思想，才能建設民眾的文化。」〔註244〕

申采浩的革命理論除了受到克魯泡特金的民眾直接革命論的影響以外，受到巴枯寧的「破壞論」的影響。申采浩十分強調「暴力」原則，認爲：「養兵十萬不如一擲炸彈，億千張報紙和雜誌不如一回暴動。」〔註245〕並且在《朝鮮革命宣言》的末尾指出：「民眾是我們革命的大主體。暴力是我們革命的唯一武器。我們在民眾裏和民眾提攜，以不斷地暴力、暗殺、破壞、暴動等打倒強盜日本的統治，改造不合乎我們生活的一切制度，建設人不壓迫人、社會部奪取社會的理想的朝鮮。」〔註246〕因而申采浩批判「外交論」和「準備論」。因爲這兩個理論只能進行間接的抗日，爭取獨立是很遙遠的。然而他們是流亡於國外的殖民地知識分子，無法動員全體民眾，只能開展少數人員的義烈鬥爭和宣傳活動。

〔註244〕申采浩在《朝鮮革命宣言》強調：「一、朝鮮之上有異族日本的專制，異族專制之下的朝鮮不是固有的朝鮮，即爲了發現固有的朝鮮，該破壞異族統治；二、朝鮮民眾之上總督等強盜團和特權階級壓迫，特權階級下的朝鮮民眾不是自由的民眾，即爲了發現自由的朝鮮民眾，該破壞特權階級；三、掠奪制度之下的經濟，不是民眾自己組織的，而是想吃掉民眾的強盜（日本）爲了肥自己組織的。即爲了民眾生活的發展，該破壞掠奪的經濟制度；四、弱者之上有強者、賤者之上有貴者的不平等社會，互相掠奪、剝削、嫉妒。一開始小數爲了自己的幸福壓迫多數，但最終少數之間殘害。即爲了民眾全體的幸福，該破壞不平等社會；五、既存的文化思想（宗教、論理、文學、美術、風俗、習慣等）都是強者制度，強者享受的。只不過給強者提供的、麻醉一般民眾的工具。少數壓迫多數，多數民眾反而沒抵抗的原因就是被奴隸的文化思想麻醉的。若不折斷壓迫民眾的所有文化，一般民眾永遠徘徊於奴隸思想的羈絆。即爲了提倡民眾文化，該破壞奴隸的民眾文化。」

〔註245〕申采浩：《朝鮮革命宣言》（1923年），《丹齋申采浩全集（下）》，螢雪出版社，1962年，35～46頁。

〔註246〕申采浩：《朝鮮革命宣言》（1923年），《丹齋申采浩全集（下）》，螢雪出版社，1962年，46頁。

申釆浩在《利害論》一文中主張暴力的「正當性」。他指出：「當今社會存在著『支配者』和『被支配者』兩大利益對立群體，以往所謂『正當性』只不過是支配者為了保護自己的利益而設定的一個虛假概念，因此被支配者根本無須顧忌這種正當性，而是應該根據自己的利益訴求重新詮釋正當性概念。」在申釆浩看來，判斷正當與否的唯一標準是是否有利於民眾的生存。只要對民眾的生存有利，那是「正當」的，應該採用和遵守；否則是「不正當」的，應該反對和拋棄。他認為：「只要目的是正當的，為了達到這目的所採用的任何手段都是正當的。」

對韓人安那其主義來說，義烈鬥爭是有效力的鬥爭之法。然而在此過程中發生過度的損失，即多數人被日本警察逮捕、殉國。到了 1930 年代，他們無法再開展獨自的活動，只能通過民族主義系列的聯合展開獨立運動。

（四）濃厚的民族主義色彩

安那其主義者區別「民族」和「民族主義」的概念。「民族」是實際存在的一種共同體，是組成社會的基本要素；「民族主義」是作為無形的意識形態，形成近代國家的基本的要素。蒲魯東之所以批判民族主義，因為由於近代民族國家的出現引起了舊秩序之下的帝國主義，然而蒲魯東區別文化和傳統以及基於地理的「民族」和傾向於擴張領土的「民族主義」。同時他批判民族國家之間的戰爭和由於內戰產生的政治權力和經濟權力。然而，巴枯寧、克魯泡特金提倡基於民族自治和自決的民族主義，比如他們希望波蘭從俄羅斯的統治下獲得解放。這樣，西方古典安那其主義者不是盲目地反對民族主義。

被壓迫民族來說，抵抗帝國主義侵奪的有效的方法就是鼓吹民族主義精神。這意義上民族主義可以分類為（1）擴大本國勢力和領土的民族主義，即是帝國主義和（2）對抗帝國主義的民族主義。民族優越主義和排他性使民族主義轉變為帝國主義，對近代韓人來說日本帝國主義就是屬於這一種。然而，韓人來說民族主義並不意味著本國勢力的擴張，而是抵抗帝國主義的領土擴張、解決被壓迫的情況的根據。韓人安那其主義者也認為民族主義就是作為反帝國主義的弱小國民族主義，其目標也是抵抗帝國主義侵略的民族解放。

對韓人安那其主義來說「民族解放」，不僅意味著朝鮮民族的生存恢復，還意味著沒有任何強權之下相互扶助的契機，而且是為個人解放的必須條件。即他們來說安那其主義和民族主義並不是矛盾的關係，而是相互補充的關係。

　　由於 3‧1 運動高揚的民族解放運動，通過臨時政府的建立結集了民族獨立意志。然而臨時政府作為民族解放運動的中心顯露出許多問題。其中，最大的問題是由於個人權威和領導權的競爭等因素無法正常開展活動。還有，馬列主義陣營試圖控制工人和農民組織，但實際上他們直接受到共產國際的指令，無法擺脫蘇聯的影響。因而韓人安那其主義者批判所謂右翼（民族主義陣營）的分裂和左翼（馬列主義陣營）的（對蘇維埃的）「爬行主義」。並且他們發現左‧右翼的問題都起源於「權力追求」，因而他們提倡以民眾為主體的民族、民眾解放。他們融合安那其主義的人類解放思想和朝鮮民族解放思想。

　　除此之外，申采浩至於「國際連帶」問題，表示濃厚的民族主義色彩。他接受安那其主義之前並沒有關注過各國民眾的連帶鬥爭，但接受安那其主義之後，意識到各國民眾連帶的重要性。然而作為一個殖民地國家的安那其主義者，申采浩只同意殖民地或半殖民地民眾之間的連帶。他明確指出只有徹底消滅帝國主義之後，才能夠實現世界範圍的連帶。他之所以強調帝國主義國家民眾和殖民地民眾之間的差異。他看來，帝國主義國家的民眾和殖民地民眾的處境截然不同。例如日本國內無產階級的處境比朝鮮有產階級的處境要好得多。〔註247〕他還指出：「如果帝國主義國家的支配階級答應給他們國家內的民眾提供普遍選舉的自由和增加勞動報酬，這些國家的民眾就會受到所謂『愛國心』的蠱惑和驅使，積極參與征服弱小國民眾，成為壓迫殖民地民眾的先鋒。」〔註248〕換言之，由於帝國主義支配階級的操縱和欺瞞，帝國主義國家的民眾和殖民地國家的民眾不能成為盟友，他們之間只有矛盾和仇恨。因此他一直反對在朝鮮民眾與日本民眾之間的連帶。這樣，他的安那其主義具有其時代和地域特點。

　　西方資本主義發展過程中產生的安那其主義思潮，自 19 世紀末開始傳入東亞各國。在近代東亞社會，安那其主義產生在廣泛的地區並不是偶然的，而是東亞社會的特殊情況下迫切需要新範式（Paradigm）。從資本主義尚未成熟的 19 世紀後期開始，中韓兩國知識分子當中的激進分子開始關注社會主義。中韓兩國社會主義的傳播不是在資產階級和無產階級的對峙下發生的，

〔註247〕申采浩：《浪客의 新年漫筆》。申采浩警告說：「移植於朝鮮的日本無產者威脅殖民的先鋒，因此歡迎日本無產者的行為就是歡迎殖民的先鋒。……日本無產者看作朝鮮人的看法是沒常識的。」

〔註248〕申采浩：《龍과 龍의 大激戰》。

而是在接受所謂西方近代新思潮的過程中一併進入的。筆者認為，近現代意義上的東亞安那其主義思想是繼承了個人主義、自由主義、政治浪漫主義等西方安那其主義的觀念和東亞各國具有的傳統思想。並且激進知識青年在分析本國的政治、社會體制的過程中發展起來了。其中，中國安那其主義者為了批判封建的社會秩序；韓國安那其主義者為了獲得民族的完全解放，接受了安那其主義。〔註249〕這現象關係到東亞近代思想史中的各種問題。他們不像西歐安那其主義者，與「個人自由」相比更關注「社會問題」。這是由於東西方近代歷史的差異和東亞各國的傳統交匯而造成的。〔註250〕

　　20世紀初是東亞各國建設民族國家（Nationstate）的時代。日本在面臨西方資本主義列強的侵略危機的同時，通過對中國或韓國等周邊國的侵略戰爭而開始建設國民國家，但中韓兩國卻通過對日本或其他列強之侵略的對抗而建設了國民國家。可是在建設國民國家的過程中，也出現了反對它的勢力。他們在西方或傳統東方歷史中，還找到了以往所有國家或政府都是以強權、強制、權威來壓迫多數民眾的事實，並且他們認識到所謂的國民國家只不過是支配多數人民的新的工具。因此他們尋找不同形式、形態的社會模式。〔註251〕我們在他們所追求的理想和開展的運動可以發現重要的歷史的貢獻。近代中韓安那其主義者同西方的安那其主義者一樣，盼望以安那其的方式解決社會問題。然而，東亞與西方在達成目的的現實背景是截然不同的，甚至中韓兩國安那其主義者之間的立場也並不一致。這樣的不同之處讓人推導與西方不同的中韓兩國安那其主義的特點。

〔註249〕曹世鉉：《東 Asia Anarchism，ユ 叛逆의 歷史》，冊世上，2001年。
〔註250〕曹世鉉：《東 Asia Anarchism，ユ 叛逆의 歷史》，冊世上，2001年。
〔註251〕比如，日本的幸德秋水（1871～1911）、大杉榮（1865～1923）；中國的李石曾（1881～1973）、劉師復（1884～1915）、巴金（1904～2005）；韓國的李會榮（1867～1932）、申采浩（1880～1936）、柳子明（1894～1985）等。

第二章　中韓兩國安那其主義論爭

　　在中韓兩國的安那其主義在受到俄羅斯十月革命的影響和布爾什維克的傳入之後面臨了危機。這是對中韓安那其主義者來說預示著新挑戰者的登場，又引起了兩國社會主義運動的對峙和分裂，並發生了「安那其・布爾什維克論爭（簡稱：安・布論爭）」。安・布兩者都認爲在資本主義制度下，勞動人民絕對不能解決奴隸狀態，可在解決方法上發生了分歧。「布派」認爲只有民主政府管理所有產業，即實行無產階級專制，勞動人民可以享受自由；但「安派」卻認爲只有拒絕所有政府，勞動人民才得自由，並且他們反對工業革命以後出現的政治、經濟的集中化，又反對忽視人權和人之價值的一切政治、社會理念。因此安派反對布派所提倡的無產階級專政，而提倡恢復人類的自由價值，只能通過徹底破壞既往國家秩序才能實現這目的。他們攻擊政治、經濟制度，同時追求基於自由、自發的權力分散。

第一節　中國安・布之間的思想論爭

一、「安・布」聯合

　　既往中國大陸學界對「安・布」之間的關係，大概如下解釋。20世紀初安那其主義在知識青年中流傳很廣，出現了標榜安那其主義的許多小團體和刊物。〔註1〕1917年在俄羅斯發生十月革命，不少中國安那其主義者對此評價爲安那其主義革命的勝利，此革命的影響下一段時間內「安・布」之間較容

〔註1〕攻擊馬列主義的代表團體的期刊是民聲社出版的《民聲》（1916年4月）、實社的《自由錄》（1917年）、進化社的《進化月刊》（1919年1月）等。

易聯合，但兩者的思想之間存在著根本性矛盾，即無法避開兩者之間的論爭。經過論爭之後不少安那其主義者放棄安那其主義，而轉換爲馬克思主義者。〔註2〕對論爭的結果評價爲，馬克思主義者運用馬克思主義的無產階級革命和無產階級專政等理論，深刻批判、揭露安那其主義思想。從而爲了將中國共產黨成爲馬克思主義的革命政黨，做出了重要的貢獻，並且對於新時期進一步加強黨和國家的建設，具有重要的啓示意義和作用。〔註3〕當時的歷史資料也讓我們較容易支持上述的對「安・布」論爭的評價。例如：「1920 年，共產主義小組成立時，無政府主義者也參加了，黃淩霜就是其中的一位。後來在討論黨綱時，黃淩霜因反對無產階級專政而退出了。這種分化，在北京和其他各地的共產主義小組中都曾發生」〔註4〕；「沒有經過無政府主義和空想主義這個環節，直接成爲馬克思主義者的反而是少數人。以接受無政府主義和各種空想社會主義的影響爲起點，最後走向馬克思主義，這是五四時期一個比較普遍的現象。」〔註5〕

但筆者認爲，首先得關注五四時期，即在「安・布」之間發生矛盾之前，中國國內安那其主義對布爾什維克的影響力和「安・布」之間的關係。「安・布」論爭不僅僅發生在共產黨建黨過程中，也發生在很多團體、刊物的相關人物和工人運動中。與建黨時期發生的論爭相比較，建黨以後論爭的時間更長，即我們還得關注建黨之後發生的論爭內容，不能簡單說該論爭是因共產黨的建黨而結束的。並且我們得注目五四時期安那其主義陣營也有「安那其個人主義派」和「安那其共產主義」派別。因此，我們探討安・布論爭之前，先檢討安那其主義內部的分派問題。〔註6〕

20 世紀早期，在中國知識分子先認識到安那其主義的存在，之後安那其

〔註2〕比如徐善廣、劉劍平：《中國無政府主義史》，湖北人民出版社，1989 年；蔣俊、李興芝：《中國近代的無政府主義思潮》，山東人民出版社，1990 年；胡慶雲：《中國無政府主義思想史》，國防大學出版社，1994 年；湯庭芬：《無政府主義思潮史話》，社會科學文獻出版社，2000 年等著作。

〔註3〕劉以順：《陳獨秀在黨的創建時期同無政府主義的鬥爭》，安慶師範學院學報，2004 年 7 月等。

〔註4〕高軍等主編：《朱謙之的回憶》，《無政府主義在中國》，湖南人民出版社，1984 年，509 頁。

〔註5〕蔣俊、李興芝：《中國近代的無政府主義思潮》，山東人民出版社，1991 年，239 頁。

〔註6〕金世殷：《中共 創立 時期의 思想鬥爭에 對한 一考察》，成均館大學碩士學位論文，1988 年 10 月。

主義在中國社會成爲激進主義思潮的代表。早期安那其主義者，於 1907 年 6 月在東京和巴黎創刊《天義》和《新世紀》，辛亥革命以後江亢虎與劉師復等人通過社會黨和《民聲》來傳播安那其主義。辛亥革命以後，在劉師復等人的努力下，安那其主義者在廣州、上海、常熟、南京等地擴大勢力，後趨於全國性。新文化運動之前，師復主義者已經建立起比較系統的綱領。在 1912 年組織的「晦鳴學舍」的八大綱領，他們已提出了「共產主義、反對軍國主義、工團主義」等具體目標，並在 1914 年設立的無政府共產主義同志社的《宣言書》一文，主張廢除資本主義、反對所有政府形態等比較系統的政治主張。〔註7〕

　　五四前期，經過十多年的傳播過程，安那其主義在各社會主義流派中佔優勢。據統計，安那其主義社團在全國已達九十多個，所辦大小刊物達七十多種，書籍約達三十五種。〔註8〕安那其主義刊物《民聲》每期印刷達一萬份，在四川短時間內出現了十三個的安那其主義小團體。這說明當時安那其主義具有很大的影響力。這時期，一些標榜激進主義的團體在軍閥政權等的壓迫下被解體，可師復主義者卻堅持安那其共產主義，並爲了實現劉師復的綱領和原則而不斷努力。在「互助」的思想指導下，民聲社、實社、群社、平社聯合起成立了進化社。1910 年左右開始，安那其主義已成爲意識形態的主旋律。

　　布爾什維克主義是在中國，從 1918 年下半年開始系統傳播的，即比安那其主義晚十多年才得到廣泛傳播。此前，各地報刊介紹了不少關於十月革命和布爾什維克理論，可在五四前後的人們對其瞭解仍然很少，沒有認識到「安・布」之間的差異。因此社會主義知識青年自然而然受到安那其主義的影響，他們爲了實踐社會改造，願意同安那其主義陣營聯合。五四時期，陳獨秀（1879～1942）、李大釗（1889～1927）、李漢俊（1890～1927）、毛澤東（1893～1976）、鄧中夏（1894～1933）、惲代英（1895～1931）、蔡和森（1895～1931）、周恩來（1898～1976）、瞿秋白（1899～1935）〔註9〕、施存統（1899～1970）、李達（1905～1993）等許多激進知識青年，接觸馬列主義之前，或

<hr>

〔註7〕劉師復：《無政府共產主義同志社宣言書》，《民聲》，第 17 號。
〔註8〕張允侯，殷敘彝，洪清祥，王雲開：《五四時期的社團》（四），三聯書店，1979 年，327～330 頁。
〔註9〕瞿秋白對自己指出：「一個近於托爾斯泰派的無政府主義者。」參見瞿秋白：《多餘的話》。

多或少受到安那其主義的影響，甚至信仰過該主義。〔註 10〕後來參加「安・布」論爭的陳獨秀、李大釗、惲代英、周恩來、李達等都對安那其主義有著好感，甚至論爭時期他們的思想仍然傾向於安那其主義。〔註 11〕尤其，在廣州成立「共產主義小組」時期，安那其主義對該小組的影響力很深刻。所謂的安那其共產主義者將五四以後稱爲「革命時代」，爲了鼓吹展開「世界大革命」，1919 年夏天舉行「第一次無政府聯合大會」。此時，國外的安那其主義者也爲了在中國內開展安那其主義運動而來到中國。他們從 1919 年底到 1920 年初在中國活動，卻由於當局的不斷壓迫受到嚴重打擊。1920 年 9 月，由黃凌霜引薦，蘇聯布爾什維克黨的斯托楊諾維奇（米諾爾）和別斯林（佩斯林），到廣州後便以蘇俄政府代表的名義建立「俄國通訊社」。他們與黃陵霜、區聲白等聯繫，組織「廣州共產主義小組」。參加這小組的九人中，除了二人布爾什維克主義者以外，其他七人都是安那其主義者，所以與其稱作共產黨，不如稱爲安那其共產主義團體。〔註 12〕確實，中國共產黨一大時期的黨員 50 多人中，李大釗、毛澤東、瞿秋白、周恩來、彭湃、惲代英等 22 人不同程度上都受到安那其主義的影響。布爾什維克在思想領域內取得優勢之前，安那其主義在各種社會主義思潮中有著強大影響，〔註 13〕當然「安・布」之間也維持互助關係。

李大釗是中國最早的馬列主義宣傳家。他在「安・布」論爭之前一直信賴「互助論」，因此論爭時期雖然一定程度上批判了安那其主義，但仍與安那其主義者堅持友好態度。比如他同意安那其主義者加入「馬克思學說研究會」

〔註10〕 這方面的代表的研究成果爲，郭聖福：《惲代英與五四時期的無政府主義思潮》，《黨史研究與教學》，1996 年第 2 期；馬承倫：《試論無政府主義對早期馬克思主義者產生影響的原因》，《黨史研究與教學》，1998 年第 2 期；顧昕：《無政府主義與中國馬克思主義的起源》，《開放時代》，1999 年 2 月；顧昕：《無政府主義與中國馬克思主義的起源》，《二十世紀中國思想史論》，東方出版中心，2000 年；歐陽躍峰：《辛亥革命前無政府主義者對馬克思主義的「業餘宣傳》，《安徽師範大學學報》，2002 年 5 月；陳桂香：《「互助論」無政府主義與李大釗的馬克思主義觀》，《山東大學學報》，2006 年第 2 期；簡明：《中國早期共產主義知識分子與無政府主義》，《學術研究》，2006 年 12 期；張琳：《馬克思主義在中國早期傳播的思想土壤》，《科學社會主義》，2009 年 2 期等。

〔註11〕 曹世鉉：《中國五四運動時期 Anarchism-Bolshevism 論爭》，歷史批判論壇，2001 年。

〔註12〕 可是由於觀點不一致，譚平山、譚植棠、陳公博等人拒絕加入這小組。（陳公博《廣州共產黨的報告》，《中共中央檔選集》第一冊，20 頁。）

〔註13〕 顧昕：《無政府主義與中國馬克思主義的起源》，《開放時代》1999 年第 2 期。

和「社會主義青年團」，並且他計劃與「無政府黨互助團」構成聯合陣線。五四運動前後，他開始宣傳十月革命和社會主義的學說。1918 年，他發表《法俄革命之比較觀》一文，初步分析十月革命的特點。〔註 14〕他認為俄國革命會給未來世界文明帶來深刻的影響。他接著發表《庶民的勝利》（1918.11.15）、《Bolshevism 的勝利》（1918.11.15）、《青年與農村》（1919.2.20）、《現代青年活動的方向》（1919.3.14）等。然而，到當時他還具有安那其主義的身影。1919 年，他在《階級競爭與互助》和《「少年中國」的少年運動》兩篇文章中，頗表讚賞克魯泡特金的《互助論》，認為：「互助和馬克思的階級競爭都是改造社會組織的手段、改造人類的精神信條。」〔註 15〕而且，他提倡安那其主義者所強調的「工讀主義」。然而 1920 年初，李大釗的思想逐漸傾向於布爾什維克主義。同年 3 月 31 日，由李大釗建立了「馬克思學說研究會」，隨後逐漸出現「新民學會」、「少年中國學會」等標榜、宣傳馬列主義的團體。〔註 16〕

陳獨秀也對安那其主義有比較多的關心。五四期間，他放棄了所謂「共和國方案」後，一度將目光轉向安那其主義。陳獨秀、李大釗兩人和王光祈（1892～1936）〔註 17〕組織了北京工讀互助團，宣傳：「工讀打成一片，才是真正人的生活」。他和李大釗把「工讀互助團」作為新生活和改造社會的方法來看待。〔註 18〕1919 年 12 月在《新青年宣言》中，他把「相愛互助」作為新社會推崇的重要原則。同年底，他在《新青年》上發表《歐洲七女傑》，讚賞俄國虛無黨人蘇菲亞的「為人犧牲之信念」和為革命「禍福非所計」的精神。〔註 19〕他一開始並沒批判安那其共產主義，反而當時還承認安那其主義適合於藝術、文化等方面。他的批判對象是安那其個人主義，甚至陳獨秀在

〔註 14〕李大釗：《法俄革命之比較觀》，《李大釗選集》，人民出版社，1978 年，101～104 頁。

〔註 15〕李大釗：《李大釗文集（下）》，人民出版社，1989 年，10～19 頁。

〔註 16〕我們雖然對它不能說正統的共產主義運動團體，但可以說對馬克思主義的學術、研究團體。（參見金世銀：《中國共產黨 創立時期의 思想鬥爭에 關하여》，《成大史林》，1988 年。）

〔註 17〕到目前關於王光祈的文章大概如下。（1）張彥：《王光祈的救國之路》，《文史雜誌》，2005 年 6 期：（2）司麗靜、李榮：《王光祈愛國思想》，《河北理工大學學報》，2006 年 2 月：（3）黃民文：《論王光祈社會改造思想之特徵》，《湖南人文科技學院學報》，2008 年 2 月；（4）黃民文：《王光祈早年思想發展探析》，《邵陽學院學報》，2008 年 8 月等。

〔註 18〕參見《李大釗選集》，285 頁。

〔註 19〕陳獨秀：《歐洲七女傑》，《新青年》第 2 號，1919 年。

論爭中仍然找「安派」和「布派」的折中方案，即他無法直接放棄與他共同展開新文化運動的安那其主義。

毛澤東也無法迴避早年一度接受安那其主義的影響，甚至他認爲克魯泡特金的「安那其共產主義」比馬克思主義意義更深遠。〔註20〕他坦誠：「我讀了一些關於無政府主義的小冊子，很受影響。……在那個時期，我贊同許多無政府主義的主張。」〔註21〕1919 年和 1920 年，他在北京發起「上海工讀團」。1919 年底，他在《湘江評論》上發表了《民眾的大聯合》，讚賞俄國十月革命勝利，同時也讚美克魯泡特金主義。當時他認爲俄國革命的成功就是安那其主義的勝利。此外，他還一度對日本新村主義運動家武者小路實篤（1885～1976）的思想表示傾心。

惲代英也是接受安那其主義的熱烈知識青年。〔註22〕1917 年 10 月，他在武昌組織了「互助社」，並坦誠：「吾自信無政府主義」〔註23〕，又在 1919 年寫的一封信中說：「我信安那其主義已經七年了。」〔註24〕並且他在「安・布」論爭期間也沒有拋棄對互助主義的期待。惲代英指出鄧中夏、瞿秋白、施存統等也承認安那其主義理想的價值。

另外，李達是著名的布爾什維克運動者，可他也沒有區別布爾什維克和安那其工團主義。他認爲「安・布」的基本立場是一致的，只有「手段之別」。施存統也主張：「不需要黨的領導、勞農聯盟，或是信仰社會主義的三大勢力（學生、工人、軍人）的聯合就可以成就社會革命的思想，即與其稱爲布爾什維克，不如說是安那其工團主義。」蔡和森和周恩來也在一定程度上受安那其主義的影響。周恩來指出：「我小時候也迷信過菩薩，後來還相信過無政府主義……接近共產主義，不如說更多地接近無政府主義。」〔註25〕同時，周恩來參加過「廢姓」運動，因爲「廢姓」就是安那其主義者所主張的「家庭革命」的一部分。

〔註20〕 參見《毛澤東早期文稿》，341 頁。

〔註21〕 毛澤東於 1936 年和斯諾的談話中說：「我讀了一些關於無政府主義的小冊子，很受影響，我常常和來看我的一個名叫朱謙之的學生討論無政府主義和它在中國的前景。當時，我贊成許多無政府主義的主張。」（愛德格・斯諾，《西行漫記》，三聯書店，1979 年，128 頁。）

〔註22〕 惲代英在他的日記中指出：「吾自信無政府主義，即信當即刻爲之實際之預備，當以建設爲破壞之手段，當速養民智民德，即大同生活之習慣，當使不正當階級畛域自然消滅。」（《惲代英日記》，中共中央黨校出版社，1981 年，118 頁。）

〔註23〕 惲代英：《惲代英日記》，517 頁。

〔註24〕 《惲代英文集（上）》，109 頁。

〔註25〕 周恩來：《周恩來選集（下）》，356 頁。

在工人運動中，「安‧布」兩者還進行共生合作，我們將之稱爲「安布合作」。這時期可以說是「安‧布聯合時期」。〔註26〕「安‧布」兩陣營聯合發刊《勞動者》、《勞動》、《勞動界》等雜誌，在京、滬等地積極領導社會主義運動。當時對他們來說「安‧布」兩者的區別是並不重要的事，因爲大多激進知識青年在黑暗的社會和窮迫的生活處境中，尋找改造現實的有效的出路。若它是作爲救國新思想、新學說的話，都可以採取。因此，「安‧布」兩者之間思想上並沒露出矛盾。安那其主義者鄭佩剛回憶說：「1921年，五‧一勞動節紀念大遊行中曾掛上兩個大畫像，一個是馬克思、一個是克魯泡特金。當時遊行隊伍中，贊成共產主義的人佩著『紅領帶』，贊成無政府主義的人佩著『黑領帶』。」〔註27〕范天均回憶說：「1924年後的『五‧一』勞動節，廣州許多無政府主義者參加工會罷工集會遊行，馬克思和克魯泡特金的像，曾多次在『五‧一』節遊行活動中出現，但遊行的人卻沒有佩戴紅領巾和黑領巾。當時我參加東校場的集會，看到的是各工會隊伍都有自己的旗幟，會旗上端有的裝飾著紅領巾，有的裝飾著黑布條，有的是加一小紅旗，有的是加一小黑旗。紅的表示屬於馬克思主義的共產主義者組織隊伍，黑的表示信仰無政府主義者組織隊伍。」〔註28〕「安‧布」兩者都是作爲進步的思潮，維持合作和同盟關係。中國馬列主義者雖然憧憬蘇俄式國家建設，但是他們可以在建黨過程中和不同的思潮——安那其主義可以聯合的，因爲當時他們並沒認識革命的主要問題即政權和暴力的問題。

中國安那其主義者對十月革命認爲安那其主義的勝利，而且期待其革命的最後的結果，因爲它的確是顛覆資本主義制度的第一次世界性的社會革命。梁冰弦、劉石心等人在《勞動》雜誌〔註29〕上寫道：「世界驚人的歐戰已打了好幾年，俄羅斯驚人的革命也鬧得轟天震地。世界人士莫不矚目關心，

〔註26〕比如1919年夏天，李大釗、陳獨秀、李漢俊、譚平山等參加在上海成立的「社會主義同盟」，翌年夏天譚平山等也在廣州參與組織「社會主義者同盟」。黃凌霜、區聲白、劉石心、鄭佩鋼等積極參加李大釗創設的「馬克思主義研究會」和1920年8月在北京組織的「社會主義青年團」。

〔註27〕高軍等主編：《鄭佩剛的回憶——無政府主義在中國的若干事實》，《無政府主義在中國》，湖南人民出版社，1984年，521頁。

〔註28〕高軍等主編：《范天均的回憶》，《無政府主義在中國》，湖南人民出版社，1984年，534頁。

〔註29〕《勞動》月刊，1918年3月創刊，上海大同書局發行，梁冰弦、劉石心等編輯，共出5期，1918年8月停刊。

打聽他的消息，研究他的結果。…… 現在我們中國的毗鄰俄國，已經光明正大的做起貧富一班齊的社會革命來了。…… 所以俄羅斯來的電報，是格外引人注意，過激黨傳的消息，格外受人歡迎。」〔註30〕雖然當時中國的安那其主義者知道「安・布」之間的理論是不同的，但他們沒把握十月革命的眞相，只期待革命給中國社會帶來的肯定的影響。〔註31〕

二、「安・布」論爭的過程

中國的「安・布」論爭是不像西方分裂的，而在建設共產黨的過程中發生的。我們可以把論爭的過程分爲三個階段。〔註32〕

第一階段（早期）是從 1910 年中期到安那其主義者提出馬列主義的局限性，到 1920 年 6～8 月中國共產黨組織「上海發起組」〔註33〕。這時期代表的「安・布」人物是鄭賢宗（鄭太樸：1901～1949）、朱謙之和陳獨秀。那時，雙方的論爭並不激烈，主要安那其個人主義者批判布爾什維克革命的非徹底性，布派則只批判安那其個人主義派理論的虛無性。

第二階段（中期）是從 1920 年 8 月到 1921 年 7 月 23 日中國共產黨第一次代表大會之前。這時期代表的「安・布」人物是區聲白和陳獨秀、李達。1920 年 11 月，陳獨秀在廣州的講演中公開批判安那其主義，區聲白通過書信反駁了陳的主張。雙方的論爭擴散到全國，許多小團體受到論爭的影響而建立起來，很多人發表各種期刊和文章。

第三階段（後期）是中共建黨以後。這時期代表的「安・布」人物是區聲白和蔡和森、周恩來。建黨後安・布兩者分道揚鑣。多數青年安那其主義者參加吳稚暉、李石曾等展開的「赴法勤工儉學運動」。知識分子之間的論爭基本結束，可論爭涉及到勞動運動的領域中。

〔註30〕 參見《勞動》第一卷，第二號，1918 年 4 月 20 日。
〔註31〕 當時在中國活動的韓人激進主義者沒準確區分安那其主義和布爾什維克。
〔註32〕 具承會：《Marx 인가，Bakunin 인가》，《Anarchi・環境・共同體》，摸索出版社，2000 年。
〔註33〕 有關「上海發起組」的研究論文有：（1）王敏夫：《上海發起組形成過程》，黨史縱橫，1990 年，第 04 期；（2）華強：《對中國共產黨上海發起組歷史地位的再認識》，軍隊政工理論研究，1996 年，第 01 期；（3）金立人：《中共上海發起組成立前後若干史實考》，黨的文獻，1997 年，第 06 期；（4）楊奎松：《從共產國際檔案看中共上海發起組建立史實》，中共黨史研究，1996 年，第 04 期；（5）張魁中：《上海合作組織發展研究》，湘潭大學，2005 年 5 月等多數。

其實，「安・布」論爭是安那其主義者的批判而開始。1914年劉師復批判馬克思主義為「集產社會主義」、「國家社會主義」。在廣州的安那其主義者也發刊《民風》，批判了馬克思主義理論。〔註34〕實社的領袖黃陵霜和區聲白也跟隨劉師復提出馬列主義的問題。劉師復的學生黃陵霜於1919年2月在《進化》月刊上發表《評〈新潮雜誌〉所謂今日世界之新潮》一文，主張真正的共產主義是安那其主義，馬克思主義是假裝共產主義的「集產主義、國家社會主義」。同年5月在《新青年》中發表《馬克思學說的批評》，提出「剩餘價值說」、「唯物主義歷史觀」、「辯證法」和「無產階級專制問題」。區聲白也發表《無政府革命方略》等文章，表示反對無產階級專政、馬列主義式社會經濟原則和國家學說。可批判的程度不激烈，批判內容也只不過是理論上。甚至因為他們的批判對象是軍閥和帝國主義，所以願意與馬列主義者持續聯合。

最早激烈批判布爾什維克的勢力是奮鬥社等安那其個人主義團體。1920年春，朱謙之、鄭賢宗、易家鉞等安那其個人主義者（他們都是北京大學生）為了系統地批判布爾什維克和十月革命而組織「奮鬥社」，併發刊《奮鬥》。朱謙之批判的對象不僅馬列主義者，而且包括胡適在內的自由主義者和安那其共產主義者。他們發表題為《我們反對布爾札維克》、《為什麼反對布爾札維克》、《現代思潮批評》等文章，激烈批判布爾什維克。朱謙之認為：「馬列主義是變質的國家主義、是過去的化石。」他又反對馬克思主義是「科學的社會主義」的說法。他認為科學和革命是相互對峙的，科學的時代已經過去，成為保守化，科學也只不過是一個權威。「革命」主張思想的絕對自由，而科學並不這樣。他認為虛無的哲學是通過以科學為基礎的革命理論更加進步的。

早期馬列主義知識分子則以《新青年》、《共產黨》、上海《民國日報》、《少年（改名為赤光）》、《先驅》等刊物為陣地，發表文章予以反駁安那其主義，並闡明瞭無產階級奪取政權、建立無產階級專政的必要性。他們於1920年5月發表《強權與公理》一文（登載於《民國日報》），開始批判安那其主義。之後馬列主義者陸續發表《談政治》、《馬克思派社會主義》、《社會主義批判》、《討論無政府主義》、《馬克思學說與中國無產階級》、《勞動專政》（以上登載於《新青年》）；《短言》、《社會革命的商榷》、《無政府主義之解剖》、《我們為

〔註34〕1919年，梁冰弦等在廣州出版的周刊。

什麼主張共產主義》、《奪取政權》、《我們怎樣幹社會革命？》〔註35〕（以上登載於《共產黨》）提出安那其主義的空想性和虛無主義的特點。

陳獨秀等後來接受馬列主義的人對十月革命及蘇聯卻給予了很高的評價。陳獨秀認為俄國革命使人類看到了實現社會平等的可能性以及與帝國主義不同的社會發展的可能性。〔註36〕甚至他認為蘇俄革命就是：「人類社會變動和進化的關鍵。」〔註37〕並且，中國馬列主義者來說，1919 年 7 月蘇聯政府發表的《加拉罕宣言（Karakhan Manifesto）》，讓他們更加深信不疑。這宣言於翌年 2 月傳到中國，宣告的內容大概如下：（1）取消奪取征服滿洲等地；（2）歸還中國中東鐵道、所有的礦山、森林等權益；（3）放棄接受義和團賠償金的權利；（4）放棄領事裁判權等。這意味著蘇聯政府對中國的外交發生了根本性轉變。這些正是不久之前在巴黎和會上，被拒絕的中國代表團所要求的問題。蘇聯單方面給中國將不平等條約中的各種權益無償歸還。陳獨秀對此感到這的確是一個行使正義的美麗新世界。雖然陳獨秀等人將聯合國與同盟國之間的第一次世界大戰，視為公理與強權之爭，可凡爾賽講和會議（1919 年 1 月）暴露了第一次世界大戰只不過是強權之間的鬥爭。因而他們認為馬列主義與帝國主義之爭才是公理與強權之爭，中國人參加世界公理與強權之爭的第一腳步就是在中國組織共產黨，並開展以實現馬列主義為目標的革命運動。他確信只有布爾什維克的勝利，才能根本解決中國的各種問題。結果，他通過《勞動者的覺悟》、《談政治》、《討論社會主義》等文章和一些書信，強調無產階級專政的必要性。

陳獨秀於 1920 年 8 月，在上海建立了上海發起組（共產黨早期組織），取名為「中國共產黨」。接著，他又結集各地馬列主義者，在各地相繼建立起黨的早期組織。並且同年 9 月，陳獨秀在《新青年》上發表《談政治》一文，正式批判安那其主義的主要觀點，引起安・布之間的大論爭。發表不久，安那其主義者鄭賢宗立即在同樣的期刊，用寫信的方式表示反對陳獨秀的想法。中國「安・布」論爭由此開始進而日益深入，矛盾尖銳化。同年 11 月，陳獨秀與李達等人創辦了黨的理論刊物《共產黨》月刊。上海黨組織成立後，

〔註35〕 參見宋一秀、孫克信、蘇厚重主編《馬克思主義哲學史》，北京出版社，1989年，87 頁。

〔註36〕 佐藤慎一著，劉岳兵譯：《近代中國的知識分子與文明》，江蘇人民出版社，2006 年，132～133 頁。

〔註37〕 陳獨秀：《二十世紀俄羅斯的革命》，《獨秀文存（2）》，29 頁。

陳獨秀將《新青年》改爲這個組織的機關刊物，進一步加強馬列主義宣傳。
同年 11 月，他又發起組織「上海機器工會」（中國共產黨上海發起組領導的第
一個工會）。同年 12 月，他又建立了「上海印刷工會」。他發表大量的宣傳性
文章，不斷向工人階級灌輸馬列主義，使很多工人參與黨的早期組織，並切
斷安那其主義的影響。同時，在共產國際代表的幫助下，他殫精竭慮地從事
黨組織的創建工作。這些活動促進了共產黨早期組織的建立和黨員思想的統
一，並且有力地抵制、排除安那其主義對工人運動的影響。同年 12 月，他從
上海赴廣州，以自己起草的《黨綱》爲基礎建立代表廣州地區的布爾什維克
勢力。雖然安那其主義者反對黨綱中關於無產階級專政的條文，但他主張「必
須擺脫無政府主義」。1921 年春在他的主持下馬列主義者建立「廣州共產黨」。
〔註 38〕

　　李大釗也對蘇俄革命表示肯定的立場。他在蘇俄革命發現了中國未來的
藍圖，並贊成蘇俄式革命和國家建設，甚至認爲那是人類歷史的必然。李大
釗在《Bolshevism 的勝利》一文中指出：「1917 年俄羅斯的革命，不獨是俄羅
斯人心變動的顯兆，實是 20 世紀全世界人類普遍心理變動的顯兆。俄羅斯革
命，不過是使天下驚秋的一片桐葉罷了。Bolshevism 這個字，雖爲俄人所創造；
但是他的精神，20 世紀全世界人類人人心中共同覺悟的精神。所以 Bolshevism
的勝利，就是 20 世紀世界人人心中共同覺悟的新精神的勝利！」〔註 39〕他在
《我的馬克思主義觀》一文中，又提出階級鬥爭的必要性〔註 40〕。並且，他
在《眞正的解放》一文中主張：「要靠自己的力量，抗拒、沖決，用階級鬥爭
給我們把頭上的鐵索解開，從那黑暗的牢獄中，打出一道光明來」。〔註 41〕1920
年初，他在「北京共產主義小組」強調無產階級專政的必要性，並排斥組織
內安那其主義信奉者。結果，引起該小組內的「安・布」論爭。之後，安那
其主義者黃凌霜、袁明熊、張伯根等離開了北京共產黨小組。這論戰持續了
一年之久，經過深入討論，劃清了「安・布」之間的界限。

〔註 38〕中共中央黨史研究室《中國共產黨歷史》第 1 卷（上冊），中共黨史出版社，
　　　　2002 年，79 頁。其成員爲陳獨秀、譚平山、譚植棠、陳公博、袁振英、李季
　　　　等。

〔註 39〕李大釗：《Bolshevism 的勝利》，《新青年》第 5 卷，第 5 號，1918 年 11 月 15
　　　　日。

〔註 40〕李大釗：《我的馬克思主義觀》，《新青年》第 6 卷，第 5 號，1919 年 5 月。

〔註 41〕李大釗：《眞正的解放》，《每周評論》，第 30 號，1919 年 7 月 13 日。

　　1920 年 8 月，蔡和森寫信給毛澤東。蔡指出：「我以爲現世界不能行無政府主義，因爲現世界顯然有兩個對抗的階級存在，打倒有產階級的迪克推多，非以無產階級的迪克推多壓不住反動，俄國就是個證明。所以筆者認爲對中國將來的改造，完全適用社會主義的原理和方法。」〔註42〕同年 12 月 1 日，毛澤東給蔡和森的信中表示：「贊成馬克思式的革命」。並且毛對安那其主義革命指出：「（安那其主義）理論上說得通，事實上做不到。」〔註43〕還有說：「無政府主義否認權力，這種主義恐怕永世都做不到。……激烈方法的共產主義，即所謂老農主義，用階級專政的方法，是可以預計效果的，故最宜採用。」〔註44〕1921 年 1 月 21 日，毛向蔡和森再次強調：「唯物史觀是吾黨哲學的根據……不承認政府的原理是可以證實的原理。」〔註45〕

　　論爭的中期，隨著中國共產黨的成立，安・布之間的論戰規模也進一步擴大。陳獨秀和區聲白通過數次書信來討論「安・布」兩主義關注的各方面的問題。〔註46〕陳獨秀認爲廣州地區鞏固的安那其主義勢力是作爲擴大布爾什維克的障礙。1920 年 12 月，陳獨秀抵達廣州，主持廣東省教育委員會。陳獨秀與區聲白等廣州安那其主義者商談，希望雙方能夠合作，並勸他們放棄安那其主義，信奉布爾什維克。可他們拒絕了陳獨秀的要求。於是，陳獨秀決定在廣州建立布爾什維克領導的「共產黨」，否定區聲白組織的「共產黨」。

　　1921 年春，陳獨秀、譚平山等組織了「廣州共產主義小組」。這樣，陳、區兩人的廣州會面，不但沒有使雙方相互理解和支持，反而使矛盾進一步加深。爲宣稱馬列主義，1921 年 1 月 19 日，陳獨秀在廣東公立法政學校作了題

〔註42〕《新民學會會員通信集》，第 3 集，長沙文化書社，1921 年。
〔註43〕參見《毛澤東書信選集》，人民出版社，1983 年，5 頁。
〔註44〕參見《毛澤東著作選讀（上）》，人民出版社，1986 年，2～3 頁。
〔註45〕參見《毛澤東書信選集》，人民出版社，1983 年，15 頁。
〔註46〕1913 年，21 歲的區聲白在世界語夜校結識劉師復後，深受其影響，成爲一個安那其主義者。此後他開始致力於安那其主義的傳播。他在廣東高等師範畢業後升入北京大學，1919 年畢業，被北大校長蔡元培選派到嶺南大學任教，此後，他便在廣州宣傳安那其主義。當時廣州的安那其主義思潮由於劉師復的宣傳奠基，已經是初具規模了。1920 年 10 月，他和梁冰弦等在俄人斯托揚諾維奇和別斯林的幫助之下，年底建立「共產黨」，可實際上它是安那其主義組織。他與陳獨秀的論戰結束後不久，1921 年春夏間，作爲公費留學赴法國，在留學生中繼續致力於安那其主義的宣傳，同時仍然熱心關注國內的社會主義思潮發展變化。（參見王紅霞：《試論陳獨秀和區聲白關於無政府主義的論戰》，《四川理工學院學報》，2007 年 6 月。）

為《社會主義的批評》的演講，再次引起安・布論爭。那天，區聲白也在場聽講。演講中，陳獨秀著重批判了安那其主義、工團主義、國家社會主義等，並且強調無產階級專政的歷史必然性。演講當天，文章就刊登在《廣東群報》上。區聲白聽到陳獨秀批判安那其主義的演講後不久，於 1 月 22 日以寫信的方式辯說，並深入闡述安那其主義的主張，證明安那其主義並不難實現。區聲白強調：「若果依照自由自立自主的原則向前進行，沿途都是康莊大道，除了盲目的人外，斷不致撞的頭破額裂。」陳即覆信作答，區再寫信，陳又作答，如此往復達三次，辯論問題頗為重要、尖銳。《廣東群報》登載了如此往來三次的每個細節，共六封書信，公開披露了質疑與答辯的具體內容，使「安・布」之間的根本原則分歧大白於世人面前。〔註 47〕後來，陳獨秀將這六封信歸納以《討論無政府主義》為總標題，分為《區聲白致陳獨秀書》、《陳獨秀答區聲白的信》、《區聲白答陳獨秀書》、《陳獨秀再答區聲白書》、《區聲白再答陳獨秀書》、《陳獨秀三答區聲白書》六部分刊登在《新青年》第 9 卷第 4 號上。

在中國，通過「安・布論爭」結束了思想界的思想上、組織上混雜不清的狀況，並且此論爭成為建中國共產黨的基礎。其中，布爾什維克為了擴張其勢力，試圖與工農集團結合，若只看結果的話，這便成為攻擊安那其主義的有效方法。

中國共產黨的成立讓人認為，安・布論爭的結束，且論爭的勝利者就是布爾什維克。可建黨以後，論爭更激烈，其範圍也更擴大了。建黨後，在國內布爾什維克選獨自的路線，多數安那其主義者參與赴法勤工儉學運動。

兩者之間的論爭擴展到法國的留學生群體和勞動界。當時，在法國社會主義運動很活躍，在那裡學習的中國學生們也關注國內建黨問題、無產階級獨裁問題等，甚至比中國國內更明確把握革命後蘇聯的情況。1920 年 2 月，赴法勤工儉學中的李維漢（1896～1984）、李富春（1900～1975）、羅學瓚（1894～1930）、張昆弟（1894～1932）等人發起組織「勤工儉學勵進會」，其成員中包括布爾什維克和安那其主義者。雖然當時他們的思想傾向不大一致，但勤工儉學的道路使他們互相勉勵，疾病救助，工學交互，從而達成改造社會的目的。〔註 48〕同年 8 月，「勤工儉學勵進會」改名為「工學世界社」。9～10

〔註 47〕《廣東群報》，1921 年 1 月 3 日。
〔註 48〕中共雙峰委員會：《蔡和森傳》，1980 年 9 月，66～67 頁。

月間，經蔡和森讚助，李維漢等人召集全體社員在夢達尼開會，討論「工學世界社」的宗旨。據李維漢的回憶，當時出席會議的有 30 多人。〔註49〕然而，由於此出席會議的社員的思想傾向及政治主張不一致，加上受「安・布」論爭的影響，他們之間也發生了激烈的論爭。雙方互不相讓，以致幾乎停會。〔註50〕支持布爾什維克的蔡和森翻譯《共產黨宣言》全文之後，一張連著一張寫在紙上，貼在會場的四壁。他又做了以《怎樣救中國》爲題目的講演，並主張組織共產黨，從事共產革命，實行勞農專政。蔡和森的這些活動以後，向警予（1894～1932）、李維漢、羅學瓚、張昆弟、李富春等人也發了言，批判安那其主義。郭春濤（1898～1950）回顧說，論爭過程中王若飛（1896～1946）贊成蔡和森的意見〔註51〕，主張用布爾什維克主義來改造中國。王若飛表示：「我們要走蘇俄工人階級的道路！」〔註52〕在法華人工人經過激烈的「安・布」論爭之後，不少人放棄安那其主義，決定以「信仰馬克思主義和實行俄國式社會革命」爲工學世界社的宗旨。

　　雖然，在工學世界社的不少人放棄了安那其主義，可「安・布」論爭並未結束，反而更加尖銳。1922 年 1 月，在法勤工儉學的學生中信仰安那其主義的陳延年（1898～1927）等人在巴黎組織「工餘社」，並出版了一份油印的刊物《工餘》，繼續批判蘇聯的無產階級專政。《工餘》在李卓的編輯下激烈批判布爾什維克主義。〔註53〕1922 年 8 月，中國少年共產黨在巴黎出版《少年》，反駁安那其主義者的主張。翌年 3 月，他們把黨名改爲「旅歐中國共產主義青年團」。他們在《章程》的第三十二條表示發刊《少年》的理由，就是爲了抵抗安那其主義者的攻擊。〔註54〕《少年》和《工餘》之間的論爭，是赴法勤工儉學的中國學生關於安・布論爭的實體。從 1923 年 3 月到 8 月，在《少年》第 7 號到第 11 號上連載了一篇《一個無政府黨和一個共產黨的談話》長文，以對話的文體，摘錄、闡釋了《少年》和《工餘》的主要論點。他們

〔註49〕參見李維漢的《回憶新民學會》。
〔註50〕丁守和、殷敘彝：《從五四啓蒙運動到馬克思主義的傳播》，三聯書店，1979年，332 頁。
〔註51〕郭春濤：《哀憶若飛老友》，《赴法勤工儉學運動史料（3）》，清華大學中共黨史教研組編，415 頁。
〔註52〕丁守和、殷敘彝：《從五四啓蒙運動到馬克思主義的傳播》，三聯書店，1979年，333 頁。
〔註53〕張允候：《五四時期的社團（4）》，三聯書店，1979年，209 頁。
〔註54〕參見《旅歐中國共產主義青年團章程》，1923 年 2 月。

通過《少年》主張，布爾什維克的獨裁乃是歷史發展過程的必然階段；並對產業國有化認爲集中生產力過程中必不可少的過程。他們認爲在那樣的制度下可以保障工人、農民的權利；並且對列寧的新經濟政策評價爲成功的。對教條主義問題，他們強調布爾什維克的專制和其他宗教集團內部的控制是不同的，因爲雖然工人要受到布爾什維克的指導，可工人也具有監督的權利。他們認爲俄羅斯革命以後的社會是穩定的。蔡和森聲明：「和森爲極端馬克思派，極端主張：唯物主張；唯物史觀，階級戰爭，無產階級專政。」〔註55〕他和王若飛與安那其主義者的論爭內容在《新青年》上發表，蔡和森通過書信給毛澤東等國內青年，介紹在法國的論爭，毛把它收錄在《新民學會會員通訊集》，這樣的活動帶來國內的激進主義青年的思想轉變。

　　1922年12月，周恩來在《少年》發表《俄國革命是失敗了麼？——質工餘社三泊君》一文批判區聲白（三泊）〔註56〕在《工餘》上發表的《俄國共產主義失敗之原因及其補救的方法》一文裏所提出的主張。他首先指出俄國革命後所建立的無產階級專政的五年成績。他強調：「俄國今日實行無產階級專政，勞動會議掌握政權，從階級爭鬥的根本見地來解共產主義，只有手他是成功，和得反謂之失敗？」〔註57〕並且他對安那其主義評價爲：「太無限制，容易流爲空談，無政府主義者種種鼓吹，只不過等於夢囈，根本行不通，不能使用。」〔註58〕對此，區聲白1923年2月，在《工餘》上發表《共產主義是沒有失敗麼？——答少年社伍豪君》來反駁周恩來的見解。區聲白指出：「俄國現在並不是無產階級專政，乃是共產黨專制勞工，這是凡曾遊俄者所深知。」他認爲周恩來並沒瞭解俄羅斯的情況，即俄國工人和農民在布爾什維克政府的強權之下的事實。若其他國家政府也施行所謂的無產階級專制（蘇聯模式），結果與蘇聯一樣。〔註59〕此文章中，他不僅強調蘇聯共產主義的失敗，而且反對在中國組織共產黨，以布爾什維克來改造中國社會。他在安那其主義的立場指出：「今以一政黨而總攬政治經濟之大權，假使在中國一旦實現起

〔註55〕參見《新青年》第9卷，第4期，1921年8月1日。

〔註56〕鄔國義先生在《旅歐期間周恩來批判的「三泊」是誰？》（《史林》，2008年）見證筆名「三泊」是安那其主義者區聲白。

〔註57〕周恩來（伍豪）：《俄國革命是失敗了麼？——質工餘社三泊君》，《少年》第6號。

〔註58〕周恩來：《西歐的「赤」兄》，《新民意報》副刊《覺郵》第2期。

〔註59〕區聲白（三泊）：《共產主義沒有失敗麼？——答少年社伍豪君》，《工餘》第14期。

來，那麼政府富有萬能，人民貧無一物，什麼生產機關都可拿來抵押外債。……假使有軍閥利用馬克思主義組織共產黨，以代表無產階級，則人民之痛苦呻吟，必不減於今日。」因此他勸告周恩來說：「果眞是社會改造家，黨要犧牲這種政府萬能的馬克思主義才對。」〔註60〕

勤工儉學學生的論爭涉及到國家與專政的問題、政治與政治運動的問題、勞工組織與政黨的問題，這些都是對俄羅斯革命的不同評價而產生的。論爭的焦點是馬克思主義是否能用來改造中國的問題。對蘇俄模式來改造中國的問題，安那其主義者認爲俄國革命已經失敗，無產階級專政已經淪爲共產黨的一黨專政，工農都遭遇共產黨的壓迫。他們主張通過勞工階級的大同盟，實現消滅政權和階級，才能改造中國，從而實現安那其共產主義（自由共產主義）社會。

三、論爭內容分析

中國安那其主義者和馬列主義者大概圍繞「個人的自由和黨的紀律問題（個人和社會問題）」、「無產階級專政和國家論問題（政治、國家問題）」、「生產和分配的問題（經濟問題）」展開激烈的論爭。〔註61〕

第一，個人的自由以及黨的紀律問題。

中國安那其主義者受到克魯泡特金的「互助輪」等影響，講究個人的絕對自由。他們認爲人類所具有的「互助」、「性善」是天賦的本性，也是社會進化的原動力。因此，他們激烈反對紀律、制度、法律、中央集權等。他們堅信若每一個社會組成員無法得到自由，其社會無法進化。他們認爲紀律、制度、法律、中央集權是以強制的方法壓抑個人自由意志的。他們反對「少數服從多數」或「多數服從少數」的社會秩序。

然而，李大釗、陳獨秀等馬列主義者通過《自由與秩序》、《社會主義批判》等文章，主張「絕對自由論」是錯誤的主張，而且對革命有害。他們主

〔註60〕 區聲白（三泊）：《共產主義沒有失敗麼？——答少年社伍豪君》，《工餘》第14期。

〔註61〕 韓國學者金世銀把論爭內容分類爲：「鬥爭原則」和「組織問題」。孟彭興先生把它分開爲：「自由的問題」、「強權的問題」、「生產與分配的問題」、「組織與紀律、集中與領導的問題」、「無產階級專政問題」，而探討的內容幾乎是一致的。（參見金世銀：《中國 共產黨 創立 時期의 思想 鬥爭에 關하여》，《成大史林》，1988年；孟彭興：《近代中國無政府主義思潮的興衰與馬克思主義的勝利》，《史林》，1994年。）

張在人類社會中，個人的絕對自由是根本不存在的，只有相對的自由，個人自由產生於社會自由，實現社會自由，就必須有聯合、有紀律。〔註62〕他們根據民主集中制原則，強調組織紀律和中央集權的重要性。他們認爲實現個人絕對自由的唯一的方法就是離開社會的環境，完全自度一種孤獨的生活，個人斷沒有一點自由可以選擇，就只有脫離群居的人類社會去過孤獨的生活〔註63〕，即他們認爲安那其主義的絕對自由論只不過是一個空想。

陳獨秀還指出勞動者在爭取自由的革命鬥爭中，也不能依靠只求個人絕對自由的烏合之眾，而要依靠大多數勞動者團結成組織嚴密、紀律嚴明的戰鬥集體，並在統一領導下進行步調一致的鬥爭，才能推翻剝削制度，取得革命勝利。所以他強調權力集中的必要性。他主張：「權力不集中，各團體自由自治起來，不但勢力散漫不雄厚，並且要中資本階級離間利用和各個擊破的毒計。」〔註64〕因此他們主張布爾什維克等前衛組織領導的政黨政治和政治運動。

在法華人安那其主義者也在「政治是少數者想征服多數者、支配多數者的方法」的立場上，全面反對政治運動本身，並反對作爲組織的「政黨」。〔註65〕他們認爲政治家借政治上的優越權獲得經濟上的優越權，進而遏抑平民，因此若不廢除政治或經濟組織的領導，壓迫和被壓迫的社會模式必然重新形成。他們公開反對一切政治運動：「我們所希望的不是奪取政權，是消滅政權；不是無產階級專政，是要把一切民眾自奴隸狀態中解放出來，是自由的無政府。」〔註66〕並他們認爲勞工團體組織應該由勞工自己運營，不應該受到某個政黨（政派）的操縱。自然他們反對官僚政客爲了「包辦革命」而組成的共產黨，並反對共產黨人所主張的「共產黨是工人階級中一部分最積極、最有覺悟的分子組織成」的提法。〔註67〕同時他們不願意把腦力勞動和體力勞動分爲兩種勞工，對他們來說主要區別是益於人類的有無，如有益於人類的，或不屬於治人的工作（政治家、資本家），都屬於同一個階級。

〔註62〕陳獨秀：《討論無政府主義》，《新青年》第9卷，第4號，1921年8月1日。
〔註63〕李大釗：《自由與秩序》，《少年中國》第2卷，第7期，1921年1月。
〔註64〕同上。
〔註65〕尹寬：《一個無政府黨和一個共產黨的談話》，《赴法勤工儉學運動史料（3）》，235頁。
〔註66〕尹寬：《一個無政府黨和一個共產黨的談話》，《赴法勤工儉學運動史料（3）》，229頁。
〔註67〕尹寬：《一個無政府黨和一個共產黨的談話》，《赴法勤工儉學運動史料（3）》，240～241頁。

中國布爾什維克對安那其主義者的主張如下反應。首先，他們對政治解釋為：「政治是由階級對抗形成的，階級底統治是政治的統治，階級底爭鬥時政治的爭鬥，爭鬥即是作戰，作戰要使用戰略，戰略是政治的，使用戰略就需要使用戰略的人。」因此他們主張所有階級鬥爭的問題，小到部分的要求，大到奪取政權，都是政治問題，只需社會上有階級關係存在，脫不了政治。〔註68〕因為社會上有了階級，階級對抗的本身即是政治，一切由階級對抗所發生的事件都是政治的事件。所以他們不僅贊成政治運動，而且要運用和領導政治運動，推翻有產階級政權，建立無產階級專政，實現共產主義社會。同時他們不相信只以階級之間的大聯合來成就社會革命。所以革命早期一部分先進的、覺悟的知識分子認清了它的解放目的，團結起來做一個中心者的解釋，並非只佔領或隸屬，而是指宣傳其餘的工人階級，取得他們的信任，待其餘的工人階級信任了，加入了這個中心，便不再是「其餘的」了，而是成了這個中心裏的主人。〔註69〕

第二、無產階級專政和國家論問題。

安那其主義者反對任何形態的國家權力，當然包括無產階級專政。他們認為強權和自由是對峙的，因此為了保護自由必須反對強權，強權的頂點就是國家。他們看來「國家是強權的總匯。」〔註70〕他們認為無論共和制國家或無產階級專政的國家，都壓抑個人自由的強權勢力。確實蘇聯布爾什維克不允許教育、言論、出版的自由，因此中國安那其主義者對蘇俄的無產階級專政感到特大的失望，蘇俄政府的高壓政治讓中國安那其主義者更不同意在中國實現無產階級專政。黃凌霜對蘇俄的無產階級專政指出：「建立私權，保護少數特殊幸福的機關。」他們相信社會革命後不需要無產階級專政。他們堅持廢止所有政府的原則，反對無產階級專制政治。

他們不僅盲目反對無產階級專政，而且提出革命後的社會模式，即消滅國家和政權以後，由小小的團體代替國家，以自由契約來組織、管理社會。黃凌霜根據克魯泡特金的安那其共產主義和互助論指出：「無政府共產

〔註68〕尹寬：《一個無政府黨和一個共產黨的談話》，《赴法勤工儉學運動史料（3）》，231～232頁。
〔註69〕尹寬：《一個無政府黨和一個共產黨的談話》，《赴法勤工儉學運動史料（3）》，243～244頁。
〔註70〕葉慶：《「無強權主義的根據」及「無強權的社會」略說》，《新潮》第2卷，第8號，1920年4月。

黨想將國家的組織改變，由平民建立各種團體、會社、如辦教育就有教育
會，辦農業就有農業會，由單純趨於複雜、以辦理色會所應需的，除去一
切強權……由平民自己去享那互助的生活。」〔註71〕他們的思想根源來自
於克魯泡特金，克氏認為：「萬事全由諸小團體的契約就成功」。對此，區
聲白指出：「在無政府共產主義的社會裏，社會以契約來聯結，維護社會秩
序的是『信權』，而不是『法權』。」〔註72〕他認為只有這樣，社會才能達
到平等社會，個人也可以享受幸福，沒有政府、法律的情況下，社會的各
團體以自由契約來維繫社會。即他們在國家和政權消滅以後，建立由各種
組織和團體來構成的小社會，用契約來調整諸多小社會的問題，享受安那
其共產主義的生活。

　　他們不僅強調極端的社會改造，而且提倡漸進的、穩健的方法，即先做
宣傳，後教育的方法。區聲白反對政治革命和軍事行動，而提出：「全由平民
多數之覺悟，或者單獨進行，或者聯合舉動。」〔註73〕同時，他說：「無政府
革命方法就是由較未幸樂而至於較幸樂，由較不自由而至於較自由。無政府
主義是我們的哲理，社會革命是我們的作用，但是只要自由自治這條路上走，
斷不能走回專制這一條路上去」。〔註74〕黃淩霜也指出：「我不贊成那調和派、
現狀派、勞資協助派的口吻，我們不妨提倡革命，不妨提倡反對資本主義，
不妨提倡階級戰鬥，但我們尤應該研究中國的民性與現狀，想個善良的法子，
大而至於根本改造，小而至於一地方的興舉，教育的改革與普及，自治之運
動，都可以不必推辭。」〔註75〕但他們所提倡的革命方法並不是馬列主義者
所主張的階級鬥爭，而是宣傳、暗殺、暴動、罷工等，其革命的手段是先灌
輸一般老百姓安那其觀念。

　　陳獨秀等馬列主義團體雖然同意安那其主義者的反強權意識〔註76〕，可
還強調無產階級以暴力革命來奪取政權、建立無產階級專政的必要性。〔註77〕

〔註71〕張允候等：《五四時期的社團（4）》，三聯書店，1979年，185頁。
〔註72〕區聲白：《致陳獨秀的三封信》，《民聲》30號，1921年。
〔註73〕區聲白：《平民革命》，《自由錄》，1918年5月。
〔註74〕區聲白：《答陳獨秀君的疑問》，《學匯》104～109期，1923年。
〔註75〕黃淩霜：《克魯泡特金的社會學說與未來》，《克魯泡特金紀念號》，1921年2月。
〔註76〕「我以為強權所以可惡，是因為有人拿它來擁護強者與無道者，壓迫弱者與正
　　　　義。若是倒轉過來，拿它來救護弱者與正義，排除強者與無道，就不見得可
　　　　惡了。」（陳獨秀《廣東群報》，1921年1月21日。）
〔註77〕陳獨秀：《談政治》，《新青年》第八卷第一號，1919年9月1日。

陳獨秀認爲，還需要無產階級領導發動人民群眾開展革命鬥爭，以暴力來奪取既往政權。他們根據馬克思國家學說原理，指出既往的國家是一個階級壓迫另一個階級的工具，無產階級勞動人民要擺脫壓迫、求得解放，就必須用革命手段打破資產階級的統治，實現無產階級專政，建立無產階級自己的國家。否則革命是不會成功的。〔註78〕同時，他們強調應該區別不同類型的國家，就是「掠奪的、官僚的國家，保護資本主義的法律」的國家和無產階級的「禁止掠奪的國家，排除官僚的政治，廢止資本家財產私有的法律」的國家。他們主張爲了建設無產階級專政的國家，首先要組織作爲「前衛組織」的政黨，以共產黨爲革命運動的發動者、宣傳者、先鋒隊、作戰部。〔註79〕他們主張爲了建設無產階級專政的國家，首先要組織作爲「前衛組織」的政黨，以共產黨爲革命運動的發動者、宣傳者、先鋒隊、作戰部。〔註80〕他們認爲建立中國共產黨是階級鬥爭發展的必然的產物，是「時代的要求，歷史的必然」，並認爲在中國的情況下——階級和民族的壓迫下必然發生革命，哪怕其形態如何。〔註81〕他們已經發現開展革命時非沒有無產階級的暴力不可，他們爲了發動無產階級運動，首先需要建設標榜無產階級利益的政黨。因此他們指出無產階級政黨的成立，是無產階級成熟的重要標誌。他們反對安那其主義者所主張的「勞動者自由聯合」。他們認爲要改造中國、實現社會主義革命，必須由無產階級領導，而無產階級的領導，則是通過自己的政黨實現的。

〔註78〕 對此，安那其主義者看作一種杞人憂天。鄭賢宗指出：「先生（陳獨秀）所以主張無產者獨裁的緣故，有兩個理由：（1）恐怕資本家死灰復燃，有復辟的運動；（2）將來漸漸地又要生出資本家來。這兩個理由據我看來都不十分充足。何以故呢？社會革命成功了以後，當然要把資產階級所私有的財產歸之於公，那麼資產階級也變作無產階級了，還怎樣謀復辟呢？資產階級的勢力都是金錢給予他們的，一旦金錢沒有了，他們哪裏有勢力來復辟？」鄭賢宗：《鄭賢宗致陳獨秀》，《新青年》第八卷三號，1920 年 11 月。

〔註79〕 李春德：《建黨初期馬克思主義和無政府主義的鬥爭》，《學習與實踐》，2006 年第 8 期。

〔註80〕 李春德：《建黨初期馬克思主義和無政府主義的鬥爭》，《學習與實踐》，2006 年第 8 期。

〔註81〕 對此，蔡和森指出：「中國受國際資本帝國主義的經濟壓迫，受封建軍閥的統治，天災、人禍、窮困死亡造成了現在中國四萬萬人有三萬萬五千萬不能生活了。……到了這個時候，革命之火爆發也是必然的趨勢，也如自然力的雷電之爆發一樣，行所必然。」蔡和森：《馬克思學說與中國無產階級》，1921 年 2 月 11 日（給陳獨秀的書信）。法國蒙達尼。

確實，無產階級專政是布爾什維克理論的精髓，若不承認這點的話，安·布兩派不會聯合。陳獨秀主張：「古代以奴隸為財產的市民國家，中世紀以農奴為財產的封建諸侯國家，近代以勞動者為財產的資本家國家，都是所有者的國家，這種國家的政治法律，都是掠奪的工具。把多數極苦的，生產的，勞動苦階級層壓在資本勢力底下……要掃除這種不平這種痛苦，只有被壓迫的生產勞動階級自己造組成新的強權力，自己站在國家地位，利用政治、法律等機關，把那壓迫的資產階級完全征服，然後才有望將財產私有、工銀勞動等制度廢去除，將過於不平等的經濟狀況廢除去。」〔註82〕而且，他在《廣州群報》還主張：「只有被壓迫的生產的勞動階級自己造成強力組成新的權力，自己站在國家地位，利用政治、法律等機關，把那壓迫的資產階級完全征服，然後才可望將財產私有、工銀勞動等制度廢去，將這過於不平等的經濟狀況除去。……闡明了無產階級專政並不是最後的目的，而是要藉此最後消滅階級和消滅專政……權力集中是革命的手段中必要條件，即必須加以鞏固。」〔註83〕

至於國家問題，按照馬克思的想法，中國布爾什維克認為無產階級專政只不過是作為過渡階段：「在資本主義社會和共產主義社會之間，有一個從前者變為後者的革命轉變時期。同這個時期相適應的也有一個政治上的過渡時期，這個時期的國家只能是無產階級的革命專政。」〔註84〕陳獨秀等認為安那其主義者的國家觀反而幫助資產階級，因為：「資產階級所恐怖的，不是自由社會的學說，是階級戰爭的學說；資產階級所歡迎的，不是勞動階級要國家政權法律，是勞動階級不要國家政權法律。」〔註85〕因此，他強調在無產階級推翻資產階級政權後，必須建立和鞏固無產階級專政，防止資本主義復辟。不然，又會發生所謂資產階級所盼望的社會。陳獨秀指出：「一，不能抽象地反對一切強權，反對一切國家。他們（安那其主義者）指出：強權所以可惡，是因為有人拿他來擁護強者，無道者；壓迫弱者與正義。若是倒轉過來，拿他來救護弱者與正義、排除強者與無道，就不見得可惡了。二，在一個團體、一個社會內，人人都要絕對自由，那是辦不到的，也是不可能

〔註82〕陳獨秀：《談政治》，《新青年》，1920年9月1日。
〔註83〕陳獨秀：《廣東群報》，1921年1月21日。
〔註84〕馬克思：《哥達綱領批判》，人民出版社，1971年，22～23頁。
〔註85〕陳獨秀：《談政治》，《新青年》。參見《陳獨秀著作選（2）》，上海人民出版社，1993年，158頁。

的。勞動團體的權力不集中，各團體自由自治，這不僅不能打倒資產階級，而且會被資產階級所利用，分化瓦解，各個擊破，使勞工運動遭到破壞。」〔註 86〕

　　論爭後期，在赴法勤工儉學的學生之間也發生過關於國家的論爭。這時期，安那其主義者仍然堅持「反對任何形式而具強力的國家」的立場，當然這裡包括資本主義、軍國主義、有產階級、勞農專政的國家。他們指出：「因為既稱為國，就是強迫人順從他的國的範圍，何況更加上用專政的手腕以脅迫人嘛，因此無政府主義者不能不反對勞農專政的國家。」〔註 87〕他們通過蘇聯的例子指出：「俄國革命之第一幕，波爾什維克黨江土地從農人之手奪過來，然後置於國家權力之下，及強迫工人將十月革命所得之工廠而讓於國家。」〔註 88〕他們認為蘇聯的革命只不過是一黨專制，由於黨內的幾個人的獨裁，認為布爾什維克都是信奉《資本論》、《共產黨宣言》的教條主義者，並主張中央集權的黨組織的解體。他們認為蘇聯布爾什維克施行的產業國有化政策也只不過是剝奪工人、農民之權益的，與資本主義之下的壓制沒有區別，而要求把所有生產手段還給工人。並且他們將列寧的新經濟政策批判為資本主義的復活。

　　對此，接受馬列主義的留學生們強調，所有革命都是以「專政」來開展的。他們比較了以往的封建的、有產階級的專政和無產階級專政的不同點。他們指出：「封建的國家是寡頭政府，是握在世襲的貴族手裏；有產階級的國家是巴羅們政府（Parliamentary Government），是握在工商業的資本家手裏；而無產階級的國家則是蘇維埃政府，是握在勞兵農手裏。」〔註 89〕並且主張無產階級的專政就是無產階級的歷史的使命：「這無產階級的國家在歷史上有重大意義的，其唯一技能就是將資本主義轉變為共產主義。」〔註 90〕

　　第三，生產和分配問題。

　　中國安那其主義者認為因為蘇俄政權不能做到「按需分配」，蘇俄革命是不徹底的，並反對「各盡所能，按勞分配」的布爾什維克原則，而主張由工

〔註 86〕陳獨秀：《談政治》，載《新青年》第 8 卷第 1 號。
〔註 87〕Y.K.（尹寬）：《一個無政府黨和一個共產黨的談話》，清華大學中共黨史教研組，《赴法勤工儉學運動史料（3）》，222 頁。
〔註 88〕Y.K.（尹寬）：《一個無政府黨和一個共產黨的談話》，清華大學中共黨史教研組，《赴法勤工儉學運動史料（3）》，216 頁。
〔註 89〕尹寬：《赴法勤工儉學運動史料（3）》，227～228 頁。
〔註 90〕尹寬：《赴法勤工儉學運動史料（3）》，221 頁。

人自由組織生產和「各盡所能，各取所需」。黃淩霜對「按勞分配」指出：「假使它在實行社會革命以後，把社會產物通通歸到社會公有，然後各盡所能，各取所需，（那麼）這種更好的自由結合，就是我們很希望的理想社會了。」〔註91〕他們主張在國家組織消滅之後，將田地、工具等生產資料和衣、食、住等生活資料，歸於社會公有，由生產者自由取用和享用，這就是基於公道的法則而分配的。

對此中國的布爾什維克主張，那是不顧生產力發展水平的一種空想，以有它限制的生產，聽任各人消費的自由得其平等是絕對辦不到的。陳獨秀指出：「無政府主義者用這種沒有強制力的自由聯合來應付最複雜的近代經濟問題，試問怎麼能夠使中國的農業工業成為社會化？怎麼能夠調節生產以使不至過剩或不足？怎麼能夠變手工業為機器工業？怎麼能夠統一管理全國交通機關？」〔註92〕陳獨秀在《短言》一文，針對安那其主義指出：「要想把我們的同胞從奴隸境域中完全救出，非由生產勞動者全體結合起來，用革命的手段打倒本國外國一切資本階級，跟著俄國的共產黨一同試驗新的生產方法不可。」

由於安那其主義較馬克思主義先傳入中國，給中國知識界帶來相當大的影響，而且在中國共產黨剛成立時，信仰馬克思主義的共產黨人並不多，因此馬克思主義者試圖與安那其主義者的合作。〔註93〕但十月革命和中共建黨運動引起「安・布」兩者的分裂，即他們的關係從聯合的關係轉換為敵對關係。筆者認為「安・布」兩者具有相互對立、矛盾的思想體系，暫時合作只是一種特殊現象，因此，相互之間的矛盾也是無法避免的事。雖然「安・布」兩者都追求打倒資本主義社會、廢除私有財產、建設無階級無榨取社會，可對建設理想社會的方法、運營社會的原理、哲學的基礎是不同的。安那其主義者強調個人的自由、自由意志、自由聯合，而布爾什維克卻強調組織規律、中央集權、無產階級專制，因此安那其主義者都反對布爾什維克。〔註94〕

〔註91〕黃淩霜：《馬克思學說批評》，《新青年》第五卷，第五號，1919 年 5 月。
〔註92〕陳獨秀：《廣東群報》，1921 年 1 月 18 日。
〔註93〕蔡和森：「開始工作時，在上海、廣州、北京均有與無政府主義者合作。」《中國共產黨史的發展》，1926 年，《「一大」前後》（三），77、78 頁。
〔註94〕但以理・古爾林（Daniel Guerin）著，河岐洛翻譯：《現代安那其主義》，新明出版社，1993 年，52 頁。

同時，中國安那其主義者逐漸認識到布爾什維克黨的弊病，即它具有專制性、奪取工人和農民的權利，並強制工農大眾。蘇聯政府干涉中國共產黨建黨，並且一些馬列主義者希望受蘇俄政府的支持而建黨。因此，他們無法避免與安那其主義陣營的矛盾。並且革命後蘇聯政府在保持革命純粹性的名分下屠殺了參加革命的安那其主義者，因此各國安那其主義者開始公開批判蘇俄式無產階級專政。〔註95〕中國安那其主義者也擔心在中國的馬列主義勢力的擴展，以及由於布爾什維克的無產階級政黨的建立。

第二節　韓人的「安・布」論爭檢視

安那其主義和馬克思主義的分歧是，自蒲魯東和馬克思的論爭後一直延續下來的一種對峙，繼承馬克思主義的布爾什維克黨派難以容忍安那其主義的存在。當時作為殖民地知識分子的韓國安派和布派的關係也並不例外。在中國、日本等地發生的「安・布」論爭使韓人社會主義者（激進主義者）認識到「安・布」之間的區別。韓人的「安・布」之間的論爭也引起韓人獨立運動陣營之間的矛盾和分歧。

在華韓人安那其主義者鄭華岩，通過金萬謙〔註96〕的介紹暫時加入共產黨，甚至準備參加於1921年在伊爾庫次克（Irkutsk）舉行的「遠東工人大會」，可由於柳子明的勸告轉而取消。這說明，到1920年代初在華韓人激進主義知識分子還沒有正確地區別「安・布」兩者。1920年初，在韓國國內天道教期刊《開闢》上，筆名為孤葉的人發表《社會主義的略義》一文，他把社會主義分為：「共產主義、共有主義、激進的革命社會主義、國家社會主義。」〔註97〕他指出：「激進的社會主義就是安那其主義和虛無主義，他們認為權威是邪惡的蛇，主張所有人的絕對平等和絕對自由，在經濟上拒絕財產的世襲、繼承和資本的獨佔。為了達到這種狀態，他們使用暗殺、破壞、暴力革命等激進的手段。」當時韓國國內知識分子只知道安那其主義和馬列主義都屬於廣義的社會主義的範疇，但還不知安那其主義和虛無主義的不同之處。

〔註95〕 Jean Preposiet：이소희，이지선，김지은韓譯：《Historiedel' Anarchisme（安那其主義的歷史）》，이룸出版社，2003年，432～443頁。

〔註96〕 金萬謙（1866～1929）：韓國社會主義陣營的獨立運動家，伊爾庫次克派共產黨的主要幹部。

〔註97〕 參見孤葉：《社會主義的略義》，《開闢》，1920年。

在韓國，1920 年代到 1930 年代初「安‧布」之間發生了分歧。分歧始於文學領域。〔註98〕韓人的「安‧布」論爭發生在韓國國內、中國、日本三個地方，即韓國的「朝鮮勞動共濟會」、日本的「黑濤會」、中國的「義烈團」都因「安‧布」論爭的原因分裂了。在韓國國內，從 1922 年夏天馬列主義者計劃改造「朝鮮勞動共濟會」。這過程中發生了「安‧布」之間的衝突。不久之後，馬列主義者離開該團體，另外建立「朝鮮勞動聯盟會」，安那其主義者把組織名改爲「黑勞會」。在日本，朴烈等組織「黑濤會」時，不少傾向於馬列主義的青年也加入了，可不久之後他們反對「黑濤會」的安那其主義路線，他們離開該團體，另外組織「北星會」，安那其主義者把組織名改爲「黑友會」。在中國，甚至由於「安‧布」之間矛盾發生了暗殺、恐怖等案件。因爲中國是韓人抗日武裝鬥爭的根據地，「安‧布」兩派平時也都具備一定程度上的武器，所以兩派之間比較容易發生武力衝突。

「安‧布」兩者之間矛盾的原因是，首先在中國活動的韓人接受安那其主義時，已經認識到兩者之間無法融合。其次，他們已經看到了中國人之間的「安‧布」爭論。1920 年代初在華韓人幾乎同時接受安那其主義和馬列主義，不像中國在「安‧布」兩者的發展過程中經過相互融合的階段。在中國，由於中國社會主義運動的影響，激進主義者都具有一定程度的安那其主義的傾向。但李東輝等 1921 年在上海組織「高麗共產黨」之後，在中國的韓人社會馬列主義抬頭了。在華韓人知識分子關注 3‧1 運動後成長的國內民眾（即勞動者、農民）。隨著他們鬥爭的強化，民族精英圍繞著如何使民眾參與民族解放運動而苦心索解，這時列寧主義提供了促進民族解放的戰略和戰術。即列寧主義的傳入帶來民族解放運動的分化。後來接受安那其主義的韓人知識青年中一些人關注過列寧式的社會主義運動，而知道蘇聯的眞相之後，放棄與布爾什維克聯合的想法，而組織「在中國朝鮮無政府主義者聯盟」等宣揚安那其主義的團體。但金山（1905～1938）〔註99〕等一些人在「安‧布」論

〔註98〕關於他的研究成果中有：（1）曹南鉉：《韓國 近代 文學의 Anarchism 體驗 研究》，《韓國文化》，1990 年 12 月；（2）李浩龍：《日帝 強佔期 國內 Anarchist 들의 共產主義에 對한 批判的 活動》，《歷史와 現實》，2006 年；（3）具承會 等：《韓國 Anarchism 100 年》，理學社，2004 年等。

〔註99〕金山（1905～1938）：本名是張志樂。出生於平安北道龍川（今屬於北韓）。1919 年～1920 年，作爲安那其主義者活動。1921 年經過日本到中國，在黃埔軍官學校、中山大學經濟系學習。1922 年入中國共產黨，翌年又加入「共產青年同盟」，刊行馬列主義雜誌《革命》。1925 年，參加中國國民革命，翌年

爭過程中，從安那其主義者轉變爲馬列主義者。

一、在華韓人社會主義運動的論爭過程

在華韓人中發生的「安・布」論爭從「高麗共產黨」的建黨和「義烈團」的分裂而開始。

1921 年 5 月，韓人社會黨、社會革命黨、工人等團體聯合建設「高麗共產黨」。〔註100〕他們以「高麗共產黨代表會議」的名義發表了《宣言書》，並提出建堂的目的：「爲了人類的最高幸福，在人和人間奮鬥，將強制打破現代的所有制度作爲使命。爲了建設萬民共同期盼、共同努力的大同社會，萬民一律事業、一律懇求的大同社會作爲事業，發揚無產階級專制和實現韓國蘇維埃政治。」韓人馬列主義者爲實現無產階級專政而建立高麗共產黨，對他們來說民族解放只不過是社會革命的前提而已。〔註101〕此後，他們發表《共產主義和無政府主義、議會派比較》、《直接行動》等文章，解釋他們和安那其主義者之間的不同之處。

結成義烈團時期，義烈團原本沒有特意標榜某種主義，只基於廣義的民

任朝鮮革命青年同盟組織委員會的期刊《革命同盟》的副主筆，撰寫了該同盟的《宣言文》，並組織「東洋民族聯盟」。1928 年～1930 年在香港、上海、北京等地活動。1930 年 11 月在北京被日本員警逮捕，在朝鮮受審問，翌年 4 月釋放。以後在北京做個師範學校、小學等的教師。1933 年 4 月又被中國員警逮捕，翌年 1 月脫獄。1936 年 7 月，在上海組織「朝鮮民族解放同盟」。1937 年在抗日軍政大學教物理學、化學、數學、日語、韓語等，同年和通過斯諾的妻子 Nym Wales 的面談留下了自傳《阿里郎》。可 1938 年中國共產黨員康生（1898～1975）的誤解（康誤認爲金山已成爲日本的間諜）和指令被判死刑，當時給金山的罪狀是托洛斯基派和日本的間諜。

〔註100〕李東輝（1873～1945）目睹俄國革命之後，認爲與蘇聯政府的協助可以帶來韓國的獨立，並受到國際共產遠東方面的宣傳委員 Gregory Knoph 的支持。他與朴愛、全一、朴鎮淳、李漢業、金立等 1918 年在哈巴羅夫斯克（Khabarovsk）組織了韓人最初的馬列主義政黨。由於日本的西伯利亞出兵，白軍派掌握了西伯利亞地區，因此韓人社會黨無法正常展開獨立運動。然而，3・1 運動以後，李東輝受到列寧的援助資金，並且爲了與蘇聯政府的更鞏固的關係，批判臨時政府的外交路線，主張武裝鬥爭。結果，他從韓國臨時政府出來，重新組織「高麗共產黨」。

〔註101〕高麗共產黨綱領：（1）革除私有的生產方式和自由競爭，代替爲集中共榮的生產分配。公有共榮生產機關、交通運輸機關、關於生活必需品的機關、土地、礦山、山林都歸於公有共榮；（2）實行免費國民教育制；（3）勞動的義務化；（4）女性解放；（5）沒收資本階級的私有財產。並且他們還指出盡快解決的三個問題，就是民族解放問題、國民教養問題、宗教問題。

族主義精神，以暗殺和破壞等方式對抗日本帝國。〔註102〕然而，1922年初團員中不少人接受安那其主義或馬列主義，並且安那其主義者、馬列主義者也加入義烈團，逐漸顯出混合和並存。儘管義烈團內出現了標榜某某主義的勢力，可他們之間並沒有矛盾，而維持個人和個人之間的緊密的關係，並且圍繞金元鳳爲首長的團員們具有半近親的共同命運意識。此外，申采浩所撰寫的《朝鮮革命宣言（1923年1月）》一文可以包容團員們之間不同的理念。然而，每個陣營對該文章的解釋是截然不同的，正處於「同床異夢」的狀態。對《朝鮮革命宣言》，民族主義者注目通過武裝鬥爭報應、驅逐「強盜」日本帝國；高麗共產黨系列的馬列主義者認爲民族革命是社會革命的前提；安那其主義者卻相信民眾革命會帶來民眾解放和自由社會的建立，並關注暗殺、破壞、暴動等直接行動。

　　至1923年下半年和1924年上半年，在廣泛的、大規模的鬥爭計劃中，義烈團內部發生分道揚鑣的現象。早期他們對「行動方法（戰術）」表示不同的意見，最後無法避免組織的分裂。他們圍繞著對蘇俄政權的態度和評價進行激烈的論爭。高麗共產黨的建立引起在華韓人內馬列主義思想的擴張，馬列主義的擴張帶來韓人獨立運動，即民族解放運動路線的分裂。除此之外，1923年夏天，對義烈團與「赤旗團」之間的合作問題，在義烈團內部又發生了分裂現象。民族主義者認爲與赤旗團的合作只能帶來危險，沒有實效。柳子明等安那其主義者也認爲赤旗團的母體高麗共產黨本來屬於共產國際，因此他們反對義烈團和赤旗團之間的合作。經過多次的討論，義烈團決定與赤旗團合作，可因資金的不足和蘇聯政府的袖手旁觀的態度，合作的結果是虎頭蛇尾了。合作失敗自然引起在義烈團內部馬列主義陣營的萎縮，他們該承擔此問題的所有責任。因此高麗共產黨系列的布派，1924年初讓義烈青年金祉燮（1885～1928）製造炸彈，投擲於日本東京天皇宮城。雖然表面上獲得了一定的效果，可引起了日本警察的更嚴重的迫害，結果義烈團在東京無法展開大規模義烈鬥爭。〔註103〕所以在義烈團內部圍繞金祉燮事件的評價問題

〔註102〕關於義烈團的中文論文有：(1)金京姬：《韓國獨立運動在上海》，《延邊大學》，2006年5月；(2)石源華：《朝鮮義勇軍尹世胄將軍在中國》，《軍事歷史研究》，2002年第1期；(3)朴英姬：《朝鮮義烈團的成立及抗日鬥爭》，《歷史檔案》，2006年第4期等。

〔註103〕關於金祉燮的文章有金容達的《秋岡 金祉燮의 生涯와 獨立運動》，《安東史學》，2001年。

布派和反布派之間又發生了激烈的論爭。結果，高麗共產黨系列在義烈團內部的發言權變小。因此團內的布爾什維克主義者尹滋榮（1894～？）等離開義烈團，另外組織「上海青年同盟」。他們以該團體的名義批判以往的義烈團路線。對此，固守義烈鬥爭的柳子明聚集在華韓人安那其主義者，1924 年 4 月 20 日組織了「在中國朝鮮無政府主義者聯盟」。

「上海青年同盟」的創立引起義烈團等在華韓人社會主義者的更嚴重的分裂。上海青年同盟是 1924 年 4 月 5 日，由上海臨時政府、韓國老兵會、興事團、義烈團、高麗共產黨上海派的盟員來創立的。〔註104〕通過該同盟人員的分佈情況，我們可以發現就是左右翼人士合作而成立的。對右翼來說「國民代表會議」的失敗後，需要「大同統一運動」的捲土重來〔註105〕；對高麗共產黨等左翼來說，需要恢復高麗共產黨上海派的地位，並要繼續擴張左翼勢力。確實，上海青年同盟創立後不久，高麗共產黨上海派掌握了組織運營的主導權。然而，多種團體的聯合自然引起路線間的分歧。建立上海青年同盟之前，在滬韓人團體中義烈團是公認的最高權威的團體，而由於上海青年同盟的成立帶來了義烈團內部的分裂。這對義烈團來說一種威脅，並且對上海青年同盟來說需要更多韓人青年的加入，所以義烈團的存在給他們一定的負擔。他們一邊發表與義烈團一樣的綱領和主義，一邊批判義烈團路線，到了 1924 年底上海青年同盟成為具有一百幾十人的盟員的團體，超越了義烈團的人數。結果，高麗共產黨與義烈團領導部圍繞著上海青年運動的主導權發生矛盾，同年秋天和冬天兩次進行了激烈的路線論爭。〔註106〕

〔註104〕金榮範：《韓國近代民族運動과 義烈團》，創作과 批評社，1997 年，126 頁。
〔註105〕從 1923 年 1 月到 6 月，在韓國臨時政府內，圍繞改造或重新創造臨時政府的問題舉辦代表會議。該代表會議是從 1921 年開始主張的，經過兩年的準備過程，1923 年 1 月才舉辦了。1921 年 2 月，朴殷植、金昌淑等主張舉辦國民代表大會，同年 4 月北京的軍事統一會支持他們的主張。當時他們認為臨時政府具有不少的該解決的問題，為了解決那些問題應該多數舉辦國民代表參加的會議。當時國內（韓國）、上海、滿洲一帶、北京、間島一帶、俄領、美洲等地的 120 多個團體的 120 多代表參加了。可主張維持臨時政府的現狀態之下改造的「改造派」和解體臨時政府，而重新建立的「創造派」之間的矛盾，帶來代表大會的分裂。然而通過該代表會議，他們導出了全國人民義務教育的實行、繼承 3．1 精神等有意義的成果，可圍繞臨時政府的民族精英之間的矛盾和衝突連續到獲得獨立時期。
〔註106〕金榮範：《韓國 近代 民族運動과 義烈團》，創作과 批評社，1997 年，128 頁。

　　首先，上海青年同盟 1924 年 10 月 4 日發表《宣言文》，批判了個人的恐怖主義（義烈鬥爭）。義烈團指導部和傾向於安那其主義的革命家認識到上海青年同盟的批判對象是就他們自己，所以五名義烈團員去找尹滋英、金圭冕（1880～1969）等（以前義烈團員，可現在是上海青年同盟的指導人員）要求取消《宣言文》，並發表《批鬥青年同盟的宣言（青年同盟의 宣言을 誅討한다）》、《批判尹滋英（尹滋英을 一喝한다）》等文章。並且，他們出版《獨立運動》等小冊子，批判在中國活動的布爾什維克。可他們的論爭過程中發生了義烈團員毆打尹滋英、金圭冕的案件，因此青年同盟對義烈團要求公開道歉以及公開討論。可義烈團不答應公開討論，只是義烈團長金元鳳去找這兩人表示道歉，隨後刪除了《獨立運動》內批判他們的兩篇文章，他們之間的論爭也才逐漸消沉了。

　　韓人安那其主義者通過《犬い鮮人》、《現社會》、《民眾運動》（在日期刊）、《正義公報》、《奪還》、《南華通訊》（在華期刊）等展開反馬列主義宣傳活動。1927 年「在中國朝鮮無政府共產主義主義者聯盟」反對創立新幹會時，在華韓人安那其主義者正式開始對布爾什維克的鬥爭。1928 年 7 月 9 日，朝無共聯的上海支部發表叫《呼籲上海僑民（上海 僑民에게 檄한다）》的檄文，批判以「唯一黨運動」為幌子侵襲獨立運動陣營的布爾什維克，並主張革命運動家的「自由聯盟」。〔註107〕同年 8 月 19 日，他們又發表叫《討伐共產黨新自治派吧！（新自治派 共產黨을 誅討하자）》一文批判了馬列主義運動路線。〔註 108〕1929 年，在韓國內發生了「光州學生運動」，朝無共聯以「黑幟團」的名義同年 12 月 25 日散放叫《我們宣言撲滅主張自治權和合法運動的人！（自治權 獲得과 合法運動者 撲滅을 宣言한다）》的檄文，批判他們的復國觀的變化，指出：「布爾什維克強姦了學生運動。他們到昨日主張絕對獨立，而現在卻要求朝鮮的自治。」〔註 109〕

　　與此同時，滿洲中東線海林為基地的「在滿朝鮮無政府主義者聯盟」也探討了關於光州的問題。他們對它評價為被征服者對征服者的鬥爭，並批評

〔註107〕《上海 僑民에게 檄한다》，1928 年 7 月 9 日。
〔註108〕《新自治派인 共產黨을 誅討한다》，1928 年 9 月 19 日。
〔註109〕1929 年 11 月 3 日，在光州（韓國南部城市）發生，擴展到全國的學生獨立運動。原來是日韓學生之間的矛盾而開始的，可由於日本殖民政府的差別的審判，韓人學生發起，他們的批判對象從日本教育廳擴展到日本帝國主義。全國323 個學校參加反日示威，左右合作團體「新幹會」等也支持此學生運動。

當時左右兩派的獨立運動。並且，在滿洲地區不斷發生「安・布」之間的武力衝突，這過程中金佐鎮等民族主義者和金宗鎮等安那其主義者被布爾什維克黨人暗殺。

二、在華韓人「安・布」論爭內容

雖然中韓兩國的每個安那其主義者的思想有所不同，可他們的共同目標仍然是「對萬人的福利」。他們認爲那樣的社會就是「安那其共產主義（Anarcho-communism）」社會，因爲他們相信安那其主義保障人的政治自由、共產主義保障人的經濟自由。下面簡單地分析一下，在華韓人安那其主義者的對馬列主義的批判內容。

第一，批判「辯證法」、「歷史唯物論」。

安那其主義者柳基石提出代替辯證法的「歸納的唯物論」，確立韓人安那其主義哲學的基礎和方法論〔註110〕，可現在沒留下他的理論著作。李達（韓）發表《什麼是觀念？（觀념이란 무엇인가？）》一文，在「觀念論」的立場批判唯物論。他在這篇文章反對馬列主義者和資產階級信奉的強權主義哲學。即他認爲人是世界的中心，具有觀念的存在，不能以唯物論的方法來解釋。他批判布爾什維克的相提並論人與物的看法，因此他主張爲了追求每個人享受自由非否定唯物論不可。李達指出：「（觀念）是人的意識的基礎，所以除了無意識狀態以外，沒有一個無觀念的人。無觀念之下動的是物質，並不是生命。越高等的生命體越具有更複雜的觀念。畢竟辱罵觀念的人是唯物論者，就是把人看作石頭、鐵的馬克思中毒者。可觀念論者並不是既往的唯心論者。不管唯心、唯物都是同一物。唯物論是強權需要的哲學，因此反對強權的安那其主義者應該批判唯物論。唯物論的原理是必然的原理，並不是自由的原理。雖然我們肯定自由、否定唯物論，可不能說我們是資產階級或宗教家。因爲唯物論者的眼裏只有物質，還有宗教以神或佛來否定個人的絕對自由。我們是爲自由奮鬥的安那其主義者，所以反對基於必然之原理的強權主義唯物論哲學。」〔註111〕除此之外，他還強調安那其主義者並不是盲目的唯心論信奉者，因此他們還批判宗教信仰等一些迷信。

〔註110〕李浩龍：《韓國의 ANARCHISM》，知識產業社，2001 年，215 頁。
〔註111〕今月（李達）：《觀念이란 무엇인가？》，《黑色新聞》第 35 號，1935 年 2 月 1 日。

　　他們又批判馬列主義所主張的「歷史唯物論」。他們反對「歷史是生產力和生產關係之間的矛盾的過程中而發展」的看法，對此李達等韓人安那其主義者主張世界的變化由於人本性的欲求而變化，他們在人的欲求尋找社會發展的動力，即人類社會並不是按照某種模式發展下來的，而是人類社會通過追求解放的人本性的欲求而發展下來的。結果，他們堅信無論任何革命若不從人的欲求出發的話都會失敗。李達在《人的欲求和不需要的指導理論（人間的 欲求와 指導理論의 不必要）》一文中指出：屈辱和窮乏之中，受到生命之威脅的我們破壞現社會，並建設自由、幸福之社會的並不是從學理、哲學出來的，那就是生命本身的自然的要求。……知識階級給民眾強制資本論和列寧的教理，使用其教理巧妙地抹殺民眾的正當要求，並確立自家的支配權。雖然「毀造（破壞）」的學理和理論暫時壓抑本性，可過不久這本性肯定主張自己的自由發揚。法國革命的失敗和俄羅斯革命的有血犧牲卻並沒解放民眾的原因，就是其革命不從人的欲求出發。我們應該排斥繁瑣的理論，應該大膽實行基於人的欲望吧！〔註112〕

　　第二，批判蘇俄模式（無產階級專政）和屈從蘇俄的態度

　　韓人安那其主義者認為，布爾什維克主張的作為過渡階段的「無產階級專政」是欺瞞民眾的行為。〔註113〕他們認為，無產階級專政是理論上無產大眾自己發揮其權力，並控制資本階級的制度，可實際上卻是所謂無產大眾的代表共產黨幹部或幹部中的最高一兩個中央幹部統治的獨裁政治。〔註114〕在少數幹部的暴政之下，民眾受到壓迫，民眾的一切財產變為國有財產，布爾什維克主義只不過是資本主義的變形而已。〔註115〕即無產階級專制論只不過是少數狂熱的權力分子為了掌握權力、煽動民眾而操作的理論。他們通過「無產階級專制論」和「中央集權主義」具有強權的、追求權力的因素，強權妨礙實現個人自由意志，對韓人安那其主義者來說無產階級專政只不過是政治體系和支配者的更迭而已。

　　韓人安那其主義者對蘇維埃政權的政策感到極大的失望，這使他們反對

〔註112〕今月：《人間的 欲求와 指導理論의 不必要》，《黑色新聞》第 33 號，1934
　　　　年 10 月 24 日。

〔註113〕白民：《無政府主義란 무엇인가？（無政府主義是什麼？）》，《南華通訊》，
　　　　1936 年 1 月。

〔註114〕李何有：《政治運動之誤謬》，《南華通訊》，1936 年 1 月。

〔註115〕《理想和革命》，《南華通訊》，1936 年 12 月。

馬列主義的原因。在俄羅斯發生社會主義革命時，韓人安那其主義者也受到了極大的鼓舞，可蘇維埃政府以清除反革命勢力的名分來實行布爾什維克獨裁，並且屠殺參與革命的安那其主義者。他們無法容忍革命結束後蘇俄政權對安那其主義者的大規模屠殺行為。他們對布爾什維克的批判不是簡單的批判，而是該全撲滅、全打倒，並規定為人類的仇敵。〔註116〕這意味著韓人安那其主義者的仇敵不僅是日本帝國主義，而且布爾什維克也是同日本帝國一樣的該驅逐的對象。〔註117〕他們看來蘇俄政權再不是農民、工人的，而是歷代從來沒有過的壓迫農民、工人的政權。他們規定布爾什維克的目的只不過是掌握政權，以世界革命、無產階級革命等口號來欺騙無產階級，同時無產階級專政並不是解放民眾的，而是逼迫民眾的。

第三，崇尚義烈鬥爭。

韓人的「安·布」論爭中比較重要的問題是對「義烈鬥爭（恐怖）」的看法。1921 年 9 月和 1922 年 11 月，在韓國的釜山和京城發生了碼頭工人和人力車夫的罷工。〔註118〕罷工等大規模大眾運動以後，不少人反對當時安那其主義者展開的義烈鬥爭。並且，隨著馬列主義的成長，馬列主義者為了獲得在工人運動中的領導權，激烈批判少數人的義烈鬥爭（恐怖），尤其「朝鮮學生會」和「韓人學生同盟」之間的論爭是在中國比較代表的圍繞義烈鬥爭的論戰。1920 年初，在北京有民族精英指導的「朝鮮學生會」和馬列主義者控

〔註116〕對上海臨時政府的外交路線懷著不滿的激進主義者尋找新的路途，其中有所謂的社會主義路線。可訪問過蘇聯以後回來的趙素昂（1887～1958）的對蘇聯的評價使在華韓人激進主義者捨棄蘇俄模式。趙素昂 1920 年經過丹麥、波瀾、立陶宛（Lithuania）、愛沙尼亞（Estonia）等，到了俄羅斯的聖彼得堡（Saint Petersburg）參加了俄國革命紀念大會。他到第二年 2 月視察俄羅斯各地，經過韓人比較多聚居的伊爾庫茨克（Irkutsk）和赤塔（Chita）後回北京。聽到趙素昂的解釋，李會榮如下整理：「那冷酷、無情的獨裁政治之下，國家可以保障沒有貧富差距的平等的理想，但可不可以施行那樣沒有自由的生活？可以期待人類的發展嗎？他們所說的平等生活與每天可以吃三頓飯的監獄有什麼不同呢？」接著說：「那樣掌握獨裁權，支配人民的政治是比以前絕對王權更嚴重的暴力政治。那樣的社會並沒有平等，好像建新王朝的話前日的賤民成為貴族那樣，新興支配階級不會重新出來嗎？」（李德逸：《ANACHIST 李會榮과 젊은 그들》，熊津出版社，2001 年，95～96 頁。）這樣聽到趙素昂的韓人激進主義者對蘇俄模式感到失望，並且開始批判布爾什維克。

〔註117〕李浩龍：《韓國의 ANARCHISM》，知識產業社，2001 年，223 頁。

〔註118〕在韓國國內工人罷工是從 1917 年開始發生了。1917 年 8 次、1918 年 50 次、1919 年 84 次、1920 年 81 次、1921 年 36 次。

制的「韓人學生同盟」。朝鮮學生會把義烈鬥爭爲民族解放的主要手段，而韓人學生同盟卻按照國際共產的指令，反對義烈鬥爭。

隨著馬列主義的興起，義烈團的團員中不少人接受了馬列主義思想。〔註119〕他們 1924 年開始義烈團內部的布爾什維克也提到，到當時義烈團的鬥爭方法——義烈鬥爭的問題和限制。1924 年起義烈團內部一些團員開始懷疑暗殺、破壞的效果。他們認爲恐怖主義具有冒險主義的、破壞的、消耗的特點，因而主張在工人、農民的基礎上開展民族解放運動。義烈團團長金元鳳雖然不是純粹的馬列主義者，而 1926 年決定停止柳子明等安那其主義團員堅持的暗殺、破壞活動，而開始主張政治活動。確實，義烈團的義烈鬥爭雖然有一定的效果，但也付出了慘痛的代價，無法動搖日本帝國主義的殖民統治，而且由於日韓力量的對比懸殊，殖民地統治機關戒備森嚴，暗殺活動的成功率不高，自己的損失卻很大，許多團員被捕，失去了很多韓人青年的生命。金元鳳認識到義烈鬥爭並不能帶來韓國的獨立。金元鳳從中國革命過程得到了一種教訓。孫文曾勸告金元鳳說：「據我們以往的經驗，爲祖國光復的獨立運動應具備軍事知識，這樣才能率領許多兵力打敗日軍。如你們願意，希望你們入黃埔軍校系統地學習軍事學。」這給金元鳳很大的影響。〔註120〕同時，1924 年中國第一次國共合作以後，國民革命運動進入高潮階段，即具有反帝、反封建性質的工農運動蓬勃發展，北伐戰爭即將開始，這使在中國活動的金元鳳以及馬列主義者逐漸放棄既往的義烈鬥爭〔註121〕，而開始重視中國式的政治活動和左右合作運動。

〔註119〕據柳子明的回顧，組織義烈團後大概 5 年間並沒有標榜政治的主張，而隨著共產主義的興起，義烈團內的玄正根、尹滋榮、趙德津等在上海組織馬列主義團體，並發表批判暴力運動的文章。（參見柳子明：《한 革命家의 回憶錄》，1984 年，遼寧出版社，130 頁。）柳子明所回憶的那團體可能是 1924 年 4 月，尹滋榮離開義烈團以後在上海組織的「青年同盟會」。該同盟會同年 10 月 4 日制定規章、發表《宣言文》，規章和宣言文的主要內容就是反對恐怖行動。

〔註120〕「卓越的思想理論才能使民眾覺醒起來。除此之外無其他的路。革命就是制度的變革。對幾個要員的暗殺和幾所機關的破壞，無法改變制度。維護制度的階層是軍隊和員警。解除這些軍隊和員警的武裝力量，才能革命取勝。爲此首先應該讓民眾覺悟起來，團結起來，組織起來。不靠全民眾的武裝鬥爭，根本無法驅逐強盜日本。」朴泰遠：《若山과 義烈團》，203 頁。

〔註121〕參見朴英姬：《朝鮮義烈團의 成立과 抗日鬥爭》，《歷史檔案》，2006 年，第 04 期。

上海青年同盟在《宣言文》一文，批判既往的獨立運動路線。他們批判的獨立運動之法是「實力論」、「外交論」、「恐怖論」等。其中，恐怖論是針對義烈團的安那其主義者。他們雖然承認義烈鬥爭的犧牲精神，而不同意義烈團等安那其主義者展開的對個人的殺害或對建築物的破壞，而主張應該破壞既往的制度、組織、統治權。並且，他們認爲恐怖主義是一種空想主義，具有理想主義、自由主義、個人主義、虛無主義等的特點。他們指出：「恐怖論是以暗殺和破壞爲獨立運動的唯一方法，暗殺仇敵的魁首，破壞仇敵的設施，逐出強盜日本的理論。……現在韓人運動的破壞的目的不在於仇敵和他們的設施，而在於各方面的制度、組織、異民族的統治。若繼續展開暗殺個人和破壞建築物，整個社會變暗黑。雖然我們認定恐怖的意義和價值，可我們不能把它作爲獨立運動的唯一、最大、全體的方針。主張恐怖主義的人好像是混同了主和從，並且他們造成理想主義、自由主義、虛無主義的傾向。」〔註122〕以上所述，他們也並不反對一切恐怖活動，而反對個人恐怖主義的萬能論，主張基於規律的群眾的武裝鬥爭。

第三節　中韓「安・布」論爭比較──小結

中韓安那其主義因十月革命的影響和馬列主義思想的傳播面臨危機，直接導致兩國社會主義運動的對峙和分裂，引發「安・布」論爭。中韓兩國的「安・布」雙方通過論爭，更深入瞭解彼此的實際問題。歷經論爭之後，安那其主義（尤其在中國）不可避免走向衰落。中韓安那其主義者依然開展思想運動，可不再成爲社會思想運動的主流勢力。

到 20 年代初爲止，中國安那其主義保持激進主義的主流地位，但在反對國民革命（民族主義、國民國家建設等）和布爾什維克主義以後，其地位逐漸喪失。中國「安・布」論爭是在中國共產黨創黨過程中發生的。這論爭不僅給國內影響，在法華人留學生也受到影響的。有意思的是，他們（布派）中的多數人後來成爲早期中共的主要領袖。1921 年初，中國「安・布」雙方圍繞著哪一方具有更有效的社會改造能力和方法的問題，正式開始進行論爭。中國社會希望盡快建設國民國家，對此中國共產黨顯出積極的反應，爭取了政治上的主導權。他們以「科學的社會主義」的名義，主張建立中央集

〔註122〕獨立運動史編纂委員會：《獨立運動史資料集第 9 集》，1975 年，721〜725 頁。

權的革命政黨。然而，安那其主義者卻反對國民國家建設以及排他的民族主義。他們在論爭中還堅持「自由聯合」和「分權」的組織原理。可經過「安・布」論爭之後，組織鬆散的安那其主義勢力無法克服受到國際共產指導的組織緊密的馬列主義勢力。建立中國共產黨之後，中共開展全國性的工人運動，建立革命統一戰線，馬列主義陣地日益擴大，尤其 1924 年到 1927 年的大革命時期，席卷珠江和長江一帶。

　　1920 年代初，「安・布」兩主義在韓人知識界幾乎同時發展起，兩者共同合作的時間也很短。韓人激進主義者圍繞實現民族解放的方法而開展論爭。韓人安那其主義者認爲各國的布爾什維克雖然高舉革命的旗幟，可實際上它是被蘇聯政府操縱的另一個「屈從主義」。〔註 123〕同時他們懷疑布派所主張的通過階級鬥爭來可以解決一切社會問題的看法，因爲他們認爲家庭、宗教、政府、國家都是壓抑個人自由的，因此需要展開全面的、全方位的鬥爭。他們認爲所有權力在於複雜的網絡線上，因此爲實現階級解放，非解除一切不合理的強權不可。他們曾發現帝國主義基於「社會進化論」，所以他們想以「破壞——建設論」、「相互扶助論」來代替民族解放的指導理念。可他們與布爾什維克的思想上、實踐上的衝突帶來安那其主義運動範圍和能力的弱化，可他們仍堅持強調以個人自由的連帶精神和價值體現。在韓國，「朝鮮勞動共濟會」分裂成「黑勞會（安）」和「朝鮮勞動聯盟會（布）」；在日本，「黑濤會」分裂成「黑友會（安）」和「北星會（布）」；在中國，「義熱團」也遭分裂。在華韓人安那其主義者在與國民黨、共產黨、民族主義者的聯合過程尋求活路，可在戰時動員極端體制中，他們無法申張自己的主張。

　　那論爭的結果孰勝孰敗？表面上，不久以後布爾什維克的優勢證明了其勝利。既往研究者認爲安那其主義顯出它具有的「空想性」，所以在論爭中被打敗。然而，筆者不同意布爾什維克揭露了安那其主義理論的空想性，並且因這原因安那其主義衰落。

　　首先，中韓兩國的布爾什維克具有安那其主義的傾向，甚至他們認定安那其主義（不僅意味著近代意義上安那其）是漫長的中韓兩國史中維持生命

〔註 123〕中韓兩國的「安・布論爭」雖然由於各自的環境和條件帶有不同的特點，但基本上具有如下的共同點。第一、無產階級獨裁和馬列主義國家論問題；第二、個人的自由和組織問題；第三、生產和分配問題。（參見曹世鉉：《中國五四運動時期 Anarchism Bolshevism 論爭》，歷史批評，歷史問題研究所，2000年。）

力的社會思潮，有深奧的理論基礎。筆者認爲中國的「安·布」論爭，與其說哪一個主義具有更高邁的思想，不如說哪一個主義具有可以提出對現實問題的解決方案。若我們承認布爾什維克在論爭中取得勝利的話，那並不是因爲安那其主義具有空想性，而是布爾什維克對中國當時的現實問題，提出更明確的答案，比如，對軍閥、帝國主義、中國統一、抗日、國共內戰等問題提供了適合的解決方案，哪怕其答案有更嚴重的副作用。

　　第二，「安·布」兩者通過論爭更深入地認識對方，同時一定程度上接受了對方提出的批判。

　　第三，我們將視角轉換爲當代社會運動中自由社會主義的話，我們不能說因爲安那其主義具有的空想性（非現實性），而在論爭中被打敗。歷史上（包括中韓兩國），安那其主義總是馬列主義的最大對手。雖然安那其主義沒有馬列主義生命力強，但隨著前蘇聯等東歐國家的崩潰，安那其主義在世界各地成爲代替馬列主義的意識形態，成爲舉世矚目的思想之一。首先，我們無法否認安那其主義者正確地預言，實踐布爾什維克主義思想的過程中會出現個人崇拜、一黨獨裁，以及它的弊病。其次，布爾什維克信奉馬克思的「經濟決定論」和「歷史唯物論」。這樣的決定論和目的論，雖然在當時是很有說服力的，可從現在的觀點來看，僵硬的思想反而會帶來各種問題。他們所主張的超越國家的理想主義，並不適合當時中國民眾的生活。第三，當代的安那其主義不僅局限於政治方面，還存在於社會文化的各方面，比如環境、反戰、反核、女性、教育等方面的運動。直到目前爲止，我們還無法判斷安那其主義模式是不是可以建設新的社會，也無法預測開展這些運動以後該如何發展。但至少通過傾向於安那其主義的活動，我們可以確認並不是安那其主義的空想性帶來論戰的失敗。在現存的國家、政黨政治的框架內，其實並不容易提出新的模式，而安那其主義在思想上的想像力（安那其主義徹底反對教條主義），提示我們要有突破的理想方案。

第三章 中韓安那其主義者的政治運動比較

第一節 吳稚暉、李石曾的「安・國」合作

一、「安・國」合作的背景

筆者認爲，由於意識形態等利害問題，在中國兩岸地區的政界和學界，安那其主義被稱爲「小資產階級的空想的社會主義思想」或「不穩的社會主義思想」。吳稚暉、李石曾兩人，20 年代中葉以後，作爲國民黨的高級官僚參加政治運動，所以學者們認爲，1924 年吳、李兩人徹底放棄了安那其主義思想。〔註1〕

一般安那其主義者反對政治、政黨運動。中國安那其主義者也原則上認爲政治是具有強權的人（或團體）爲了保持其強權所做的行爲。因此他們也反對一切政治運動，當然包括政治性濃厚的布爾什維克運動。然而吳、李兩人一定程度上接受國民黨標榜的三民主義體系，積極參與各項政黨運動。他們雖然在安那其主義的基礎上否定政黨運動，然而這只是一種理論性的口號，實際上他們認識到安那其革命不會在短時間內完成，因此部分接受像同盟會等革命團體的主張。1907 年，他們在巴黎剛開始展開安那其主義運動時，

〔註 1〕李援、胡長水：《從無政府主義者到資產階級政客的吳稚暉》，《求是學刊》，1982 年；林鳳鳴、羅平漢：《簡論「四一二」反革命政變中的吳稚暉》，《廣西師範大學學報》，1998 年。

已經主張作爲建設安那其社會的手段，教育比暗殺、武裝起義、總罷工等暴力手段更重要。正是因爲基於這種觀點，辛亥革命後他們還承認中華民國政治體制。到目前爲止關於 20 年代中期中國安那其主義運動的研究成果並不多，對其運動的評價也只是千篇一律。〔註2〕對吳稚暉、李石曾的「安‧國」合作，認爲五四以後中國安那其主義陣營出現分裂。其分裂具有雙重性——革命性和反動性，對放棄安那其主義轉而信仰布爾什維克的人認爲，是具有「革命性」的安那其主義者；而對站在反馬列主義的立場上堅持反共運動的安那其主義者認爲，具有「反動性」的革命的敵人。〔註3〕然而筆者認爲，這些簡單的評價不適合解釋當時在中國進行的安那其主義的全面貌。其實，「安‧國」合作期間安那其主義陣營規模在縮小，換角度的話，這時期安那其主義者提出多樣的見解，並安那其主義本身拒絕強壓的教條，即我們不能把這時代的安那其主義簡單評價爲變質、縮小。

　　五四時期一些安那其主義運動沒得到有效的成果，因此安那其主義在知識界喪失作爲革命路線的可靠性。然而，安那其主義在學生、知識分子群體中，到 1923～1924 年間仍然具有一定的影響力。當時不少青年參加赴法勤工儉學運動、新村運動、工讀互助運動。這些運動都具有安那其主義的特點，並且主導運動的人員也基本具有安那其主義的傾向，只不過安那其主義無法代替當時中國社會澎湃的強烈的民族主義感情。

　　1924 年基於國共合作的國民黨的改造自然給安那其主義運動造成影響，當時不少知識分子受到國共合作的影響，逐漸具有政治的傾向，安那其主義者也並不例外。並且中國共產黨得到一定的發展，更加接近於群眾運動，找到新的出路。1925 年召開「第二屆全國工人大會」時，共產黨已經取代安那其主義者具有的領導工人運動的地位。在五卅以後的群眾運動中，中共的領導地位又進一步鞏固，安那其主義自然丟失在當時堅持的民眾運動中

〔註2〕蔣俊、李興芝在《中國近代的無政府主義思潮》指出：「該時期中國安那其主義具有兩個特點，一是反對中國民眾革命，攻擊中國共產黨；二是改良，逐漸消極化，甚至投靠國民黨。」李怡在《近代中國無政府主義思潮與中國傳統文化》提出：「從 1924 年開始，中國無政府主義便逐步走向破產的道路。該時期的無政府主義者，公開反共反民眾，完全站在帝國主義、封建主義一邊，充當他們的忠實代理人。」；湯庭芬在《無政府主義思潮史話》指出：「1921 年至 1923 年間發生的早期馬克思主義者與無政府主義者論戰，使五四時期興盛一時的無政府主義思潮受到一次致命的打擊，頻臨破產的境地。」

〔註3〕參見胡慶雲：《中國無政府主義思想史》，國防大學出版社，1994 年，301 頁。

的凝聚點，傾向於安那其主義的知識分子開始動搖。他們也認識到布爾什維克取代的工人運動的領導地位給他們造成巨大的損失。並且，20 年代中後期，即基於民族主義革命的國民革命高潮時期，安那其主義者的發言權不斷萎縮。

這種情況下，從辛亥革命以前與孫文等同盟會人士有關係的國民黨內的安那其主義者吳稚暉、李石曾等開始主張與國民黨的合作。他們認為，以往的安那其主義陣營的最大問題便是除通過一些雜誌的宣傳活動以外沒法做其他有效活動。在這種情況下，安那其主義者尋求新的出路。因此吳稚暉、李石曾為對抗布爾什維克，將安那其運動置於布爾什維克的另外的對手——國民黨的保護之下，即提出「安國合作論」。跟隨吳、李兩人的安那其主義者加入國民黨，一般對他們稱為「安國合作派」。他們在國民黨內，通過自己的地位和影響力，勸導其他年輕的安那其主義者加入國民黨、參加與共產黨的鬥爭。國民黨也有自己的「三民主義」政治理念，而吳稚暉在《天下為公——孫中山的將來主義》等文章美化三民主義。他指出：「什麼馬克思主義主義、無政府主義、什麼共產黨、無政府黨，都是多餘的。有『三民主義』一個主義就行，只要有國民黨就可以。因為『三民主義』包括『一切新鮮主義』，國民黨包括一切進步黨派。」但吳、李認為安那其主義者與共產黨不同，它的組織構成比較鬆散，因而能在安那其主義的根基上容納各種不同的思想。〔註4〕

國民黨於 1924 年 1 月 20 日施行「國民黨改組」，並在廣州舉辦「中國國民黨第一次全國代表大會」。當時孫文使吳稚暉、李石曾、張繼、蔡元培、張靜江等五人任「中央監察委員會」委員。這委員會的建立目的是監督黨的事務。〔註5〕這樣一些安那其主義陣營的元老成為國民黨主要幹部，從這時期開始吳稚暉相信，為實現安那其主義革命需要國民革命等的一種「啟發點」，並主張安那其主義者也應該參加「國民革命」。吳、李兩人試圖在國民黨內獲得重要的位置，甚至他們希望以國民黨為踏板實現安那其社會。

〔註4〕除了吳稚暉、李石曾以外，早期反對與國民黨聯合的沈仲九也指出：「三民主義是相當寬容靈活的，它們的重點能隨著環境的變化而變化。」（《發刊詞》，《革命周報》第 1 期，1927 年 7 月。）

〔註5〕【美】阿里夫・德里克著，孫宜學譯：《中國革命的無政府主義》，廣西師範大學出版社，2006 年，229 頁。

　　然而，吳、李、張繼等受到所謂「純粹安那其主義者」〔註6〕的激烈的批判。自稱爲「純粹（純正）安那其主義者」的人群用抵抗、嘲笑等方法來反對吳稚暉、李石曾等。劉師復曾經主張：「總同盟罷工者，社會革命惟一之利器，而無政府黨所視爲神聖之事業者也，今比之無政府黨獨反對之，亦以普通選舉乃政治問題，而非社會根本的改革，無此重大之價值故耳。夫普通選舉，在政治問題中，其實之重大，視易一跌扈之總統，想去何可以道理計？比之無政府黨且不欲與爭，今討袁問題亦不過政治問題之一，在政治家視爲大莫與京之事，又何怪其不惜犧牲一切而爲之？若以主張社會主義無證主義者亦信口附和，鼓吹政治之戰鬥，獨不慮世界之無政府黨反對軍備黨之從竊笑乎？」〔註7〕除此之外，1924年春，華林（1893～1973）致書吳稚暉，譴責吳稚暉等的安那其主義者加入國民黨的要求，並要求解釋爲什麼安那其主義者加入國民黨以及「安‧國合作」的實體是什麼。〔註8〕對此，吳稚暉在《國民日報》連載《致華林書》的文章，解釋關於華林對自己的批判，並強調加入國民黨的行爲不是隨便的「個人行動」，而是「主義」作爲「動因」的，目的在於安那其主義革命的實現。吳稚暉自己認爲自己既是「國民黨員」，又是一個「安那其主義者」。吳稚暉接著說：「把我吳稚暉燒成灰，也是一個國民黨員，我同時又是一個相信無政府主義者……若我同無政府主義發生關係，我就不同國民黨發生關係，我才是人格破產……華林先生，你難道算不得舊國民黨？不過我自己加上一個無政府黨名目，我們自己戒敕自己，只幫助他們革命，不幫他們陞官發財罷。」〔註9〕

　　確實，受到吳稚暉等人之影響的一些憂慮與國民黨合作的安那其主義者在1926年、1927年間將國民黨看作「友黨」，甚至早期批判吳稚暉的沈仲九也到1927年4月準備去與國民黨合作了。筆者認爲他們的目標不是政治上接管國民黨的位子，而是將國民革命引向與安那其主義目標相一致的方向。但只看結果的話，他們的意向是失敗的。他們得不到國共合作那樣的成果。安‧國兩者並沒有開過正式的合作會議、協議，並且國民黨人也

〔註6〕梁華瑋在《淺析20世紀20年代中後期無政府主義》一文，對反對與國民黨合作的安那其主義陣營稱爲「純正無政府主義者」。（參見梁華瑋：《淺析20世紀20年代中後期無政府主義》，首都師範大學學報，2004年。）

〔註7〕劉師復：《政治之戰鬥》，《晦鳴錄》第1號，1913年8月20日。

〔註8〕吳稚暉《致華林書》中華林之信函，《吳稚暉先生文粹》四卷，上海，全民書局，1929年，213頁。

〔註9〕《致華林書》，《吳稚暉先生文粹（第7冊）》，1991年版，臺北。

並沒有使用「安・國合作」等說法。

二、圍繞「安・國」合作的論爭分析

受到尊敬、具有一定影響力的元老安那其主義者吳稚暉、李石曾正式參加政黨運動，並且同情安那其主義的人士也輔助他們的政治運動。他們的這些主張和活動由于堅持「純粹」安那其主義的年輕的安那其主義者受到相當大的衝擊，並引起陣營內的分歧。對此，多數所謂「純粹」安那其主義者，尤其廣州和四川的安那其主義者反對「安・國」之間的合作。1924 年和 1925 年，雖然他們也在上海工團主義運動中與國民黨的工人領導勢力合作過，可他們仍然拒絕安那其主義者的一切政治運動，所以與政黨的合作保持慎重的態度。當時激烈反對「安・國」合作的代表的人物是華林和《自由人》〔註 10〕的沈仲九（1887～1968）〔註 11〕、鐵鳥、楚沈等。〔註 12〕

吳稚暉為辯護「安・國」合作的合理性，提出三點：一是「強國說」，二是「階段說（革命歷程說）」〔註 13〕，三是「共同敵人說」。

〔註 10〕　自由人社：1924 年成立於上海，主要成員有吳克剛、毛一波、李少陵、沈仲九等。他們的機關刊物就是《自由人》月刊。1924 年 3 月 5 日在上海創刊，翌年 10 月終刊，共出刊二卷八期。該刊的宗旨是「要自由」和「做自由人」。它在發刊詞中指出：「歷代相傳下來的教主、帝王、官吏、軍閥、政客、議員、資本家及部分的知識分子，都是將自己的消費完全建築別人的勞力上的強者點子，這些人以外的平民都是不自由的人。這些不自由的人，只要覺悟到自由。無政府便能實現」《在發刊詞》所闡發的基本觀點是：「人生的全部意義及最寶貴的東西是自由，任何形式的政府都是自由的敵人；無政府主義是到達和獲得自由的唯一濟事良方；自由與無政府互為目的，互為手段，互相促進，同時實現。」《自由人》所宣傳的內容：一是反蘇反共，尤其是反對無產階級專政，二是反對吳稚暉的安國合作論，反對三民主義。這內容占絕大部分篇幅，可以說它是反對安國合作的先鋒。尤其沈仲九、吳克剛以「純正」安那其主義觀點來攻擊安國合作論。1925 年他們與在法國的《工餘》雜誌合併，不久就停刊。

〔註 11〕　沈仲九：別名信愛、銘川、天心，浙江紹興人。曾留學日本和德國，先後在浙江一師、湖南一師、上海大學、勞動大學、立達學園任教。1924 年主編《自由人》雜誌。1927 年一度主編《革命周報》周報，宣傳安那其主義。從 1934 年至 1947 年曾擔任國民黨福建省政府參議、臺灣行政長官公署顧問等。1949 年以後任中華書局、平明出版社編輯。1955 年任上海文史館館員。1968 年 4 月去世。（參見《無政府主義思想資料選》，北京大學出版社，761 頁。）

〔註 12〕　批判他們的文章中有《無政府主義與國民黨》、《無政府主義者可以加入國民黨嗎？》、《吳稚暉的無政府主義》等。

〔註 13〕　沈仲九在《無政府主義者可以加入國民黨嗎？》一文，使用「革命歷程說」一詞。

第一,「強國說」。

吳稚暉認為要實現安那其主義,必須要有足夠的物質基礎,即需要有工業和教育的發展。為達成一定的物質基礎,只能有一個強大的政府來創造的,國民黨的政治革命可以製造一個強大的政府。只有國民黨強大,不再受到外國侵略者的欺負,然後才能實現中國內的安那其革命。在帝國主義橫行的中國,只有一個強大的政府統治下才能創造出來。因此,必須先完成「國民革命」,通過「政治革命」使國家強大起來、物質條件具備,安那其革命的時機也就到來。

第二,「革命歷程說」。

他認為安那其主義社會不會一下子就可以實現,要經過若干個階段。從君主制到共和制是一個階段,當時是處於從民主主義到工農專制的過程,國民黨所實行的國民革命,是達到安那其社會的必經階段,國民革命成功後,安那其革命自然就開始。他始終認為國民黨是一個革命黨,並且是激進黨,並不是「陞官發財」的黨派。吳稚暉對國民黨指出:「什麼是國民黨?我始終承認他是一個革命黨,又是一個激進黨……現在的國民黨,還成為個陞官發財黨嗎?正是一個被捉被拿的革命黨而已。我們不『路見不乎、撥刀相助』,我們還成一個無政府黨嗎?他們共產黨也盡量的加入,正也是路見不乎,撥刀相助的意思。」〔註14〕他不區別「組織」和「黨派」,認為「同盟會」和「國民黨」是同一的組織,因此安那其主義者可以在追求革命的組織裏活動。他認為完成國民革命之後,才可以進行安那其主義革命。

雖然他們與同盟會保持友好關係,可安那其主義和三民主義之間有著無法避免矛盾。所以吳稚暉為解決此問題,提出以「平民政治」和「資產階級共和國」為實現安那其主義社會的過渡橋樑的新安那其理論。吳認為作為安那其主義者要保持革命的純粹性,應該在每個革命歷程中積極支持。「國民革命」就是其中必須經過的一個階段,完成「國民革命」就是為將來的「安那其主義革命」。他從進化論的哲學角度出發提出過渡理論:「凡新舊主義之相代,其間必有過渡之一物,此亦進化之定理。」〔註15〕新世紀出刊時期,曾經從革命思想和階段的革命觀出發,將安那其主義革命分為三個階段——(1)

〔註14〕 沈仲九(信愛):《無政府主義者可以加入國民黨嗎?》,《自由人》第 5 期,1924 年 7 月。

〔註15〕 四無(吳稚暉):《無政府主義可以堅決革命黨之責任心》,《辛亥革命前十年間時論選集》第 3 卷,215〜217 頁。

舊世紀的革命；（2）過渡時代的革命；（3）新世紀的革命。〔註16〕他所提出
的階段中「過渡時代的革命」是他們所處的時期，就是「改良支那之革命（共
和革命）」。第三時期，就是「全世界革命（安那其革命）」。〔註17〕他對完成革
命的過渡期問題指出：第一，從社會進化規律看，要實現安那其主義，其間必
有一過渡物：「由民主革命而進爲共和革命，由共和革命而進爲無政府革命」。
通過這過渡物即共和革命得到的產物是平民政治：「就共和主義言之，執政即
歸平民」；第二，通過共和革命建立共和政治：「中國之民眾必有能爲平民政府
之資格，始有改良中國政治之能力，其論實圓滿周匝」。而「今日大多數之中
國民眾，中心實甚不愜於靴子之立憲，然而未敢毅然附和革命者，無非甚不安
於共和革命之究合於程度否耳」，即懷疑共和革命、共和政治能在多大程度上
促進平民資格之養成和獲得。所以說：「中國平民政治，即假社會黨與眞社會
黨之過渡物也。政府雖爲統治相制之機關，然亦爲民眾相互之機關，無政府時
代雖決無政治之組織，而亦不能無關聯之組織。欲取關連之組織以代統治之組
織，非一時可臻於完備」〔註18〕。即需要有一個設計、探索的過程。所以，他
們認爲中國不能馬上進行安那其革命而先採用共和革命、平民政治。

　　吳稚暉對此問題總結說：「庶幾乎急急廣傳無政府主義，使知世界之民
眾，不久有大同之革命，而國界且將消滅，故共和政治，已止爲不得已之過
渡物……欲堅決革命黨之責任心者，莫若革命黨皆兼播無政府主義……心乎
革命者，如能懸無政府主義爲己所必赴之鵠，而讓不得已者以平民政治爲一
時之作用，庶幾乎乃不背革命爲促進人類進化之大義矣。」〔註19〕吳稚暉仍
然相信以三民主義來建設國民黨的就是進入安那其社會的橋樑，認爲三民主
義的核心是民生主義，忠實實踐民生主義的過程中生產力高度發達，結果成
就「無政府大同」社會。1924年加入國民黨的李少陵（1898～1970）也支持
吳稚暉的想法，指出：「無政府主義天天在實現中，正如進化的行程，一步
一步地向前進行，豪未停止。不過此時所實現的，不是一個整體，是一部分
的加多，就是由平民中產生出來的無政府主義的思想和組織，正隨著時代進

〔註16〕吳稚暉：《新世紀之革命》，《新世紀)》，第1號，1907年6月22日。
〔註17〕留英一客（吳稚暉）：《我是少年》，《新世紀》，第121號，1910年3月。
〔註18〕四無：《無政府主義可以堅決革命黨之責任心》，《辛亥革命前十年間時論選集》
　　　　第3卷，215～217頁。
〔註19〕四無：《無政府主義可以堅決革命黨之責任心》，《辛亥革命前十年間時論選集》
　　　　第3卷，215～217頁。

化而擴大，好似硫酸銅在水中，初則浸漫於水之一部分，繼則至水之全部。」
〔註20〕

第三，「共同敵人說」。

安那其主義與國民黨在未來社會主張上相異，但眼前利益相同，「安·國」兩者有共同的敵人，就是北洋軍閥、國外帝國主義、封建社會的社會制度、馬列主義者等。兩者團結起來打倒共同的敵人是「國民革命」的任務，也是安那其主義革命之前需要的階段。並且，他提出歷史上安那其主義者與其他革命團體之間的聯合，比如他以第一次世界大戰時期克魯泡特金支持同盟國的為例，主張中國安那其主義者也可以參加國民黨展開的北伐戰爭。吳稚暉認為歐戰和中國的北伐戰爭具有同一性質，應該「以毒攻毒」。國民黨也需要肅清共產黨的盟友勢力，「安·國」合作的前提是「共同反共」，所以國民黨也承認安那其主義者使用「無政府主義」的口號，並支持安那其主義期刊《革命周報》的出刊。〔註21〕當時布爾什維克的影響力擴散到全國，並具有吸引勞動民眾的思想理論，而國民黨只能重複使用「戴季陶主義」，即理論上的欠缺讓他們自然接受安那其主義，哪怕兩者之間存在一些矛盾。這樣，安那其主義思想一定程度上滿足國民政府的要求，確實吳稚暉認為：「打倒共產學說，乃無政府主義之能事。」〔註22〕並且，李石曾在《革命周報》發刊詞裏指出：「現在國民政府，對於中國共產黨，以強力努力驅除。但是，我們以為任何一種主義，只要它本身有相當的歷史和理由，決不能以強力根本的永久消除它的……我們以為免除共產黨為禍中國的最要方法，第一事打破共產黨思想上的根據，第二是以最近步的主義，圖謀無產者的根本解放。」〔註23〕同時，吳稚暉提倡「全體人民的革命」。他所說的革命並不是一兩個階級來實現的，他引用孫文的革命觀（革命由知識分子、工人、農民、商人等全體人

〔註20〕李少陵：《什麼是無政府主義者》，《春雷》，1924 年 5 月。
〔註21〕安那其主義者畢修勺（1902～1992）於 1928 年將對共產黨的感情如下表示：「《革命周報》的閱者都知道《革命周報》是反對共產黨最烈的機關報，從去年共產黨猖獗時出版以來，反對本黨的文章，先後不下百餘篇。」（畢修勺：《鐵窗風味》，《革命周報》，合訂本第 6 期。）比較代表性的批判共產主義的文章有《略評中國共產黨》、《自稱為極左派的偽共產黨只解剖》、《我們為什麼要反對共產黨》、《無產階級專政是不合理的》、《無產階級專政的欺騙與弊害》、《無產階級專政是到自由之路嗎》等。（蔣俊、李興芝：《中國近代的無政府主義思潮》，山東人民出版社，1990 年，367 頁。）
〔註22〕老梅（景定成）：《師覆文存，弁言》，1927 年。
〔註23〕《發刊詞》，《革命周報》第 1 期，1927 年。

民來實現）批判國民黨左派和共產黨的階級鬥爭論。〔註24〕

　　李石曾也為輔助吳稚暉的主張和「安‧國」兩個陣營的圓滿的合作，尋找在思想層面上的共同點，就是找安那其主義和「三民主義」的政治哲學上具有的共同點。這想法的起源繫於1925年孫文的對「三民主義」的演講。當時孫文已不再特別強調自己的革命思想與左派革命家之間的區別，就像他曾說過的那樣，三民主義的最終目標是「共產主義和無政府主義」，並主張：「馬克思主義並不是真正的共產主義，普魯東和巴枯寧提倡了真正的共產主義。」這句話成為使李石曾展開「安‧國」的基礎。同時，李石曾把自己當作一個「神聖革命」的衛士。〔註25〕孫文指出：「我以為『民生』和共產主義的區別在於：共產主義是『民生』的理想，『民生』是共產主義的實現，兩者的不同僅是方法的不同……馬克思主義（實際上列寧主義：筆者）不是真正的共產主義，真正的共產主義是蒲魯東和巴枯寧提倡的共產主義。」〔註26〕

　　李石曾為了圓滿實現安國合作，提出「無政府主義與三民主義同一說」、「儒道合作說」、「革命層序說」等。

　　第一，「**無政府主義與三民主義同一說**」是畢修勺（1902～1992）曾經提出過的。畢修勺指出：「孫中山先生說的『民生是歷史的中心』一語，我覺得他頗有科學的價值。實際歷史上無論哪種現象都是為求較好的生存而生的。無政府主義即以民生為根基……我們鼓吹社會革命是我們所持的理由，至於國民革命我們也不反對，因為兩者雖有不同，但也有好多相同的工作。……三民主義最重要，最值得我們注意的，就是民生主義。據孫中山的意思。民生主義就是社會主義，又名共產主義，既是大同主義。可以說共產主義是民生主義的理想，民生主義是共產主義的實行，所以兩種主義沒有什麼分別。」〔註27〕他們努力尋找安那其主義思想和三民主義思想之間共同之處的理由，是他們認為「安‧國」者具有共同的仇敵，可堅持安那其主義純粹性的人因為被束縛於傳統的習慣，不願意和一切政治集團合作。所以吳、李等為讓他

〔註24〕1929年，吳稚暉提倡「三大革命——教育革命、物質革命、生育革命」。他認為實現這些革命的前提就是「科學」的發達。（參見吳稚暉：《讀了汪先生《分共以後》的嗷言》，《吳稚暉先生文粹（一）》，2011年影印本，117～118頁。）

〔註25〕李石曾：《發刊詞》，《革命周報》，1927年。

〔註26〕《國父全書》，國防研究中心，1970年，264～271頁。再引用德里克著、孫宜學譯《中國革命中的無政府主義》，廣西師範大學，2006年，249頁。

〔註27〕碧波（畢修勺）：《我們是誰？》，《革命周報》16至18期，1927年8月14日至28日。

們認識「安‧三」之間並沒有矛盾，並爲了建設安那其（無強權）社會，暫時使用國民黨的能力。吳、李等希望純粹安那其主義者圓滿加入國民黨，並加入國民黨時減少相互之間的衝擊，正常參加政黨運動。因此畢修勻指出：「我們以直接行動爲是，所以鼓吹社會革命；民生主義者以節制資本，平均地權爲是，所以從事國民革命。至於打倒軍閥，抵抗國外帝國主義的侵略，改造已有的舊社會，消滅專制魔王化身的共產黨，大家目的相同，不妨聯合戰線，通力撲敵。」〔註28〕

第二，「儒道合作說」是李石曾爲解釋安國合作的正當性而提出的理論。他把古今中外的政治思想分爲三種，即法、儒、道。他主張：「法家——霸道是也，其爲術也，有政治無道德，亦可曰強權，亦可曰強暴之政治。」「儒家——王道是也，其爲術也，兼政治與道德，亦可曰仁政，亦可曰和平之政治。」「道家——人道是也，其爲術也，無政治而有道德，可曰無治，亦可曰消極之政治。」〔註29〕法家的特點是「奪權政權」、儒家的特點是「賴政權施行仁義」、道家的特點是「永不求取政權」。其中秦始皇、古羅馬、法西斯、俄國沙皇和布爾什維克屬於法家的政治思想；堯舜周孔、三民主義、盧梭等屬於儒家的政治思想；老莊、佛學、托爾斯泰、普魯東、邵可侶等屬於道家的政治思想。李石曾認爲：「道理計，儒、道可以並存；而爲共同防禦計，亦有儒道合作。」〔註30〕他認爲「安‧國」合作就相當於「儒道合作」，他希望通過儒道合作來抵抗法家——布爾什維克。李石曾指出：「二、三兩組（儒道）雖不盡同，而有接近之處，且有互助合作之可能。至第一組（法家）則永爲二、三兩組之敵，無分其所標之旗幟爲赤爲白，而其專橫強暴，固無也。」

國民黨同意「安‧國合作」的主要目的是共同反共，即若成功或失敗肅清共產黨問題，「合作」也自然失去其生命。因此國民黨也一開始同意標榜「無政府主義」的安那其主義者的活動。當時馬列主義的影響力已擴散到普通青年之中，只有戴季陶主義的國民黨來說，需要嶄新的思想。

第三，「革命程序說」也是李石曾的想法。他對世界的革命區別爲四種類型，第一層是君主革命（宮廷革命、專政革命）；第二層是民權革命（國家革

<hr>

〔註28〕畢修勻：《我們是誰？》，《革命週報》16 至 18 期，1927 年 8 月 14 日至 28 日。

〔註29〕李石曾：《政治哲學中之黨派觀》，《革命週報》第 24 期，1927 年 10 月 9 日。

〔註30〕李石曾：《政治哲學中之黨派觀》，《革命週報》第 24 期，1927 年 10 月 9 日。

命、政治革命）；第三層是階級革命（財產革命、經濟革命）；第四層是民生革命（社會革命、大同革命）。並且他把各國的革命置於不同的層序之中，指出：「英法革命是第二層，蘇俄革命是第三層，蒲魯東革命為第四層。在中國，辛亥革命是第二層，七‧一五政變前的武漢政府屬第三層，而蔣介石（1887～1975）的四‧一二護黨運動則為第四層，因為它是注重民生之全民革命。⋯⋯三民主義是萬能的，若能運用得宜，可以隨時演進，由第二級進為第四級，長久運用於中國政治而有餘。⋯⋯現今之革命，求極端自由與求相當自由之各派均團結為一，以與舊世紀人類怪物蘇俄之專制結晶相搏。現今中國革命中，國民黨三民主義者與無政府主義者團結為一，以與共產分子應戰，實由三民主義者與無政府主義者之基本思想相近而然。」〔註31〕我們在這段話也可以發現安國合作派具有的反共色彩，即首先他們選安那其主義者和國民政府的聯合，使國民黨接受他們的想法，並為讓安那其主義者圓滿加入國民黨，將三民主義和蔣介石的革命放在最高革命層次。因此，吳、李兩人1924年曾經批判國民黨改組後進行的國共合作，1927年又領導清除共產黨和國民黨左派的運動。〔註32〕

筆者在本文不談，李石曾的想法是否正確、是否有道理，可我們可以確認當時吳、李等人看透安那其主義勢力變萎縮的原因在於馬列主義的成長，為制止馬列主義的擴散，並且為鞏固在國民黨內的立地，他們需要更多的安那其主義者加入國民黨。

與此同時，巴金、吳克剛等青年安那其主義者雖然不完全同意吳、李的「安國合作」。可他們還反對只主張心理革命、思想革命、個人修養等的所謂純粹安那其主義。巴金雖然激烈批判國民黨的「四‧一二政變」〔註33〕，可在「四‧一二」之前發表的文章，他主張安那其主義者積極參加國民革命（而這並不意味著他同意安那其主義者加入國民黨）。他提出安那其主義與實際問

〔註31〕 李石曾：《現今革命之意義》，《革命周報》第4本。

〔註32〕 阿里夫‧德里克著，孫宜學譯：《中國革命的無政府主義》，廣西師範大學出版社，2006年，229頁。

〔註33〕 巴金指出：「我一生只幫助弱者。在國民黨未得勢以前，我不願謾罵它（理論上反對時可以的），在它成陞官發財的黨以後的今日，我自己也已經在攻擊它。對於共產黨，也是如此，我反對罵共產黨為盧布黨徒者也以此。」李輝《巴金：在歷史敘述中》，湖北人民出版社，2006年，40頁；並在《李大釗確實一個殉道者》指出：「在主義上他雖是我的敵人；在行為上，我對於他卻是極其欽佩。我確實恭敬他想一個近代的偉大殉道者。」

題之間的關係。他反對只顧「主義」不管「實際」的以往安那其主義運動，經過一些討論之後主張從安那其主義的羈絆出來，該投入實際的革命鬥爭。巴金指出：「我們若投身到中國革命的漩渦裏去，雖不能立刻使無政府的社會實現，但至少中國民眾與無政府主義的理想接近一點，使這次運動多少帶上無政府主義色彩。這樣比袖手旁觀的再旁邊攻擊好的多。」〔註 34〕並且，巴金對以往的暗殺、破壞爲主的安那其主義運動感到懷疑，他看到單純的暗殺、破壞不能達到安那其革命的目標。他指出：「有許多同志要用暗殺的手段來實現無政府主義，或以爲無政府主義的實際運動只是暗殺，這在我看來是不合無政府主義的原理，對於無政府主義，對於民眾並無好處。……我卻反對鼓吹和宣傳恐怖主義的舉動，而且我也反對把無政府主義和恐怖主義連在一起，說恐怖主義是實現無政府主義的一個方法。無政府主義的實現只有靠右組織的群眾運動，暗殺的行動對於無政府主義沒有多大的好處。」〔註 35〕

加入安國合作的安那其主義者足以使吳、李兩人獲得所需的後繼力量，以使安那其主義繼續在國民黨中成爲一個不容易忽視的存在。畢修勻和湖南安那其主義者從 1924 年起就開始參加上海的工團主義運動；其他安那其主義者參加了廣州的工人運動，其中最有名的劉石心也 1927 年後參加安國合作。

然而，巴金曾經在反對愛國主義、國家主義的立場上憂慮安那其主義者的政治運動，因此反對國共合作領導者的革命運動和國家主義的目標。他認爲這兩種主義是「人類進步的障礙」，是根植於「自私和自負」的。〔註 36〕他相信國家主義必然強化政府並使民眾彼此分離。吳克剛至少在「四‧一二政變」之前，對中國安那其主義革命觀具有通過國民革命的勝利，解決帝國主義、封建主義的問題。他指出：「在現在革命時期，無政府黨應該用全力反對舊黨；對於國民黨，暫時認爲是友黨，予以同情，不加攻擊。……在國民黨外（如果事實上不可能，則在國民黨內），積極參加這次的革命運動，使這次運動漸漸地平民化，無政府主義化。」〔註 37〕他也是雖然承認安那其主義者需要尋找嶄新之路，可不一定完全同意吳、李等主張的安國合作模式。

〔註 34〕衛惠林、巴金、吳克剛：《無政府主義與實際問題》，1927 年。

〔註 35〕巴金：《無政府主義與恐怖主義》，《民鐘》二卷，六、七期合刊，1927 年 7 月 25 日。

〔註 36〕巴金：《愛國主義與中國民眾到幸福的路》，《警群》第 1 期，1921 年 9 月 1 日。

〔註 37〕衛惠林、巴金、吳克剛：《無政府主義與實際問題》，1927 年。

　　對吳稚暉的「安國合作論」，華林在給吳稚暉寫信中反駁吳稚暉的說法是不對的，並且參加過赴法勤工儉學的沈仲九和鐵鳥、楚沈也開始批判吳稚暉。〔註38〕反對加入國民黨的不少青年安那其主義者在《自由人》〔註39〕、《民眾》〔註40〕、《民鋒》〔註41〕、《前途》等刊物，發表批判吳稚暉、李石曾的文章。尤其《自由人》是，沈仲九、吳克剛、毛一波等「自由人社」爲了批判「安國合作論」和蘇聯模式，於1924年在上海創刊的。〔註42〕

　　首先，沈仲九認爲「強國說」是一個謬論，不僅不利於安那其主義革命，並且將給安那其主義造成一個更大的問題。吳稚暉主張爲克服帝國主義，中國應該成爲強國，而他們卻認爲若中國強盛到帝國主義列強的程度，那時的中國政府肯定幫助資本家階級，卻反對安那其主義，而且強國政府比弱國政府其勢力還強，所以壓迫安那其主義的手段也更嚴酷、周密。因此，他說：「如果我們也幫助國民黨，我們不是預先來造成我們的敵人嗎？」〔註43〕確實，帝國主義是中國安那其主義者該驅逐的主要攻擊對象，沈仲九認爲只能通過崩潰資本主義的方法才能克服帝國主義，可安國合作並不是解決資本主義的方法。

　　第二，沈仲九等對「革命歷程說」認爲那僅僅是吳稚暉個人的想法，事實上並不能成立。他們認爲革命的成功與否和必然的階段性沒有任何關係。他提出沒有證據革命一定像自然現象般，按照程序和時期等必然的規程來進行。沈覺得將自然和社會做比較的吳稚暉的想法是錯誤的，這種推理只會導

〔註38〕沈仲九：《無政府主義者可以加入國民黨嗎？——吳稚暉的荒謬絕倫的議論》，《自由人》第5期，1924年7月；鐵鳥：《無政府主義與國民黨》，《自由人》第5期，1924年7月；楚沈《死！吳稚暉！》，《驚蟄》，第1期，1924年，廣州眞社。其中《自由人》就是爲批判吳稚暉特意發刊的。

〔註39〕《自由人》：從1924年到1925年沈仲九、吳克剛等在上海出版的月刊。他們在安那其主義的立場上討論安那其主義者政治活動。他們主張反蘇反共，並且反對和國民黨的合作。

〔註40〕《民眾》：1925年沈仲九、李少陵、衛惠林、巴金等在上海建立民眾社後出刊的半月刊。他們標榜民眾的學術、民眾的教育等。

〔註41〕《民鋒》：1923年盧劍波、張履謙、胡邁、毛一波等在南京創刊，原爲不定期刊，後改爲半月刊，約出六、七期，同年底改名《黑瀾》，可只出版一期。1926年他們搬到上海，從1926到1928年再出版《民鋒》，共出三卷，後被國民黨查禁。

〔註42〕蔣俊、李興芝：《中國近代的無政府主義思潮》，山東人民出版社，1990年，289頁。

〔註43〕《對政府主義主義兩種懷疑的討論》，《自由人》，第4期。

致「決定論（decisiveness）」的革命觀點，即革命不像自然現象，就是不一定
經過民主政治才實行勞工專政、經過勞工轉正實現安那其主義。沈仲九認為
革命最終取決於人們的「向上心」和「組織力」，革命通過發展的願望和組織
能力，成功與否或快或慢，並且並不受到自然法則的限制。他認為革命的成
功與否在於人們的主觀要求，不需要劃分階段。因此沈仲九主張：「社會的進
化，是根據於人間的向上心和組織力，而革命的發生也在於此。……任何革
命只要他不違背人生，他的能否實現，完全在於人間是否需要它。人若需要
它，它就不難實現。革命是可以人力創造的。因此，我們可以說無政府主義
的實現，完全在於人力，並沒有必然的限制。」〔註 44〕沈仲九用簡單的公式
來提出吳稚暉的問題：「民主政治──有政府、有私產；勞工專政──有政府、
有私產；無政府主義──無政府、無私產。」〔註 45〕雖然他也知道，當時不
少安那其主義者受到吳稚暉的影響，開始相信經過民主政治才可以實現安那
其主義，可他還提倡基於「自由互助」的、人力來左右的革命。他又憂慮若
安那其主義者加入國民黨，是否喪失主義本身的純粹性。

　　第三，他們不同意吳稚暉的「共同敵人說」和對國民黨具有的看法，並
攻擊國民黨與三民主義。他們認為國民黨不是革命黨。沈仲九認為雖然曹錕
（1862～1938）、吳佩孚（1874～1939）等北洋軍閥是國民黨和安那其主義者
的共同的仇敵，然而安那其主義者反對軍閥的原因與國民黨不同，安那其主
義者因為他們是總統、軍官，所以看作仇敵。即使國民黨打倒北洋政府，若
國民黨員再成為總統、軍官的話，國民黨還是安那其主義的敵人。沈指出：「國
民黨的敵人，是北洋軍閥、曹錕、吳佩孚等。……但是無政府黨的敵人是什
麼？是一切做總統的、一切掌軍權的……。曹錕、吳佩孚固然要反對，孫中
山、譚延闓、許崇智等如果做總統、握軍權，也是一樣的要反對。」〔註 46〕
並且安那其主義指定的打倒對象不僅有軍閥，而且資本主義和資本家也是其
對象，而國民黨就是維持資本主義的政黨。「安・國」兩陣營所建設的社會是
不完全同一的，即使國民黨統一中國，這只不過是在舊勢力之內的交替狀態

〔註44〕沈仲九：《無政府主義者可以加入國民黨嗎？》，《自由人》，第 5 期，1924 年
　　　　7 月。

〔註45〕沈仲九：《無政府主義者可以加入國民黨嗎？》，《自由人》，第 5 期，1924 年
　　　　7 月。

〔註46〕沈仲九：《無政府主義者可以加入國民黨嗎？》，《自由人》，第 5 期，1924 年
　　　　7 月。

而已。〔註47〕所以他說：「無政府主義者的敵人，不僅是政府，不僅是政治，所有資本制度，在無政府主義者看作重要的敵人，非和政府、政治同時推到不可的。但是現在的國民黨，所謂資本制度是要加以維持的。所以無政府主義者一部分的敵人，在國民黨簡直還認朋友，那裡說得上兩者有共同的敵人。」〔註48〕鐵鳥（筆名）也認為當時的國民黨與清末的同盟會不同，安那其主義不管在北京或廣東地區都受到政府的壓迫。他指出：「國民黨究竟廣東地盤，在廣東區域也算是獨尊的，捉人、拿人、囚人、殺人可以任意為之。若無政府主義者在今日，到北方勢力的各省有所行動要被捉拿囚殺，到廣東區有所進行也要一樣的被捉拿囚殺，吳先生只知道拔刀去助國民黨，卻不曉得無政府黨今日過的幾重被拿被捉生活，而更需要人拔刀相助者。無政府黨看見廣東平民也與其他各省平民一樣在水深火熱中，想要拔刀相助方為正當，若拔刀助那將來會捉拿囚殺自己的國民黨，那就太過於滑稽。」〔註49〕這樣，他們把國民黨看作一個本質上反革命的資產階級組織。毛一波指出：「所謂革命的國民黨卻把大部分時間用於鎮壓真正的革命者。」〔註50〕並明確表示帝國主義、軍國主義、資本主義、統一國家主義、三民主義是安那其主義的仇敵。〔註51〕確實，1927年國民黨的右傾化之後，安那其主義者（即使安國合作論者也是）無法避免國民黨的鎮壓，安那其主義者無法再和國民黨探討解決中國內部的問題。因此，青年安那其主義者以《民鋒》為武器，揭露國民黨的各種問題。《民鋒》的主要人物盧劍波批判國民黨說：「我們不相信政黨和政府在他們獲得政權之後，能給我們以真正的自由平等生活的權利，所以我們對於寧漢政黨與其政府之合併，認為一丘之貉。一切政綱上、口號上、文電上允許民眾的好聽名詞，都是不能兌一文錢的冥國鈔票。其壓迫無產階級的革命解放運動，其壓迫更左更革命者的言論行動，其施行恐怖手腕式一樣的。」〔註52〕

〔註47〕 沈仲九：《無政府主義者可以加入國民黨嗎？》，《自由人》，第5期，1924年7月。

〔註48〕 沈仲九：《無政府主義者可以加入國民黨嗎？》，《自由人》，第5期，1924年7月。

〔註49〕 鐵鳥：《無政府主義與國民黨》，《自由人》第5期，1924年7月。

〔註50〕 毛一波：《評陳獨秀先生的講演錄》，《學燈》第20期，1924年11月。

〔註51〕 阿里夫‧德里克著，孫宜學譯：《中國革命的無政府主義》，廣西師範大學出版社，2006年，213頁。

〔註52〕 盧劍波：《民鋒》第2卷，第4、5期合刊，1927年9月20日。

　　反對「安國合作」的安那其主義者憂慮加入國民黨之後，安那其主義陣營喪失其獨立性和創造性。他們很快就發現，若沒有自己力量的基礎，若失去國民黨對安那其主義的保護，他們就成為國民黨的鎮壓對象。沈仲九認為在理論上，安那其主義革命與國民革命的目標截然不同：「民主革命有政府、有私產，……無政府主義無政府、無私產；……明明相反，我們為什麼做到後者必須經過前者呢？」〔註53〕就是民主政治、勞工專政都屬於「有政府、有私產」的政治，而安那其主義革命屬於「無政府、無私產」的「反政治」的政治革命。即若安那其主義者加入國民黨，不得不遵守國民黨的黨規，這意味著對他來說離開安那其主義的，便是安那其主義的自殺行為。〔註54〕鐵鳥也主張，安那其主義者不應該放棄自己的事情，而輔助國民黨的業務。並且對吳稚暉的「反帝求亡」的必要性，指出安那其主義者所願意的革命是民眾自己啟發解放自己。他不僅批判舊統治，而且批判新統治，即無法同意安那其主義者和其他任何政黨之間的妥協，尤其與國民黨不能合作。〔註55〕然而，楚沈不像其他人，而認為國民黨還具有革命性。因此他並沒批判反對國民黨的路線，但他也還是認為無論如何安那其主義者不需要支持國民黨。他接著強調安那其主義者與國民黨的合作不會影響到安那其主義勢力的增強，並且他憂慮加入國民黨之後安那其主義成為國民黨的附屬品。〔註56〕確實，1927 年～1929 年間發生了他們憂慮的事情，由於國民黨的鎮壓安那其主義陣營受到致命的一擊，這一擊使他們從此再也沒能恢復過來。〔註57〕

　　他們還提出，俄國革命時期安那其主義者與布爾什維克（政黨勢力）合作的後果。沈仲九指出：「吳先生一則說克魯泡特金熱心的加入同革俄國之命，即無異國民黨之所為，二則說克魯泡特金曾欲引列寧為朋友，以為歷程上的主義，無不同也。吳先生要以克魯泡特金這種行動來勸誘我們，其實這種行為，可以做我們的殷鑒。我們鑒於俄國革命黨聯合同革俄皇之命，而結

〔註53〕沈仲九：《無政府主義者可以加入國民黨嗎？》，《自由人》，5 期，1924 年 7 月。

〔註54〕沈仲九：《無政府主義者可以加入國民黨嗎？——吳稚暉的荒謬絕倫的議論》，《自由人》第 5 期，1924 年 7 月。

〔註55〕鐵鳥：《無政府主義與國民黨》，《自由人》第 5 期，1924 年 7 月。

〔註56〕楚沈：《死！吳稚暉！》，《驚蟄》，第 1 期，1924 年，廣州真社。

〔註57〕阿里夫・德里克著，孫宜學譯：《中國革命的無政府主義》，廣西師範大學出版社，2006 年，230 頁。

果只是共產黨專政，無政府主義者和其他各黨派被捉被殺、我們愈覺我們不要再蹈覆轍，對於國民黨，決不能與之合作。況且克魯泡特金對高爾曼說一九一七年十、十一月，他們（指布爾雪維克）利用革命的口號，誤勞動者與農民，特別是無政府主義者。」〔註58〕

基於這種原因，他們如下評價吳稚暉個人。沈仲九認為吳稚暉不是因為主義、思想的原因與國民黨合作，而是因與國民黨員個人的關係，主張與國民黨合作。吳稚暉只關心為國民黨如何服務，即他不是「無政府主義者」，也不是忠實的國民黨員，而是「軍國主義者」。〔註59〕鐵鳥對吳稚暉指出：「吳稚暉是忠實的國民黨員，至少不是無政府主義者。吳稚暉曾經指出，若在中國實現無政府主義理想，用小炮需要三千年，用大炮需要五百年，即鐵鳥認為因為吳稚暉具有五百年或三千年的理想，所以不是無政府主義者，並且吳稚暉是軍閥主義、武力主義者。」〔註60〕楚沈認為吳稚暉是變節的，因為吳稚暉被選為「中央執行委員會監察委員」之前並非主張答應加入國民黨，但獲得地位之後，才主張應該加入國民黨。並且宣言吳稚暉已經「死！」。〔註61〕

衛惠林（1900～1992）等青年安那其主義者，雖然沒直接參加圍繞這問題的論爭，但也關心此問題。衛惠林認為雙方的主張都不完全對：「講到中國現在的運動，我們有些同志以為完全是國民黨的運動，而與我們不相干的；另外有些同志以為現代的無政府主義者，應當參加國民革命的工作。但這兩者都不是很正當的見解。」〔註62〕並且，他提出安那其主義者不應該再談論理論或理念等問題，而為地解決民生問題，直接進入民眾生活，調查他們的生活，把握什麼是現中國的實際問題、其問題的程度如何等。這不僅對中國民眾好，而且對安那其主義的發展也需要的措施。並且，他認為中國的所有運動不都是國民黨主導的，而是其原動力在於民眾中間，由工人的生活要求、自由要求的動機上發生的。一個社會的問題，一定有它的深刻原因，絕不是單純的煽動所可以引起的。並且國民黨的政治方法、武裝行動等並不

〔註58〕沈仲九：《無政府主義者可以加入國民黨嗎？──吳稚暉的荒謬絕倫的議論》，《自由人》第5期，1924年7月。

〔註59〕沈仲九：《無政府主義者可以加入國民黨嗎？──吳稚暉的荒謬絕倫的議論》，《自由人》第5期，1924年7月。

〔註60〕鐵鳥：《無政府主義與國民黨》，《自由人》第5期，1924年7月。

〔註61〕楚沈：《死！吳稚暉！》，《驚蟄》，第1期，1924年，廣州眞社。

〔註62〕衛惠林、巴金、吳克剛：《無政府主義與實際問題》，《民鐘》，1927年。

是完全的解決手段。同時他認為，在中國社會不會短時間內建設安那其主義社會，但不同意吳稚暉所主張的革命歷程，因為革命歷程會導致舊制度的延長：「人類社會進步，是從人類逐漸的努力得到的結果。所以我們並不是預備在一個時間突然實現無政府主義的社會。」〔註63〕

對「安國合作」問題，當時居住在中國的其他國家安那其主義者也提出一些發言。比較代表性的人物是參加上海勞動大學任課的日人岩佐作太郎（1879～1967）和韓人李丁奎（1897～1984）。他們兩位的看法是截然不同的。

岩佐認為，首先安那其主義者應該保持自己思想和組織的獨立性。然而蔡元培、李石曾、吳稚暉等人忠實服務於國民黨，已經成為墮落分子。如果與他們合作，其他安那其主義者也會受到他們的影響而變得墮落。其次，儘管表面看來到勞動大學任教屬於教育工作的範疇，與「政治」沒有直接的關聯，並不違背安那其主義的原則宗旨，但建立勞動大學的目的是為國民黨培養幹部，因此到勞動大學工作就無法擺脫國民黨的指揮和干涉，事實上不得不與「政治」發生關係。第三，鑒於國共合作的經驗教訓，與國民黨的合作，可能是安那其主義者在給自己挖墓穴。〔註64〕

李丁奎則認為，第一，吳稚暉、李石曾等人參加國民黨的工作只是個人行為，不是組織行為。安那其主義的本意之一就是尊重個人的自由選擇。因此沒有多少道理因這問題指責吳、李兩人。第二，吳、李等人從不認為自己放棄安那其信念。李石曾主張中國將來應該施行「聯省自治」，即在自治的基礎上實現聯合，這與安那其的「自由聯合」主張沒有區別。第三，在複雜多變的現實條件下，安那其主義者不能過於墨守教條。只要是有助於安那其主義事業的事，都應該積極參與。否則安那其主義便會流於清談。〔註65〕因為當時韓人安那其主義者需要中國同志（包括非安那其主義陣營）的支持，不需要提出國民黨和安那其主義陣營之間的矛盾，所以對安國合作表示比較肯定的立場。

不管對自己的評價如何，吳稚暉、李石曾1927年4月中旬，在上海辣斐德路（復興東路）召集安那其主義者的討論會，會上決定出版一個刊物、開一所學校。同年5月，他們在上海江灣正式出版《革命周報》。周報的開辦費

〔註63〕衛惠林、巴金、吳克剛：《無政府主義與實際問題》，《民鐘》，1927年。
〔註64〕李丁奎：《又觀文存》，131頁。
〔註65〕李丁奎：《又觀文存》，132頁。

名義上由李石曾捐助，實際上是蔣介石提供的。〔註66〕9月在上海江灣設「上海勞動大學」，這兩個機構可以看成是安國合作的結果，是安國合流的產物之一。〔註67〕確實不少安那其主義者在前面操辦的。《革命周報》的主編最初是3年前批判安國合作的沈仲九，而後自行辭職，從第6期畢修勺擔任主編，直至停刊。〔註68〕他們在期刊上打出「安國合作、共同反共」的口號。〔註69〕可是我們要注意，他們不僅僅是贊成國民黨的路線，而且發表一些反對國民黨限制言論自由的、歧視工農運動的文章。這自然引起國民黨的嚴查反對國民黨的文章。1928年5月10日，《中央日報》刊出國民黨軍事委員會命令的嚴查傾向於安那其主義的文章。然後過兩天的12日上午，《革命周報》被查封，6月4日下午畢修勺夫妻在上海租界被捕，而不久由於吳稚暉、李石曾的幫助畢修勺夫妻被釋放。《革命周報》也得以重新出版，可不久之後，不斷被沒收。1929年9月，僅由吳稚暉、李石曾向《革命周報》的編輯人傳達一下國民黨要它停刊的意向，《革命周報》就停刊。

三、對中國「安・國」合作的評價

　　20年代中期，安那其主義陣營內爭論的主題是作為安那其主義者可不可以參加政治組織或團體。「革命（或改革）」時，重視多樣性、多元性的安那其主義者也都認為需要建設以個人自由為基礎的各種形式的組織，並追求多元的政治機構。吳稚暉、李石曾等新世紀派安那其主義者在民國成立後，因為中華民國接受共和國模式，確信民國政府會保障多元性，他們果敢主張與國民黨的合作，並開展政治運動。但反對政治運動的「純粹」安那其主義者卻憂慮，若勢力微弱的安那其主義者與國民黨等政治勢力（強者）聯合，不僅不會實現安那其主義理想，而且被強者吸收，結果安那其主義在中國無法

〔註66〕對辦報費用問題吳稚暉指出：「16年（1927年）4月反共以後，蔣總司令因我與李石曾不就何職，無錢使用，借給我們各兩千元，慢慢零用。李先生即將這4千元給幾個人辦報去。」《吳稚暉文粹》，154頁。

〔註67〕徐善廣：《中國無政府主義史》，湖北人民出版社，1989年，282頁。

〔註68〕1927年沈仲九由於吳、李兩人的勸告加入國民黨，可他從沒放棄對國民黨的疑慮，從沒在對安那其主義與國民黨關係的看法上與吳、李兩人一致。（阿里夫・德里克著，孫宜學譯：《中國革命的無政府主義》，廣西師範大學出版社，2006年，230頁。）

〔註69〕他們在《革命周報》的發刊詞中指出：「指出共產黨的謬誤和罪惡」、「免除共產黨為禍中國」、「打破共產黨思想上的根據」等。（徐善廣：《中國無政府主義史》，湖北人民出版社，1989年，285頁。）

生存。他們爲保持安那其主義的純粹性，以「原則論（principle）」的立場反對「安國合作論」。並且，他們批判主張「安國合作」的吳稚暉和李石曾的思想和行動，懷疑他們倆對安那其主義運動的誠實性問題。純粹安那其主義政黨觀來看，吳、李的行爲就是放棄安那其主義的行爲。確實吳、李兩人隨著時機改變想法，清末《新世紀》時期他們也主張安那其主義者不應該參加政治運動，可到 20 年代中期卻鼓勵使其他安那其主義者加入國民黨積極參與政治運動。即使邏輯上吳、李的主張具有一定的合理性，改變自己主張的行爲，讓人懷疑對他來說安那其主義是否一個招牌、是否只在國民黨內個人的地位重要。

筆者認爲，吳稚暉、李石曾等新世紀派從《新世紀》時期開始認爲安那其主義革命不會一下子完成，因而他們來說可以實踐的最合理的手段就是「教育」。他們計劃以教育來改造個人，通過改造個人改造社會，即他們的革命不是短期的，而是長期的。結果相對來說他們沒有強烈的反對政治和政黨的想法。至於 1920 年代他們並沒有區別「組織」和「黨派」的概念，即筆者認爲不是因爲他們對安那其主義的認識的變化引起「安國合作」，而是實踐安那其主義的過程中產生的結果。吳、李並不放棄安那其主義思想本身，若他們願意放棄安那其主義思想，不需要在國民黨內固守作爲「無政府主義者」的身份，並不需要公開聲明自己是個「無政府主義者」。20年代早期的「安·布」論爭以後，不少安那其主義者放棄以往的路線，這時吳、李兩人選擇與國民黨的合作，展開反共運動。吳、李兩人一直強調自己是個「無政府主義者」，勸導其他安那其主義者立刻加入國民黨輔助國民革命。因爲他們希望通過合作的方法改造國民黨，即通過政治革命，實現全中國的安那其化。

同時，我們不能忽略的事實是，當時具有廣泛社會影響的幾大社會思潮中，安那其主義無疑處於弱勢地位。因此若不和其他勢力連帶，安那其主義運動將無以爲繼。其實，批判吳稚暉、李石曾的也沒具有解決現狀態的具體的妙策，只靠著「無政府主義」的一種理論來判斷吳、李兩人和國民黨，只堅持思想的純粹性，但少考慮自己所處的現實處境。「安·布論爭」以後一些安那其主義者放棄安那其，而接受布爾什維克思想，參加中共而活動，可多數安那其主義者因爲有共同目標——反布爾什維克，所以仍然堅持繼續展開安那其主義運動的態度，只是關於「安國合作」問題存在著很大的分歧。在

國民黨內安那其主義運動意義問題，這種分歧很快表現出來。這種分歧是，對國民黨來說某種意義上對自己的威脅，因此國民黨開始鉗制國民黨內外安那其主義勢力。這國民黨的鎮壓到 1929 年才結束。「安國合作」的努力也如此失敗。

　　吳稚暉和李石曾的目標不是從政治上接管國民黨，而是利用國民黨提供的可能性將中國革命的水準發展到安那其主義所求的目標。但看結果的話，他們的意圖是失敗的。他們的努力失敗之後，安那其主義在中國幾乎失去了作為激進主義的力量的地位。梁冰弦、盧劍波（1904～1991）等期待安那其主義的復活，可無法得到有效的成果，剩下的安那其主義者只能出國留學（沈仲九留學德國、畢修勺留學法國）。一些人無法直接標榜安那其主義的情況下，在國民黨內參加反共運動（黃凌霜、區聲白等簽署在「中國本位文化建設宣言」，仍然努力宣傳安那其主義和反共）。〔註70〕

第二節　柳林的安那其主義政治運動

　　殖民地時期韓人安那其主義者開展各種反帝鬥爭，而到了 1930 年中葉以後，在中國活動的韓人安那其主義者柳林基於「階段式革命論」，與上海臨時政府的聯合，並且直接參加政治運動。〔註 71〕然而他始終主張自己並沒有放棄安那其主義，大韓民國建國（1948 年）後他仍然領導韓國國內的安那其主義運動。但目前為止關於他的研究成果並不多，目前的成果中有金成局教授的《旦州柳林與韓國安那其主義的獨自性》〔註 72〕、金喜坤先生的《旦州柳林的獨立運動》〔註 73〕、李浩龍先生的《柳林的安那其主義

〔註70〕徐善廣：《中國無政府主義史》，湖北人民出版社，1989 年，288 頁。
〔註71〕1919 年，三・一運動爆發之後，民族精英在各處建設了「臨時政府（provisional government）」。其中表現出其實體的是韓國內的「大朝鮮共和國（漢城政府）」和俄領的「大韓國民議會」、上海的「大韓民國臨時政府」等。可同年 9 月在上海建立繼承大朝鮮共和國閣僚的「統合臨時政府」。在世界歷史上，臨時政府意味著建立正式政府之前，暫時準備政府，可韓國臨時政府從 1919 年到 1945 年的 27 年間存在的。按照行政體系來分期的臨時政府的話，大統領中心制（1919～1925）──內閣責任制（1925～1927）──管理政府制（1927～1941）──折衷型內閣制（1941～1945）。按照政府的所在地來區分的話，「上海時代（1919～1932）」和「重慶時代（1940～1945）」。
〔註72〕載於《社會調查近現代史研究》第 16 卷，2001 年。
〔註73〕載於《韓國近現代史研究》第 18 卷，2001 年。

思想與活動》等。對柳林的參與政治運動的問題，金成局、李浩龍兩位先生進行過討論。

　　韓人的安那其主義運動與中國一樣，一些韓人安那其主義者參與了古典安那其主義所警戒的政治運動。因此關於柳林等對安那其主義的認識和對政治運動參與的研究，使我們可以比較在中韓人安那其主義運動中，共同出現的安那其主義運動的特點以及其歷史價值。

一、柳林的在華獨立運動

（一）成長過程和接受安那其主義（1919～1926）

　　爲了瞭解柳林的安那其主義思想，我們先簡單整理一下他接受安那其主義過程和在中韓兩地開展的抗日、抗馬列主義運動。柳林 1894 年出生於韓國慶尙北道安東，他的家庭是中小地主兩班家庭（父親是柳頤欽，母親是金性玉），從小時候在家學習漢學，9 歲時已經學習了四書三經等，可因爲他是後妻的兒子，所以無法受到正常的儒學教育，而在近代式學校（協東學校）受到近代式教育。因爲兩個哥哥成爲別人家的養子，他可以承繼戶主，可他還不能獲得嫡子的地位。這幼年時期的經驗給柳林的生平很大的影響。〔註 74〕他的乳名爲花宗，父親死亡 10 年後的 1919 年 3 月 6 日改名爲華永。他的號是越坡、月波、且洲等，別名是柳林、高尙眞等。〔註 75〕當他 13 歲時，與李蘭伊結婚，他本來想當學者，但民族的現實不會讓他邁進學問。當他 18 歲的 1910 年 8 月，韓國被日本帝國完全吞併了。聽到日韓吞併的消息，他斷肢以血寫「忠君愛國」四個字，對自己盟誓爲了祖國獨立獻身。〔註 76〕之後，在故鄉安東與鄭振澤等組織「復興會」，在大邱與金容河等人擴大「自彊會」等組織。到目前爲止，我們無法知道當時他在這些團體內做什麼活動，只知道 1915 年他在運動中被日本警察逮捕，釋放後再次組織「光復會」，展開啓蒙、秘密結社等地下活動。〔註 77〕3・1 運動期間，他在安東的鞭巷市場進行了積極鬥爭。1919 年（26 歲），他爲了避免日本警察的監視，整理家產，帶母親、妻子和四歲的兒子（柳原植）第一次流亡於奉天省遼中縣（今吉林

〔註 74〕金喜坤：《旦州柳林的獨立運動》，《韓國近現代史研究》，18 卷，2001 年。

〔註 75〕他從 1930 年左右開始使用「柳林」，在成都師範大學留學時爲了當官費生使用「高尙眞（鎭）」。（參見《京城高法判決文》，1933 年 7 月 6 日。）

〔註 76〕參見柳原植：《我的父親柳林》，244～245 頁；《朝鮮日報》，1960 年 4 月 5 日。

〔註 77〕金在明：《柳林先生的憂國魂》，389 頁。

省遼中縣）。〔註78〕他先買入當地的一塊土地，努力確保獨立運動推進資金。〔註79〕不久之後的 1919 年底或 1920 年初，他離開家人而赴遼寧省柳河縣的三源堡，參加「西路軍政署」。從 1911 年以來，李相龍（1958～1932）、金東三等安東出身的前輩們和李會榮等新民會系列的志士們結成「耕學社、新興講習所、白瑞農場、富民團、西路軍政署」等，並開展各種抗日鬥爭。這時期，柳林作爲秘密特務要員派到國內（韓國）進行募捐軍資金，他感覺到運動資金的迫切性，出售了在國內他所有的其他財產。他返國活動期間，在北間島（今中國延邊）地區發生了「庚申慘變（1920）」〔註80〕，所以無法通過滿洲回中國，因此同年夏天作爲留學生的身份流亡於上海，並加入「新韓青年黨」。〔註81〕1921 年，他赴北京參與由申采浩、金昌淑（1879～1962）等出刊的《天鼓》的編纂。我們通過他的這些活動可以看出，當時他未確定對獨立運動的路線。「新韓青年黨」是親臨時政府勢力，故申采浩、金昌淑等反對上海臨時政府，離開上海在北京發刊，傾向於「反臨時政府」的雜誌。

　　筆者覺得柳林是在參加編輯《天鼓》的過程中，開始接觸安那其主義。

〔註78〕旦洲柳林先生紀念事業會：《旦洲柳林資料集（一）》，1991 年，243 頁。協東學校的柳東泰、李均鎬等指導在這地方的示威，從 3 月 15 日到 3 月 22 日 1000～1500 名參加，破壞日本帝國的地方機關。因此 58 個人受到審判。並且協東學校被廢校。（參見獨立運動史編纂委員會，《獨立運動史（3）》，1971 年，405～410 頁。）

〔註79〕金在明：《柳林先生的憂國魂》，389 頁。

〔註80〕庚申慘變（間島慘變）：1920 年日本政府爲了討伐韓國獨立軍，派兵於間島地區，在討伐獨立軍的名目之下大量屠殺了居住在間島地區的韓人。3‧1 運動爆發後，在間島地區的武裝勢力開展武裝鬥爭以及試圖國內進攻作戰。比如，獨立軍在「青山里」和「鳳梧洞」等地沉重打擊了日軍（1919 年）。因此日本 1920 年 3 到 4 個月，在延吉縣、依蘭溝等地作爲對它的報復屠殺了韓人居民。我們只看從 10 月 9 日到 11 月 5 日的 27 日間，在間島地區被屠殺的人數是 3469 名，犧牲的人的人數現在無法確認。

〔註81〕金喜坤：《旦州 柳林의 獨立運動》，《韓國近現代史研究》，2001 年，第 18 集。新韓青年黨（新韓青年團）：第一次世界大戰結束的時期，爲了韓國的獨立，1918 年在上海的韓人獨立運動家組織的，在海外最初的獨立運動團體。金奎植、徐丙浩、呂運亨、鮮于爀、文一平、申奎植、申采浩等組織的。「大韓獨立、社會改造、世界大同」爲團綱，作爲屬下組織成立了財務部、交際部、討論部、體育部、出版部、書務部六個部署，150 多個韓人加入了。金奎植等在巴黎和會時試圖發表《獨立情願書》，創刊《新韓青年報》鼓吹樂海外韓人的獨立精神，並準備 1919 年的三‧一運動。該黨員的核心人物，同年 4 月在上海的巴黎租借設置了「獨立臨時事務所」，這就成爲 4 月 19 日成立的「上海大韓民國臨時政府」的母體。

此時，在中國安那其主義正向全國擴散，作爲啓蒙和救亡的思潮，不少在華韓人也開始認識安那其主義，並認爲它可以促進祖國獨立。《天鼓》的創辦者申采浩也是從這時期開始關注安那其主義。〔註82〕據此，我們可以說柳林正式開始接受安那其主義的地方是北京，與申采浩和金昌淑等人的交往和當時北京的情況使他容易接受安那其主義思想。

流亡於滿洲、上海、北京的柳林，20年代初已感覺到祖國不會一下子獲得獨立，因此他決定爲了持續的「實踐」，需要堅定的「理論」，既然不會立刻獲得獨立，年輕時需要樹立理論的基礎。因此他從1922年到1926年，在成都師範大學英文系學習。〔註83〕那爲什麼他選內陸的四川省？首先他可以成爲師範大學的官費生；其次，四川地區的安那其主義比其他地區更流行；第三，暫時斷絕以往的交友，可以專注於學術研究。〔註84〕由於申采浩的同意和中國同志們的協助，他可以去四川留學，他爲了獲得官費生資格改名爲「高尙鎭（眞）」。〔註85〕在學期間，他準備去法國參加「勤工儉學」運動〔註86〕，選修法語，而且中國人陳夢軒、胡素民和中國政府可以資助他的留學費用了。〔註87〕同時，他的外語出類拔萃，甚至他還掌握了世界語，巴金在《關於「火」》中說，1921或1922年際，初次見到韓人獨立運動家「柳林（高自生）」。〔註88〕雖然當時巴

〔註82〕 申采浩1921年在北京結成傾向於安那其主義的團體——「黑色青年同盟北京支部」。李浩龍先生認爲這是在華韓人的旣獨自又有組織性的安那其主義運動團體。（參見李浩龍《韓國人的收入安那其主義和開展》，88頁。）

〔註83〕 到目前我們還不清楚準確的學校名，甚至與柳林的關係很好的鄭華岩也不知道「成都大學」還是「成都師範大學」。反正他是在師範系列的英文系學習的。（參見李庭植《革命家們的回想》，民音社，1988年，307頁。）

〔註84〕 對此，金喜坤先生認爲，柳林的出生背景使他離開老鄉、接受比較特殊的思想——安那其主義。嫡庶的差別比較嚴重的當時，他作爲庶子出生。流亡於中國時，不在李相龍、金東三等同鄉活動的柳河縣的三源堡活動，反而在上海、北京等沒有同鄉的地方活動。並且不在上海、北京等上學，特意選了幾乎沒有韓人的四川。並且他接受相對來說當時韓人中少數人接受的安那其主義。這些事情與他的出生與成長背景有關係。（參見金喜坤，《旦州柳林的獨立運動》，《韓國近現代史研究》，2001年，第18集。）

〔註85〕 參見《柳華永（柳林）について高等法院刑事部判決文》，《昭和八年刑上第七十三號》，1933年。

〔註86〕 李乙奎：《是也金宗鎭先生傳》，34～35、83頁。

〔註87〕 參見《柳華永について高等法院刑事部判決文》，《昭和八年刑上第七十三號》，1933年。

〔註88〕 當時柳林使用假名『高自生』爲名，因此巴金只記住這個名字。柳林的號是「旦洲」，在中國活動時使用「月波、柳華永、高自生等。（參考金成局：《韓國의 Anarchit》，理學社、2007年，117頁。）

金不熟悉世界語，柳林爲了普及世界語找安那其主義者巴金，對世界語普及問題進行了討論。〔註89〕而且巴金對柳林指出：「我和高先生（柳林）接觸不多，但是我感覺到朝鮮人和我們不同，我們那一套人情世故，我們那一套待人處世的禮貌和習慣他們不喜歡，他們老實、忍眞、坦率而且自尊心強。」〔註90〕雖然柳林和巴金的交流時間並不長，而他們認識的時期正是柳林在巴金的老家四川上大學，而且接受安那其主義的時期。大學畢業後柳林投身於基於安那其主義的獨立運動，即我們可以猜到巴金給年輕的柳林如何的思想影響。而且，巴金通過柳林認識到韓人的情況，他一直認爲韓民族是坦率、且自尊心很強的民族，這是巴金第一次認識的韓人柳林給巴金的印象。

　　柳林經過研究民族主義、安那其主義、馬列主義思想的過程，逐漸成爲安那其主義者。在這時期（1924 年 4 月），在華韓人建設標榜安那其主義的團體──「在中國朝鮮無政府主義者聯盟」，可他卻因距離上的問題沒能參加。1926 年初，大學畢業後，他暫時延期法國留學而回奉天。回奉天的路上，他經過廣東、上海、南京、武漢等地，並與國民黨左派以及陳獨秀、陳炯明（1878～1933）、蔡元培等民主社會主義者交流。他和他們討論關於韓國獨立運動的方案。〔註91〕這時期，他通過蔡元培等得到弱小民族獨立運動的方略。〔註92〕同年 5 月，他在上海參加了「民眾社」〔註93〕活動，以後在廣州加入中國安那其主義團體「廣東無政府共產主義者聯盟（AF）」〔註94〕、「機械工人總同盟」（10 萬工人加入該同盟），又參加了廣州、香港等地的工團主義罷工。〔註95〕1926 年底罷工結束之後，他赴武漢與金宗鎭（1901～1931）等參加漢口英租界回歸鬥爭。

〔註89〕巴金：《關於「火」》，《巴金全集》，第 20 卷，人民文學出版社，1990 年。

〔註90〕巴金：《關於「火」》，《巴金全集》，第 20 卷，人民文學出版社，1990 年，650 頁。

〔註91〕《韓國安那其主義者的群像》，《政經文化》，1983 年 9 月，294 頁。

〔註92〕參見柳林：《旦洲柳林資料集》，旦洲柳林紀念事業會，1993 年，263 頁。

〔註93〕民眾社：1925 年眞恒、健民、沈仲九、衛惠林、巴金、李少陵、盧劍波等在上海組織的安那其主義團體。柳林以外沈茹秋等其他韓人也加入了。他們出版《民眾》半月刊，標榜民眾的學術、民眾的教育，並宣傳安那其主義。

〔註94〕無政府主義者同盟（AF）：1922 年，俄羅斯人狄克博在廣州幫助當地的安那其主義者建立的秘密團體。廣東人李少陵、王思翁、鄭眞恒、薛覺先等參加，並 1923 年～1924 年發刊《春雷》月報，共出 3 期。

〔註95〕查看《東亞日報》1929 年 11 月、12 月的記錄，他確實在廣州參加各種工團主義運動，但他並不接受工團主義，因爲他反對集產主義和階級鬥爭等。（參見李浩龍：《柳林의 anarchism 思想과 活動》，2003 年。）

除此之外，俄羅斯安那其主義者也給他一定程度上的影響，比如托爾斯泰的《懺悔錄》對於他接受安那其主義有重要的影響。〔註96〕並且東洋傳統的佛教、老莊的哲學也讓他形成安那其主義式的人生觀。柳林指出：「對人類的道德的衝動以及他個人的主觀的人生觀使我比較容易接受安那其主義。」〔註97〕

（二）與新民會的合作和決裂（1926～1929）

如上所述的關內活動後，他感覺到地理上的重要性，再赴吉林省，在「正義府」作教育委員長。他組織「在滿韓人教育會」，致力於編撰教科書、培養教員，並且爲了保護吉林五常縣韓人的權益向中國官員抗議，被中國警察拘禁。1928 年，他被選爲「韓族勞動黨中央執行委員」。〔註98〕1929 年 1 月，他與李乙奎、金宗鎮等商量後決定以「中東線海林」爲活動的根據地。〔註99〕因爲當時金宗鎮希望安那其主義陣營和新民府軍政派之間的聯合。〔註100〕可柳林並不贊成金宗鎮的想法，因爲他懷疑新民府的首長金佐鎮不會接受安那其主義式的社會建設。由於金宗鎮的調解，金、李、柳三人於 1927 年 3 月到了中東線海林。1929 年 3 月，在滿洲地區的安那其主義者和新民府軍政派聯合組織「韓族總聯合會」。他們的主要目的是在滿洲地區建設安那其式的理想村，以理想村爲獨立運動根據地，支持長期的抗日鬥爭。作爲民族主義團體的新民府也爲了抵抗布爾什維克的擴張而借用安那其主義理論。〔註101〕這時

〔註96〕 參考李浩龍《柳林의 anarchism 思想과 活動》，2003 年。
〔註97〕 參見《柳華永（柳林）における高等法院刑事部の判決文》，《昭和八年刑上第七十三號》，1933 年。
〔註98〕 參見柳林：《旦洲柳林資料集》，旦洲柳林紀念事業會，1993 年，263 頁。
〔註99〕 旦洲柳林先生紀念事業會，《旦洲柳林資料集（1）》，32 頁。
〔註100〕 早期的名稱是「韓族聯合會」。1925 年 3 月在寧安縣以「大韓獨立軍團」、「大韓獨立軍政署」爲中心北滿洲地區的獨立運動團體爲了有效的抗日鬥爭結成的團體。該組織採取三權分立制度，安排委員長以及 10 名參議員和 15 名檢查員名。1925 年 4 月，他們發刊《新民報》。隨著地方組織的擴張委員長金佐鎮領導 500 多武裝的別動隊和保安隊，並且建設軍官學校。在各地方實施軍區制、屯田制、公農制。而從 1927 年底開始由於組織內軍政派和民正派的對峙，1928 年 12 月軍政派離開組織與安那其主義者重組織「韓族總聯合會」，1929 年 3 月民正派也解散組織參與國民府。
〔註101〕 可是按照李乙奎的回憶，柳林和金佐鎮之間有一定的思想矛盾。李乙奎說：「柳林主張，思想以思想來抵抗，因此爲了抵抗共產主義，應該使用比共產主義更進步的安那其主義。對此，金佐鎮認爲以思想可以抵抗思想，可是窮極的目的不是主義，而是人類的幸福。同時我們都盼望我民族的幸福，因此爲了其目的我們應該樹立符合於我們處境的理論，不應該提倡別人主張的某某主義。」（李乙奎《是也金宗鎮先生略傳》，韓興印刷所，1963 年，86～87 頁。）

期，柳林和金佐鎮爲了解決民族解放運動中出現的馬列主義的問題而常討論。柳林主張：「思想以思想來抵抗，爲了抵抗共產主義應該以比共產主義更進步的無政府主義來抵抗」。〔註102〕對此，金佐鎮主張：「雖然可以說以主義來對抗另一個主義，但終極的目的不是主義，而是人類的幸福和使我們民族得福，因此應該隨著我們處於的特殊的立場樹立理論，不需要主張別人提出過的想法和主義」。〔註103〕柳林作爲安那其主義者無法接受強權組織，強權組織就是馬列主義具有的最大特點，而金佐鎮作爲一個團體的領導一定程度上需要安那其主義所反對的一種權威。結果，柳林離開了中東線到正義府所在的吉林省華甸縣。〔註104〕

　　1920 年代，柳林不僅憂慮馬列主義的擴散，而且憂慮安那其主義陣營和民族精英的合作。因爲他認爲所謂民族精英（尤其資本家階級）在民族解放與殖民地權力之間動搖，只試圖掌握新的統治權。

（三）國內活動和教育運動（1929～1937）

　　柳林還關注韓國內的安那其主義運動和教育問題。在中東線沒得出任何結果的柳林，回到吉林準備建立民立中學。〔註105〕建立的過程中他聽到 1929 年 11 月在國內（韓國）舉辦的「全朝鮮黑色社會運動者大會」，並通過《東亞日報》（1929 年 8 月 8 日）知道崔甲龍等承擔「關西黑友會」籌備。〔註106〕因此同年 10 月，他爲了參加「全朝鮮黑色社會運動者大會」扮裝成農民潛入於平壤，到 11 月初與「關西黑友會」會員交流。他們按照 1929 年 8 月 5 日舉行的臨時總會的決議，崔甲龍、李弘根、蔡殷國、趙重福、林中鶴等於 8 月 8 日組織「全朝鮮黑色社會運動者大會準備委員會」管。〔註107〕雖然國內不少安那其主義者關注了該大會，但由於日本的彈壓沒法舉辦本大會。可他們準備大會的過程中，1929 年 10 月 23 日，在平壤其林里舉辦了結成「朝鮮共產

〔註102〕李乙奎：《是也金宗鎮先生傳》，83～86 頁。
〔註103〕李乙奎：《是也金宗鎮先生傳》，33～34 頁。
〔註104〕「正義府」是「自由市慘變」以後，在這地方再聚集的軍事組織經過統軍府（1923 年 6 月）、統義府（192 年 8 月）、在滿統一準備會（1924 年 7 月）等，1925 年 1 月被組織的。該團體的核心人中有安東（韓國東南部）出身的金東三，當時他擔任教育問題。（參考金在明《柳林先生的憂國魂》，329 頁。）
〔註105〕參見《東亞日報》1929 年 11 月 22 日。
〔註106〕朴煥：《朝鮮共產無政府主義者聯盟的結成》，《國史館論叢》，41 卷，1993 年。
〔註107〕參見《東亞日報》1929 年 8 月 8 日、《朝鮮日報》1929 年 8 月 9 日、崔甲龍《一個革命家的一生》，1995 年，28 頁等。

無政府主義者同盟」的第一次聚合。此日，他們決定了綱領、規約等協議，是爲了建設安那其主義社會組織團體。〔註108〕同年11月1日，他們第二次聚會時正式結成「朝鮮共產無政府主義者同盟（聯盟）」。〔註109〕他們分擔了各地區的活動，柳林負責滿洲、李弘根和崔甲龍負責關西（平安道）、趙重福和林中鶴負責咸北地區。柳林也在平壤由於李弘根的勸告加入了「朝鮮共產無政府主義者同盟」。他們主張：「以廢絕現在的國家制度，建設基於公社（commune）的自由聯合的社會組織；廢絕現在的私有財產製度，改爲地方分散的產業組織；廢絕現在的階級的、民族的差別，圖謀建設全人類自由、平等、友愛的社會。」〔註110〕並且決定了運動方針：「（1）不要與赤色運動者（馬列主義者）對峙，（2）開展農民大眾運動，（3）不加入其他傾向於民族主義的團體。」〔註111〕即他們表明打倒日本帝國主義的意志，並且闡明基於自由聯合的安那其主義社會建設的意志，並且反對基於私有財產製度的資本主義社會，而追求地方分權的產業組織。他們再次確認與馬列主義者保持一定的距離。柳林以外其他國內安那其主義者曾經在元山地區經歷了與布爾什維克的衝突，因此想避免與馬列主義者的全面的分裂。〔註112〕他們認爲與「赤色分子」的對峙只會帶來不必要的力量消耗。該團體不像其他韓人安那其主義者至少表面上並不排斥馬列主義，只憂慮與馬列主義者的矛盾。

該團體本來由於李弘根的「爲了樹立朝鮮無政府主義運動的統一的理論和組織的方略，需要以值得信賴的意識分子爲中心組織安那其主義運動的指導機關」的主張而建立的。但對此，柳林認爲：「本同盟只不過在共產主義團體添加無政府一詞而已。看其內容的話，只結合所謂意識分子爲朝鮮無政府運動的統一的指導……這就是掌握無政府主義運動的支配權。這些政黨的方

〔註108〕 參見《朝鮮共產無政府主義者同盟における判決文》，1933年刑控第146號、147號、148號等；韓國歷史研究會編，《日帝下社會運動史資料叢書》，高麗書林，1992年，562～563頁。

〔註109〕 對該團體的名稱有兩種見解，可按照崔甲龍的證言他們結成了「同盟」。因爲他們想組織以特定理念來積極進行某種事情。（參見朴煥《朝鮮共產無政府主義者聯盟의 結成》。）

〔註110〕 參見《朝鮮共產無政府主義者同盟における判決文》，1933年刑控第146號、147號、148號等；韓國歷史研究會編，《日帝下社會運動史資料叢書》，高麗書林，1992年，562～563頁；獨立運動史編纂委員會，《獨立運動史資料集（11）》，1976年，818頁。

〔註111〕 獨立運動史編纂委員會，《獨立運動史資料集（11）》，1976年，818頁。

〔註112〕 朴煥《朝鮮共產無政府主義者聯盟의 結成》。

式名副其實的與共產黨的權力追求並沒有區別，並且違背無政府主義原理……結果一定帶來同志們之間的意見衝突和黨派、地位等的紛爭。」〔註113〕這樣，他明確表示朝鮮共產無政府主義者同盟的對全國安那其主義運動的管轄，並拒絕後來擔任聯絡機關的李弘根的邀請，因此他不繼續參加該團體的活動。他曾經在與金佐鎮的討論中，提到安那其主義優越於馬列主義，即他不會接受追求全國組織化的中央集權的組織運營方法。

我們通過一些柳林的故事，可以知道他的不妥協的性格。比如1961年，他去世之前不見歷任過日軍高級軍官的獨生子柳原植（1914～1987），並不參加妻子（那獨生子的生母）的葬禮，因爲她養的兒子爲親日賣國賊。〔註114〕他對某個問題有人具有與自己不同的看法，不和對方合作。雖然「全朝鮮黑色社會運動者大會」也由於日本警察的妨害失敗，但通過在該大會的運動，他確認他與「朝鮮共產無政府主義者同盟」之間的意見差異。

1929年11月7日，柳林在平壤市內南門町井田商會被日本警察逮捕〔註115〕，在平壤、大同警察局受訊問，但幸虧證據不充分的理由被釋放。〔註116〕當時日本警察把他定位在廣東地區活動的主要人物。〔註117〕雖然也有不少誇張的地方，但他確實在廣東地區參加工人運動，努力實踐安那其主義理論。日本警察雖然找不到他的嫌疑，但認爲他是很危險的人物，因此他被驅逐於奉天。〔註118〕在奉天，由於比較多的中國教育界知人的輔助和他的努力，建立了稱爲「義誠塾（義誠學院、奉天中學）」的一所學校。他在該校教英語，並斡旋韓人學生的中國留學。〔註119〕尤其，在韓國光州發生的「光州學生運動（1929

〔註113〕再引用李浩龍：《柳林의 anarchist 思想과 活動》，2003年。

〔註114〕參見崔甲龍：《荒野의 黑旗》，首爾，理文出版社，1996年，100～117頁。柳原植：日本殖民地時期參日軍，建國後繼續在韓國軍隊工作。1961年，與朴正熙（日本名：高木正雄）等人發動5‧16軍事政變。政變後被選爲財經委員長。

〔註115〕參見《東亞日報》，1929年11月18日。

〔註116〕參見《朝鮮共產無政府主義者同盟における判決文》：《東亞日報》1929年11月28、29日。

〔註117〕在《東亞日報》1929年12月11日指出：「（柳林）3年之前，在廣東參加領導包括10萬名的機械工人總同盟」；在同一報11月27日指出：「他是曾經畢業於四川省國立師範大學，在廣東機械工人總同盟指揮10萬名。會說7個外語，並以無政府主義來武裝思想的。」

〔註118〕參見《東亞日報》，1929年12月11日。

〔註119〕參見旦洲柳林先生紀念事業會，《旦洲柳林資料集（1）》，264頁；柳原植《我的父親柳林》，246頁。1929年創立當時是初中階段，1931年柳林被捕的時期是高中階段學校。

年)」後，光州地區的 400 名韓籍學生逃於義誠塾。可因爲經濟上的問題，一年之後被國民黨左派經營的「平旦高級中學」吞併。〔註120〕

　　對柳林的教育運動，李浩龍、金喜坤兩位韓國學者表示不同的看法。簡單整理的話，李浩龍先生指出，柳林和朝鮮共產無政府主義者同盟由於思想上的相互矛盾，他離開了該同盟；而金喜坤先生指出，柳林和該同盟的關係並不是不好。1929 年以後，柳林展開的各種教育運動基本上是與該同盟的計劃有關係的。金喜坤先生提出《東亞日報》的記錄：「1929 年 10 月初，在平壤會合的結果，華永（柳林）在奉天和朝鮮內的主義者交流，努力國內和在滿地區安那其主義者之間的聯合。」〔註121〕金先生認爲，柳林從平壤回來以後，組織該同盟時決定了計劃，開始著手教育運動，南相沃參加柳林的學校，回到國內元山參加勞動運動這也說明當時柳林和朝鮮共產無政府主義者同盟之間維持緊密的關係，即柳林和南相沃在奉天和國內努力堅持雙方的圓滿的聯繫。〔註122〕可筆者認爲，柳林的教育活動和朝鮮共產無政府主義者聯盟沒有很大關係，日本檢查捉拿朝鮮共產無政府主義者聯盟人員時，爲了故意找柳林的茬。其實，他被捕的半年之前警察就開始調查了。

　　柳林致力於教育活動的 1931 年 7 月，多數朝鮮共產無政府主義者聯盟在韓國被日本警察逮捕。7 月 29 日，李弘根、崔甲龍、金鼎熙、林仲鶴、盧好範、南相沃等在元山被捕。〔註123〕不在國內的柳林也受到了連累，同年 9 月 29 日他被奉天公安又逮捕，10 月 7 日，被日本高等警察高野押送到國內元山。〔註124〕翌年 12 月 20 日，柳林被宣告爲 5 年徒刑。雖然柳林不斷主張他和朝鮮共產無政府主義者同盟之間沒有任何關係，可京城高等法院仍然決定 5 年徒刑。柳林 1937 年 10 月 8 日才從西大門刑務所（西大門監獄）出獄。

〔註120〕柳原植：《나의 아버지 柳林（我的父親柳林）》，《世代》，大韓民國獨立運動功勳社發刊委員會，1971 年 3 月，246 號。
〔註121〕參見《東亞日報》，1929 年 8 月 22 日。
〔註122〕參見金喜坤：《旦洲柳林의 獨立運動》2001 年：無政府主義運動史編纂委員會，《韓國安那其主義運動史》，260～261 頁。
〔註123〕參見《東亞日報》，1931 年 7 月 31 日。
〔註124〕在《東亞日報》指出：「無政府主義者巨頭柳華榮被捕，奉天省某中學教員」，「元山警察局高野去奉天出差逮捕」。10 月 7 日。

（四）抗日戰爭期間（1937～1945）

柳林出獄之後，1937 年 10 月底再次流亡於滿洲，在北京、天津等地準備組織「中韓抗日聯合軍」。〔註 125〕這時期就是中日戰爭爆發之後三個月的，柳林面臨了兩種困難。第一，當時他不在韓國臨時政府所在的重慶，沒有運動基地以及輔助他的組織團體。中國國共兩黨之間也圍繞主導權掌握問題相互競爭的狀態，即他無法決定依靠誰，並不知如何展開安那其主義運動。第二，他在監獄期間韓人抗日運動的情況也改變。滿洲事變（九‧一八）和中日戰爭爆發之前，有些韓人安那其主義者拒絕與非安那其主義團體的聯合，可 30年代末在華韓人安那其主義者卻主張「民族戰線論」，與其他陣營的聯合鬥爭。20 年代後期開始，在滿洲地區開展的安那其主義運動也由於滿洲事變等因素，無法正常展開運動。因而柳林對自己的出路問題做了深刻思考。

經過考慮，他決定去韓國臨時政府所在的重慶，去重慶時經過中共根據地延安。他回憶說：「在延安的幾天中訪問毛澤東和金科奉等中韓兩國布爾什維克領導，和他們對抗日問題和各種思想問題做了探討。」〔註 126〕至此，我們會發現柳林的抗日方法論上的變化。1929 年在北滿洲海林，他與金佐鎮討論時，主張以安那其主義克服馬列主義。可到了這時期，柳林對馬列主義做進一步思考，因此他在延安特意去見毛澤東、金科奉（1889～1961）等中韓馬列主義思想家。

1942 年，柳林赴重慶參加韓國臨時政府，在同年 10 月舉辦的第三十四屆臨時議政院會議上，他被選為勞動委員長。1943 年 2 月 16 日，他與朴贊翊（1884～1949）、崔東旿（1892～1963）、金星淑（1898～1969）被選為韓國臨時政府外交部屬下的外交委員會研究委員，負責外交方面工作。同年 4 月 10 日，他又與趙素昂（1887～？）、申翼熙（1894～1956）等 14 人成為宣傳部宣傳委員，負責宣傳計劃和方針確立、運作等工作。〔註 127〕1944 年 4 月，他作為「朝鮮無政府主義者總聯盟」的代表被選為「臨時政府國務委員」。1945 年 4月，他又被選為法制委員。可我們要注意的是，他以安那其主義者的立場牽

〔註 125〕李浩龍：《柳林의 anarchist 思想과 活動》，2003 年。
〔註 126〕參見崔文浩：《編輯後記》，《旦洲柳林資料集（1）》，旦洲柳林先生紀念事業會，269 頁。
〔註 127〕宣傳委員：趙素昂、申翼熙、嚴恒燮（1898～？（韓國戰爭中被共產軍綁架））、金尚德（1891～？（韓國戰爭中被共產軍綁架））、孫斗煥（1895～？）、金星淑、申基彥、韓志成、李貞浩、朴建雄、金仁哲、安偶生、金在浩、金文。

制民族主義右派壟斷的韓國臨時政府。

1945 年韓國從日本帝國得到解放時，柳林與韓國臨時政府要員們一起歸國。歸國後雖然他的勢力微小，可在牽制大韓民國政府的位子上，開展各種安那其主義運動。對此，李浩龍先生主張柳林擺脫於安那其主義的綱領。可站在柳林的立場上辯護的話，我們可以說出獄後由於事態的惡化，他首先重新解釋「Anarchism」和韓國臨時政府的概念。他指出：「臨時政府是己未運動（3·1 運動）時期，以民族的總意出發的。」〔註 128〕即他認為韓國臨時政府並非是既往的權威政府，而是可以代表整個朝鮮民族的團體。

（五）光復後（1945～1962）

韓國光復（1945 年 8 月）和大韓民國政府建立（1948 年 8 月）之後，柳林仍然堅持參與政治運動。光復前，他在韓國臨時政府內的活動是為驅逐日本帝國主義的一種手段。雖然本書的主要探討的時段是韓國的殖民地時期，可為了圓滿比較他和吳稚暉、李石曾的政治運動，需要把柳林的情況設定為與吳、李兩人同樣的情況。我們需要將比較的對象放在同樣的狀態（即非殖民地狀況），而做比較。我們評價柳林的政治運動時，應該區別解放前和解放後。

光復後，柳林感覺到在韓半島內需要建立維護安那其主義政治觀的組織，準備建黨。他 1946 年 2 月 21 日和 22 日，在釜山市內金剛寺舉辦「無政府主義者慶南北大會」，並且同年 4 月 20～23 日參加了在慶尚南道安義舉辦的「全國 ANARCHIST 代表者大會」。他提倡安那其主義政黨建設的必要性，並且開始推進建黨運動。由於他的努力，同年 6 月 6 日在首爾市內長谷川町研武館內，100 多個發起人參加，舉辦了「獨立勞動黨」總會。〔註 129〕光復後，柳林的主要政治運動是「獨立勞動黨（略稱：獨勞黨）」內的。獨勞黨是韓國光復後，安那其主義運動史上佔有重要位置的團體，又是大韓民國史上最初的安那其主義政黨。〔註 130〕同年 7 月 7 日，從中日等地歸國的韓人安那其主義者，在首爾的譯經院研武館由柳林等人主導舉辦了獨勞黨創立大會。〔註 131〕柳林被選為委員長、柳愚錫（1899～1968）任商務部長、

〔註 128〕參見《東亞日報》，1945 年 12 月 12 日。
〔註 129〕參見《朝鮮日報》，1946 年 6 月 7 日。
〔註 130〕吳章煥：《韓國 ANARCHISM 運動史 研究》，國學資料員，1998 年，245 頁。
〔註 131〕參見《東亞日報》，1946 年 7 月 8 日；《大同新聞》，1946 年 7 月 4 日。

韓何然任計劃部長、車鼓東擔任組織部長、梁一東（1912～1980）任宣傳部長、李珍彥任文教部長、朴英熙任經理部長、柳寅徹任情報部次長、李鍾河擔任農民部長、禹漢龍任青年部長、金末峰任婦人部長、金永春任勞動部長、金南海任後生部長、柳震傑任商工部長。柳林、李乙奎、梁一東、李時雨（1891～1957）、方漢相（1900～？）、申宰模（1885～1958）等被選爲執行委員。他們在結黨宣言指出：「人民的福利爲國家存在的前提，人民自己才成擁護人民自己的福利；勞動勤勞大眾是這國土的眞正的主人，建設新國家的唯一的資格者。」〔註132〕並他們發表如下的黨綱：

　　一、本黨爲了國家的完全的自主獨立鬥爭；

　　二、本黨爲了農民、工人、一般勤勞大眾的最大福利鬥爭；

　　三、本黨排除一切的獨裁，依據與眞正的國內外民主主義勢力的平等互助原則合作。〔註133〕

　　他們在《發起趨旨書》上指出：「勞農大眾應該自己成爲自己的主務者（主人），自己承擔將來面臨的新階段的難處，這就是成就所望的唯一的方法。」〔註134〕通過這政綱，我們會知道他們雖然是一個政黨，可並不追求獲得政權，反而主張排斥任何形式的獨裁。即他們還是追求民眾所主導的社會革命或社會改革。獨勞黨的建黨目標也是勞動者、農民組織爲基礎的社會建設，並不是通過政治運動來獲得權力。

　　同年8月3日，他們發表期刊《勞動新聞》，努力宣傳安那其主義和安那其主義者的政治立場。我們通過獨勞黨的《發起趨旨書》、《黨綱》、《結黨宣言》、《當略》、《黨策》等，可以確認當時柳林和獨勞黨在左右派激烈對峙的「解放空間（1945年～1948年）」下努力堅持獨自的立場。〔註135〕柳林在結黨宣言指出：「已經暴露了掛羊頭、買狗肉的所謂人民的守護者和陶醉於主觀的觀念，而忘卻現實的科學社會主義者。」〔註136〕他憂慮南韓內左派系列的

〔註132〕參見：《結黨宣言》，《旦洲柳林資料集（1）》，旦洲柳林先生紀念事業會，90頁。

〔註133〕參見《旦洲柳林資料集（1）》旦洲柳林先生紀念事業會，1991年，211頁。

〔註134〕同資料，211頁。

〔註135〕解放空間：指1945～1948年。1945年8月15日由於日本帝國的敗亡韓人得到解放，而處於美蘇兩軍的分割軍政統治。1948年8月15日，大韓民國（南韓）政府成立、同年9月9日朝鮮民主主義人民共和國（北韓）政府成立。將這三年間的美蘇軍政的統治期間稱爲解放空間。

〔註136〕參見：《旦洲柳林資料集（1）》旦洲柳林先生紀念事業會，1991年，90頁。

擴散，然而這並不說明獨勞黨支持右派黨派。他同時批判民族主義右派〔註137〕
和布爾什維克兩者。因為安那其主義者所主張的政策與一般右派的截然不
同，比如：（1）為了農民、工人等一般勤勞大眾的最大福利而鬥爭；（2）計
劃經濟體制；（3）防止資本的集中；（4）大企業的國營化；（5）工人的自主
管理；（6）耕者有田；（7）反對美國政策。同時他們在黨略和黨政策等方面
明顯表示安那其主義的理想，比如：（1）徹底的地方自治；（2）產業自治；（3）
職業自治；（4）以單累進稅的所得再分配；（5）自給自足的經濟活動；（6）
工人的自主管理權；（7）鼓勵共同生活。柳林雖然在獨立戰爭中，做過與民
族主義左派陣營的聯合，但在國家建設過程和國家建設以後，他堅決反對馬
列主義。俄羅斯、西班牙革命時期，列寧、斯大林等布爾什維克者壓迫安那
其主義者，對安那其主義者來說是徹底背叛革命的行為，柳林雖然提倡左派
的政治理想，但無法與南・北韓的布爾什維克聯合，即對他來說無論左派或
右派都是強權的國家主義勢力而已。

二、柳林的安那其主義理想和民主國家建設

通過柳林的在華安那其主義運動，我們可以得知如下幾個特點：

第一，他沒成為獨立運動的中心勢力，在周邊陣營堅持思想運動。

20 年代中期，韓人安那其主義者在北京組織「在中國朝鮮無政府主義者
聯盟」時，他卻在四川成都上學無法直接參加。1927 年，在滿韓人在海林組
織「在滿朝鮮無政府主義聯盟」時，他又不在海林。只不過 1929 年 10 月，
在平壤組織「全朝鮮黑色社會運動者大會」時，柳林作為核心人物參加了，
可不久之後的 1931 年底，被日本警察逮捕。出獄後，他雖然在重慶參加了韓
國臨時政府的運動，可他並不屬於「韓國獨立黨」或「朝鮮民族革命黨」等
臨時政府的主流黨派。

第二，他為防止布爾什維克的擴散，與民族主義陣營聯合。

筆者認為，柳林畢業於成都大學時開始分清了左右思潮的區別。畢業
後他與新民會的領導金佐鎮討論時，他明確主張為了克服馬列主義的擴

〔註137〕關於當時民族主義右派的研究有如下的成果：（1）오유석：《美軍政下의 右
翼 青年團體에 關한 研究：1945～1948》，梨花女子大學，1988 年；（2）張
元禎：《1945.8～46.10 廣尚南道 右翼 勢力에 關한 考察》，梨花女子大學碩
士，1993 年；（3）申福龍：《解放政局에 있어서의 右派 民族主義》，《社會
科學論叢》（創刊號），1996 年等。

散，只能採取更激進的安那其主義。雖然他結成「朝鮮共產無政府主義者聯盟」時，批判民族主義和馬列主義兩者，而提倡第三條路線，可事實上他與民族主義陣營聯合。同時，他堅決反對布爾什維克提倡的階級鬥爭。確實，一般安那其主義者主張以「相互扶助」來建設和平社會，而反對無產階級專制。他對階級鬥爭指出：「強者、弱者都束縛於同一的社會制度、浮沉於同一的歷史漩渦裏，因此我們不能說只一方享受完全的自由和幸福，另一方在於不自由和不幸福。因此對社會不安，不能一個階級來承擔所有責任，並且不會明顯地劃分階級和階級。以抽象的觀念分開、挑釁兩階級是對人類很危險的謬誤。階級鬥爭是從對階級的成見出來的自己找災難的悖逆行為。」〔註138〕

第三，他作為安那其主義者，否定了以往國家模式和它的功能。

從 1930 年代末開始，他發現以往的安那其主義者反對的並不是國家本身，而是反對強權的國家，主張韓國社會要達到真正的安那其主義社會，需要過渡期的國家模式，可這國家模式並不是無產階級專政等布爾什維克所主張的。結果他積極參加國家建設運動以及政黨運動。他參與臨時政府之前，在重慶曾主張「一個民族、一個政府、一個理念、一個集團」及「黨派的合同聯異、政府的共戴均擔」，號召海外各地的革命勢力以韓國臨時政府為中心團結起來。值得注意的是，他的「臨時政府參與論」是基於安那其主義組織原理的。

眾所周知，申采浩等安那其主義元老曾經激烈批判了上海臨時政府。主張「完全獨立」和「絕對獨立」的申采浩無法接受臨時政府所主張的「外交論」、「準備論」以及李承晚提出了「聯合國委任統治論」。因此 1919 年夏天，申采浩與臨時政府完全訣別。並且在 1927 年，民族主義和馬列主義聯合組織「新幹會」時，安那其主義者反對兩者之間聯合的「民族戰線論」。他們認為金九和臨時政府是個「支配欲狂的偽善獨立運動輩」；「基於強權的主張自相矛盾的殘疾人」〔註139〕；「與國內資本家階級妥協的人」。〔註140〕以後韓人安那其主義者，雖然偶而與民族精英維持互助的關係，但仍然堅持批判韓國臨時政府的立場。比如，安那其主義者吳冕植（1894～1938）對金九、安恭根

〔註138〕同資料。
〔註139〕參見《黑色新聞》，第 34 號。
〔註140〕參見《奪還》，創刊號。

（1889～？）等人的不徹底性感到不滿，1935 年在南京組織了秘密團體「血盟團」。〔註 141〕並南華聯盟對金九領導的臨時政府的韓國獨立黨認爲：「是民族內部的法西斯團體」。〔註 142〕他們強烈批判臨時政府內部民族主義者之間的分裂、黨派鬥爭、消極的獨立運動等。

當時，在華韓人安那其主義者憂慮獨立運動陣營內馬列主義的勢力擴散。隨著日本帝國的衰落，即韓國的獨立逐漸成爲可視化的情況下，安那其主義者需要阻止馬列主義無產階級的專政國家建設，並他們想得到建設安那其主義社會的基礎。並且 1936 年，西班牙的「人民戰線（The Popular Front）」的成功以及法國的聯合政府的建立，使安那其主義者改變對人民戰線的看法。並且，在日本帝國專制越激烈的情況下，也需要獨立運動團體之間的鞏固的集結。對此，1936 年他們主張民族戰線的必要性，並發表如下的十七條行動綱領草案：

　　一、現下朝鮮民族處於民族存亡的歧路，認識了我們面前開展的國際情勢，爲了迅速達成民族解放的目的，痛切地感到各黨派革命勢力之間的聯合戰線的結成。

　　二、爲了朝鮮民族的自由解放，對抗日本帝國主義的團體、個人都要參加民族戰線。

　　三、民族戰線雖然不要求構成戰線的各團體的解體，而要求在革命工作步驟的一致和國號的統一。

　　四、民族戰線基於大多數的勤勞民眾。

　　五、民族戰線不僅進行在反日鬥爭時期的戰略的結合，而且約好將來建設時期的協同。

　　六、拒絕獨裁政治，而支持民族的民主主義。

　　七、廢除經濟機構的獨佔權，而建設萬民平等的經濟制度。

　　八、排除一切封建勢力，而建設科學的新文化。

　　九、打倒日本帝國主義統治，同時沒收被日本帝國主義侵佔的公有、私有的一切土地，樹立農民的共同經營制度。

　　十、沒收賣國的一切私有財產，用於建設事業。

〔註 141〕參見《韓國 ANARCHISM 運動史》，無政府主義運動史編撰委員會，1978年，391 頁。

〔註 142〕參見《南華通訊》，《思想研究資料特集》，第 4 號，69 頁。

十一、沒收朝鮮內日本人所有的一切金融機關及工商業機關。

十二、沒收日本人所有的一切礦山、漁場、山林。

十三、沒收在朝鮮內設置的一切海陸交通機關

十四、樹立生產本位的教育制度。

十五、樹立義務勞動制度。

十六、防止工業的城市集中，而注重農村的工業化。

十七、與東亞一切抗日勢力聯合。〔註143〕

發表這綱領之後，1942 年柳林作為「朝鮮無政府主義者總聯盟」的代表參加韓國臨時政府、柳子明作為「朝鮮革命家聯盟」的代表，各擔任議政院議員和勞動委員的職位。在傳統的安那其主義的立場來說，柳林、柳子明的參與臨時政府的行為就是放棄安那其主義的行為。可我們該注意韓國臨時政府的實相，它是否所謂強權的政府。其實，到 30 年代韓國臨時政府只是在名目上標榜代表韓人的政府，可在人的、物質的、理念的方面並沒發揮作為政府的能力。反而多少次由於內部分裂的矛盾面臨了解體的危機，後來臨時政府是由金九領導的「韓國獨立黨」為主才組成的。

另外，1940 年代，日本的戰場擴大使韓人獨立運動家期待韓國的獨立。這樣的情況下，韓國臨時政府逐漸具有代表民族獨立運動的凝聚力。確實，1942 年 5 月，被稱為民族主義左派的金元鳳領導的「朝鮮義勇隊」成為臨時政府屬下的光復軍第一支隊。到了 1944 年 4 月，臨時政府成為代表全韓人的代表機構，並且臨時政府將柳林、金朋濬（1888～1950）、金成淑（1896～1979）、金元鳳、成周寔（1891～1959）等激進志士選為國務委員。韓國臨時政府由韓國獨立黨、朝鮮民族革命黨、朝鮮民族解放同盟、朝鮮無政府主義者聯盟等四個團體構成了。

那我們該怎樣評價柳林、柳子明等人的政治運動和國家觀？

至於安那其主義者的政治運動問題，會有不同的看法，其爭議是一直存在的。其實，中韓以外的其他國家的安那其主義者也在國家體制或政府機構的統治之下，展開政治運動。一般安那其主義者認為國家和政府是最大的強權組織，可柳林卻認為不必完全廢除國家、政府。他反對把「Anarchism」翻譯為「無政府主義」。他認為確實以往的所有政府是強權的，但並不是說政府

〔註143〕參見《民族戰線의 行動綱領 草案》，《南華通訊》第 12 號，《思想報告集（2）》，494～495 頁。

本身是強權組織，若政府以自律的組織來運營的話，安那其主義者也可以參加政府或政治活動。他為了辯護自己的主張，使用既往西歐的安那其主義運動，即蒲魯東和巴枯寧的愛國主義運動；克魯泡特金對第一次世界大戰的看法；西班牙革命時期一大批安那其主義者的政治運動；吳稚暉、李石曾、沈仲九開展的「安國合作」等。尤其，西班牙革命時期，安那其主義者為了克服法西斯勢力的擴張和攻擊，積極參加政治運動，甚至成為政府閣僚。1936年9月，一人參加加泰隆尼亞（Catalonia）政府。同年12月，兩人參加馬德里（Madrid）政府。對此，「FAI（伊比利亞安那其主義者聯盟）」支持，而反對「Friends of Durruti Group」。

安那其主義者的集大成者克魯泡特金的國家觀也隨著時代和狀況的變化顯出不同的結果。克魯泡特金在西伯利亞官僚生活時，徹底意識到行政機構的操作不適合民眾生活，消失了對國家的幻想。他認為安那其主義者和國家主義者無法避免對持，並批判馬克思・恩格斯主義，因為它是從古代普拉圖（Plato：BC428/427～BC348/347）哲學持續到近代的中央集權的國家主義哲學。他訪問在瑞士侏羅（Jura）山脈的自律共同體時，確信不通過國家體制也可以造成理想的共同體。在訪問中，他知道「第一國際工人協會（International Working Men's Association）」上發生的馬克思和巴枯寧的論爭。克氏認為該論爭不是個人之間的，而是聯合主義和中央集權主義；自由共同體主義和國家主義；南歐精神和德國精神的衝突。經過這些過程，克魯泡特金更具體地批判國家，並構想代替國家的「公社（Commune）」。克氏的安那其主義並不否拒絕任何形態的國家，而支持以「Commune」為基礎的社會或國家模式，所以我們將他的安那其主義稱為「Anarcho-Comuunism（安那其共產主義）」。雖然他否定了行使強權的國家政府，但支持了分散的聯邦共和國和保障地方自治的聯合。〔註144〕1897年和1901年訪問北美時，他支持加拿大和美國的聯邦主義，因而他一開始支持建立蘇維埃聯邦政府。但十月革命後他拒絕進入克倫斯基（Alexander Kerenskii）政府的內閣，和布爾什維克政府關係緊張，堅持反國家主義的立場，可他並沒批判俄羅斯國家本身。並且，第一次世界大戰時期，克魯泡特金發表抗德國的《聲明書》，受到其他安那其主義者馬拉戴斯塔（Errico Malatesta）和高德曼（Emma Goldman）的批判。克魯泡特金

〔註144〕오두영：《Anarchism 과 聯邦主義》，《日帝下 Anarchism 運動의 開展》，國學資料院，2003 年。

的行為起源於對德國的反感和對法國的同情。

　　還有，我們得注目的問題是，安那其主義的本質和安那其主義者以何種方式和態度參與政治運動。其實，在安那其主義理論（或教條）中，並沒有安那其主義者不該參加政治活動的說法，所以一般不批判普魯東和西班牙安那其主義者的政治運動，可對東亞安那其主義者的政治參與卻成為論爭的話題。當代英國的安那其主義者兼安那其主義研究者 John・Crump 指出：「韓國安那其主義在很多方面輕視了（flouted）安那其主義的基本原則。並且偏離（deviation）的頻度和程度比日本、中國更嚴重。」尤其，他批判柳林：「（他）把安那其主義萎縮為一種自由主義，否認了安那其主義的基本原則——無論什麼形態、種類的政府都強制，帶來束縛自由的結果（government in any shape or form is coercive and entails the surrender of freedom）。」〔註145〕可實際上，柳林等安那其主義者一直抵抗強權政治勢力。

　　筆者認為這是翻譯上的問題（到現在東亞把「Anarchism」一詞仍然翻譯成「無政府主義」）造成的結果，人民不知不覺中判斷安那其主義者不應該參加任何政治活動。筆者認為本質是指著基本原理或原則，可這是抽象的、一般的概念，並不適用於所有場合。即本質並不意味著絕對的教條或行動綱領，在現實的運作過程中，會出現不同的形態。安那其主義提倡「自由意志」，因此歷史上有了各色各樣的安那其主義分派。歷史上的安那其主義者拒絕政治運動、反對國家、政府的原因是為了實現安那其主義者共同主張的反強權、自由聯合、相互扶助。這就是其本質，因為歷史上的所有政府都具有強權、壓抑、榨取的特點。

　　因此，筆者認為安那其主義者的政治活動並不違背安那其主義理論。換角度的話，安那其主義者通過積極的政治、政黨運動可以開拓新的安那其主義運動模式。然而，人類歷史上基本沒有不壓迫被支配階級的政府或國家，因此安那其主義者自然不能承認任何形式的國家和政府。〔註146〕柳林也反對中央集權、強者支配弱者的社會進化論，而重視個人自由、基於個人自由意志的聯合、堅持相互扶助。〔註147〕他主張通過在自由、平等、

〔註145〕　參見 John Crump：《Anarchist and Nationalism in East Asia》，《Anarchist Studies（4〜1）》，1996 年，45〜64 頁。

〔註146〕　李浩龍：《柳林의 Anarchism 思想과 活動》，2003 年。

〔註147〕　《宣言》，1946 年 1 月 23 日，朝鮮無政府主義者總聯盟慶尚北道聯盟，大邱市聯盟。

相互扶助的基礎上，實現民主主義，並追求永遠的和平與長遠繁榮的社會建設。〔註 148〕

　　韓國安那其主義者通過韓國臨時政府裏的活動（～1945 年）和解放空間中的活動，經歷過其他國家的安那其主義者沒有的經驗。韓人安那其主義者處於獨特狀態，就是爭取民族解放和建設獨立國家的問題，即我們不能以歐美的觀點來評價韓人安那其主義者的政黨活動，而且不能由於有瑕疵的翻譯詞彙來批判他們的行爲。我們需要分析韓國臨時政府的實體，它並不是一般的作爲支配權力的國家機構，而是具有組織性的革命團體。金成局先生指出：「基於韓國的特殊性，樹立韓國的、固有的安那其主義，並且擴張了安那其主義的實踐的範圍，高揚了世界安那其主義運動，這就是一種他的先驅的業績。」〔註 149〕即在後現代的、東方的觀點來看，安那其主義者的政治參與，並不是擺脫純粹安那其主義的原理。〔註 150〕

　　聯合早期，趙琬九（1882～1952 被綁架到北韓）、嚴恒燮（1898～？被綁架到北韓）等韓國獨立黨員要求其他黨派都進韓國臨時政府內，以韓國臨時政府（實際上韓國獨立黨）的控制下開展各自的運動。然而其他黨派的開展抗戰、追求國家模式或社會模式是不同的，因此無法接受韓國獨立黨的要求。柳林和柳子明等安那其主義者來說也是違背「自由聯合」的聯合，因此他們也不同意韓國獨立黨的要求。除了朝鮮無政府主義者聯盟以外，韓國民族革命黨和朝鮮民族解放同盟，所追求的也與韓國獨立黨不同。朝鮮民族戰線聯盟的代表柳子明，主張應該各團體以自由聯合的方式來統一。〔註 151〕長期協商的結果，在保障每個團體獨立性和自主性的情況下，柳林和柳子明參加了韓國臨時政府的活動。因此，四個黨派的《聯合宣言》和 1944 年 4 月 24 日的第三十六屆會議支持宣言等，都是以四個黨派（韓國獨立黨、韓國民族革

〔註 148〕一、絕對反對朝鮮的信託統治，主張自主獨立。
　　　　　二、反對中央集權的獨裁政治、確立地方自治制，主張基礎於自由聯合的純正民主主義。
　　　　　三、反對集散主義經濟制度，主張地方分散主義經濟組織。
　　　　　四、反對根據生存競爭的優勝劣敗的社會倫理，主張以相互扶助爲基礎進行自由、平等、友愛的社會倫理。（參見柳林：《旦洲柳林資料集》，旦洲柳林紀念事業會，1993 年，120～124 頁。）
〔註 149〕金成局：《旦洲 柳林과 韓國 Anarchism 의 獨自性》，《社會調查研究》，16卷，釜山大學社會調查研究所，2001 年，58 頁。
〔註 150〕參見金成局：《柳子明과 韓國 Anarchism 의 形成》，2003 年。
〔註 151〕柳子明：《한 革命家의 回憶錄》，1983 年，234～235 頁。

命黨、朝鮮民族解放同盟、朝鮮無政府主義者聯盟）的名義來發表的。

　　柳林、柳子明籌劃加入韓國臨時政府的 1930、1940 年代的韓國臨時政府並不是行使強權、壓抑、獨裁的政府，反而只能依靠中國國民黨的幫助，才得以維持度命。當時的臨時政府名義上是政府，可實際上確是流亡政府，並不具備國家統治的機構特徵。柳林也認為當時韓國臨時政府是非強權的組織，並不是打倒的對象。雖然他也認識到臨時政府在組織上、活動上的問題，但在情況緊急的當時，他只能通過韓國臨時政府可以解決當時韓人具有的最大問題——民族解放問題。他在「3‧1」運動中找到「臨時政府法統論」的根據。確實，韓國臨時政府是「3‧1」運動以後，因全朝鮮民族的盼望而建設起來的，並且是主導民族解放運動的自主的、民族的唯一勢力。柳林根據這一理論表明支持臨時政府，並且相信這就是建設自主獨立國家的捷徑。所以他在光復以後，仍堅持以臨時政府為中心建設獨立國家的「臨時政府法統論」。他指出：「將來國家和民族不破壞人類的和平和自由，現在也各國家和國際形勢已經為了保障、增進個人的自由和幸福努力。」〔註152〕在這樣的邏輯上，他可以參加韓國臨時政府，他覺得臨時政府並不是由特殊勢力來建立的強權組織，而是自由聯合的組織。同時，他補充解釋雖然安那其主義者可以參加臨時政府活動，但應該站在批判的立場上利用政府。這是安那其主義思想流派中比較獨特的見解。

　　眾所周知，安那其主義者主張為建設自由、平等、博愛的社會，先打破具有強權的中央極權主義，該實施以自由聯合的民主制度為基礎。對此方法論，柳林提出政治上以「地方自治」的權力分散，經濟上以「農工並進」和產業的「地方分散」。柳林領導的「獨立勞動黨」以黨略和政策反對中央集權主義，主張實施地方分權、地方自治、職業自治等。他們又主張廢止現存的行政體制，實施最小行政單位的「直接民主主義」。與此同時，他反對追求成長、大量生產的經濟模式，而主張輕工業為主的、地方分散的小規模經濟模式。柳林在組織運營上，反對不保障個人意志的中央極權主義。李弘根等建設「朝鮮共產無政府主義者同盟」時，柳林憂慮「無政府主義運動」的一元化、組織化。反對階級鬥爭的柳林，自然反對破壞、暴動、秘密組織運動等強制性的革命，提倡通過宣傳、教育來進行大眾運動。他認為實現安那其社會的最好方法是「真理的先覺者通過和平穩當的道德的手段，一邊促進人類

〔註152〕參見《朝鮮共產無政府主義者同盟における判決文》。

的覺醒，一邊模範的生活」。他相信，若先覺者實踐模範的生活，個人的意見逐漸成為社會輿論，結果可以實現和平的社會改革。〔註153〕

第三節　小　結

　　筆者在本書主要探討中韓安那其主義思想，但若只關注某一個思想，無法掌握其思想具有的正確意義。若安那其主義不是已逝去的思想，那需要探討與其他思想或運動的矛盾和協助關係等。因此我們不能把安那其主義和其他思想分離而探討。並且一個思想不一定只具有一個原則，民族主義和社會主義也在其內部存在各種各樣的分派，同樣安那其主義也可以在其內部具有多樣的見解。

　　中韓安那其主義的代表人物——吳稚暉、李石曾、柳林、柳子明等都相信在政黨活動中可以改革以往的政府。我們該知道他們的政治運動目標並不是為陞官發財、掌握政權的普通政治活動。對安那其主義陣營與所謂右派（或民族主義）勢力的聯合問題，比較中韓兩國的情況的話：在中國，第一次國共合作時期共產黨用加入國民黨的方式來合作，吳稚暉、李石曾主張用同樣的方式來與國民黨聯合，並在國民黨內實現安那其主義理想，即提倡「安・國合作」，並且主張安那其主義者在國民黨內展開政治運動。這主張引起其他安那其主義者對吳、李兩人的激烈批判；在韓國，柳林、柳子明等不像中國安那其主義者加入民族主義政黨的方法，而選擇了政黨和政黨之間的聯合方式。他們參加韓國臨時政府活動不是個人的行為，而是作為組織的代表身份而參加的。柳林和柳子明作為「朝鮮無政府主義者總聯盟」和「朝鮮革命家聯盟」的代表，與韓國獨立黨聯合。當時在臨時政府內的核心集團是「韓國獨立黨」，可安那其主義者活動的地方只是臨時政府內，並不是韓國獨立黨內。結果，他們與民族主義陣營聯合時，似乎沒有受到其他安那其主義者的批判。雖然在臨時政府內部也有圍繞權力的政治鬥爭，可當時的臨時政府不像1920年的中國國民黨，並不能行使獨有的權力。

　　當時除了安那其主義者以外，民族革命黨（民族主義左派）、朝鮮民族解放同盟（馬列主義陣營）也和韓國獨立黨聯合，加入臨時政府內。我們對這兩派沒說放棄了自己的路線。同樣，我們對朝鮮無政府主義者聯盟加入臨時

〔註153〕參見《朝鮮共產無政府主義者同盟における判決文》。

政府的行為，也不能說他們放棄了安那其主義的路線。韓國獨立黨的臨時政府是標榜民族主義的團體，在西方世界或在中日兩國，民族主義和安那其主義兩勢力是無法結合的。但我們應該注意殖民統治下的韓人社會的民族主義和安那其主義的關係。對此問題，韓國當代安那其主義者河岐洛（1912～1997）先生指出：「它們（民族主義和安那其主義）倆是以這個來內實化的互相補充的關係。」〔註154〕並且金成局教授指出：「安那其主義是民族主義的成熟階段。」〔註155〕日本殖民統治時期，所有韓人安那其主義者都是民族主義者，民族主義者中一批人接受了安那其主義思想。韓人安那其主義者並不追求馬列主義者所提倡的民族革命、政治革命、社會革命的階段革命，他們追求「同時的」、「全面的」革命。他們處於其他國家或地區的安那其主義者沒經歷過的被殖民統治的特殊狀態，並受到左右陣營的夾攻。這種情況下，他們在直接行動中，選擇比較危險的方法——聯合戰線和政黨活動。筆者認為中日戰爭爆發後，柳林、柳子明等安那其主義者的臨時政府參與，與其說違背安那其主義的原理，不如說隨著情勢變化的積極應對。

柳林和柳子明為抵抗日本帝國主義，選擇了與臨時政府聯合，這並不是為了在臨時政府中掌握政權或是把臨時政府變成強權的國家體制、中央集權的機構。他們以及跟隨他們的安那其主義團體認為韓國臨時政府是由民族解放陣營的聯合、連帶而機構的。1920年代中葉，在義烈團內馬列主義者主張個人或少數人的恐怖行動不會得效果，該放棄恐怖主義路線時，柳子明固守以往的鬥爭方法，堅持安那其主義的純粹性，並且為了抵制馬列主義的擴張，組織了「在中國朝鮮無政府主義者聯盟」，發表多數宣傳安那其主義的文章。然而30年代後期和40年代的情況與20年代截然不同，就是他們活動的中國的主要地方也被日本帝國主義佔領。對在華展開獨立運動的韓安那其主義者人來說，唯一的選擇就是通過民族戰線來抗日。

我們在1940年代臨時政府內的活動、光復後開展的政治運動，可以發現柳林具有獨特的安那其主義觀。雖然一些在華韓人安那其主義者憂慮柳林的行為，可柳林果斷參加政治運動。他認為為了安那其主義的大眾化，只能參加政治活動。他相信積極的政治運動可以將既往的強權政府改成安那其主義

〔註154〕河岐洛：《丹齋의 anarchism》，《丹齋 申采浩와 民族史觀》，螢雪出版社，1980年。

〔註155〕金成局：《anarchist 申采浩의 試論的 再認識》，《ANARCHI、環境、共同體》，摸索出版社，1996年。

所主張的政府。這想法與 1920 年代中國安那其主義者吳稚暉、李石曾主張的「安國合作論」、「階段性革命論」相關聯。筆者認爲，吳、李、柳三位安那其主義者已經提出了當代安那其主義者邁克爾・諾齊克（Michael Nozik）所提出的「最小政府（minimal state）」。諾齊克指出：「安那其主義者並不反對『最小政府』。」〔註156〕雖然國家或政府都是一個政治組織，但安那其主義者也可以建設「自由聯合型」的革命政治組織，並在其框架內活動。尤其名義上韓國臨時政府也是政府，可實際上它卻是當時主要獨立運動團體的「自由聯合型（free associative form）」的革命組織。〔註157〕

〔註 156〕參見 Robert Nozik：《Anarchy，State，and Utopia》，NewYork，BasicBooks，1974 年。

〔註 157〕金成局：《柳林：Anarchist 政治의 先驅者》，《韓國의 ANARCHIST》，理學社，2007 年。

第四章　中韓安那其主義社會文化運動

第一節　理想村建設

　　中韓安那其主義者關注的視野廣泛，涉及政治、經濟、社會以及文化等方面的「革命」，故我們可以說安那其主義是一種綜合性的思想體系。尤其，中國安那其主義者更重視文化、道德領域的革命。在中國每個歷史轉型時期，中國知識分子以「文化」為切入點（breakthrough point）的習慣，結合當時的社會政治狀況進行思考和探討，並嘗試提供各種解決問題的具體策略。〔註1〕東亞安那其主義者不像西歐安那其主義者，對「社會」、「人民」、「民族」等問題的關注超越對「個人」或「個人主義」的關注。他們主張的思想、運動總是離不開政治。可政治運動的結果並沒解決中國社會的根本問題。中華民國的建立，隨之而來的兩次復辟和軍閥混戰意味著共和制、代議制政治在中國的失敗。在探索中國社會發展與民族獨立的過程中，激進的知識分子找到了「社會主義」作為解決中國社會根本問題的一個手段。〔註2〕鑒於從清末新政到袁世凱政治制度改革的失敗，中國安那其主義者結合中國的歷史背景及社會現實，並強調精神革命的重要性。在這種情況下，新文化運動參與者嘗試從文學、社會、教育等方面的變革，將民間的民主化當成關鍵問題，從而

〔註1〕曹世鉉：《清末民初無政府派的文化思想》，社會科學文獻出版社，2003 年，11～12 頁。

〔註2〕五四時期中國社會主義包括國家社會主義（National socialism）、民主社會主義（Democratic socialism）、基爾特社會主義（Guild socialism）、基督教社會主義（Christian socialism）、安那其主義（Anarchism）等。

實現中國社會的總體性變革。正如美國學者德里克所言，五四時期的民主觀基於對權威（包括國家的權威）的徹底批判，主張個人對所有等級制度的解放，同時五四運動是文化性的革命。五四時期安那其主義者相信人類的完善性，因而主張用教育來（不用暴力）改變社會，這種精神革命當然與馬列主義截然不同。〔註3〕並且，中國安那其主義者意識到以激進主義來難以實現社會改造的前提下，對理想社會的氣氛表現出熱切的渴望與對現實政治的絕望。他們普遍尋求更有效的辦法，比如「進德會」、「世界語使用運動」、「工讀互助運動」、「新村運動」等都是他們探索過程的最佳體現。

殖民統治時期韓人安那其主義者採取或計劃的方法，主要有「義烈鬥爭（恐怖的直接行動）」、「經濟的直接行動」、「理想村建設運動（革命根據地建設）」、「民眾蜂起」、「民族戰線運動」、「教育活動」等。「義烈鬥爭」是指通過對日本帝國主義的主要人物或機關實施暗殺或破壞，促使韓民眾覺醒，從而完成民族解放。「經濟的直接行動」是指通過罷工、怠工、聯合抵制（boycott）等方法抵制日本殖民統治。「理想村建設運動」是指建設安那其社會，以這地區為根據地向全國擴大影響範圍。「民眾蜂起」是指通過宣傳活動，使民眾覺醒，讓民眾自己蜂起推翻日本殖民統治。「民族戰線運動」是指與各民族主義團體聯合，直接參加抗日戰爭。事實上，在華韓人安那其主義運動因無法得到韓國國內工人、農民等群眾力量的支持，缺乏實施「經濟的直接行動」的基本條件，因而他們只能選擇其他方法。

一、中國安那其主義理想村建設運動

（一）新村主義運動

「新村主義」是日本自然主義、白樺派作家武者小路實篤創立的一種學說。武者把 19 世紀聖西門（1760～1825：Comte de Saint Simon）、歐文和傅立葉（1768～1830：Jean Baptiste Joseph Fourier）的「社會主義」思想、克魯泡特金的「互助論」以及托爾斯泰的「泛勞動主義」糅合在一起，創立「新村主義」學說。其後該主義成為一種超出國界的社會思潮運動。〔註4〕它的基本思想是建立沒有壓迫、沒有剝削、人人平等、幸福、財富公有、共同勞動、共同消費、無剝削、無壓迫的理想的互助社會。1918 年，第一次世界大戰結

〔註3〕阿里夫‧德里克著，孫宜學譯：《中國革命中的無政府主義》，廣西師範大學出版社，2006 年，139～184 頁。
〔註4〕劉立善：《日本白樺派與中國作家》，遼寧大學出版社，1995 年，214 頁。

束，日本先後發生嚴重的社會危機，即工人罷工、礦山暴動、搶米運動等。在這樣的背景下，武者開始試驗社會改造，即通過實行物質資料的生產、分配的公有以及結合體力勞動與腦力勞動，在現實社會中建設所謂的理想社會。1918 年武者創辦了《新村》雜誌，宣傳他的主張。他還建立了一個包括 20 多個人，並擁有 50 畝耕地的共同勞動、共同生活的新村。同年 11 月，他在九州購置土地、建立宿舍、正式建立「新村」。然而諸多因素制約了新村的發展，比如經濟上不能自立、生活費長期依賴村外會員的資助以及武者自己的收入、政府當局對其「共產化」的生產和生活給予嚴厲監視和控制；村內會員之間也發生了矛盾。這些因素都給「新村運動」帶來不好的影響，因此 1926 年 1 月武者和他的家人離開了新村，日本新村運動就此告終。

中國新文化運動時期，各種新思想如潮水般湧入中國，安那其主義便是其中之一。中國大多數知識分子受到安那其主義的影響。吳稚暉、李石曾、蔡元培等人是早年在西歐（法、德）留學期間接受安那其主義的，他們留法時訪問「共產村」。回國後，李石曾在北京碧雲寺附近嘗試建設傾向於「新村主義」的農村社會。他為了實現理想採取了西歐和日本的農村改革方案。此前，中國一批知識分子曾關注過「理想村」的建設問題。吳稚暉、李石曾等在《新世紀》上介紹過法國安那其主義運動，比如「鷹山村共產殖民地」、「馬場路自由民樂園」等。〔註5〕民初江亢虎、劉師復、丁湘田、鄭賢宗等也介紹了「新村」，並計劃籌辦「半耕半讀」的生活，可是沒得成功。後來，劉師復在廣州組織晦鳴學舍，嘗試小規模的社會運動。然而這些活動只局限於少數安那其主義者，沒有產生較大的社會影響，沒發展到社會運動。直到五四時期，中國安那其主義者才以啓蒙的形式向民眾介紹這一系列社會思潮，並逐步流傳開來，還嘗試以托爾斯泰的人道主義思想為指導理念開展了理想社會建設。

中國新文化運動時期的著名文人周作人，在中國報刊上最早介紹新村主義。他被稱為「中國新村主義運動的倡導者」，而且他十分關注社會改造。他強調安那其主義中的「無抵抗的鬥爭」思想。他指出：「這（無抵抗的鬥爭）便是一切革命的精神的本能。」〔註6〕他實踐武者小路實篤的「新村主義」，就是理性的信仰、無抵抗的反抗主義、非暴力革命等思想。周作人在日本時

〔註5〕吳稚暉：《遊鷹山村殖民地記》，《新世紀》第 53 號，1908 年 6 月 27 日；李石曾譯：《無政府共產主義》，《新世紀叢書》，第 53 號。
〔註6〕周作人：《詩人席烈的百年忌》，《談龍集》，河北教育出版社，2002 年，19～21 頁。

親眼目睹過所謂的「大逆事件」。此後，周作人贊同日本安那其主義者的思想。從 1912 年 10 月起，他關注武者小路實篤的作品和他的活動。〔註7〕1919 年 7 月，他到日本的第一個新村——「日向村」，考察了日本新村實驗基地。回國後，他積極鼓吹中國新村運動，系統地發表了宣傳武者小路新村主義思想的文章。比如他在《新青年》6 卷 3 號上發表《日本的新村》一文；《新潮》2 卷 1 期上發表《訪日本新村記》，除此之外還發表《新村的精神》、《新村的理想與實際》、《新村的時論》等文章。他又在天津學術講演會上指出：「新村的目的是在於求正當的人的生活，其中有兩條重要的根本性思想：「第一，各人應各盡勞動的義務，無代價的取得健康生活必要的衣、食、住。第二，一切的人都是一樣的人，盡了對於人類的義務，卻又完全發展自己的個性。新村的精神首先在於承認人類是個整體，個人是這總體的單位。人類的意志在生存與幸福。這也就是個人的目的」。〔註8〕1920 年 2 月，他組織了「新村北京支部」。他所倡導的新村運動在一段時間內引起了多數知識分子的關注，同時使不少人參與新村主義實踐中。陳獨秀、李大釗、蔡元培、瞿秋白、惲代英、毛澤東、王統照、廬隱、沈玄廬等新文化運動參與者都對新村運動表示關心，並且一些報刊也以專號、專欄的形式開展討論。〔註9〕由於一大批知識分子對新村主義的關心，在各地形成建設了「新村」的社會運動，並產生了較大的影響。〔註10〕1919 年建立的北京「批評社」、上海「新人社」等出版刊物，專

〔註7〕 1910 年，日本發生「大逆事件」。日本政府捏造罪狀，誣指安那其主義者謀刺日本天皇，因此幸得秋水等 24 人被捕入獄並被判處死刑。1923 年，在日本發生憲兵甘粕大尉殺害了大杉榮夫妻的事件。周作人專門寫了《大杉榮之死》、《大杉事件的感想》等文章。雖然他並不同意大杉榮主張的暴力的工團主義路線，但對大杉的社會改造思想表示極高的讚揚。（孟慶澍：《無政府主義與五四新文化》，河南大學出版社，2006 年，184 頁。）

〔註8〕 周作人：《新村的精神》，《民國日報‧覺悟》，1919 年 11 月 23 日。

〔註9〕 李大釗在《美利堅之宗教新村運動》中指出：「以供熱心新村主義的人參考」；毛澤東 1918 年 5 月，和蔡和森等在嶽麓山等地試驗了新村運動模式，發表《學生之工作》等實驗的計劃書等。他在文章中勾畫了建設新村措施以及藍圖；惲代英、林育南等在湖南開展新村運動。他們將新村設想為「村內完全廢止金錢，沒有私產。各盡所能，各取所需」；瞿秋白研究各種新村運動，撰寫《讀《美利堅之宗教折村運動》》。

〔註10〕 在《批評》的第 4、5、6 期刊發了專題《新村號》。王光祁提出發起工讀互助團實驗。北京工讀互助團曾發展四個小組，一共 10 人參加，後來天津、武漢、上海、長沙、廣州等地都仿傚實行，出現各種工讀互助團之類的組織，新村主義影響逐步託大。（彭偉偉：《李大釗與新村主義》，《重慶工學院學報》2006年。）

門介紹新村主義。然而，也有一批知識分子加以批判新村運動。1920 年，胡適以新村主義爲一種跳出社會現實的理想生活；陳獨秀攻擊新村主義的空想性，「癡人說夢」之類的詞語來批判。

　　中國「新村主義運動」的特點主要表現在以下幾個方面：第一，強調個人與人類、個體與集體的統一以及二者間的互相促進。〔註11〕新村主義經濟模式就是安那其共產主義指向的「各盡所能、各取所需、個性自由」模式。各人先承擔必要的勞動義務，再將其餘時間，做個人的事；第二，實現方法不同與一般的安那其主義，新村主義強調通過自然的、和平的、互助的方式來展開社會改造，提倡「協力、自由、互助、獨立」。他們強調以教育、感化爲主要手段進行改造社會，逐漸實現人人平等、無政府、無強權、無抑壓和無榨取的理想社會，〔註12〕並且徹底反對翻天覆地、崇尚鐵血的暴力革命。〔註13〕武者也反覆強調國家是實現理想社會的最大障礙，只不過因政治上的逼迫和妨害使人民無法直接標榜「廢除國家、實現無政府社會」的理想。這是新村主義與強調直接行動的安那其主義的最大不同點。對此，周作人認爲在國家一面，可以相信新社會的設立，稅也拿出，徵兵也不敢抗拒：「要說的話盡說，意見也盡發表，可以非難的事，也要非難。但我們不想用暴力來抵抗暴力。」；〔註14〕第三，新村主義還具有浪漫主義色彩。他們所主張的平等互助社會不是局限於一國一縣，還想漸漸推廣，打破國界形成世界大同社會。新村組織原理是以現存的農村爲基礎建立新的小組織，是以將來的世界作爲擴充小組織的大聯合。爲實現新村主義社會，他們強調人道主義精神，宣傳互助思想，希望人們的覺悟和地主、發現資本家的良心。基於「勤工主義」的精神，創造一種人人都工作、人人都勞動的組織〔註15〕；第四，新村主義具有各種安那其主義思想的特點，比如克魯泡特金的「互助論」、托爾斯泰的泛勞動主義、歐文的合作主義、工讀主義等。在宣傳新村主義的過程中周作

〔註11〕 周作人：《新村的精神》，《民國日報・覺悟》，1919 年 11 月 23 日。

〔註12〕 李少兵：《「五四」時期新村主義新探》，《史學月刊》，1992 年，第六期。

〔註13〕 武者小路實篤也指出：「很抱和平革命的思想，不想拿暴力去抵抗暴力，只想拿建設去代替破壞」。（涵廬：《武者小路理想的新村》，《民國日報・覺悟》，1919 年 08 月 02 日。）

〔註14〕 周作人：《日本的新村》，《藝術與生活》，河北教育出版社，2002 年，207～208 頁。

〔註15〕 武者小路實篤指出：「無論到何處，只要勞動或是持有勞動義務期滿證據，便可以不要金錢生活，可以隨意旅行，隨意遊覽，隨意學習」。（涵廬：《武者小路理想的新村》，《民國日報・覺悟》，1919 年 08 月 02 日。）

人有意地把克魯泡特金的「互助論」、托爾斯泰的「泛勞動主義」混爲一談。只是新村運動比泛勞動主義更進一步，提倡協力共同生活。中國的新村主義含有克魯泡特金所主張的社會模式，即拒絕國家體制以及集產的共產主義。

在新村主義思潮及其實踐，我們可以發現其中蘊含的與安那其共產主義的關係。安那其共產主義仍基於個人主義的社會改造學說，絕對排斥政治運動。因此，不考慮政治上的改造，直接設想人類具有的相同的歷史發展模式，並將之與個人自由的發展聯繫起來。安那其共產主義內部各派別對社會改造的具體表述雖不相同，但實際上都圍繞一個共同的理論出發點——即個人與人類。因此，在理論形態上，它既是一種「社會」改造理論，也是一種「個人（自我）」改造學說。〔註16〕按照武者提出的新村精神，中國的新村運動具有內部之個人的自我改造和外部之理想的人類社會的創造。新村主義一方面追求個人的自我完善，另一方面提出理想的人類社會形態。〔註17〕以階級鬥爭來實現無產階級專政的共產主義理論相比，安那其主義則提出以和平的方法來實現變換體制，因此得到了一批提倡非暴力的人道主義者的追隨。

隨著中國逐步成爲西方列強的半殖民地化，近代中國人對新思潮「社會進化論」有了更爲深刻的認識。他們在西方列強的堅船利炮面前只能承認進化論原則——「弱肉強食，物競天擇、適者生存」，然而這一套學說又與中國傳統文化中的某些理念相衝突。但克魯泡特金的以「互助」爲基礎的進化觀傳入中國，「科學的倫理學」應是：「對於物種進步的進化，互助比互爭更爲重要」。〔註18〕克氏在《相互扶助論（Mutual Aid：A Factor of Evolution）》一書中，系統闡述了「互助論」。他用既往的進化論來解釋社會現象，認爲「互助」才是生物界和人類社會發展的主要規律，人類在互助進化中可以實現正義、平等、自由等的原則，並且通過互助可以進入美妙的社會——各盡所能、各取所需的安那其共產主義社會。在辛亥革命時期，「相互互助論」作爲達爾文主義的一個「補充理論」被孫文等革命派所關注。五四時期，安那其主義團體通過《進化》等期刊介紹了有關相互扶助論的文章。吳稚暉、蔡元培、褚民誼、李大釗、朱洗（1900～1962）、王光祈、毛澤東、惲代英、周佛海（1897～1948）等進步知識分子關注克氏的「相互扶助論」。此次之

〔註16〕 孟慶澍：《無政府主義與五四新文化》，河南大學出版社，2006 年，190 頁。

〔註17〕 武者小路實篤：《新村精神及會則》，《日本白樺派與中國作家》，遼寧大學出版社，1995 年，202～203 頁。

〔註18〕 克魯泡特金著，巴金譯：《麵包與自由》，北京，商務印書館，1982 年，90 頁。

外，需要指出的是，中韓兩國近代安那其主義都基於克魯泡特金的「相互互助論」。〔註19〕

（二）工讀互助運動

「工讀互助主義」受到克魯泡特金的「相互扶助論」、武者小路實篤的「新村主義」和托爾斯泰的「泛勞動主義」等學說的影響。它是一個結合歐美各國半工半讀、勤工儉學等方式而形成的一種學說。它主張人們自願組織小團體，實行半工半讀及共同生活，消滅腦力勞動與體力勞動的差別。工讀互助主義者認爲半工半讀的組織形式，是未來理想社會的雛形。1917年10月，惲代英發起「互助社」，並創辦《互助》雜誌。〔註20〕他指出：「我信安那其主義已經七年了。我自個懂得安那其的眞理，而且曾經細心的研究……我信只要一人有了自由、平等、博愛、互助、勞動的精神，他自然有日會懂得安那其的……我信只要自己將自由、平等、博愛、勞動、互助的眞理一一實踐起來，勉強自己莫勉強人家，自然人家要感動的，自然社會要改變的。」〔註21〕李大釗也曾經把「互助論」當作社會主義思想。1917年7月，李大釗在《階級競爭和互助》一文中指出：「一切形式的社會主義的根萌，都純粹是倫理的協和與友誼，就是人類生活的法則……我們試一翻克魯泡特金的《互助論》，必可曉得由人類以至禽獸都有他的生存權，依協和與友誼的精神構成社會本身的法則的眞理。我們在生物學上尋找出許多證據。自蟲鳥牲畜乃至人類，都是以互助而進化的，不是依戰爭而進化的。」〔註22〕他與胡適開展「問題與主義」爭辯時，還指出：「互助友誼的精神，不論是科學派、空想派都拿他

〔註19〕 我們對東亞安那其主義者的研究可以說，關於互助論的研究。關於「互助論」廣泛傳播的原因，丁守和、殷敘彝、曹世鉉等曾經提到，互助論對社會達爾文主義理論具有批判和修正的態度。鄭大華探討第一次世界大戰帶來的影響和互助論的關係。（曹世鉉：《清末民初無政府派的文化思想》，社會科學文獻出版社，2003年。）與「互助論」相關的論文有，（1）王思義：《評中國早期無政府主義的特點及其思想影響》，《瀋陽師範學院學報》第2期，1986年；（2）張繼良：《無政府主義在中國的傳播及影響》，《河北師範大學學報》，第3期，1988年；（3）鄒振環：《二十世紀轟動中國的「互助論」》，《民國春秋》第6期，1996年；（4）鄭大華：《第一次世界大戰與戰後（1918～1927）中國思想界》，《東北亞文化研究》，第2期，2002年。

〔註20〕 惲代英對該社的名稱解釋爲「定名互助社，取克魯泡特金進化論的意義」。《互助社的第一年》，《互助》第一期，1920年10月。

〔註21〕 惲代英：《惲代英日記》，中共中央黨校出版社，1981年版，624頁。

〔註22〕 李大釗：《階級競爭與互助》，《每周評論》第29號，1917年。

當作基礎。」〔註23〕褚民誼指出：「利爭之社會昏天墨地，……世界之所以終不能免爲慘殺世界者，以競爭時多，而互助時少也……夫生存未必賴競爭、競爭未必有進步。所以賴以生存，生存而有進步者，在互助而不在競爭也。」〔註24〕即他將「互助」定義爲「生存」，則優劣俱勝，競爭則優勝劣敗。朱洸認爲：「互助是道德的基石，目前已經明白無疑了……要使人類的道德向前發展，互助乃是不可少的原動力，互爭乃是毫無益處的。就在今日的社會中，亦能見到互助的範圍越加擴大，人類最高的進化越加有把握。」〔註25〕這句話也說明當時中國人關注克氏互助論的道德功能。周佛海、吳稚暉、王光祈等也深受互助思想的影響，把它看做一種社會改造手段，希望在互助進化中進行社會改造，建立相愛互助、和諧平等的理想社會。當時，覺悟社、利群書社、五七團等一些傾向於安那其主義的組織都倡導「互助論」。王光祈和蔡元培還聯名公佈《工讀互助團簡章》，主張：「該團體的宗旨是本互助的精神，實行半工半讀。」

在「互助論」的影響下，新潮人物進行了各種「互助」實驗。中國最早宣傳「工讀主義」的刊物是吳稚暉主編的《勞動》月刊，聲勢最大的是北京的「工讀互助團」。李大釗、蔡元培、陳獨秀、周作人等重量級人物都爲「互助團」大力宣傳和積極募款。該「互助團」於 1919 年 12 月成立，報名參加的青年達數百人，一些外地青年，如俞秀松、施存統等人趕到北京報名參加。北京「工讀互助團」成立後，全國各地類似的組織大量湧現。各地報刊雜誌紛紛介紹並開展討論，在知識青年中形成一股風潮，一些學界領袖爲之激動不已。工讀互助主義迅速由思潮付諸實踐，並達到高潮。除了北京以外，武昌、上海、南京、天津、廣州等地也有類似的組織。如惲代英在武昌成立「互助社」，毛澤東撰文在《湖南教育》上發表在湖南自修大學裏實驗共產生活的計劃。

二、在華韓人安那其主義革命根據地建設

（一）關內地區

在華韓人安那其主義者積極展開「理想村建設運動」。通過耕作中國的荒地，建立「共同所有、共同消費」的協同組織，並以這些「理想村」爲穩定

〔註23〕 李大釗：《再論問題與主義》，《每周評論》，第 25 號，1917 年。

〔註24〕 褚民誼（民）：《無政府主義在中國》，現代政治思想史資料，湖南人民出版社，1984 年，182～184 頁。

〔註25〕 《無政府主義批判（下冊）》，中國人民大學出版社，1959 年，159 頁。

的獨立軍基地。他們希望的「理想村」是克魯泡特金提到的基於「各盡所能，各取所需」的安那其共產主義社會。這運動也是以建立相互扶助的自衛自治農村共同體爲目標開展的一種安那其主義運動，即在一個地區建設安那其社會，以這個地方爲根據地把安那其主義革命擴展到中國各地。

在華韓人安那其主義元老李會榮在舉辦「新興武官學校」時（1911 年～1913 年，尚未接受安那其主義理論時期）已經關注過理想村建設運動。1924 年，在北京民國大學的韓國留學生柳基石和沈容海（都是安那其主義者）與中國安那其主義者向培良、巴金、郭桐軒等結成「黑旗聯盟」。他們主要研究安那其主義理論、發刊抵抗馬列主義的辯證法和唯物論的哲學著作。其後，韓人參加 1925 年上海總罷工和 1927 年福建省工人、農民總罷工，李乙奎、李丁奎兄弟與中國安那其主義者沈仲九、吳克剛、日本安那其主義者岩佐作太郎等參與上海勞動大學的建校。上海勞動大學由吳稚暉、李石曾、蔡元培等人於南京國民政府時期所建立。受到克魯泡特金和安那其工團主義影響的韓人也積極參與勞動大學建校以及總罷工和農民運動。〔註 26〕

早期韓人的安那其主義運動，主要是直接的義烈行動，在開展義烈行動的同時，他們計劃在各地方實驗理想村建設。這些活動是在中國安那其主義者或國民黨政府的支持下開展的。〔註 27〕例如 1921 年的「河北省永定河開墾工程」、1923 年的「湖南省洋濤村理想村建設運動」、1925 年的「福建省泉州農民自衛軍運動」、1929 年在滿地區「韓族總聯盟」的農村自治運動等。參加過這類活動的鄭華岩，曾把這些活動評價爲「反對中央集權、保護地方分權、嘗試地區自治的運動」。〔註 28〕

1、「永定河開墾運動」

永定河位於北京和天津之間，兩岸有許多可以開墾的荒地。該工程由李會榮於 1921 年發起。他參考韓國被日本吞併後不久（1911 年～1913 年：在耕學社、新興武官學校活動時期）在滿洲開展的開拓工程，其時李乙奎、李丁奎、鄭華岩等也參加了該工程。他們想通過開墾荒地準備民族解放運動時所

〔註 26〕韓國無政府主義者運動史編纂會：《韓國 Anarchism 運動史》，瑩雪出版社，1978 年，297～308 頁。

〔註 27〕李浩龍：《韓國의 ANARCHISM》，知識產業社，2001 年，276 頁。

〔註 28〕參見李庭植：《革命家들의 抗日回想（鄭華岩）》，民音社，1988，317～439 頁。

需要的資金。他們深刻認識到民族解放運動必將是一場持久戰，需要長期地為之奮鬥和努力。確實「永定河」開墾工程需要巨額的資金支持。1921年冬，鄭華岩專程為此回國募捐，結果收穫不大。〔註29〕「永定河開墾工程」最終失敗。綜觀「永定河開墾工程」計劃及其實施過程，雖然沒有實現革命家預設的理想目標，但是該計劃則具體反映出韓人安那其主義者的社會建設及革命路徑的選擇意向。

2、「洋濤理想村建設運動」

「永定河開墾工程計劃」失敗後，李會榮、李丁奎等人於1923年9月參與了在湖南省漢水縣洞庭湖畔洋濤村開展的「理想村建設運動」。當時，洋濤村有一個周姓義士（中國人）擁有土地農田較多，年收入達五千擔以上。他願意貢獻出來土地，與有著共同信仰——安那其主義——的同志一道實踐安那其計劃。隨後，周某力邀其同鄉、北大畢業生陳偉器加盟。為了更有效地運營、提高經濟效益，陳偉器又找來北大同學李丁奎。他希望得李丁奎的輔助，以中韓合作的方法來結成協同組織。李丁奎與李會榮商量後，打算在當地種植高麗蔘等經濟性強的莊稼，並且建設一個中韓合作的安那其主義理想村，並計劃引進一些有著高麗蔘種植經驗的朝鮮農民到洋濤村安家落戶。他們的靈感源自五四時期的「新村運動」。於是他們在韓國開城、開豐等地動員了五十戶農民移居洋濤村。目標是基於「耕者其有田」的思想，建設財產共有、共同耕作、共同消費、相互扶助、自衛自治的新型農村自由共同體，並努力將這種「自由共同體」推廣到全中國。但是不久在湖南發生動亂，周氏一家在逃難中失散。〔註30〕並且由於資金不足和日本警察的妨害，「洋濤理想村建設運動」也隨之破產。

3、「泉永二屬民團編練處」

「洋濤理想村建設運動」失敗後，李會榮、柳子明、李乙奎、李丁奎等安那其主義者立刻參加了福建泉州地區的農民自衛軍運動。1919年，具有安那其主義信仰背景的中國軍閥陳炯明掌管福建漳州時，原來在廣東地區活動的安那其主義者劉石心、莫紀彭（1885～1972）、梁冰弦、李占標、馮篤明、呂安平、劉抱真、黎昌仁、歐心田等人轉移到福建泉州、漳州一帶，積極開展「刷新政治、建設新社會」等安那其思想運動。後來因這一批人與陳炯明存在分歧和矛盾，安那其主義活動成效不大，但是他們的活動在閩南、閩西

〔註29〕鄭華岩：《이 祖國 어디로 갈 것인가》，自由文庫，1982年，35頁。
〔註30〕鄭華岩：《이 祖國 어디로 갈 것인가》，自由文庫，1982年，35頁。

一帶撒下了安那其主義思想的種子，爲了以後安那其主義者在福建的活動製作了有利條件。值得一提的是，6、7 月間安那其主義者范天鈞擔任廈門「民鐘日報社」《民鐘日報》的編輯，積極宣傳安那其主義思想。〔註31〕1927 年「四·一二政變」發生後，泉州地區一度處於國民黨員許卓然（1885～1930）、秦望山（1896～1970）等人的掌握之下。他們對安那其主義者持同情與保護態度，泉州地區成爲安那其主義運動的「世外桃源」。〔註32〕因此梁龍光、秦望山決定邀請李丁奎、李乙奎兄弟參加這項工作，是因爲李丁奎在教育和農村運動等方面有著豐富的經驗。〔註33〕

　　1927 年 6 月底，即李丁奎著手參與建立上海勞動大學時期，梁龍光和秦望山拜訪李丁奎，請他參加福建省泉州農民自衛組織建設運動，並探討當地青少年教育問題。〔註34〕李丁奎、李乙奎和中國的吳克剛、日本的岩佐作太郎等勞動大學教員深刻思考關於泉州農民自衛運動的問題，決定以泉州農民自衛組織爲實驗基地。李丁奎、梁龍光、秦望山等先遣隊前往廈門，隨後李乙奎、李箕煥、柳絮、柳志青、范天均、李良榮、陳君冷、赤川啓來、岩佐作太郎等前來會合。並且秦望山、梁龍光、李良榮等幾十位福建出身的安那其主義者爲遏制當地土匪和馬列主義活動，打算組織、訓練閩南地區的農村青年，籌建組織性強的「民眾武裝」。〔註35〕這是 20 年代後期中國安那其主義民眾組織化的重要運動方式和存在形態。

　　1927 年「寧漢合流」以後，南京政府爲肅清共產黨殘餘勢力，強化地方治安，計劃在各省設置「民團編練機構」。1928 年，奉命追剿共產黨的陳

〔註31〕李碩果擔任經理、陳範予擔任編輯，兩人都是福建人。
〔註32〕蔣剛：《泉州無政府主義運動史實初探》，《韓國獨立運動研究》，198 頁。
〔註33〕李丁奎和梁龍光是 1925 年 5·30 運動時，1 個月左右一起參加勞動運動，所以相互之間已經認識了。（參見李浩龍《在中國韓國人安那其主義者的民族解放運動》，國史編纂委員會，2000 年。）
〔註34〕李丁奎：《李會榮略傳》，乙酉文化社，1969 年，133 頁。
〔註35〕秦望山曾經被選爲國民黨廈門市黨部委員。1926 年冬天北伐軍佔領福建時，他被選爲「晉江縣黨部準備委員」，並招收學員 200 人。但該機構成立不久，他們就遭到地方頑固勢力的驅逐，被迫逃往廈門郊區。他和梁龍光爲培養符合革命的軍事政治幹部，設置了「宣傳員養成所」，進行軍事訓練。並且，他組織「農民協會」與親共的「三點會」鬥爭。但國民黨「清黨事件」時，他被誤認爲庇護共產黨，逃避到上海。他離開泉州之後，1927 年 5 月初許卓然等把宣傳養成所搬到廈門，泉州又爲「三點會」和「新編軍」所控制。（參見李浩龍《在中國韓國人安那其主義者的民族解放運動》，國史編纂委員會，2000 年。）

銘樞（1889～1965）率第 11 軍入閩，剿滅閩南的地方武裝勢力。先鋒隊第
5 師師長蔡廷鍇（1892～1968）要求，國民黨軍驅逐共產黨和地方武裝之後，
由秦望山等處理其他問題。他們依靠泉州一帶的民眾武裝基礎，誘殺了閩
南地方武裝頭目陳國輝，平定了閩南的混亂局勢。由於秦望山等人在當地
的聲望和影響，國民黨當局決定邀請他們在福建地區開展維持地方治安穩
定工作。秦望山等人認爲這是一個實踐安那其主義的好機會，同意蔡廷鍇
的要求，計劃建設「閩南二十五縣民團編練處」。他們應福建省政府的要求，
組建了「泉永二屬民團武裝編練處」。〔註 36〕「泉永二屬民團編練處」於
1927 年 10 月成立，其管轄範圍包括以泉州和永春爲中心的 8 個縣。〔註 37〕
國民黨還讓秦望山負責「福建省黨化教育訓練所」的所有工作。一批韓人
安那其主義者參加了這些工作。〔註 38〕雖然安那其主義者懷疑秦望山具有
的黨性以及他會不會妨害安那其主義運動，但是他們還是接受國民黨的邀
請，參加這一系列活動。仿照黃埔軍校建制，秦望山擔任「福建省黨化教
育訓練所」本部委員長及所長、李丁奎任秘書長及政治主任、鄭今日任總
務、李良榮任訓練主任、李乙奎任會計、柳絮任教授副主任、李箕煥任學
生隊長、歐陽建平和范天均任組織聯絡，梁龍光、張謙第、柳絮、姜種仁
等就任宣傳部，陳春培、李箕煥、柳志青等就任訓練部，李會榮就任訓練
主任。並且李丁奎、柳基石、梁龍光等人還親自爲學員們授課三個月。〔註 39〕

〔註36〕「泉永二屬」是指福建泉州府的晉江、惠安、同安、金文四縣和永春府的永
　　　春、安溪、大田、永安四縣。（鄭華岩《이 祖國 어디로 갈 것인가》，自由
　　　文庫，1982 年，83 頁；李丁奎，《又觀文存》140 頁。）
〔註37〕本來該民團的名稱爲「閩南二十五縣民團編練處」，而二十五縣將包括整個福
　　　建的一半，人口數也相當於福建人口的 3/5。民團表示不敢當這樣的規模，因
　　　此其實際影響僅限於以泉州和永春爲中心的 8 個縣。（鄭華岩《이 祖國 어디
　　　로 갈 것인가》，自由文庫，1982 年，85 頁。）
〔註38〕蔣介石的反共政變之後，許卓然、秦望山等在泉州地區的影響力變大。之後，
　　　四川、湖南、廣東、上海等地的日、韓革命家逃避到泉州，受到他們的庇護。
　　　因此秦望山說，當時的泉州是安那其主義者的「世外桃源」。（參見秦望山《安
　　　那其主義者在福建的一些活動》，《福建文史資料》，第 24 期。）
〔註39〕李丁奎擔任的課目：西方社會運動史、共產主義批判、新政治論、農村社會
　　　組織論等；柳基石擔任課目：新經濟學、社會學、封建社會及資本主義社會
　　　解剖等；梁龍光擔任課目：教養和交涉等。學生學習日程如下：從 6 點安排
　　　到晚上 9 點，由一般講義、修養講座、座談會等構成。每日上課 5 到 6 小時，
　　　早晚各一小時或一個半小時用木槍訓練槍劍術，每兩個星期進行一次精神教
　　　育。學習時間是 6 個月，教育場主要是工場建築物，共有兩間教室、宿舍、
　　　廚房、辦公室兼職員宿舍。（參考李丁奎，《又觀文存》136～137 頁。）

他們認識到沒有武裝鬥爭就無法成就安那其主義革命，因此他們想利用國民黨的招牌開展黨務工作，並成立「宣傳員養成所」等，其目的是培養青年安那其主義者。先後有 40～50 名青年在「宣傳員養成所」學習，後來他們成為福建安那其主義活動的骨幹。他們計劃建立「革命根據地」，招募 1500～3000 人規模的軍事力量，作為安那其主義活動的主力軍。另外，他們還把「宣傳員養成所」訓練的青年，分派到 11 個縣的農村向群眾宣傳組織農民、組織民團。

當時「泉永二屬民團武裝編練處」得到華僑和地方各界的支持，獲得大量活動經費以及向日本購買槍機和軍需用品。「編練處」的主要目的是解決地方武裝以及赤共勢力日益坐大的問題。經過與蔡廷鍇等人討論，他們按照中國農村的實際情況，樹立了「自由自治生活、協同勞作生活、協同防衛生活」的工作原則。為此，他們按照「馬克諾（Mahno）式」武裝自衛組織和樹立訓練法，建立青年、壯年武裝自衛組織，並開展經濟、文化事業。〔註 40〕積極指導各村青年結成鄉村社區組織，承擔發展經濟、普及文化和武裝自衛等任務。編練處的組織系統由本部—縣—鄉村—區—班構成。雖然「泉永二屬民團編練處」具有濃厚的的官方背景，有特定的政治目的，但其具體運作卻體現了明顯的安那其主義傾向。

由於經濟拮据和軍情日益緊張的原因，編練處的活動只堅持了一年，農民自衛軍運動則持續到 1928 年 4 月。當數千名地方武裝土匪侵犯泉州時，國民黨駐軍的戰鬥力也並不強，無力抵抗的情況下，節節敗退。安那其主義者管理的民眾武裝也遭到襲擊，加上資金籌措困難，他們不得不把總部移到南京。韓人安那其主義者陸續撤離泉州，並且李箕煥被日本警察逮捕，拘禁於廈門日本領事館。海外華人提供的經費支持也被迫停止。1928 年 5 月，李乙奎、李丁奎、鄭華岩、岩佐作太郎、赤川啓來等整理編練處回到上海。革命根據地建設運動就此告終。

實際上，他們過分倚重國民黨政府軍武力，這是計劃失敗的一個重要原

〔註 40〕　內斯托爾・伊萬諾維奇・馬克諾：烏克蘭安那其共產主義游擊隊領導者。在 1917 年俄國革命時期領導農民起義隊伍（黑軍），在烏克蘭地區與白軍展開攻擊紅軍。他曾參加俄國 1905 年革命，雖然革命早期支持紅軍，但後來組建了一個安那其主義社會——「烏克蘭自由區」，努力維持該地區的主權。然而這一計劃因布爾什維克的逼迫而告失敗。黑軍也因拒絕併入紅軍而被剿滅，他也於 1921 年流亡國外，並最終客死異鄉。

因。畢竟國民黨追求的理想與安那其主義者的截然不同，國民黨強調農民自衛組織必須與政黨利益不衝突。有效遏制中共勢力在福建的發展是其目的之一，所以必然會引起赤色勢力的猛烈攻擊。

當時的福建（主要是泉州、永春兩地）是一個不受日本直接控制、國民黨勢力影響力較弱的地方，因此在開展革命根據地建設問題上中韓安那其主義者便顯得有機可乘。他們想以該地區為基礎，組建武裝力量，然後在較大範圍內擴張，進而推進各項社會運動和社會變革。實事求是地說，雖然他們在開展建設運動的過程中與國民黨等政治勢力多次妥協，可是事實上他們展開的是不折不扣的安那其主義運動。

除此之外，還有「內蒙古杜利軍培養運動」等。1925 年，韓人李會榮和金昌淑計劃在內蒙古建立根據地，培養獨立軍。但很可惜直到如今沒找到任何詳細說明的資料。

（二）滿洲地區

1927 年 7 月，韓人安那其主義者在滿洲海林結成「在滿朝鮮無政府共產主義者聯盟」，金宗鎭被選爲書記。金宗鎭指出：「我們首先規定獨立運動的目的和內容。我們爲了所有人民都享受安逸的生活而開展獨立運動，該運動是追求民族的自主權和個人自由的回覆以及建設沒有榨取的社會。無論異族或同族，我們無法容忍侵害這些的人。獨立運動家想實現的社會或國家是萬民享受平等、全國民享受平等的社會。獨立運動的所有手段和方法應該基於這基本原則。」〔註41〕

該組織政治綱領如下：

　　一、追求完全保障人的尊嚴和個人自由的無支配社會；

　　二、所有人具有社會平等權，各人通過自主創新和相互扶助的自由聯合進行人的自由發展；

　　三、追求各盡所能、各取所需的經濟秩序的確立。〔註42〕

「在滿朝鮮無政府共產主義者聯盟」主張「無支配、無強權」社會的形態，並且主張基於相互扶助精神的「各盡所能、各取所需」的經濟秩序，通過結成農村自治組織，計劃建設滿洲地區抗日鬥爭根據地，這確實是基於安那其主義

〔註41〕李乙奎：《是也金宗鎭先生傳》，韓興印刷所，首爾，1963 年，78 頁。
〔註42〕韓國無政府主義運動史編纂會：《韓國 ANARCHISM 運動史》，瑩雪出版社，1978 年，319～338 頁。

的一個實踐。他們與「新民府」〔註43〕聯合結成「韓族總聯合會」。由於「新民府」負責人金佐鎮遭到暗殺、李乙奎被捕，加上中共勢力的牽制和日本勢力在滿洲侵略，他們在滿洲無法再展開運動，只能撤回到上海。在此期間，在華安那其主義運動的主要領導人申采浩、李乙奎、李丁奎、柳林等人都尚在監獄或被拘押送至韓國。然而在華安那其主義運動史中壓力和逼迫最大的時期，在上海的其他韓人安那其主義者與中國革命人士一道先後建立了「南華聯盟」、「抗日救國聯盟」等組織，積極開展以暗殺、義烈活動爲中心的抗日鬥爭。

　　日本殖民統治時期，滿洲地區有一大批爲擺脫日本帝國殖民壓迫的韓人革命志士，在當地韓人社會逐步形成。20 世紀初，不少韓人計劃在滿洲建設獨立軍培養基地，以韓人地方組織爲基礎開展民族解放運動。早在 1911 年～1913 年間，李會榮就在這裡設立「耕學社」和「新興武官學校」等組織，並且在馮玉祥（1882～1948）等人的幫助和支持下舉辦荒地開拓事業以及其他各項安那其主義運動。他們建立的比較代表性的團體是「北滿韓人青年聯盟」、「在滿朝鮮無政府主義者聯盟」和「韓族總聯合會」。

　　1、「在滿朝鮮無政府主義者聯盟」（簡稱「在滿聯盟」）

　　「在滿聯盟」是 20 年代末 30 年代初在滿洲地區標榜安那其主義的韓人革命團體，這聯盟的主要目的是建設安那其式民族解放運動基地，開展安那其主義運動。

　　在滿韓人安那其主義運動的核心人物金宗鎮是新民府首長金佐鎮的堂弟。對抗日本帝國的軍事力量，他認爲非以武力來抵抗不可。1921 年，經申圭植介紹，金宗鎮前往雲南軍官學校、雲南講武堂學習，1925 年畢業。畢業後，他經廣州前往上海，在與臨時政府人士的交流中感悟到民族主義陣營的內部矛盾。在柳子明和黃勳（崔重鎬：1891～1934）等人的引薦下，他與義烈團、多勿團交流。這些團體的活動之地都屬於關內地區，但金宗鎮更關注滿洲地區。1926 年，他由金九的介紹認識了李乙奎、白貞基、鄭華岩、李丁奎等安那其主義者。這時他開始對安那其式社會模式，就是反對中央集權專

〔註43〕當時在滿洲地區有三個比較大的獨立運動團體就是（1）參議府（西間島）、（2）正義府（吉林）、（3）新民府（北滿）。新民府是「大韓獨立軍團」和「大韓軍政署」等北滿洲地區的獨立運動團體。1925 年 3 月在穆棱縣舉辦「扶餘族統一會議」。金爀擔任中央執行委員長、金佐鎮擔任軍事部委員長。新民府管轄寧安、珠河、穆棱、密山、額穆、敦化、安圖地區的 50 萬韓僑，並且具有 15 個行政組織總辦，實際上具有政府的特點。

制、提倡自治的、聯合的，產生濃厚的興趣。在與他們的思想交流中，金宗鎮深刻認識到滿洲地區的組織化和屯田養兵的必要性。從 1926 年 4 月開始，他在南京、漢口、武昌、成都等地向韓人青年積極宣傳滿洲地區的重要性，但效果不佳。1927 年 9 月底，金宗鎮擔任「在滿聯盟」的責任委員時，前往滿洲，路過天津，與李會榮交流，遂接受安那其主義思想。〔註 44〕金宗鎮開始認爲民族解放運動就是建設安那其主義社會的過程，並且他重視李會榮等關注的農村、教育運動。他把民族解放運動規定爲「爲全國人民共生共存的運動」，又主張：「恢復被日本帝國奪取的民族自主權和個人政治、經濟的自由權利，而建設沒有冤屈、榨取的社會。」他所設想的解放後的朝鮮社會就是安那其共產主義社會。10 月底，他在牡丹江與堂兄金佐鎮會合，擔任「新民府」軍政派第五隊隊長、軍事部委員。

金佐鎮也認識到民族解放和安那其革命在短時間內難以完成，只有通過精密的計劃和完善的組織，才能獲得最後的成功。爲持久戰則需要人力、物力以及各項客觀條件的有效整合，滿洲是最適合之地。所以計劃以「屯田養兵」在滿洲建設民族解放運動基地，並組織民眾自由聯合的協力機構。若這樣的農村運動鞏固起來，這種組織就能成爲抗日鬥爭團體，農民的財力就成爲抗日鬥爭時經費的基礎。加入新民府的金宗鎮基於安那其主義理論，撰寫了《關於滿洲的韓民族解放運動的基本計劃》，該計劃分析了如何分割滿洲地區、各地方的實情、韓僑組織化和指導訓練、各運動團體如何合作、如何聯繫等問題。〔註 45〕並且金宗鎮提出新民府應該通過適當的改組，吸納更多的在滿韓人安那其主義者，並使他們參與其中。確實，當時在滿洲各地已有叫「自由青年會」的團體，石頭河子鎮的金野蓬、山市的李達和李德裁、海林的嚴舜奉、新安鎮的李俊根、密山的李康勳等都是該團體的核心人物。尤其，李鵬海、李鍾柱、李康勳等都是作爲安那其主義者在新民府軍政派活動的人物。金宗鎮結合這些團體，1927 年與李達、金野蓬等組織了「黑友聯盟」，以此爲基礎 1928 年結成了「北滿韓人青年聯盟」。1929 年 11 月，發表《宣言》揭露了日本侵略滿洲的野心，主張徹底排斥妥協的政治運動，並自稱爲「先頭隊」，拒絕了異族統治和資本主義。在組織運營上提出：「爲了實現自由的戰爭，尊重他人的意見；承認個體的、完全的自由；建設基於自由聯合原理

〔註 44〕李乙奎《是也金宗鎮先生傳》，1963 年，78～79 頁。
〔註 45〕李乙奎：《是也金宗鎮先生傳》，韓興印刷所，1963 年，53～62 頁。

的鬥爭組織。」〔註46〕

　　北滿韓人青年聯盟成立後，金宗鎮積極與「新民府」合作，爲準備紮實理論基礎，邀請在關內活動的李乙奎到滿洲。〔註47〕1929 年 7 月，在金宗鎮和李乙奎的主導下，柳林、李鵬海、李康勳、嚴舜奉、李達、李俊根、李德裁、李鍾柱、金野蓬、金野雲、金東等十七人參與了組織工作。

　　其綱領如下：

　　　一、完全保障人的尊嚴以及個人自由的「無支配」社會實現；

　　　二、各人以自主、創意、相互扶助爲基礎的自由合作來展開個人自由的發展；

　　　三、確立各盡所能、各取所需的經濟秩序。〔註48〕

　　他們希望實現個人完全自由，經濟上各盡所能、各取所需的安那其主義社會。因此，他們根據傳統安那其主義的理論，主張保障個人絕對自由、自由聯合的原則和實現各盡所能、各取所需等安那其共產主義社會，而反對中央集權。然而他們並沒提出反對政府和國家等古典安那其主義的口號，因爲他們試圖與民族主義精英的合作。所以他們還發表傾向於親民族主義的《當面綱領》。其內容如下：

　　　一、獻身於在滿同胞的抗日、反共思想以及生活改革的運動；

　　　二、爲促進在滿同胞經濟、文化的發展，獻身於以同胞自治合作來建構的組織；

　　　三、爲增強抗日力量和青少年的文化開發，致力於青少年教育；

　　　四、直接參加農民大眾的「共同勞作」，以自立解決生活問題，同時與農民一起盡力於農民的生活改善及思想啓蒙；

　　　五、定期報告自己研究和批判自己的義務；

　　　六、在抗日獨立戰線上，同民族主義者堅持友好協助和協同作戰義務。〔註49〕

〔註46〕李浩龍：《在中國 韓國人 anarchist 의 民族解放運動》，國史編纂委員會，2000 年。
〔註47〕李乙奎 1924 年 4 月在北京與李會榮、柳子明、白貞基、鄭華岩等組建「在中國朝鮮無政府主義者聯盟」，1927 年在南京組建「東方無政府主義者聯盟」。他是代表在華韓人安那其主義者的人物。1929 年 1 月，他離開南京，同年 3 月到了中東線海林，見金佐鎮，與金宗鎮準備滿洲地區安那其主義運動。
〔註48〕李乙奎：《是也金宗鎮先生傳》，韓興印刷所，1963 年，88 頁。
〔註49〕李乙奎：《是也金宗鎮先生傳》，韓興印刷所，1963 年，89 頁。

　　然而信奉「大倧教」〔註 50〕的民族主義團體「新民府」所求的社會模式卻是以所有檀君〔註 51〕的子孫爲國民，建設以滿洲和韓半島爲領土的民族主義國家，即他們追求以政黨制度、議員制度爲基礎的中央集權的政治體系和「各盡所能、按勞分配」的經濟秩序。

　　那民族主義勢力爲何接受安那其主義理論？

　　第一，「新民府」軍政派管轄的韓僑開始排斥民族主義團體，而支持馬列主義團體。並且「北滿農民組合」、「北滿青年同盟」等馬列主義團體煽動韓僑反對新民府。〔註 52〕當時不少韓僑農民對新民府軍政派感到不滿。軍政派以「討伐日軍、破壞日本機關」爲使命，並且開展暗殺親日派和國內進攻作戰等軍事工作，爲完成這些工作需要僑民的積極協助。可是當地韓僑並不支持軍政派。因爲他們的生活極度貧困，無法提供資金，另外一般韓僑並沒具有抗日民族意識，軍政派的統治方針也有問題，他們讓韓僑承擔過重的經濟負擔，有時甚至殘殺農民。如金佐鎭寵愛的李白虎飛揚跋扈、殘殺僑民，所以農民把金佐鎭叫「魔王、暴君」。「新民府」本身也並非由在滿韓僑自己組織的，而是獨立運動領導者組織的抗日團體。「新民府」按照中央的計劃，劃分自己的管轄地區，管理當地韓僑。並要求他們義務金等稅金，實行徵兵制和屯田制。很多在滿韓僑表面上尊敬他們，實際上不太認可「新民府」。〔註 53〕所以不少人轉而信仰馬列主義。金佐鎭等「新民府」負責人憂慮馬列主義影響日益擴大，結果與在滿聯盟合作，並吸收安那其主義思想資源。

〔註 50〕大倧教：信奉民族祖先檀君、民族固有之天神的近代韓國的民族宗教，也稱爲「檀君教」。1909 年 1 月 15 日羅喆（1863～1916）等公佈檀君教，1910 年 7 月 30 日改名爲「大倧教」。大倧教本來是以一個宗教爲出發的，但此時是日本帝國強佔朝鮮的時期，民族主義傾向很濃厚，因而他們投身於抗日獨立運動。1915 年，由於日本「朝鮮總督府」的逼迫他們把總部遷到滿洲和龍縣，繼續展開當地人的民族教育，編撰《神檀實記》、《神檀民史》等，上海臨時政府把這些書定位臨時政府的韓國史教科書。

〔註 51〕檀君：朝鮮民族的始祖神，古朝鮮開國國君，據《三國遺事‧寄異》之記載，他是天地桓因之庶子桓雄與熊女棲梧結合而生的。公元前 2333 年左右他建立朝鮮民族最早國家──古朝鮮，首都爲平壤。

〔註 52〕參見金俊燁、金昌順：《韓國共產主義運動史（資料編）1》，1979 年，29 頁。「雖然新民府標榜朝鮮的獨立，但實際上不關心獨立運動，戴著獨立運動之面具，要求征稅資金，逼迫農民」。

〔註 53〕李乙奎：《是也金宗鎭先生傳》，韓興印刷所，1963 年，80 頁。

第二，當時金佐鎮身邊沒有青年指導者，金宗鎮向金佐鎮陳言，獨立運動陣營中最值得信賴的是安那其主義者。同時，南京政府也在肅清左翼分子時，與吳稚暉、李石曾、蔡元培等安那其主義元老聯合而處理馬列分子共產主義分子，即安國合作。金宗鎮具有徹底反馬列主義思想。他指出：「因爲共產主義（馬列主義）本身藐視人的尊嚴、蹂躪自由，所以爲了民族的自主獨立和自由人權而鬥爭的我們，應該排斥、揭露強權的、奴隸的、屈從主義的獨裁、反動思想。」〔註54〕因此金宗鎮主張韓人抵抗馬列主義的擴散，因此需要民族主義和安那其主義之間的聯合。

值得注意的是，1927年之前在關內的韓人安那其主義者批判「新幹會」等合作運動，揭露民族主義者的墮落性和馬列主義的屈服性，排斥民族和馬列主義的聯合。然而1929年在滿洲，他們依然堅持對馬列主義的批判態度，而積極摸索與民族主義陣營的聯合。雖然他們組織了安那其主義團體，但沒有直接管轄的地區、居民等實際的基礎，因此需要獲得「新民府」軍政派的支持。〔註55〕他們希望在「新民府」軍政派基礎上實現以理想社會爲目標的民族解放運動。他們雖然認識到民族主義具有的全體主義（Fascism）的因素，然而爲了樹立新的秩序和打破壓迫的殖民體制，不得不與所謂的民族主義陣營聯合。作爲解決殖民地現狀的運動，民族主義和安那其主義（尤其是克魯泡特金的「安那其共產主義」思想）維持一種戰略的提攜關係。並且他們注重農民的意識改革和通過生活改革的理想社會建設的實現。

當時民族主義陣營「新民府」被分爲軍政派和民政派。1929年，軍政派金佐鎮與柳林、金宗鎮、李乙奎等安那其主義者結成「韓族總聯合會」，努力組建農村自治組織。該團體負責人主張基於相互扶助和自由聯合的「安那其共產主義」的組織原理來組建團體，並且設立「農務協會」，計劃建立農村自治組織。〔註56〕他們在綱領中指出「我們立志於國家完全獨立和民族徹底解放」等傾向於民族主義的目標，同時提出土地共同分割、共農制、地方自治制、共同販賣等措施，體現了基本的安那其主義訴求。〔註57〕民族主義陣營和信奉克魯泡特金主義的人結合、補充兩陣營的主張，構想了新社會秩序。在當時歷史條件下這是無法避免的選擇。

〔註54〕李乙奎：《是也金宗鎮先生傳》，韓興印刷所，1963年，87～88頁。
〔註55〕李乙奎：《是也金宗鎮先生傳》，韓興印刷所，1963年，88～89頁。
〔註56〕朴煥：《大陸으로 간 革命家들》，國學資料院，2003年，31～32頁。
〔註57〕朴煥：《大陸으로 간 革命家들》，國學資料院，2003年，159頁。

2、「韓族總聯合會」（簡稱「韓總」）

1920 年代末「民族唯一黨運動」的失敗、在滿馬列主義勢力的擴大和民族主義運動的失敗成為建立「韓族總聯合會」的主要原因。1928 年 12 月「新民府軍政派」、「參議府主流派」、「正義府退出派」宣佈解體，臨時召開「革新議會」，但並沒發揮其作用。雖然民族主義陣營在國家政權陷落以後在滿洲地區開展了革命獨立運動，但並沒獲得明顯的效果，反而作為運動的副作用帶給韓僑壓迫的負面影響。趁這機會，馬列主義提倡民眾解放，攻擊民族主義的弊端，因此民族主義陣營迫切需要對抗馬列主義的新思想。同樣安那其主義排斥馬列主義勢力，因而兩者為解決這一問題構想了在滿洲建立實行「民族解放」和「社會革命」的根據地，聯合抑制馬列主義的擴張。

結果，金宗鎮在滿洲地區進行 8 個月的社會調查，給金佐鎮解釋滿洲地區韓僑的實際情況提供堅實的基礎。〔註58〕調查意見如下：「一、農民的飢餓狀況和運動指導者的使命；第二、農民受到的外部的因素，比如中國地主和資本家的橫暴、由日本政策（民族欺瞞政策）導致的民族內部分裂、國際馬列主義者的壓力；第三、各地地方組織的問題和指導者的水平問題。」〔註59〕他指出：「為了抵抗共產主義者（馬列主義者）的浸透和攪亂、驅逐所謂科學的社會主義的人、並且與倭寇進行長期鬥爭，應該改編新民府，在滿同胞也建設自己的組織，這樣才能獲得（民族解放運動）精神的向心力。」〔註 60〕金佐鎮接受金宗鎮的邀請，接受安那其主義理論，擴大、改編了新民府。金佐鎮比軍事活動更關注樹立韓僑自治制。1929 年 7 月，金宗鎮等 16 名「黑友聯盟」代表在葦河縣石頭河子鎮舉行「北滿人民代表大會」。同年 8 月，他們結合 20 多個「農務協會」，在山市和海林中間的石河站附近的一個韓僑農家結成「韓族總聯合會」。這是以寧安縣三市站周圍為根據地的民族主義和安那其主義的聯合組織。雖然民族主義者金佐鎮和權華山分任委員長和副委員長，但是安那其主義者擔任了主要實務。〔註61〕他們發表宣言、綱領、事業

〔註58〕 金宗鎮1928年元旦起進行滿洲地區社會調查。社會調查路程如下：海林——穆棱——密山——寧安——五常——舒蘭——額稜——敦化——安圖——白頭山——撫松——蒙江——樺甸——和龍——延吉——汪清。（參見李乙奎《是也金宗鎮先生傳》，1963年，64～65頁。）

〔註59〕 李乙奎：《是也金宗鎮先生傳》，韓興印刷所，1963年，73～76頁。

〔註60〕 李乙奎：《是也金宗鎮先生傳》，韓興印刷所，1963年，79頁。

〔註61〕 金宗鎮任「組織・宣傳委員長」、李乙奎任「教育委員長」、李鵬海任「軍事委員長」。（參見具昇會等《韓國 ANARCHISM 100 年》，理學社，2004 年，221 頁。）

政綱等，宣言的主要內容是反對中央集權，推崇建設自主、自治的安那其主義社會。他們想「放棄以往顯露出的萬惡和一切現象，開展民眾生活增進和革命戰線的增強，以自主的、自治的生活組織爲基礎，全民眾建設聯合組織。」〔註62〕他們在宣言中對在國內（朝鮮）民族・馬列主義兩大陣營以聯合方式來領導政治、合法運動表示憂慮，主張應該基於安那其主義來開展民族解放運動。他們認爲馬列主義者主張的合法運動會導致對日本的屈從，並且民族主義陣營的宗派主義會引起民族解放運動的沒落。他們確信爲了避免這些弊病，應該使民眾自己參與民族解放運動，並基於自主自治的生活組織來聯合民眾主義勢力。「韓總」的綱領如下：

　　一、本會立志於國家的完全獨立和民族的徹底解放。

　　二、本會立志於民族的生活穩定，同時致力於革命訓練。

　　三、本會致力於完成民眾組織的革命。

　革命

　　（1）積極展開破壞、暗殺、暴動等一切暴力運動。

　　（2）一般民眾的革命化，革命的軍事化。

　　（3）不管內外，消滅合法運動及機會主義者。

　　（4）堅決排斥反民眾的政治運動理論。

　　（5）理清派別，完全統一運動戰線。

　　（6）與友誼團體建立親善關係。

　　（7）追隨世界思潮。

　產業

　　（1）結束居民的流浪生活。

　　（2）鼓勵土地共同租賃。

　　（3）積極推行工農制度。

　　（4）發展產業。

　　（5）積極鼓勵副業。

　行政

　　（1）確立地方自治制度。

　　（2）確定各地方自治體之間的聯繫。

〔註62〕李乙奎：《是也金宗鎭先生傳》，韓興印刷所，1963年。

（3）改變民眾的被統治的奴性。

（4）禁止指導階級的行動。

教育

（1）實施適於實際生活的教育政策。

（2）選拔優秀教育家。

（3）統一教科書和學制。

（4）積極設置中等教育機關。

（5）鼓勵女性和青年運動。

（6）打破非現代的習氣。

經濟

（1）積極鼓勵共同販賣、共同消費公會。

（2）設立農村殖產金融公會。

（3）設立農民倉庫。

雖然綱領沒有直接體現安那其主義因素，但也能窺見安那其主義的某些端倪。比如，共同、互助、地方自治等項目。他們在革命綱要部分提出，應該採取安那其主義的方法論——直接革命論、反對新幹會等左右合作、而主張反政治的政治。在產業部分的綱要強調私有財產的否定和共同體精神。在行政方面的綱要，反對中央集權、強調地方分權、否定由前衛組織的革命指導、主張民眾直接革命，並且強調民眾解放和通過地方自治的民眾直接政治。

在滿韓僑組織了各村落的自治班，自治班上設有「地區分會」，地區分會上設「地區聯合會」，地區聯合會的聯合體就是「總聯合會」。各自治機構自己選定負責者，自己處理事業計劃、預算和結算的審議等。到當時，韓人社會沒做過「向上式」行政體系，所以首先不得不按照既往的「向下式」方法來選拔指導部。他們公開批判馬列主義，並發生與馬列主義者武力衝突。當時，「韓總」的根據地是海林地區，馬列主義者的根據地是寧安縣，若侵犯對方的管轄地區，往往發生相互之間殺害的悲劇。〔註63〕馬列主義陣營認為「韓總」是轉換為社會改良主義的反動勢力，開始予以暗殺。結果，金佐鎮、李俊根、金野雲、金宗鎮等民族、安那其主義者先後被馬列主義勢力殺害。〔註64〕

〔註63〕鄭華岩：《이 祖國 어디로 갈 것인가》，自由文庫，1982 年，124 頁。

〔註64〕參見《東亞日報》，1931 年 9 月 11 日。

在滿聯盟和韓總都關注在滿同胞的教育、思想啓蒙、生活改善等問題。
他們自認爲自己是一個農民，與農民共同生活，自己解決生活上的所有問題。
並且努力促進在滿韓僑的經濟、文化上的組織化。這些活動不僅能從安那其
主義理論找到依據，而且還可以消除韓僑當時對新民府武裝鬥爭產生的恐懼
感。自然韓僑信賴他們，並且認爲他們不是特殊集團的獨立運動團體，而是
普通的農村運動組織。

（1）農村自治運動

他們爲抵抗日本帝國主義以及「在滿朝鮮人反帝同盟」等馬列主義勢力，
組織稱爲「韓族農務協會」的農村自治團體。

該地方組織情況如下：

一，按照各地區名稱，稱爲「**農務協會」。

二，作爲地方自治機關，選 5～9 名居民擔任行政、司法、實業、財務、
　　教育、保安等職務。

三，韓族聯合會定期大會 1 個月之前，舉辦居民大會，選定派遣大會
　　的代表以及建議案。

這是植根於安那其主義理論的、由金宗鎭、李乙奎等人籌劃的農民互助
團體。他們指出：「我們北滿民衆，明確發現馬列主義不適合於朝鮮的現實。
從數年前開始，自由聯合主義的旗幟之下，作爲排斥獨裁和專制的地方議會
制，組織了追求完全農民自治的各地方農務協會。」金、李都深知「新民府
軍政派」的弊端，就是只關注祖國獨立，不關心農民生活。因此韓僑農民認
爲朝鮮民族主義者、中國地主都是「一丘之貉」。韓人安那其主義者需要對抗
在北滿地區擴張的馬列主義勢力和日本帝國主義。他們相信解決這兩個問題
的方法就是通過經濟組織提高農民的經濟生活，因爲這樣的組織才能讓農民
發揮自己的能力和創造力。因此，金、李兩人奔走各村落，以公演等的形式
強調農民自治組織的必要性。1929 年 10 月，他們爲了農民的便利，在山市站
設立了碾米廠。當時，在北滿地區除了在中東線的黃公山運營的碾米廠以外
沒有韓僑的碾米廠，所以不得不花高價依靠當地人的運營。韓總爲了解決這
些問題設立了碾米廠，而且效果理想。〔註 65〕他們確信提高農民水平的話，
農村自治組織會逐漸變成爲抗日、反馬列鬥爭的根據地。〔註 66〕

〔註65〕李乙奎：《是也金宗鎭先生傳》，韓興印刷所，1963 年，114～115 頁。

〔註66〕李乙奎：《是也金宗鎭先生傳》，韓興印刷所，1963 年，114～115 頁。

　　20 年代後期北滿地區韓僑經濟情況十分糟糕，他們不關心反日、反共等政治問題，所以他們排斥「新民府軍政派」的指示，各種稅金讓他們負擔沉重。〔註 67〕「韓總」考慮了北滿韓僑的經濟情況和獨立的政治需要，韓僑農民積極參加安那其農村自治組織建設。

（2）教育活動

　　金宗鎮、李乙奎等人設想開辦教育，向在滿韓僑宣傳安那其主義理念、培養安那其主義後備力量。他們設置 4 年制小學和 3 年制初中以及成人教育課程。小學教育注重社會生活能力、個人和社會關係處理能力、相互協同生活能力。在初中教育強調在農村生活需要的各種技術、自給自足能力、簡單的軍事訓練。並且他們灌輸反強權思想及反日思想。爲了提高相互扶助能力，採取學生寄宿制。他們開辦了 50 多所小學，一般來說，這些小學都是由新民府舉辦，其中九江泡小學、保新學校、東新學校 3 所是韓總所設立。雖然他們可以較好地完成小學教育，可初中教育就面臨不少問題。首先是經費和管理問題。不少幹部憂慮校產購置經費、實習費用、教員等建校時和建校之後的運營問題。通過金宗鎮的說服，組織了「北滿中學既成會」，租借高領子地區的中學園地，但因不久之後發生的「指導部被殺事件」等，無法繼續正常運作。

　　成人教育的對象是 20～30 歲的男女，他們實施生活改善、職業訓練、國民生活講座以及軍事訓練。韓總設想組織年輕男女武裝力量。〔註 68〕他們在農忙期參加農活，農閒期學習安那其主義理想和民族解放運動等相關知識。

（3）武裝鬥爭

　　「韓總」主張開展武裝鬥爭，以武力驅逐日本侵略勢力。這是與當時安那其主義者開展的武裝鬥爭（暗殺、破壞）不同的游擊鬥爭。原因在於既往新民府軍政派負責「韓總」的軍事問題。〔註 69〕作爲一種策略，當時他們還不具備襲擊日軍佔領之地的能力，並且日本勢力尚未到達北滿地區。故而當地馬列主義勢力就成爲韓總的攻擊對象。事實上，20 年代後期，民族主義和馬列主義兩大陣營試圖形成聯合陣線。但是，1928 年 8 月「高麗共產青年會滿洲總局」突然發表聲明拒絕與民族主義陣營的聯合戰爭，1929 年 12 月，「火

〔註 67〕朴煥：《新民府에 對한 一考察》，《歷史學報》，1985 年，130～131 頁。

〔註 68〕李乙奎：《是也金宗鎮先生傳》，韓興印刷所，1963 年，59 頁。

〔註 69〕朴煥：《新民府에 對한 一考察》，《歷史學報》，1985 年，28 頁。

耀派」發表《宣言反對帝國主義、國民黨軍閥、民族主義團體的朝鮮農民屠殺》等檄文，煽動北滿居民進攻民族主義團體。從此以後民族主義與馬列主義兩陣營勢同水火。在馬列主義陣營破壞民族主義團體的過程中，朝鮮共產黨滿洲總局派出朴尚實從事暗殺活動。1930 年 1 月 24 日，朴尚實殺害了金佐鎮。

馬列主義陣營往往襲擊「韓總」管轄地區，殺害韓僑與「韓總」組織員。以寧安縣為根據地的馬列主義分子利用中國勢力，曾試圖煽動 20 多官兵暗殺金宗鎮、李乙奎等。1930 年 6 月 18 日，朝鮮共產黨滿洲總局的金東軾、崔一山等 100 多名馬列分子襲擊三市，破壞韓總的一切施設，試圖殺害「韓總」領導人。幸運的是，金、李兩人事先到吉林市避難。馬列分子的破壞、暗殺行為迫使「韓總」與國民黨或張學良東北軍閥聯合，討伐馬列主義勢力。〔註70〕1930 年「5・30 暴動」發生時，南大觀、白南俊、權秀貞等 10 多名「韓總」成員作為中國官員的「共匪剿伐偵探隊」，也在第一線參加了王樹棠等討伐馬列主義勢力活動，權秀貞擔任馬列主義勢力討伐隊長，負責吉林省軍閥處長的秘書活動。因此從吉林省政府取得韓僑自治權。

「韓總」面臨的最主要的問題是軍費開支的不足。雖然他們想依靠農村自治組織，但因為組織標榜農民自治，故無法強制要求。而且金佐鎮、金宗鎮的被殺和李乙奎的被捕引起安那其主義與民族主義之間的矛盾，並互相攻伐。1931 年夏，信奉大倧教的人離開「韓總」，與洪震、李青天加入「韓國獨立黨」和「韓國獨立軍」。1930 年 4 月各地農務協會還重新組織「韓族農務聯合會」。1931 年夏李達、嚴舜奉、李康勳等轉移到關內，9 月在上海組織「南華聯盟」。

「韓總」活動失敗的原因至於以下幾個方面：

第一，日本帝國主義的壓迫。

1920 年「庚申慘變」以來，日本不斷強化對在滿韓人獨立運動的壓迫，而「九・一八事變」以後其壓迫尤其頻繁。故而，韓僑無法順利開展安那其主義等理想社會建設運動。日本借掃蕩之名，逮捕韓人獨立運動領袖，大多數安那其主義者被迫逃到中國關內。

〔註70〕 朴煥：《殖民地時代韓人 ANARCHISM 運動史》，先人出版社，2005 年，259頁；《滿洲事變後の在滿朝鮮人の民族主義運動》，《思想月報》，第 3 卷第 9號，1933 年 12 月 15 日，朝鮮總督府高等法院檢事局思想部，33 頁等。

　　第二，馬列主義勢力的進攻。

　　十月革命以後，布爾什維克開始對安那其主義者進行彈壓。韓人安那其主義者與民族主義陣營聯合，反擊馬列主義。這引發了馬列主義者對「韓總」指導部金佐鎮、鄭新、金宗鎮、李俊根、金野雲等人的暗殺。「韓總」領導機關被破壞後，許多活動難以得到有效開展。在間島發生的「5‧30蜂起」之後，在滿洲地區的馬列主義勢力影響日益強化，當地農民、青年組織紛紛傾向於向馬列主義陣營輸誠。

　　第三，與民族主義陣營勢同水火。

　　由於金宗鎮、李乙奎等與金佐鎮聯合，「韓總」的實權落於安那其主義者手中。本來信奉大倧教的民族主義者心懷不滿，並將安那其主義認為類似於馬克思主義的左傾思想。另外，與安那其主義聯合不久，金佐鎮的被暗殺加深了他們對左傾勢力的不滿。1930年7月，民族主義者作為抗日主體組織了「韓國獨立黨」，積極準備武裝抗日。「韓總」的功能和影響日益萎縮，限於生活改善等方面。

　　第四，缺乏外界援助。

　　在華韓人安那其主義根據地限於中國關內，在金宗鎮、李乙奎兩人的努力下，雖然他們開始關注滿洲地區，然而解決實際問題的能力相當有限。而且安那其主義理論標榜農民自治，他們不能給農民太大負擔，運動過程中經濟問題尤其突出。並且農民自治運動的思想基礎來源於從少數安那其主義者，他們的被捕和被殺自然帶來「韓總」解體。此外，他們不像民族、馬列陣營能得到外界援助。雖然早期安那其主義者也講究國際親密同志關係，可滿洲地區的活動沒有得到中、日安那其主義者的支持。

　　雖然在滿韓人安那其主義者與民族主義者聯合建立革命運動基地，但在1930年金佐鎮被殺之後，便與民族主義者產生矛盾，無法繼續在滿洲開展活動。他們被迫加入上海聯盟〔註71〕、南華聯盟等組織，致力於恐怖義烈鬥爭。〔註72〕民族解放運動基地建設的失敗讓他們只能開展義烈（恐怖）行動。

　　在中國，接受安那其主義的在華韓人開展武裝抗日鬥爭和建設自治農村共同體，這些共同體成為他們鬥爭的根據地。只是在運動過程中，沒有形成

〔註71〕1928年3月，柳絮、韓一元等組織的在中國朝鮮無政府共產主義者聯盟上海支部。
〔註72〕鄭華岩：《이 祖國 어디로 갈 것인가》，自由文庫，1982年，161頁。

控制性和戰鬥力較強的自身力量卻過於倚重外部力量，導致了最後的失敗。雖然參加該運動的韓人在當時的運動過程中並沒直接提出「反日、反帝」等口號，可事實上他們一直堅持開展各種抗日活動，他們所說的安那其主義社會革命和驅逐日本強權有緊密關聯。計劃的終極目標是打倒日本帝國，安那其主義運動屬於民族解放運動的一個環節。

第二節　教育活動

一、赴法勤工儉學

　　中國近代歷史上出現過兩次留學熱潮，一次是清末的日本留學和新文化運動時期的赴法勤工儉學。〔註73〕赴法勤工儉學運動主要倡導者和組織者是李石曾、吳稚暉、張靜江、蔡元培等新世紀派安那其主義元老。〔註74〕該運動可追溯到1902年李石曾離鄉赴法，正式的發端是在法國開展的華工教育和儉學運動，高潮是1919年的「赴法勤工儉學會」和1920年成立的「中法大學」。這一舉措掀起了隨後近30年的赴法留學熱潮。

　　目前對勤工儉學的研究持有三種觀點。首先，尋求中共的源流。因為通過勤工儉學運動培養了不少早期中共領導，這理論主張早期的馬列主義者通過這些運動學習了共產主義思想，並且克服了資本主義或安那其主義的觀點，從而推動共產主義者成長。〔註75〕其次，洋務運動以來追求富國強兵策略上進行的留學運動。中國民眾思想覺悟落後，培養新民是當時很重要的社會問題。並逐漸開始重視平民和勞動大眾，帶來留學運動。〔註76〕此外，也有作為安那其主義運動史的組成部分評價勤工儉學運動。〔註77〕

〔註73〕到目前關於赴法勤工儉學運動的研究有：（1）《赴法勤工儉學運動史料1、2、3》，北京出版社，1979年；（2）張允候殷敘彝、李俊晨：《赴法勤工儉學運動1、2》，上海人民出版社，1980年（3）陳三井：《勤工儉學運動》，臺北，正中書局，1981年（4）黃利群：《赴法勤工儉學運動簡史》，教育科學出版社，1982年；（5）鮮于浩：《赴法勤工儉學運動史稿》，巴蜀書社，1994年等。

〔註74〕曹世鉉：《清末民初無政府派的文化思想》，社會科學文獻出版社，2003年，238頁。

〔註75〕共青團中央青運史研究室：《勤工儉學運動與旅歐共青團的創建專題論文集》，1986年；黃利群：《赴法勤工儉學運動簡史》，教育科學出版社，1982年等。

〔註76〕陳三井：《勤工儉學的發展》，東大圖書公司，臺北，1988年等。

〔註77〕趙原壁：《留法儉學會和勤工工學會的形成及其指導思想》，《黨史研究》，1986年；范秀蓮：《李石曾與勤工儉學運動》，《史學月刊》，1991年。

縱觀赴法勤工儉學運動史，李石曾是一位不可或缺的重要人物。由於受到五四運動青年向上求知的精神感召，加之當時國內環境惡劣，軍閥專橫、教育荒弊，由此激起一股浩大奔放的激流，李石曾以先有自身苦學經驗，而後在法國創辦豆腐公司等。1902 年，李石曾開始留法學習之路，被稱爲「中國留法第一人」。他推動留學運動的想法最早來源於吳稚暉。清末以來吳稚暉深切關心以「苦學」、「儉學」爲方法達到多數人游學目的，並且吳稚暉早年在英國亡命時經歷了苦學生活。同年，蔡元培遠赴德國，從事半工半讀活動。1907 年，吳稚暉在巴黎與李石曾、褚民誼等參加苦行僧般的儉學生活。他對李石曾說：「機會難得，以後最好能幫助國內青年也多有到法國學習，吸取西洋知識，爲國家造就人才；人越多越好。到國外吸取新知識，人不厭其多，但也需有人引薦。你們此去，等於打前鋒。」〔註78〕還有：「到海外去的留學生愈多愈好，用苦學的方法，可以多去許多人，我盼望你在這方面注意多想方法。」〔註79〕

李石曾深以爲然，與吳稚暉一起推動了留法教育運動。1903 年，李石曾進入巴黎南部的蒙塔爾級的「蒙城農業實業學校（L' Ecoled' agriculture du Chesnoy）」學習，1906 年 8 月畢業。在該學校的幾年，李石曾接觸到法國啓蒙運動以來的諸多自由思想，對百科全書派、拉馬克的進化觀、孔德的社會歷史觀以及蒲魯東的社會主義頗爲傾情。〔註80〕畢業後，李石曾到巴黎，進入「巴斯德學院（Institute Pasteur）」，隨「柏爾唐（Gabriel Emile Bertrand，1867～1962）」進行生物學研究。隨後他又結識了安那其主義者邵可侶（Paul Reculs，1837～1916），邵可侶向他介紹克魯泡特金的「互助論」和拉馬克的「生物互助並存論」。〔註81〕在邵可侶影響下，他成爲在法華人中第一個全面接受安那其主義的人。〔註82〕法國是安那其主義的原鄉，各種安那其主義書籍流行，李石曾也是在這種環境中逐漸接受了安那其主義。在法國接受安那

〔註78〕陳紀瀅：《一代振奇人——李石曾傳》，近代中國出版社，1982 年，35 頁。

〔註79〕《談吳稚暉蔡元培先生》，《李石曾先生文集（下）》，中國國民黨中央委員會黨史委員會出版，1970 年，11 頁。

〔註80〕劉曉：《李石曾與近代學術界留法派的形成》，《科學文化評論》，第 4 卷，第 3 期，2007 年。

〔註81〕李石曾談到自己思想的發展過程時，讀克魯泡特金的《告少年》之後，才知道社會不公平的根本問題是「社會組織之問題」，即社會上存在的政府。只要去掉政府，社會才能得以正當。（參見李石曾《無政府說》。）

〔註82〕李書華：《辛亥革命前後的李石曾》，《傳記文學》，1974 年，42 頁。

其主義思想之後，他懷著「科學救國」、「事業救國」的理念，以科學教育爲改良社會的最重要手段，發起了赴法留學運動。

　　1906 年，李石曾和張靜江、吳稚暉等人在巴黎組織了世界社，並創辦了《新世紀》周刊，發行《新世紀叢書》，介紹、宣傳安那其主義。同時提出實行安那其主義政治主張。值得指出的是，世界社的「教育文化」事業，被分爲「設立學校」和「介紹、組織留學」兩方面。所以，推動留學運動已成爲李石曾的理想之一。赴法勤工儉學運動就是他們經過醞釀準備而推動的。同時，李石曾和張靜江出身官宦、富商家庭，都富於資財。他們先後在法國著手興辦工商企業，比如李石曾的「中華印字局」和「豆腐公司」、張靜江的「通運公司」和「開元茶店」。1907 年，李石曾在巴黎發表中文和法文《大豆的研究（Le Soja）》一書，轟動一時，引起法國人對豆製品的興趣。由於大豆研究成功，同年他與夏堅仲等發起籌建「遠東生物學會」。通過該會向法國介紹中國大豆製品及其技術並打入法國市場。這是西方科技如潮水般湧入中國的背景下，中西科技交流史上極爲少見的一例。〔註83〕李石曾於 1908 年在巴黎西郊創辦了一家「豆腐公司」〔註84〕，它與赴法勤工儉學運動密不可分。〔註85〕公司以機器新法制豆腐，因而李石曾獲得「豆腐博士」的雅號。在創立豆腐公司時，他從家鄉河北高陽等地招來 5 名工人，後增至 30 多人。他讓工人們在業餘時間學習法語、中文等知識，參加半工半讀。並且開創利用少量資金而留學的勤工儉學方法。〔註 86〕同時，他在巴黎蒙帕納斯大街開設了第一家中國餐館「中華飯店」。1908 年至 1913 年，巴黎豆腐公司共招收 4 批計 68 名工人。爲提高工人的文化素質和工藝技能，李石曾在廠內開辦工藝技校，實行「以工兼學」，利用工休或晚間學習中文、法文、數理化和修身等課程，並親自編寫教材和授課。巴黎豆腐公司夜間學校可以看作赴法勤工儉學的發軔。這種以工兼學的方式已略具勤工儉學雛形。李石曾也說過，他創辦豆腐公司，一是實驗大豆的功能；一是實驗勤工儉學的可行性。據安那其主義者

〔註83〕洪震寰：《清末的「遠東生物學研究會」與「豆腐公司」初探》，《中國科技史料》，1995 年，21 頁。

〔註84〕豆腐公司的創建，給後來赴歐洲的中國人提供了做工創業的機會。（參見劉曉：《李石曾與近代學術界留法派的形成》，《科學文化評論》，2007 年第 3 期。）

〔註85〕清華大學中共史教研組編：《留法儉學會發起及簡章》，《赴法勤工儉學運動史料（一）》，北京出版社，1979 年，167 頁。

〔註86〕曹世鉉：《清末民初無政府派的文化思想》，社會科學文獻出版社，2003 年，239 頁。

所主張的互助進化論基礎上的生命倫理，主張人類最終應該實行素食，嘗試
以化學方法研究大豆，並替代肉食。

　　吳稚暉、李石曾等人根據親身經歷與體驗，回國後積極倡導赴法勤工儉
學活動。他們依據社會進化論的觀點，歷來就把教育和革命置於同等地位。
〔註87〕李石曾認為實行安那其主義，教育與革命並重，二者應該並行。教育
是人類進化的原動力，是「積極的進化」，而「革命是消極的進化」。他們認
為通過辛亥革命成就了最基本的政治革命，應該將教育問題放在首位。1912
年2月，吳稚暉、汪精衛、李石曾、張繼、張靜江、褚民誼、齊竺山、吳玉
章等人，在北京發起成立「留法儉學會」，會所在北京船板胡同義興局，並
設立「留法女子儉學會」〔註88〕、「留法居家儉學會」、「留東儉學會」、「留
英儉學會」等。同時他發佈啓示，首先著重闡明留學歐洲的必要性，指出：
「改良社會，首重教育。欲輸世界文明於國內，必以留學泰西為要圖……今
共和初立，欲造成新社會新國民，更非留學莫濟，而尤以民氣民智先進之國
為宜」〔註89〕，以鼓勵和幫助學生去法國學習。他們深刻地認識到過去學習
西方的弊病，李石曾指出：「中國之改革，往往為形式上之改革，而非精神
上之改革。且其仿西法多表面之仿傚，而非實事上之仿傚，故名號雖備而無
功也。欲濟此弊維有自教育始，故欲有進步，唯學一字而已。」〔註90〕「留
法儉學會」的建立，是在某種意義上辛亥革命後的新形勢下新世紀派開拓的
主要成果。辛亥革命之前他們在《新世紀》上一直強調「儉學」思想。李石
曾強調不僅要學習西方的科技，更要學習創造精神。要變革中國社會，首先

〔註87〕一方面李石曾、吳稚暉、汪精衛等，於1912年1月發起進德，鼓吹不作官、
　　　　不作議員、不吸煙、不飲酒等所謂八不主義，去喚起人民的「公德心」。李石
　　　　曾、蔡元培、唐紹儀等接著發起社會改良會，以貫徹其主張。另一方面，在
　　　　國外提倡留法儉學會。

〔註88〕根據1916年秋由華法教育會編輯出版的《旅歐教育運動》一書的記載，吳稚
　　　　暉、汪精衛、張靜江、褚民誼、齊竺山等人是發起人。發起該團體的每個人
　　　　的作用並不是一樣的，其中李石曾是最主要的倡導者和組織者。至於校址，
　　　　他們使用方家胡同直隸師範學堂原址。不久之後，吳玉章（1878～1966）、朱
　　　　芾煌、黃復生等也在成都創辦「四川儉學會」，送學生入北京之預備學校。1912
　　　　年，兩地所收學生，分3批，送往法國，公約100人。他們希望在5年內將
　　　　3000左右學生以儉學的方式送出國。同年5月，他們在北京設立留法預備學
　　　　校，在上海建立「上海留法儉學會」。

〔註89〕張允侯：《赴法勤工儉學運動》，上海人民出版社，1980年，11頁。

〔註90〕趙穎霞、鄭志廷：《留法儉學會的成立及其活動》，河北大學成人教育學院學
　　　　報，2006年。

要發展中國教育事業。要將中國改造成新社會，模範國家是法國。他平生特別喜歡的就是法國的科學道德精神和革命民主精神。法國教育制度就是將來中國教育制度的典型。〔註91〕李石曾鼓吹法國的學術和思想是與他的政治理想、個人性情以及社會背景有很大關係。他們全面接觸法國的政治、思想、科學、教育、經濟等領域，與法國文化界和政界建立緊密聯繫。出於這種對法國近乎偏執的熱愛，他不但大力推動留法教育，還力圖在各領域引入法國制度和模式。

赴法勤工儉學在短期內成為社會風潮。20 世紀初社會環境而言，中國進入一個變革年代，法國的啟蒙運動和大革命帶來的各種進步的政治、社會思潮——尤其 18、19 世紀法國民主、自由思想和科學——在進步的知識分子中風靡一時。1912 年 5 月，「留法儉學會」在北京又創辦「留法預備學校」，後來李石曾、吳稚暉、張靜江等在上海發起「上海留法儉學會」。同年 6 月，以吳玉章為中心組織了「四川儉學會」，並在成都創辦預備學校。他們根據安那其主義理論，把「儉學會」定位為「自由傳達之機關，而非章程嚴密之組織」，〔註92〕並且該會一沒有固定經費來源，「經費由同志籌集」〔註93〕，二沒有嚴密的領導機構。這些運動得到當時教育總長蔡元培的支持，因為蔡素來提倡社會教育和平民教育。然而一年的費用達到 6,000 元，這對當時中國學生來說是一筆難以承受的開支，所以國內的反響並不熱烈。因此，教育部撥房在北京設立預備學校校舍。同年冬，經從「北京留法預備學校」考覈合格的學生大約有 60 多人（第 1 期 30 多人、第 2 期 30 多人）赴法留學。1913 年 6 月，再次推薦了第 3 期留學生。有趣的是這些留學生中不少人在五四時期成為信仰安那其主義的脊樑。〔註94〕赴法儉學生到達法國後，一般在「巴黎蒙達尼中學」中國學生班學習，這也是李石曾安排的。

1913 年 7 月「二次革命」爆發後，中國政治形勢風雲直下，袁世凱政權以武力鎮壓國民黨勢力以及由此引發的聲勢浩大的各省倒袁鬥爭。袁世凱下令拘捕參加反袁運動的人員，因此李石曾、吳稚暉、蔡元培三人難以在國內

〔註91〕李石曾：《法國教育與我國教育前途之關係》，《李石曾先生文集（上）》，中國
　　　　國民黨黨史委員會，231～236 頁。
〔註92〕舒新城：《近代中國留學史》，上海書店出版社，1937 年，87 頁。
〔註93〕舒新城：《近代中國教育史料（第 1 冊）》，中國中國人民大學出版社，1912
　　　　年，317 頁。
〔註94〕曹世鉉：《清末民初無政府派的文化思想》，社會科學文獻出版社，2003 年，
　　　　240 頁。

立足，教育部將所撥給的校址收回，國民黨人退出北京，赴法儉學會、進德會、社會改良會、預備學校、世界社等活動全部停止。李、吳、蔡不得不先後遊走法國、英國、德國等歐洲國家。1914年8月，第1次世界大戰爆發，巴黎成爲戰場，中國學生們也不得不隨著法國政府遷往法國西南部。這時期，李、蔡、汪精衛等組織了「旅法學界西南維持會」，他們通過該團體幫助學生積極籌措學費、解決生計問題。雖然李石曾仍力求維持，但戰爭不讓他們正常開展儉學會活動，兩年的儉學會活動遂告停頓。

然而，李石曾並沒放棄整體計劃，爲克服戰爭中的赴法勤工儉學運動的困難，提出新方案。他將主要精力用在工人的「勤工儉學」活動方面，具體來說將豆腐公司的工人組織起來，推廣「以工儉學」。〔註95〕李石曾、蔡元培等人於1915年6月組織「勤於工作，儉於求學，以進勞動者之知識」爲目的的「勤工儉學會」。該組織正如蔡元培所說：「雖有偏重於學，及偏重於工之殊，而其爲工學兼營則一也。」〔註96〕他們以該會爲基礎宣傳安那其主義、籌集經費。〔註97〕這些地方自然而然成爲當時留法學生經常出入的場所和活動中心，爲後來留法儉學會的建立做了組織準備。「勤工儉學會」的成立與法國流行的安那其工團主義思潮有密切關係，會員的性質是「以工求學者爲實行會員」和「本身非以工求學，而贊成此意，欲有所盡力者爲贊助會員。」〔註98〕其宗旨表明宣傳、組織工作的主要對象就是赴法華工，而不是「以工濟學」的學生。組織「勤工儉學會」後，他們創辦《勤工儉學傳》和《華工雜誌》等。在《華工雜誌》創刊號中，他們明確表明「提倡勤、儉、學三者爲宗旨，亦即以次爲吾工界改良之方法」。〔註99〕他們幫助一戰期間得不到學費的留法學生，一邊做工，一邊維持學業。一戰後，蔡元培、吳稚暉等大力宣傳和推廣，在中國影響較大。

李石曾、吳稚暉、蔡元培、張繼等人都認識到中國和世界安那其主義者

〔註95〕約30多人，都是李石曾從他的家鄉高陽縣招募來的。

〔註96〕高叔平：《蔡元培全集（二）》，中華書局，1984年，398頁。

〔註97〕李石曾：《靜江先生傳紀之一》，《李石曾先生文集（上）》，中國國民黨黨史委員會，臺北，382頁。

〔註98〕清華大學中共黨史教研組：《勤工儉學會一覽》，《赴法勤工儉學運動史料1》，北京出版社，187頁。

〔註99〕張允候、殷敘彝、李俊晨：《「化工雜誌」說明》，《赴法勤工儉學運動1》，上海人民出版社，1980年，104頁。該期刊過了三年多而停刊，出版的期數在50期以上。

聯繫的重要性，李石曾在推動勤工儉學運動過程中還注意觀察工人的革命力量。〔註100〕李、蔡、汪、吳玉章等在巴黎召開特別會議，討論「華法教育會」在中國國內如何活動的問題。法國在這一時期被捲入戰爭，勞動力和兵員嚴重匱乏，便和中國北洋軍閥政府簽訂了「以工代兵」招工合同，從中國招募了 10 萬多名華工。大批華工到法國後，對法國社會產生很大影響。法國政府和教育界認為，廉價的華工不僅可以幫助法國進行戰爭，而且戰後可以幫助法國恢復生產。但是，這些華工絕大多數都是不識字的農民。因此，他們希望與旅法華人中的知名人士聯合，建立專門機構，讓他們負責對華工開展教育和訓練。李、蔡、吳玉章等人希望通過提高華工的文化知識，掌握法國先進工藝技術，以便將來回國後發展中國實業。

李石曾認為在開展社會革命中最重要的是發展教育。他認為「學」的差別就是造成社會身份的差異與經濟不平等的原因，將「學」的權利均等可以通過教育去實現。為發展科學與學問，他首先注意的教育對象是工人和知識青年。他除了克魯泡特金、邵可侶等人的安那其主義教育論（勞動和知識的結合）以外，還接受了安那其工團主義思想中的一些教育思想。〔註101〕他相信知識分子對工人階級教育的積極意義，然而認為在工人運動上知識分子的地位是教育者，不是領導者。吳稚暉認為袁世凱獨裁專制的再現原因在於平民的水平太低，解決方法是把青年派到歐美等國，接受西方新知識，並對平民舉辦教育。吳稚暉還主張以開展政治運動來解決平民培養問題。

袁世凱稱帝失敗後，流亡海外的中國安那其主義者轉徙回國。1916 年 10 月初，蔡元培歸國後，其他會員也先後回國。同年 10 月，李石曾、蔡元培等人還在北京同法國人歐樂（Aulard）、穆岱（Marius Moutet）等共同發起「留法勤工儉學會」，再次開展赴法勤工儉學運動。宗旨是「發展中法兩國之交誼，尤重以法國科學和精神之教育，圖中國道德、知識、經濟之發展」。〔註102〕蔡元培和歐樂分別擔任中方和法方的會長。1917 年，李石曾也應蔡元培之邀擔任北大生物系教授。李、蔡倆人一邊教書，一邊在國內推進赴法儉學活動。1917

〔註100〕曹世鉉：《清末民初無政府派的文化思想》，社會科學文獻出版社，2003 年，241 頁。

〔註101〕曹世鉉：《清末民初無政府派的文化思想》，社會科學文獻出版社，2003 年，243 頁。

〔註102〕清華大學中共黨史教研組：《勤工儉學會一覽》，《赴法勤工儉學運動史料 1》，北京出版社，206 頁。

年他們在北京開辦「法文預備學校」，並在「華法教育會」原址重建「孔德學校」。同年 6 月，他們重新組織「北京留法會」，「北京留法儉學會預備學校」。8 月正式開學，入學 70 多人，開學之日舉行了隆重的開學典禮。蔡元培、李石曾、汪精衛、吳玉章都到會講話。8 月 10 日，北京教育部批准李石曾在保定城鄉建立留法預備學校的呈請。「保定育德中學」立即印發招生簡章和說明書，面向全國招生。保定育德中學還附設了「留法高等預備班」。李石曾在高陽縣布里村創辦全國第一所「留法工藝學校」。1918 年，北京成立「法文專修館」，李石曾任副館長並親自授課。隨後，各地預備學校日益增多，並促成赴法勤工儉學熱潮再次來臨。赴法勤工儉學運動從此蓬勃開展。1919 年 3 月至 1920 年底，「華法教育會」共推薦了 20 批赴法勤工儉學生，據不完全統計，共 1900 多人。〔註 103〕

　　第一次世界大戰後，國際局勢轉為穩定，而中國革命氣氛逐漸高漲。在這種情況下，李石曾仍重視實業教育，提倡赴法勤工儉學。他在呈報成立布里村「留法工藝實習學校」的呈文中指出，「我國今日實業教育實乃當務之急」，「近來赴海外僑工日過一日，若能先與以相之教育，始渡重洋，俊其返回，所益於國民生計智識者必多」。〔註 104〕他還指出留法目的有三：一是擴張生計、二是輸入事業知識、三是改良社會。〔註 105〕李石曾等人重組「留法預備學校」，繼續刊行《勤工儉學傳》、《旅歐雜誌》，印發大批傳單、廣告，介紹赴法勤工儉學意義與方法。編印《旅歐教育運動》一書。〔註 106〕由於李石曾等人的大力宣傳，各界名流紛紛捐款資助。〔註 107〕在李、蔡、吳等人推動下，赴法勤工儉學活動很快形成全國規模的熱潮，上海、四川、湖南、廣東、福建、陝西、山東等地相繼設立「華法教育會分會」，留法預備學校增至 20 所。通過赴法勤工儉學運動，政治、教育、科技、文化、藝術等方面的人才輩出。〔註 108〕儉學會、勤工儉學會也恢復活動，與此同時留法預備學校大量出現。

〔註103〕他們一般從上海乘船出發，經香港、海防、西貢、新加坡、科倫坡、吉布提，進紅海，經賽得港，穿蘇伊士運河，過地中海，到達法國南部港口馬賽，再乘火車到巴黎等地。或是繞道英國倫敦到法國。途中要走 40 多天。

〔註104〕張允候、殷敘彝、李峻晨《赴法勤工儉學運動》，上海人民出版社，1980 年。

〔註105〕孫增閱：《李石曾與赴法勤工儉學運動述論》，《人物研究》。

〔註106〕這本書詳細介紹了赴法勤工儉學活動沿革過程和赴法勤工儉學的辦法，成了欲赴法者人手必備的入門書。

〔註107〕1918 年，法國駐中國公使赫爾利參觀了「育德中學」。他對留法班的創立與辦學情況十分讚賞，回京後撥了一筆經費給育德中學，以表支持。

〔註108〕比如周恩來、鄧小平、陳毅、聶榮臻、嚴濟慈、錢三強、李健吾、常書鴻、潘玉良、林鳳眠等。

　　李石曾到法國親自為學生們安排工作、學習和生活。然而一戰後法國遭遇經濟蕭條，大批工人失業，許多中國留學生陷入困境。李石曾多方奔走，努力解決赴法學生的工作問題。

　　1920 年 1 月，李石曾到北京籌措開辦大學的經費與招生事宜。他將西山碧雲寺「法文預備學校」擴充為文、理兩科，又擴充「陸謨克學院」，改稱「中法大學（西山學院）」。〔註109〕他們試圖以「中法大學」為基地培養高素質人才赴法留學。李、吳的中法大學建立計劃可以上溯到「世界社」時期，「世界社」體系中有創辦「世界大學」的目標，中法大學是這一目標的具體實現之一。以此為開端，最後發展成為擁有 35 個分支機構的「中法大學」。他想把「北平中法大學」儼然辦成一個法式的小型大學區，還傚仿盧浮宮、歌劇院創立故宮博物院、中華戲曲音樂學會等。李石曾還趕赴上海與吳稚暉商討擴大「中法大學」事宜，廣東軍政府因得到巨額款項，正謀劃撥出一筆專款設立「西南大學」，吳稚暉就想到以此為名爭取地方軍政府的財務支持。於是李、吳同往拜見上海的孫文，得到孫文和廣州政府的支持。〔註110〕同年，他們在法國里昂建立「里昂中法大學」。外部因素是他們在里昂建立中國人學校的主要推動力量，在巴黎和會上中國代表提出退還庚子賠款的要求，李石曾等力主將這筆錢用於教育事業，在法國建設中國大學的話，就可以利用這筆款項。李石曾提議在巴黎召開「華法教育會理事會」，華法教育會法方會長歐樂宣佈，法方對創辦中法大學積極支持，並要李石曾將此意見轉達中方理事。〔註111〕1919 年 12 月，該提議獲得法國大學會議通過，並委託里昂大學辦理。由於得到房屋、經費上的初步承諾，加上里昂地方商會又有支持意向，「里昂中法大學」成為「海外中法大學」最重要的組成部分。中法大學的建立標誌著留法教育運動的正規化和學術化，並為模仿法國制度建立的以留法學者為主體的「北平研究院」奠定基礎。1928 年李石曾力主模仿法國進行教育制度改革，隨後又致力於「北平研究院」籌備與建設，繼續派遣年輕人到法國深造。

　　李石曾、吳稚暉、蔡元培等人在倡導赴法留學過程中，不斷摸索，屢經曲折，為以後赴法勤工儉學運動的蓬勃開展創造必要條件，取得基本成功。

〔註109〕中法大學是「北京中法大學」、「廣東中法大學」、「海外中法大學」的統稱，此處的中法大學是指在法國里昂所開設的。

〔註110〕劉厚：《里昂中法大學始末記》，《吳稚暉先生紀念集》，見楊愷齡編，1974 年，2 頁。

〔註111〕羅平漢：《風塵逸士──吳稚暉別傳》，人民文學出版社，2002 年，124 頁。

他們成爲赴法勤工儉學運動先導，在赴法勤工儉學史上佔有重要地位，被稱爲赴法勤工儉學運動的基石。但由於只追求規模忽視質量，加之後來揭露的政府當局袖手旁觀以及社會上的不支持，他們並未達致計劃的目標。

李石曾在勤工儉學運動中體現了獨特的教育理念。他打破了數千年來「勞心者治人，勞力者治於人」的傳統觀念，勤工儉學思想衝擊了封建教育的「貴族化傳統」，實現平民受教育的權利。在促進教育觀念近代化歷程中具有重要作用。他們反對「讀書的人不勞力、勞力的人不讀書」的舊教育，認爲「求學」不是少數人獨享的特權，主張做工者要求學，求學者也要做工，工學應結合，知識與應用應結合。他希望通過工學結合道路，消滅勞力與勞心的差別，培養大批既懂得近代科學技術又具有「自由、平等、博愛」思想的救國人才，從而達到改造社會的目的。周恩來後來回憶說：「許多愛國的老先生，在私下裏幫助我們這些學生，他們完全沒有個人的政治目的。」〔註112〕蕭子障對李石曾和該運動有如下評價：「以幾個人之心思與財力，競使這種教育的文化的─另有一派作政治運動的茲不述─國際活動，奏可驚人之效果，樹偉人之根基，我們不能不信服，不能不稱頌，李氏爲實際的偉人。」〔註113〕勤工儉學思想使留學者在不同程度上克服了舊觀念，體驗著一種新的人生觀與價值觀。

勤工儉學運動與五四時期流行的基於安那其主義的「工讀思潮」密不可分。安那其主義者的「工」和「學」相結合的思想和當時在中國流行的泛勞動主義、新村主義、工讀互助主義、工學主義等因素。李石曾所依靠的安那其主義正是工讀思潮中影響最大的一派，李石曾用「互助論」來解釋工讀思潮。他傳揚「社會發展」是協助生存的結果，而勤工儉學活動就是一種「協助生存的方式」。李石曾認爲：「我們只要搞教育，傳播這種美麗的思想努力去感化別人就好。」〔註114〕這樣就會實現一個「不戰爭不流血的改革」。由於赴法勤工儉學運動的發起人幾乎都接受泛勞動主義、安那其主義，並且他們承辦這一活動的機構以工讀主義爲信條，加之初期赴法的勤工儉學生受其影響至深。安那其主義教育理念在五四運動前所起的反封建方面起到積極作用。

〔註112〕清華大學中共黨史研究組：《赴法勤工儉學運動史料（3）》，北京出版社，1981年，128頁。

〔註113〕清華大學中共黨史教研組：《赴法勤工儉學運動史料（3）》，北京出版社，1981年，128頁。

〔註114〕鮑玉倉、把增強：《李石曾與赴法勤工儉學運動述論》，《甘肅農業》，2005年。

二、中國國內教育

（一）上海勞動大學

　　吳稚暉、李石曾等新世紀派安那其主義者還設想了與國民黨合作的問題。1927 年 4 月國民黨第一次清洗共產黨後，他們勸說幾個在上海工人運動中已有聲望的安那其主義者合作成立了「國立勞動大學」，這成爲國民黨內安那其主義活動的最豐碩的成果。〔註115〕

　　1927 年 4 月，吳稚暉、李石曾、匡互生（1891～1933）、畢修勺、陸翰文等在上海集會，討論如何在青年中宣傳安那其主義的問題。吳、李提出創立赴法勤工儉學形式的、以實現「知識與勞動」結合爲宗旨的學校。吳稚暉、李石曾、蔡元培等國民黨元老兼新世紀派安那其主義者在國民黨內獲得重要的位置，他們任中央監察委員、教育委員、大學院院長，掌管全國教育行政權力。他們希望憑藉自己的影響，在國民黨內推行安那其主義理想，把國民黨領導的國民革命引到與安那其主義目標相一致的軌道上來。吳稚暉、李石曾、蔡元培等宣傳安那其主義，與其他安那其主義者聯繫，他們又是國民黨的元老，與國民黨關係也很密切。1927 年夏，他們決定動員幾個在上海工人運動中已有聲望的安那其主義者籌辦「上海勞動大學」。國民政府一方面想利用該學校拉攏勢力不強的安那其主義陣營；另一方面想通過學校培養一批勞動運動幹部，把工人運動、農民運動納入國民黨統轄之下，對抗共產黨控制的工農運動。因而對此活動給予積極支持，爲購置校址（上海郊區的江灣）和維持學校正常運作提供大筆經費。上海勞動大學於 1927 年夏天開始籌備，9 月正式開學。開學時利用瀕臨破產停業的「游民」、「模範」兩個工廠，創立「勞工學院」，沈仲九任院長。不久，南京政府又將原來上海大學舊址撥歸上海勞大，創立「勞農學院」，由郭須靜（1890～1933）擔任院長，後來又增設社會科學院。此外還附設有中學、小學、社會教育、工廠、農場等機構。這可以說是，五四時期前後掀起的工讀互助運動之後，在中國第一次創辦的結合教育和勞動大規模試驗的學校，並且是所謂「安國合作」的重要內容之一。易培基（1880～1937）被任命爲該學校首任校長。〔註116〕

〔註115〕阿里夫・德里克著，孫宜學譯：《中國革命的無政府主義》，廣西師範大學出版社，2006 年，229 頁。

〔註116〕易培基曾擔任過長沙湖南第一師範大學的校長和北京政府的教育總長。他擔任上海勞動大學校長的同時，還擔任南京國民政府的農礦部長。（參見路哲：《中國無政府主義史稿》，福建人民出版社，308 頁。）

該校學制包括短訓班性質的「勞動要員養成所」和大學教育性質的「勞動學院」，分別於 7 月 1 日和 9 月 1 日開學。最初招收的學生中，有許多人參加過當時的群眾運動或北伐戰爭，學生中也有不少安那其主義信徒。〔註117〕由於「上海勞動大學」的發起人、管理者和教師在思想上多傾向於安那其主義，所以該大學實際上是安那其主義的具體實踐。例如，該大學的課程設置充分體現了「知識與勞動」相結合的宗旨，學生每天除了上課以外，必須參加 3 小時的勞動實習。〔註118〕安那其主義者認為，實行「半工半讀」不僅可以部分解決辦學經費問題，而且這種教育方式可以淡化勞動者和知識分子的界限，對消滅階級差別、實現社會和平革命具有十分重要意義。其次，該大學的教職人員十分注重與各國安那其主義組織的聯繫。他們邀請在華的外國安那其主義者在校擔任教職。沈仲九、畢修勺等安那其主義者在該校任教育和行政工作。還邀請一些知名人士擔任教師，比如夏丏尊、朱光潛、陳望道、豐子愷、胡愈之、葉聖陶等。另外法國安那其主義者傑克・邵可侶、日本安那其主義者石川三四郎、山鹿泰治、岩佐作太郎以及在中國活動的韓人安那其主義者也都曾在校任教。第三，該校招收的學生中，許多人具有參加群眾運動或北伐戰爭的經驗，並在思想上傾向於安那其主義。第四，該校計劃 1928 年 3 月建立農民大學。〔註119〕這表明安那其主義者企圖通過「上海勞動大學」實現城市工人思想改造。

上海勞動大學推行「半工半讀」方式，除了上課以外，學生每天必須參加 3 小時勞動實習。不交學費，學校免費供應學生服裝。國民政府為支持上海勞動大學，曾撥出大量經費，學生平均每人每年耗資 2,248 元。因此，學校不可避免受到社會的批評。1930 年 4 月曾有人指責道：「所謂勞動大學，學生僅中學程度，而所耗公費僅次於同濟大學，這非常不合理，只因學閥要人為後盾，官官相護，故勞大能夠成立，預算能夠批准云。」

建校時，學校曾有關於安那其主義的討論。基於長期的合作關係，李石曾、吳稚暉和蔡元培邀請一些在中國的韓、日安那其主義者參與該校的籌建工作並擔任教師。對是否接受這個邀請，在日韓安那其主義者之間有了一場爭論。持反對意見的以日本人岩佐作太郎為代表。〔註120〕他認為安那其主義

〔註117〕路哲：《中國無政府主義史稿》，福建人民出版社，309 頁。

〔註118〕碧波（畢修勺）：《「勞大」的目的與使命》，載《革命》第 9 期，1927 年 8 月。

〔註119〕李丁奎：《又觀文存》，128 頁。

〔註120〕1927 年 5 月赴華。（參見吳章煥：《韓國 ANARCHISM 運動史 研究》，國學資料院，188 頁。）

者應該堅持自身思想和組織的獨立性。而蔡元培、李石曾、吳稚暉等人忠實服務於國民黨，已經是墮落分子。如果與他們合作，其他安那其主義者也會受到他們的影響而變得墮落。從表面上看，在勞動大學教書屬於教育工作的範疇，與「政治」沒有直接的關聯，並不違背安那其主義的原則宗旨，但建立勞動大學的目的是為國民黨培養幹部，因此到勞動大學工作就無法擺脫國民黨的指揮和干涉，事實上不得不與「政治」發生關係。與國民黨合作，可能是安那其主義自居墳墓的行徑。〔註121〕

持贊同態度的李丁奎等人則認為吳稚暉、李石曾等人參加國民黨的工作只是個人行為，不是組織行為。安那其主義的本意之一就是尊重個人的自由選擇。因這個問題指責吳、李墮落是沒有多少道理的。其次吳稚暉、李石曾從不認為自己放棄了安那其信念。李石曾主張中國將來應該施行「聯省自治」，即在自治的基礎上實現聯合，這與安那其的「自由聯合」主張沒有區別。再次就是在複雜多變的現實條件下，安那其主義者不能過於墨守教條。只要有助於安那其主義事業，都應該積極參與。否則安那其主義便會流於清談。〔註122〕

當時反對與國民黨合作的人執著於純粹的安那其理想，而贊同與國民黨的人則考慮到他們自己的現實處境。在當時具有廣泛社會影響的幾大社會思潮中，安那其主義無疑處於弱勢地位。因此如果不與其他勢力結盟，安那其主義運動將無以為繼。經過幾次辯論，在華的日、韓安那其主義者一致決定接受李石曾等人的邀請，參加上海勞動大學的工作。

此後李乙奎、李丁奎、岩佐作太郎等人積極參與上海勞動大學的各項工作。他們對教學工作的許多意見，得到學校當局的採納。在各方共同努力下，到1927年12月，該校已擁有400多名學生和30多名教師。〔註123〕

1928年以後，安那其主義者與國民黨的合作開始出現裂痕，上海勞動大學的面貌也發生顯著變化。校長易培基是湖南人，在校內安插了大批湖南籍的國民黨人，自然引起安那其主義者與國民黨勢力之間的衝突。衝突原因，

〔註121〕李丁奎：《又觀文存》，國民文化研究所，131頁。
〔註122〕李丁奎：《又觀文存》，國民文化研究所，132頁。
〔註123〕中國籍教師：夏丏尊、朱光潛、陳望道、豐子愷、胡愈之、葉聖陶、紅鍾時等；中國籍行政員：沈仲九、畢修勺等；法國籍教師：傑克・邵可侶等；日本籍教師：石川三四郎、山鹿泰治、岩佐作太郎等。（參考路哲《中國無政府主義史稿》，福建人民出版社，1991年，308～309頁。）

除了個人因素以外，還有辦學方法的問題。他們之間的矛盾以安那其主義者的敗北而告結束。1928 年勞工學院的院長沈仲九離校去德國，陸翰文等也先後離開學校。畢修勻先是被迫辭去了法語教師職務，後來《革命周報》停刊，逃亡到法國。〔註124〕國民黨在初步穩定局勢後，加強意識形態控制和對激進主義思潮的鎮壓。最終導致了 1929 年國民黨對安那其主義活動的鎮壓。由於學校拖欠教師薪金，學生為教師鳴不平，不斷爆發學潮，新校長王景歧等動用武裝警察暴力驅散學生。當局就以「共產黨煽動學潮」為藉口，停辦了學校，他們強調除「三民主義」之外不准宣傳其他思想，各級各類學校是國家勢力滲透的重要領域，學校逐步淪為黨化教育的工具，上海勞動大學也不例外。安那其主義者對國民黨上述政策提出批評意見，不但沒有起到預期效果，反而招致國民黨的反感。1932 年夏，勞動大學的宿舍也慘遭日軍破壞，同年上海勞動大學被國民黨勒令停辦。勞動大學革命實踐的失敗為安那其主義的理想和現實之間的差距做了最有力的注解。

（二）立達學園以及其他活動

立達學園是匡互生建立的新型中學。匡互生出生於湖南寶慶東鄉長沙村。1915 年考入北京高等師範學校數理部天文學專業。「五‧四」示威時，他作為北師大的代表開展遊行活動，火燒趙家樓，在運動中起到重要作用。1919年，大學畢業後，他滿腔熱情地投入教育事業，先後於湖南、浙江、上海等地任教，開辦工農學校、平民學校，為學生接觸社會、接觸工農提供條件，並且開男女同校的新風，打破傳統，招收女生。他在長沙建立「第一師範學校」，任教務主任，以革命思想和革命方法來教育青年學生。他破除常規，聘請沒有大學學歷的毛澤東擔任國文教員。匡互生的教育思想、教育方法，在湖南產生很大影響。在受到軍閥干涉後，匡互生遠赴浙江，擔任浙江春暉中學教導主任。後來不滿意校長開除學生行為，憤而辭職。

1925 年，躊躇滿志的匡互生來到上海，與友人豐子愷、朱光潛、陶載良、劉熏宇、周為群、余君適、張石樵等人創辦了「立達學園」。立達，取之孔子的《論語》：「己欲立而立人，己欲達而達人。」立達的《校歌》，由李叔同作詞。「立己立人，達己達人吾校之訓，拳拳服膺。好學、力行、知恥，日新又日新。互助、奮鬥、創造，求民族復興。」這樣一批志士同仁，決心以教育來達到改造人、改造社會的目的。

〔註124〕畢修勻：《我信仰無政府主義的前前後後》，1982 年 5 月。

　　韓人安那其主義者柳子明也參加了該校教育活動。他從 1930 年 1 月開始，在南翔柴塘的高中部農村教育科任教，教授農業課程和日語。〔註125〕據柳子明回顧，匡互生是一個安那其主義者，並且該學校按照安那其主義教育理念，即結合教育和生產勞動的方式來指導學生。入學時，學生要一併交滿 3 年學費，學校把資金用於團體生產。當時農村教育科也隨著當地的需要養雞、養蜂、栽培水果等。〔註126〕匡互生雖然沒直接表達自己是一個安那其主義者，可對安那其主義具有較深的瞭解。由於他擔任湖南第一師範、立達學園校長，不便於直接宣傳安那其主義思想，並且當時高中部教員們也幾乎沒有接觸過安那其主義思想。吳稚暉、李石曾（當時他們任國民黨中國委員會委員）支持匡互生的教育活動，由中央教育部承擔立達學園的辦學經費，之後立達學園教員也逐漸關注安那其主義思想。陳範予、馬宗融（1890～1949）、羅世彌（1903～1938）、譚祖蔭、張曉天以及著名生物學家朱洗等都接受了安那其主義思想，立達學園自然而然成為安那其主義者秘密聚合場所。然而九‧一八以後日本佔領全滿洲地區，1932 年 1 月 28 日，登陸上海襲擊上海北部的十九路軍。立達學園處於戰場的中心，該學校的師生員工把學校的重要設備和生產資料搬到嘉興，農村教育科也休學一個月，柳子明與鄭華岩、李何有等上海韓人安那其主義者討論如何應對上海戰爭。匡互生給上海勞動大學校長易培基介紹柳子明等人，韓人安那其主義者可以得到易培基的經濟援助。〔註127〕這一時期，柳子明在立達學園內召集數名韓人青年，組織「不滅俱樂部」，團結在上海的韓人青年學生在敵後開展除奸活動和救護傷員工作。〔註128〕巴金的小說《火》對韓人安那其主義者這段鬥爭經歷給予了描寫。

　　上海和南京等主要城市陷落後，韓人安那其主義者鄭華岩、李何有、沈容徹等避難到福建泉州一帶，計劃開展安那其式持久的抗日活動，況且長期以來福建是東亞安那其主義主要活動基地。他們可以在「泉州平民中學」與許烈秋、吳世民等人以教師身份參加秘密活動。1938 年 4 月他們得到當地韓人林少山的資助，到廈門聯絡同志，廈門被日軍佔領，他們又不得不逃到鼓浪嶼，李何有逃避到泉州，鄭華岩輾轉到香港，在那裡他受到巴金的資助。

〔註125〕雖然當時不少中國教員反對採用韓人獨立運動家，但由匡互生的勸說韓人也可以參加了。

〔註126〕柳子明：《한 革命家의 回憶錄》，忠州市政府出版，1984 年。

〔註127〕柳子明：《한 革命家의 回憶錄》，忠州市政府出版，1984 年。

〔註128〕柳子明：《한 革命家의 回憶錄》，忠州市政府出版，1984 年。

　　除此之外，1928 年春夏間，范天鈞、張履謙離開福建到上海。他們找到「民鋒社」的盧劍波，在上海開展安那其主義運動。可當時是國民黨對激進主義鎮壓的非常時期，他們無法正常開展工作，只得離開上海。范、張兩人再往福建，開展教育活動。他們還在泉州、晉江一帶活動。創辦了「黎明高級中學」作爲安那其主義者的活動基地。該校設在泉州的武廟（關帝廟），經費由華僑資助。第一任校長由梁龍光擔任，教員除范天鈞、張履謙以外，還有衛惠林、吳克剛、陳範予、陳君冷、許謙等年輕的安那其主義者。學生多數是華僑子弟和貧困家庭子弟。教學內容除一般課程以外，注重宣傳安那其主義思想。1930 年，巴金抵達泉州，參與老友衛惠林、吳克剛等人組織的教育活動。巴金對當時該校作如下評價：「他們都不願在污濁的社會裏混世，想創造一種良好的環境，用集體的理想來教育下一代。他們想關起門來，把學校辦的像一個和睦的大家庭，或者一個沒有人壓迫人、沒有人剝削人的理想社會。許多人在這裡勤奮地工作著，和同學們建立起真誠的友誼。他們信任自己的理想，以爲每個人都能像他們一樣真誠地待人，誠實地勞動，這個世界就會好起來的。」〔註 129〕

　　1931 年底，陳範予從黎明高級中學調到南京，衛惠林也在南京中央研究院工作，吳克剛在河南百泉任教。1933 年，范天鈞與許謙編輯《出路》的白話劇，反映農民的痛苦生活，向群眾宣傳安那其革命之道。國民黨當局認識到該劇的社會危害性，派出福建駐防軍一個營的兵力，包圍黎明中學，以《出路》話劇敵視政府、宣傳階級鬥爭和共產主義爲理由，解散學校，勒令教職員 24 個小時內離開泉州，同時逮捕校長陳君冷等一批人。陳被國民黨軍隊扣留了幾個月，經過鬥爭，被送到福州法院處理，1934 年才獲出獄。

第三節　小　結

　　在中國安那其主義興旺的 1920 年代，中國安那其主義者不僅關注中國的政治問題，而且與在中國活動的其他國家的安那其主義者聯合展開理想村建設運動（新村運動）、教育活動、農民武裝等各種社會運動。在中國接受安那其主義思想的韓人獨立運動家也除了義烈鬥爭以外，與中國安那其主義者或民族主義陣營聯合，在中國各地開展「革命根據地」建設運動。雖然中韓兩

〔註 129〕徐凱雷：《巴金傳》，上海文藝出版社，1991 年，138 頁。

國安那其主義者所處的情況不完全一致（中國安那其主義者盼望在軍閥混戰、帝國主義、封建思想嚴重的中國社會，重建基於安那其主義的自由共產社會；在華韓人安那其主義者通過安那其主義的手段驅除日本帝國主義勢力，並在韓國建立自由共產主義社會），可他們都受到同一思想的薰陶，相互間的終極目標也似乎一致，因此他們不謀而合共同開展各種社會運動。他們所開展的農村自衛、民族解放運動基地建設、理想村建設、攻讀互助等理念基本上都基於克魯泡特金的「安那其共產主義」。安那其共產主義社會是保障個人的自由、各社會成員相互扶助的社會。這些社會運動，隨著 1948 年和 1949 年大韓民國和中華人民共和國的政府建立，表面上告終了，可在兩國內以不同的方式得以繼承。韓人安那其主義者在建國後（北部多數安那其主義者因北朝鮮紅色政權的高壓，只能逃避到南部參與韓國的安那其社會運動），繼續標榜安那其主義開展「自由社會建設運動」。

筆者認為義烈鬥爭（恐怖活動）、基於工團主義的勞動運動、反侵略戰爭等都屬於安那其主義思想運動，並且所謂的理想村建設運動、革命根據地建設運動、教育活動等在中國特別盛行。這與當時中國國內的情況有密切的關係，至少抗戰爆發之前中國處於國民黨、共產黨、軍閥、土匪、帝國主義勢力相互分割、對峙的狀態，即某一個勢力無法發揮確實的支配權力，這種情況下自然產生權力空白的區域。在權力空白區，安那其主義者可以開展小規模的革命根據地或理想村建設運動。從平民視角出發，關注底層人民，注意培養和健全人的天性，主張共同勞動，提倡協力共同生活。所以它的盛行反映出當時處於巨大社會轉型時期的中國一些有良知的知識分子在救亡圖存的洪流中探索著本國的出路，努力實踐與既往不同的、和平的社會改造。

第五章 中韓安那其主義者的抗戰活動

第一節 中韓安那其主義戰爭觀比較

一、中國安那其主義者的戰爭觀

（一）抗戰的必要性

　　1920 年代以來，中國安那其主義者仔細審視國內抗戰的現實條件，尤其對安那其主義理想和發展問題苦惱。「如何實現民眾的完全解放？」，這是當時中國安那其主義者思考的主要時代命題。20 年代以後安那其運動的骨幹之一盧劍波〔註1〕創立的「民鋒社」〔註2〕是這時期中國安那其主義運動的主要陣地，該團體宣傳安那其主義的時間最長，並且堅持到最後。1927 年「四‧一二」事變之後，雖然不少安那其主義者與國民黨員積極合作——「安國合作」。然而盧劍波等人仍然堅持「純粹的安那其主義」，拒絕成為大權在握的國民黨新勢力。1937 年中日戰爭爆發以後，盧劍波等人雖然擺脫了教條主義、

〔註 1〕當時盧劍波在四川樂山縣嘉禾聯中任教。（參見蔣俊、李興芝：《中國近代的無政府主義思潮》，山東人民出版社，1989 年，393 頁。）

〔註 2〕民鋒社：1923 年成立於南京，主要成員有盧劍波、胡邁等。出版《民鋒》不定期刊，後改為半月刊。1923 年底把《民鋒》改為《黑瀾》，不久被查封。1926 年去上海重新組織，他們繼續出刊《民鋒》。1927 年他們發表聲明，自稱與國內的幾個安那其主義小團體聯合組成「中國民鋒社聯盟」，同年 9 月又改為「中國少年無政府主義者聯盟」。可實際上人員並無變化，不過是民鋒社的另外一個名義而已。（參見葛懋春編：《無政府主義思想資料選（下）》，北京大學出版社，1984 年，1064～1066 頁。）

本本主義的束縛，可依然發行主張「純粹」安那其主義的期刊和著作，並直接投身於抗日戰爭。

這時期比較有代表性的期刊是《驚蟄》〔註 3〕、《破曉》〔註 4〕和《今日小叢書》等。〔註 5〕《驚蟄》和《破曉》是中國安那其主義者刊行的最後兩個有影響力的刊物。《驚蟄》是由盧劍波、張履謙、龔裴伽、劉少光、李建中、鄧天矞等人於 1937 年 4 月創刊；《破曉》和《今日小叢書》也是由盧劍波於 1939 年在成都創刊。由於四川遠離當時抗戰的主戰場，環境相對前線區域顯得安寧與和平些許。中國安那其主義者才能遊刃有餘地創辦各種刊物，宣傳安那其主義社會革命思想，推進社會革新。然而在開展出版發行工作中，他們也確實遇到了不少困難，刊物的影響力也大不如前。

戰爭爆發後，他們不再強調安那其主義純粹性，而強調對實際狀況的適應能力，自然而然不再拘泥於理論。隨著抗日戰爭轉入持續階段，盧劍波等所謂後期安那其主義者（或純粹安那其主義者）稍微修正了既往的中國安那其主義做法，主張「以戰爭去反對戰爭」，發動群眾抗戰。盧劍波指出：「理論啊，請你不要喧囂得太甚了吧。他們早已聽到您的吼聲了。小聲點，不要跑的太快了，讓事實不要離你太遠啦！它不比你強健，它沒有你那樣長的腿子，不要把他拉脫了氣，你也不必嫌它走得太慢。」〔註 6〕對盧劍波關於安那其主義社會適應的感喟，蔣俊先生指出：「無政府主義者終於知道了其空想的理論和實際之間的矛盾。」〔註 7〕而盧劍波等人所批判的理論主要是國共兩黨等政黨以及兩黨所主張的政治理念，批判他們過於基於功利主義考慮的調整理論自身以適用社會現實的需要。他們並不認為安那其主義是個空想的烏托邦思想，不需要採取不講究實際性的非安那其的其他主義。可他們也知道安那其主義者也應該擺脫只重視理論的態度，該直接參加實際問題。盧劍波所

〔註 3〕《驚蟄》月刊 1937 年至 1940 年在成都出版，共 3 卷。由盧劍波編輯，由張履謙在成都付印刊行。表明安那其主義者對中日戰爭的態度。巴金也在該刊物發表過文章。

〔註 4〕《破壞》月刊，1939 年至 1941 年成都出版，盧劍波編輯，以討論婦女問題為主要內容的安那其主義刊物。

〔註 5〕《今日小叢書》，盧劍波著，今日出版社，1939 年出版。並有《路》、《疑信行》等文章。

〔註 6〕盧劍波：《給離巢的鳥》，《破曉》第 2 卷第 1 期，1939 年。

〔註 7〕蔣俊、李興芝：《中國近代的無政府主義思潮》，山東人民出版社，1989 年，384 頁。

提到的「空」理論是「原理」和「實際」不相結合的所有主義。

當時中國安那其主義者最關注的問題就是對戰爭的問題。被稱爲中國第一代安那其主義者的李石曾曾經如下評價第一次世界大戰：「一曰，歐戰爲民國與帝國之爭，歐戰有革命之性質；二曰，德敗，則日耳曼民族萌芽，世界各國趨入於民國潮流，日益普及；三曰，中國民黨，當與世界民黨同一心理，望以民國之法，勝帝國之德。」〔註8〕當時李石曾據克魯泡特金對第一次世界大戰的看法，主張中國安那其主義者也可以以參戰的方式來展開反強權運動。

1927 年以來，安那其主義作家巴金〔註9〕一直主張安那其主義者應該關注中國的實際問題。〔註10〕他在《無政府主義與實際問題》中表明對戰爭的看法。他反對以往一些安那其主義者所主張的「安那其主義者反對戰爭」、「安那其主義者反對階級鬥爭」等觀點。他認爲抗戰是爲了爭取生存和自由，並相信若可以寄託於人類生命，即使個人死亡，其個人在民族的生命裏仍然活著，所以主張安那其主義者該積極參加對日抗戰。他認爲反抗日本帝國侵華行爲與反抗一切壓抑的安那其主義思想基本一致。他又翻譯安那其主義理論著作，闡明「爲了建立理想社會，每個人以如何的態度享受人生」的倫理問題，主張個人連結於共同體社會，在民眾裏、與民眾一起爲實現正義奮鬥，這就是唯一人生之路。他通過出版、編輯等活動，尋求實現安那其理想之路，在險難的現實裏堅持樂觀信念。

巴金還關注西班牙內戰中的安那其主義者。他認爲西班牙內戰不是普通

〔註8〕 李石曾：《歐戰論（1）、（2）》，《旅歐雜誌》第 2 期，1916 年 9 月 1 日、1917 年 8 月 15 日。

〔註9〕 巴金 1920 年代底到 1930 年代初，由於在安那其主義的理想和對現實的背離等而彷徨了。從法國回來後，訪問福建省泉州的黎明高級中學目睹了安那其主義者的教育活動。這過程中 1934 年訪問日本感到民族的危機感。1935 年由於吳朗西的勸誘在上海的「文化生活出版社」工作。他通過該出版社的工作逐漸減少現實和理想之間的背離，並出版有關安那其主義的 50 多種書籍。1936年巴金又出刊《文界月刊》，開始表明積極的抗日鬥爭，然而翌年他發表《控訴》責備對抗日的自己的微弱和無能。1938 年春，巴金發表《春》，3 月份經過香港移動到廣州，廣州陷落七個小時之前逃於桂林。同年 7 月回上海，發表《做一個戰士》鼓吹抗戰的氣氛，8 月暫時往廣州又立刻避難到武漢。在武漢發表《旅途通訊》又鼓吹武漢市民的抗戰意識。9 月回從武漢到廣州開始執筆《火》的第四部。

〔註10〕 到目前爲止，我們還不知道巴金是否加入「民鋒社」，而這時期在《驚蟄》發表不少文章。他主要發表翻譯的西班牙安那其主義者的作品，或有關西班牙內戰的消息。

的內戰，而具有反法西斯的意義。因此他翻譯、出版不少關於西班牙內戰的作品，比較詳細介紹西班牙各派爲了反對法西斯佛朗哥（Franco）政權而展開的聯合鬥爭。他認爲西班牙人民抵抗法西斯的鬥爭和中國人民抵抗日本侵華是一致的行爲，因而宣揚抗日精神。他又強調人類歷史的發展是爲成就正義的鬥爭，強調抗戰的正當性。他認爲，安那其主義者應該主張消滅國家，解放殖民地、弱小民族；對侵略國的抗戰雖然目的與安那其主義的理想有所不同，但並不反對這種戰爭。〔註11〕他所主張的戰爭觀與傳統的「安那其主義者除了社會革命以外，不參加任何戰鬥」的想法有所不同。他在名爲《感想》的雜文集上探討作爲安那其主義者如何看待戰爭的問題。他期待通過民眾的積極抗日，改變停滯的中國社會。因此他反對只由國民黨政府領導的抗戰，並拒絕官方的任何名譽和利益。他甚至主張作爲安那其主義者若不參加這場抗戰，那就是一個失敗主義者。他指出：「戰爭使人民受苦，這自然是事實。失敗主義者便以這事實做理論的根據。他們不知道在沒腫情形下不戰更使人民受苦。也許他們是知道的，不過他們更看重自己的個人利益，只要自己要常舒服地過日子，別的就可以不必管了。……失敗主義者的言行對於我們的抗戰前途自然有妨礙。不過它們在目前還不能成爲一種力量。而且不等它們成爲一種力量，事實就將它們打碎。屈辱的和平時每個愛自由的中國人不能接受的。……我說過抗日時一道門，我們要生存要自由，非跨進這道門不可，至於進了門往哪條路走，那是以後的事了。目前抗戰是第一義。我們應該犧牲一切，使抗戰勝利。」〔註12〕1937 年「盧溝橋事變」之後，他在《只有抗戰這一條路》中明確表示：「我是一個安那其主義者，有人說安那其主義者也反對戰爭，反對武力，這不一定對。倘使這戰爭爲反抗強權，反抗侵略而起，倘使這武力得到民眾的擁護，而且保衛著民眾的利益，則安那其主義者也參加這戰爭而擁護這武力……我在任何時候都是一個愛國主義」。陸正偉先生對巴金提出的安那其主義的思想（巴金主張他有他的安那其主義）指出：「他的無政府主義不是他的局限，而是助他走向完美人格的階梯。」〔註13〕我們可以說，巴金的安那其主義是人道主義、愛國主義和理想主義的結合體。

〔註11〕巴金：《無政府主義於實際問題》，葛懋春編《無政府主義資料選（下）》，北京大學出版社，1984 年，831 頁。
〔註12〕巴金：《失敗主義者》（1938 年 8 月），《巴金全集》13 卷，237～239 頁。
〔註13〕《文匯讀書周報》，2000 年 11 月 4 日。

　　盧劍波等也發表關於抗日戰爭的問題。他指出：「無政府主義者並不反對一切戰爭和軍隊，只是反對侵略者和壓迫者發動的戰爭，而贊成反侵略、反壓迫的戰爭。」〔註14〕；「戰爭的目的是革命，要給世界上帝國主義者以毀滅，是要把這帝國資本主義者的世界翻造過來。」〔註15〕盧劍波認為帝國主義發動的侵略戰爭，絕對不會自己消滅掉，決不能專靠人道、正義、和平等口號去制止，只能以戰爭來解決戰爭。抗日戰爭的勝利會促進資本主義制度和帝國主義的滅絕，並且帶來對建設安那其共產主義社會的有利條件。他相信反法西斯戰爭，是創建人人自由、人人平等、沒有奴隸、沒有主人、沒有國家、沒有私產的各盡所能、各取所需的安那其共產主義社會的第一步驟。因此他強調：「我們絕不是在戰爭中製造出若干民族英雄來努力大眾、壓迫大眾，更不是把日本帝國主義者驅出魔宮之後，歡迎中國的魔王重登龍位，要大眾對之稱臣納貢。」〔註16〕安那其主義者黎民也強調：「在這個法西斯帝國主義瘋狂的時代中，戰爭是不可避免的。對法西斯劊子手講和平、正義與人道，那簡直是希望在老虎口中討碎骨吃！」〔註17〕

　　他們認為戰爭並不是孤立的社會現象，戰爭的勝敗和政治、經濟等社會諸方面的因素有密切關係。他們主張的「抗戰第一」並不是只關注戰爭，其他事情都放下不管，更不能把什麼事都推到戰爭勝利之後再考慮。「抗戰第一」也不能看成是一黨一派一種主義的獨佔事業，而是要結合全民一心一意的共同事業。抗戰之法是全中國人民自律參與的，為動員全中國人民需要國家領導集團的思想、態度變化，並且以全民抗戰爭取勝利，才能建設安那其共產主義社會。因此，他們主張安那其主義者參加抵抗戰爭並不是「違民意」，而是真正實現「全民抗戰」，為爭取抗戰勝利，需要給人民以自由，至少，當實現民主的自由。不要害怕人民，而且應當盡量動員人民的力量，民眾的力量在於他們的思想、言論、出版、組織的自由。他們認為在束縛與牽制、在「統一」與「統治」下發揮不出民眾力量。〔註18〕

　　安那其主義者的參戰是開展社會革命之前要完成的工作中的重要一環。正如黎民所說：「許許多多的人，總認為無政府共產主義者不是不問政治的，

〔註14〕盧劍波：《我們當抗戰》，《驚蟄》第 1 卷第 6 期。
〔註15〕尹立芝：《以戰爭去反對戰爭》，《驚蟄》第 2 卷第 1 期，1938 年 1 月。
〔註16〕尹立芝：《以戰爭去反對戰爭》，《驚蟄》第 2 卷第 1 期，1938 年 1 月。
〔註17〕黎民：《無政府主義與中國抗戰》，《驚蟄》第 3 卷第 5 期，1939 年 1 月。
〔註18〕盧劍波：《「抗戰」諸方面》，《驚蟄》第 2 卷第 4 期，1938 年 4 月。

不參加政治鬥爭的，而以爲只從事經濟的鬥爭。這完全是人們的誤解。」〔註19〕在抗戰策略問題上，他指出安那其主義者在「一個共同的目的之下，全民全面抗戰，是用不著把它約束在一條狹隘的獨路裏面去的」。〔註20〕盧劍波主張：「經過數月苦鬥，發現了軍事、政治、經濟、文化各方面還存在著許多失調，許多疾病，而有害於戰爭的勝利。」〔註21〕他認爲社會革命（包括經濟革命）和政治鬥爭是密不可分的，其中政治鬥爭就是「反強權」運動，日本帝國就是「對世界、人類、自由威脅的強權」。中國安那其主義者的抗戰是反對日本法西斯侵略，同時爭取思想、言論、出版、組織的自由。即使他們的活動方法與既往的方法不同，我們不能說他們就放棄了他們的基本理念。他們的主張確實適合於原理與實際社會相結合。對抗日戰爭的看法則與在華韓人產生了積極的共鳴。從學理上講，韓人安那其主義者積極參與中日戰爭的原因，主要是安那其主義反對一切強權，中韓安那其主義者的共有之敵（強權）就是帝國主義日本勢力。

（二）抗戰勝利策略

安那其主義者主張安那其主義者得積極參加抗日戰爭，同時對抗戰中存在的各種問題以及弊病予以客觀分析，主要在諸政治、經濟等方面。

第一，在政治方面，他們揭露了國民黨政府的腐敗、專制、限制民眾抗日活動，責備政府無力革除弊政，無力減輕人民的負擔。他們提出「爭取政治自由」、「民主與自由」的口號，並主張民眾自律組織起來，以自身力量根除貪污，發展生產和減輕負擔。盧劍波對當時中國社會評價爲：「官僚政治並不曾清滌乾淨，封建的派系的個人利祿的勢力未盡掃除，對於大多數人民的利益還不曾顧及，人民也還不能獲得他們的最基本的種種自由。」〔註22〕黎民對國民政府評價爲：「中華民國的招牌，雖然是掛了二十七年，但國府中的人，不是黨國的元勳，便是封建的餘孽，眞正代表中華民國國民的人，一個也沒有……中華民國實在是『中華官國』，中國的老百姓在革了滿清的命以後的社會地位乃是沒有提高的，每個勞苦的百姓都變成了阿斗。」〔註23〕這時期安那其主義者批判對象不僅僅是國民黨政權，他們還批判共產黨提出的「十

〔註19〕黎民：《無政府主義與中國抗戰》，《驚蟄》第 3 卷第 5 期，1939 年 1 月。
〔註20〕黎民：《無政府主義與中國抗戰》，《驚蟄》第 3 卷第 5 期，1939 年 1 月。
〔註21〕盧劍波：《「抗戰」諸方面》，《驚蟄》第 2 卷第 4 期，1938 年 4 月。
〔註22〕盧劍波：《「抗戰」諸方面》，《驚蟄》第 2 卷第 4 期，1938 年 4 月。
〔註23〕黎民：《無政府主義與中國抗戰》，《驚蟄》第 3 卷第 5 期，1939 年 1 月。

大綱領」、共產黨的組織運營法、戰後要建立的無產階級專政。他們認為都是鉗制民眾自由的工具而已。安那其主義者希望以安那其主義新模式來開展抗戰，群眾自發組織。巴金雖然意識到在當時戰時環境下，民眾應對強權顯出自己的存在，指出：「野心家如軍閥政客之流，卻非白刃如頸不能明白眞理。他們害怕的只是有組織的民眾運動。這是可以致他們的死命了。現在當我們立在門前抗戰的炮聲來叩門的時候，你們應該起來發動這樣的運動了。」〔註24〕

在經濟方面，對民眾來說，當時不僅苛捐雜稅繁重，而且貪官保甲豪紳繼續為非作歹，儘管民眾為了抗戰，加緊生產，但是民眾依然飢寒交迫。盧劍波、黎民對這樣的經濟現象指出：「如果有錢者不出錢，而無錢者則出力以外，更必須出其維持低生活的前，對於抗戰的影響是很顯然的。」〔註25〕「四萬萬的中國人，除了百分之五能夠高樓大廈，衣綾羅綢緞，食珍饈美味外，其餘的百分之九十五的人，都是衣不撇體，食不飽腹，家無居室，在飢寒交迫的生命線上掙扎，過極盡人間的慘苦生活，所有生活權力已被剝削無餘了。」〔註26〕他們強調抗戰的主體是全體民眾，應該以民眾的自由、自律的參與來積極抗戰。高層階級應輔助民眾抗戰。他們憂慮戰區民眾沒有健全的組織，認為沒做出動員民眾的抗戰肯定失敗。他們不僅關注與日本的戰爭，而且發現在抗戰中顯露出各種不平等問題，認為沒解決政治和經濟矛盾情況下，無法得到抗戰勝利。

農村問題也是安那其主義者很關注的主要社會問題。因為抗戰早期他們身居遠離戰爭的世外桃源——四川，可以關注戰爭以外的社會問題。盧劍波等人居於四川省的小縣城，趁假期到農村瞭解了情況，他們看到了在封建勢力統治下的農村的實況。其妻鄧天矞還就社會底層的農村婦女問題在《破曉》雜誌刊文。〔註27〕

對解決社會諸問題的方法，抗戰前他們反對一切「統一」、「統制」，此時他們主張安那其主義陣營內部組織力量強化的必要性。他們認識到安那其主義的社會革命目標不是一朝一夕能夠實現，但是也不贊同吳稚暉所提出的「安

〔註24〕　參見巴金：《給一個敬愛的友人》，1938 年 6 月 5 日，《巴金全集》13 卷，273〜274 頁。

〔註25〕　盧劍波：《「抗戰」諸方面》，《驚蟄》第 2 卷，第 4 期，1938 年 4 月。

〔註26〕　黎民：《無政府主義與中國抗戰》，《驚蟄》第 3 卷，第 5 期，1939 年 1 月。

〔註27〕　鄧天矞指出：「時代雖然進步了，在農村的人民卻沒有享受著這進步的賜予，封建思想仍支配著他們的行動，他們做了奴隸，還不知奴隸是什麼。」《農家訪問後》，《破曉》第 1 卷第 5 期。

那其主義 3 千年以後才能實現」的看法，進而強調「無政府共產主義的實現的土地，就是在現世」〔註 28〕。他們爲此提出具體工作方案，強調不分安那其主義和非安那其主義，在實質運動立場上提出：「有許多工作，它，如果依著無政府主義的指導精神去幹的，那便是無政府主義的工作，至少是利於或傾向於無政府主義的。如教育（包括民眾識字教育、義務教育、社會教育、學校教育等等）、如科學運動、如破除迷信運動、如民眾自衛運動、合作運動、擁護民權運動、民族法律顧問等。如果違反無政府主義的指導原則，即使是工人運動、農民運動，那也是一種叛徒的行徑。」〔註 29〕他們在各種社會運動中找出安那其主義內涵，就擺脫「無政府主義」一詞產生的一種教條的純粹性，忠實於安那其主義主張的社會功能。他們指出：「一個眞正的平等自由、無強權、無階級社會之實現，我們不能預定它的確切時日。我們不是烏托邦主義者，可是他的原理之一部分的實現，則在即時即刻。」除了強調加強安那其主義自身組織以外，還強調必須深入群眾，動員群眾、組織群眾。如果工農民眾沒有健全的革命組織，就不能完成革命任務。因此他們號召說：「他們每一個無政府共產主義者應當投身到工農群眾中去，和我們在工農群眾中的同志把工農的、大眾的各種革命集團強化、組織健全，那是我們當前唯一的任務。」〔註30〕

　　雖然這些安那其主義者開展的運動影響力相當微小，可他們通過出版《克魯泡特金全集》以及巴枯寧的著作，積極研究安那其主義理論。巴金通過翻譯克魯泡特金的著作《麵包與自由》敘述自己的理想社會。〔註 31〕隨後又翻譯克魯泡特金的《人生哲學》。他在這本書中把克魯泡特金的理論分爲「相互扶助、正義、自我犧牲」幾部分加以介紹。

二、韓人安那其主義者的戰爭觀

　　1930 年代以後是韓人安那其主義運動的轉型期。首先，在國內（殖民地韓國）安那其主義運動幾乎消失殆盡；在日韓人也由於日本政府彈壓的加重以及純粹安那其主義與安那其工團主義的分裂，活動範圍萎縮，此時在日韓人安那其主義者甚至提倡「中央集權的組織論」；在中國，日本發動全面侵華

〔註28〕盧劍波：《工作的態度》，《驚蟄》第 3 卷第 1 期，1939 年 9 月。
〔註29〕盧劍波：《工作的態度》，《驚蟄》第 3 卷第 1 期，1939 年 9 月。
〔註30〕黎民：《無政府主義與中國抗戰》，《驚蟄》第 3 卷第 5 期，1939 年 1 月。
〔註31〕克魯泡特金，巴金翻譯：《麵包與自由》，平明書店，1940 年，3 月。

戰爭後韓人安那其主義者從通常使用的暗殺、破壞運動，轉換爲直接的抗戰，
並且提倡「民族戰線論」。對韓人安那其主義者的抗日戰爭，巴金指出：「這
悲劇演出之前或後，朝鮮是應該見到黎明，得到自由了。朝鮮的獨立必是我
們抗戰的結果之一。這是自然的事。目前朝鮮的兄弟正參加著我們的抗戰，
將來我們也要幫助他們奪回自由。」〔註32〕

　　從 1920 年後期起，韓國民族主義左派（激進派）與布爾什維克黨試圖聯
合，尤其韓國內的馬列主義者基於對民族主義右派思想的優越感，圖謀吞吃
民族主義陣營。結果，「朝鮮共產黨」與民族主義陣營於 1927 年結成了「新
幹會」，他們接著在中國開展「民族唯一黨」運動。新幹會創立後不久，1927
年 1 月底，在日「朝鮮留學生學友會」提倡日本地區馬列、民族主義聯合；
同年 2 月，「在日本朝鮮勞動總同盟」本部召集各團體，準備左右聯合運動，
〔註33〕十七個韓人團體結成了「朝鮮人團體協議會」。〔註34〕然而，在中國和
日本的安那其主義者反對兩者之間的聯合。〔註35〕因爲他們不相信民族主義
運動，並且憂慮聯合後馬列主義勢力的擴張，引起民族解放運動變質。這些
想法使他們反對新幹會運動。〔註36〕在日韓人安那其主義者不參加「朝鮮人
團體協議會」。雖然一開始少數安那其主義者加入，而圍繞組織原則問題發生
了意見衝突，最後都選擇退出。〔註37〕在華韓人安那其主義者則通過《南華
通訊》等期刊提出左右合作的弊端。

　　然而，1936 年 2 月和 6 月，西班牙和法國的安那其主義者參加議員選舉，
建立「人民戰線政府」。之後，在華韓人安那其主義者也認識到「民族統一戰

〔註32〕　巴金：《國家主義者》（1938 年 8 月），《巴金全集》13 卷，242～243 頁。
〔註33〕　李浩龍：《韓國의 ANARCHISM》，知識產業社，2001 年，299 頁。
〔註34〕　《東亞日報》，1927 年 3 月 2 日。
〔註35〕　（1）李丁奎認爲「民族統一戰線」只不過是抵抗日本帝國主義的名分下的與
　　　　　資本階級的妥協而已。（《奪還의 主張》，《奪還》創刊號，1928 年 6 月 1 日。）
　　　　　（2）楊子秋批判金九等臨時政府具有「支配欲的偽善獨立筆」。（《黑色新聞》
　　　　　第 26 號，1934 年 2 月 28 日。）（3）李達認爲「民族主義本身基礎於強權，具
　　　　　有自相矛盾的殘疾」。（《在中朝鮮民族主義運動的客觀的分析》，《黑色新聞》，
　　　　　34 號，1934 年 12 月 28 日。）
〔註36〕　在《奪還》的標語中指出：「打倒新幹會、樹立自由聯合主義、支持韓族總聯
　　　　　合會。」
〔註37〕　他們主張「自由聯合主義」，而該團體按照馬列主義者的主張來運營的。並且
　　　　　建立東京新幹會以後，在日韓安那其主義者襲擊新幹會辦公室等，開展新幹
　　　　　會破壞運動。（參見李浩龍：《韓國의 ANARCHISM》，知識產業社，2001 年，
　　　　　300 頁。）

線」的必要性。更重要的是在日本大舉侵華的時代背景下，安那其主義者只能以參戰的方式開展抗日。因此 1936 年起參與「民族統一戰線」。〔註38〕他們通過《南華通訊》等刊物宣傳民族戰線的必要性與方法。〔註39〕團結各黨、各派、各階級廣泛的民眾基礎，結成民族戰線、達致民族解放。結果，安那其主義者淡化了對民族資本主義勢力的批判，一定程度上承認民族主義陣營的革命性。民族主義穩健派（民族主義右派）於 1931 年 8 月，組織了「韓國光復運動團體聯合會」。1937 年 8 月，金九領導的韓國國民黨聯合在華的朝鮮革命黨、韓國獨立黨以及在美洲的大韓獨立黨、同志會、國民會、婦人愛國會、愛國團等九個團體在南京結成了「韓國光復運動團體聯合會（略稱：光線）」。〔註40〕「光線」在金九領導下，與金元鳳領導的「朝鮮民族戰線聯盟（略稱：民線，結成於 1937 年 11 月）」形成聯合戰線。1939 年 5 月，「光線」和「民線」在重慶，成立「全國聯合陣線協會（略稱：聯協）」。最終因爲黨派歷史和背景、思想信仰、利害關係等方面存在差異，統一努力化爲泡影。「七黨統一會議」的成立，表面上看上去解決了團體統一問題，但不久後解放同盟和前衛同盟強調共產主義組織理念比民族獨立更重要，退出該會。剩下的五個政黨不得不決定重新組織傾向於民族主義的新政黨，還制訂了八條的協議案。由於左派脫黨，臨時政府的「統一政黨運動」就失敗。可是，韓國國民黨、韓國獨立黨、朝鮮革命黨等民族主義穩健派於 1940 年 4 月 1 日聯合結成「韓國獨立黨」。1943 年 10 月，在重慶舉辦第 35 屆臨時議政院會議時，他們確保了 48 名臨時議政員。作爲在野黨，朝鮮民族革命黨黨員占 12 席，朝鮮民族解放同盟占 4 席。朝鮮革命者聯盟會員由柳子明、鄭華岩、李達等 20 多名安那其主義者指定人員組成，參加臨時政府後，議席數量不佔優勢，不能夠很好地表達政治需求。

　　柳子明、鄭華岩等人感到「南華聯盟」改組的必要性，遂改名爲「朝鮮革命者聯盟」。抗日戰爭時期，在南京的韓人革命團體有「朝鮮民族革命黨」、

〔註38〕柳子明：《朝鮮民族戰線的中心問題》，《南華通訊》，1936 年 10 月。但這時期信奉安那其主義的年輕安那其主義者憂慮與民族志主義陣營的聯合抗戰。（參見柳子明：《對民族戰線問題的冷心君提問的回答》，《南華通訊》1 卷第 10 期）。這只不過少數人的憂慮而已。）

〔註39〕「爲了朝鮮民族的獨立運動、爲了奪還政治、經濟、社會的自由平等以及建設萬民共榮的理想社會，如不先打倒最大之敵日本帝國主義，無法開展其他運動」。（《催結成民族戰線》，《南華通訊》12 號。）

〔註40〕石源華：《韓國獨立運動與中國》，上海人民出版社，1995 年，230 頁。

「解放同盟」、「前衛同盟」、「朝鮮無政府主義聯盟」。1937 年 11 月，四個團體聯合結成「朝鮮民族戰線聯盟」，並轉移到武漢，中國國共第二次合作之後，受郭沫若（1892～1978）指導。1937 年 11 月，安那其主義者與民族主義左派團體，商討了聯合團體的名稱、規約、綱領等。12 月初，他們結成聯合團體「朝鮮民族戰線聯盟」。南京陷落時，他們也跟著國民政府逃到武漢，然而正式創立「朝鮮民族戰線聯盟」，並發表《宣言文》，努力統一民族主義激進派政黨。按照該聯盟第五項「積極參加中國抗日戰爭」要求，1938 年 10 月 10 日，他們在漢口組織「朝鮮義勇隊」。武漢陷落之前，義勇隊分部隊，第一分隊移動到南邊，在長沙、荊山、荊陽、桂林等地活動，第二分隊經過洛河，在延安地區活動了。後來該隊合編於「韓國光復軍」第一支隊，直接參加中國軍事作戰。

朝鮮革命者聯盟的柳子明在朝鮮民族戰線創立宣言中強調，朝鮮革命是民族革命，其戰線並不是「階級戰線」或「人民戰線」，也不是法國、西班牙等地的「國民戰線」，而是民族戰線。他並強調和國際反日勢力的聯繫。柳子明的主張並不是空想的中韓聯合鬥爭。他與教育界匡互生、馬宗融、陳範預等人，政治界程星齡（1900～1987）、沈仲九、作家巴金、羅世彌、粟同、李毓華等人以及文藝作家巴金等私交甚篤。

中國學者王培文等認為，在華韓人安那其主義者受到華人抗戰的刺激，從個人或小團體的暗殺、恐怖活動等的鬥爭方式轉換為以直接的戰鬥來參與國際聯合〔註 41〕。然而，筆者認為王先生等畢竟是中國學者，因此在中國人的立場看韓人的抗日鬥爭，想強調中方給韓國獨立的肯定的、積極的影響。可實際上中日戰爭爆發二十多年之前，韓人早就成為殖民地百姓，韓人處於比華人更迫切的立場，因此並不是韓人安那其主義者受到中國人的抗日精神的刺激，才開始積極參與抗日戰爭。在華韓人安那其主義者早就希望與中國人士的聯合，重新爭取被日本帝國主義奪取的權利和主權，因而韓人安那其主義者解放前展開各種暗殺、破壞、恐怖等直接活動。其實，韓人獨立運動家希望爆發中日之間的戰爭，為了中日關係的緊張，在中國大陸不斷展開對日本帝國主義者的恐怖行為。1937 年中日戰爭的爆發在某種意義上給韓人安那其主義者新的希望，使得組織渙散的在華韓人安那其主義者重新活躍起來大力呼籲中韓合作。當時他們常用的口號是「救

〔註41〕 王培文：《中國抗日戰爭時期朝鮮無政府主義者的活動》，《時代人物》，2008 年。

中國就是救自己」。〔註42〕他們認爲這是民族解放和祖國光復的好機會，他們相信中國的勝利可以擔保韓國的獨立，因此向中方強調抗日鬥爭的成果以及革命力量的宣傳，並強調中韓合作的必要性。國民黨政府鑒於抗日持久戰的考慮，決定吸收韓人抗日鬥爭勢力。

1938至1939年隨著抗日情勢的變化，在華韓人安那其主義者各自選不同之路，大概分成四個防線：（一）羅月煥爲首的年輕人。他們曾經在日本軍校留學受過軍事教育。他們與臨時政府聯合，組織「韓國青年戰地工作隊」；（二）柳子明、李達等因與金元鳳關係很密切，參加「朝鮮義勇隊」；（三）鄭華岩、李剛等在江西省上饒和福建省建陽等地建立抗日根據地。1939年初秋，在中國軍方的幫助之下他們建立了「中韓協作游擊隊」，該團體在第三戰區從事抗日宣傳、救助盟軍戰士、幫助韓人學生兵反正、清除漢奸等工作；（四）一批人在滿洲、平津、上海等地從事特務工作。他們分別以不同方式開展對日本帝國的鬥爭，這些活動爲韓國獨立運動和中國抗戰做出一定貢獻。雖然當時韓人安那其主義者走不同之路，可是思想上並沒有分歧，只是他們選擇不同的路徑，以期實現革命目標而已。

第二節　中韓安那其主義者的合作抗戰

一、韓國青年戰地工作隊

（一）組織過程

1931至1932年日本悍然發動侵略中國的「九・一八事變」和「上海事變」。在上海地區活動的韓人安那其主義者組織「南華聯盟」和「抗日救國聯盟」積極投入抗日戰爭。1937年「盧溝橋事變」之後，南華聯盟的安那其主義者重新結成「朝鮮革命者聯盟」，盟員分開參加、組織各種抗戰團體。〔註43〕隨後中韓安那其主義者建立「抗日別動隊」，積極開展宣傳革命和發動群眾工作。1937年8月15日，他們聯合發表《鞏固中韓唇齒相依關係，鋤殺親日分子》的宣言文。同年8月29日，在法租界他們以「朝鮮聯華抗日別動隊」的

〔註42〕金若山：《一切反日力量團結起來》，《朝鮮義勇隊》，1945年。

〔註43〕（1）柳子明、李達等1937年12月在漢口加入「朝鮮義勇隊」，組織「朝鮮民族戰線聯盟」。（2）羅月煥、李何有、朴基成組織「韓國青年戰地工作隊」。（3）鄭華岩組織「韓中合同游擊隊」。（參見朴煥：《中日戰爭 以後 中國地域 韓人 無政府主義系列의 向背》。）

名義發佈《告日本士兵》，勸告日本士兵要調轉槍口對準日本軍閥和財閥，放棄侵略戰爭。〔註44〕

在華韓人獨立運動陣營在中國政府的支持之下，開展有效的武裝鬥爭，並努力展開聯合行動。其中「韓國光復運動團體聯合會」和「朝鮮民族戰線聯盟」是典型的追求聯合運動團體。1937 年 8 月至 9 月，柳子明和李何有作為朝鮮民族戰線聯盟的代表參加在綦江舉辦的「七黨統一會議」和「五黨統一會議」。〔註45〕然而，由於雙方在統一方式問題上的看法難以統一，兩次會議最後都毫無結果。〔註46〕金九、金元鳳固守獨自的路線。1939 年 10 月 10 日金元鳳在漢口組織「朝鮮義勇隊」，〔註47〕劉子明擔任朝鮮義勇隊的指導委員。

抗戰時期，在華韓人大概通過三個路線開展抗日。第一，「臨時政府」的活動。到 1939 年 5 月為止，臨時政府轉徙於南京、漢口、長沙、廣州、綦江、重慶，與國民政府努力加強軍事合作。1938 年 11 月，臨時政府移動到廣西柳州之後，大概半年期間組織了「光復陣線青年工作隊」，並輔助國民黨政府的宣傳工作。1939 年 5 月在四川綦江設置臨時政府管轄的參謀部和宣傳委員會。他們在西安組織「軍事特派團」；第二，「朝鮮義勇隊」的活動。1938 年 10 月 10 日，金元鳳在漢口召集激進勢力組建朝鮮義勇隊，在中國政府支持下開展運動。該組織一直維持在三個支隊的軍事力量。到 1940 年 2 月，總隊員為 318 人。1941 年起，不少人轉投中共，不再受國民政府的信任；第三，「韓國青年戰地工作隊」的活動。「韓國青年戰地工作隊」是民族主義和安那其主義陣營合作建成的抗日團體。〔註48〕1937 年 9 月 19 日，在鎮江的金九向「朝鮮革命者聯盟」的柳子明、鄭華岩等遞送一封親筆信。信中指出：「忘卻過去一切，超越主義主張，在此際攜起手來，疏通金元鳳等光復運動團體的全部意見，大家聯合起來打倒日本帝國主義。」〔註49〕金九希望與安那其主義陣營聯合。雖然後來由於中國軍隊勢如破竹、節節敗退，「朝鮮革命者聯盟」盟員也被迫

〔註44〕金正明：《朝鮮獨立運動（二）》，東京原書房，1967 年，608 頁。
〔註45〕中央研究院近代史研究所：《中國政府與韓國獨立運動史料》，臺北，1988 年，20～21 頁。
〔註46〕姜萬吉：《朝鮮民族革命黨과 統一戰線》，和平社，1991 年，25～259 頁。
〔註47〕柳子明擔任該團體的指導委員。
〔註48〕無政府主義運動史編纂委員會，《韓國 anarchism 運動史》，螢雪出版社，1978 年，392～393 頁。
〔註49〕金正明：《朝鮮獨立運動（二）》，東京原書房，1967 年，597 頁。

逃到香港、衡陽、廣州、廣西等地，金九仍然堅持通過安恭根等人保持與朝鮮革命聯盟的關係，向他們提供革命經費。〔註50〕朝鮮義勇隊的組建讓金九加快進行有組織力的軍事工作。1939 年 2 月，金九在柳州組建了「韓國光復陣線青年工作隊」。〔註51〕在廣州活動的主要成員是李何有、金東洙、金仁、李海平等人。這些年輕人與臨時政府圍繞抗戰的方法進行討論，最後決定模仿朝鮮義勇隊式的武裝鬥爭方法。〔註52〕其時，廣州已被日軍佔領，不具備開展武裝鬥爭的條件，難以實現革命目標。他們先赴重慶會見與黃埔軍校高材生羅月煥（當時國軍憲兵大尉）、朴基成等人，共同探討開展革命相關事宜。1939 年 10 月，畢業於中國中央軍官學校，在上海、滿洲一帶活動的韓人青年30 多人，就是朝鮮革命者聯盟所選拔的，在重慶組建了「韓國青年戰地工作隊」。蔣介石給予了大力支持。11 月，「抗戰工作隊」成立。

工作隊的基本情況如下：隊長羅月煥；副隊長金東洙；政訓組長李何有；軍事組長朴基成；宣傳組長李海平，另外金天成、金有信、金贊元、白正鉉等 30 多人是主要成員。隊員最初僅有 11 名，一年後增加到 100 多名。在工作隊裏，羅月煥、李何有、朴基成是安那其主義者；金東洙、金仁、李海平則是民族主義者。李海平本身是民族主義者，他曾經同羅月煥在中國軍隊服役。韓人青年戰地工作隊實際上是安那其主義派和傾向於民族主義的韓國光復陣線青年工作隊的聯合體。《韓國黨派之調查分析》對韓國青年戰地工作隊評價爲：「韓國青年戰地工作隊實際上是一個光復陣線內各黨派的青年混合起來，組織一個統一戰線性質的工作團體。」〔註53〕工作隊主要是由安那其主義者羅月煥、李何有、朴基成等負責，可以說是在安那其主義者主導下的團體。隊長羅月煥在日本受到在日韓人安那其主義者朴烈的影響，接受安那其主義。他 1936 年畢業於中國陸軍軍官學校，作為韓人革命黨員參加抗日活動。1937 年被日本警察逮捕遣送到韓國的途中逃脫，1939 年 10 月，在重慶參加組織工作隊。此外，朴基成因爲安那其主義者與穩健的臨時政府的聯合，不同意加入工作隊，由於羅月煥、李何有等人的再三邀請，他才同意參加活動。

〔註50〕《關於最近朝鮮治狀況》，昭和 41 年（1966 年）2 月 1 日，嚴華堂書店，289 頁。
〔註51〕韓時俊：《韓國青年戰地工作隊》，《韓國光復軍研究》，一潮閣出版社，1993年，68～72 頁。
〔註52〕《關於最近朝鮮治狀況》，昭和 41 年（1966 年）2 月 1 日，嚴華堂書店，90 頁。
〔註53〕秋憲樹：《韓國獨立運動（一）》，延世大學出版部，1971 年，78 頁。

　　該團體是在中韓聯合抗日的大背景下得以成立，他們強調打倒日本帝國主義、建設自由獨立的國家。爲實現上述的目標，他們努力結集韓人抗日勢力，積極參加中國的抗日戰爭，鍛鍊一支由韓人武裝隊伍爲祖國解放和獨立奠定基礎。〔註54〕羅月煥提出協助中國抗戰、群衆宣傳動員、諜報行動、武裝部隊組織、宣傳革命思想等五項任務。〔註55〕爲有效果的活動，他們一致通過《韓國青年》反覆強調中韓聯合與團結抗日等思想。

（二）主要觀點

第一，強調中韓革命力量聯合的必要性。

　　工作隊在《韓國青年發刊詞》一文中表示：「我們將日本帝國主義視爲中韓兩民族的仇敵。不打倒日本帝國主義，那無法期待中韓兩民族的解放，並不能期待東亞和世界的眞正的和平。中國抗日戰爭的勝利，就是韓國獨立、韓國民族解放勝利的開頭。因此，我們不僅希望中國抗戰的最後勝利，而且我們更加促使中國抗戰的勝利。中國抗日戰爭、韓國獨立、韓國民族解放運動和打倒日本帝國主義是必不可分的問題。」他們將日本帝國主義視爲中韓共同之敵，並認爲中國抗戰的勝利直接帶來韓國的獨立。他們早就認識到中國的抗戰勝利就是韓國獨立的開頭，因此他們向中國政府和革命陣營籲求中韓民團結驅逐日本帝國主義。這觀點不僅是韓人的想法，一些中國人也持有同樣的觀點。譬如投稿於《韓國青年》的文文修主張：「只有中國的勝利，韓人才能得到獨立……一要努力於中韓兩文化的貫通，增進彼此之間的理解和合作；二要盡力於韓國的革命運動，打倒日本帝國主義，並盡快獲得勝利；三要召集、訓練、組織流亡於中國的韓國青年，創設一個健全的部隊同中國軍隨行聯合作戰。」張兆榮也指出：「中韓兩國的唯一的仇敵是日本帝國主義，中韓兩民族的唯一歷史任務是建立獨立自由的國家，中韓兩民族的唯一的鬥

〔註54〕　羅月煥：《韓國青年》，第1卷，第1期，1940年6月。

〔註55〕　（1）我們在守護世界和平和維護正義的立場上，反對侵略，具有抗日的堅固的意志，通過各種工作結集在中國境內的韓國革命力量，協助中國的抗戰；（2）對敵軍傀儡士兵，揭露敵軍閥的眞相及侵略的罪惡，讓他們具有厭戰、反戰思想，通過政治的手段瓦解敵軍；（3）以流暢的敵軍的語言，偵探敵情，暴露敵情增進友軍的戰鬥實力，粉碎敵人的陰謀；（4）進去敵軍的後方，救出韓國同胞，組織韓國武裝部隊，在敵的後面開始進行戰鬥，在戰鬥中建立韓國革命軍的基礎；（5）鼓吹國內同胞和帝國民衆的革命思想，通過文化的力量發動廣範圍的革命運動，促進韓國的復興。（參見《獨立運動史（6）》165～166頁。）

爭策略是打倒唯一的仇敵。因此,中韓利害是完全一致的,中韓兩國人必須聯合抗戰。」〔註56〕然而,他們不是安那其主義者,反而主張韓國獨立之後應該採取三民主義,希望建立基於三民主義的國家,並希望韓國青年認識三民主義的國際性和革命性,聲稱韓國獨立後建設基於三民主義政治理念的國家。夏野指出:「三民主義是對一切壓迫、民族復興的寶典,它不僅講究中華民族的自由獨立,而且幫助弱小民族,打倒強暴」〔註57〕;「三民主義是一切被壓迫民族復興的寶典。它不僅追求中華民族的自由獨立,而且能輔助弱小民族、打倒強迫。」〔註58〕

第二,組建韓人武裝部隊。

羅月煥等人設想的武裝勢力分佈在華北、上海、南京等韓人集居區域。當時在河北地區二十萬韓人群眾聚集著,發動他們開展武裝暴動。〔註59〕

第三,韓人為了革命團結一致。

工作隊再三強調韓人之間的團結問題。羅月煥強調該先捨棄某某主義和思想的純粹性,積極組織武裝勢力,力量基礎仍然是民眾。〔註60〕他在《韓國青年》發表的文章中暫時不太主張安那其思想的純粹性。景海、安東山在《八‧一三 (上海事變) 紀念과 現在 우리들의 任務 (紀念八‧一三以及現在我們的任務)》和《團結하여 나라를 되찾자 (團結恢復國家吧!)》主張韓人黨派之間的團結。

(三) 活動內容

羅月煥詳細規定了工作隊的五大任務。第一、在維持、守護世界和平和正義的立場上,反對侵略,具有抵抗日本帝國主義的意志,以工作勢力來集結中國境內的韓國革命力量,協助中國的抗戰;第二、向敵軍士兵揭露敵軍軍閥的真相和侵略的罪惡,使他們具有厭戰、反戰思想,以政治的手段來瓦解敵軍;第三、以敵軍的語言來偵探、暴露敵情,增進友軍的戰鬥實力,粉碎敵人的

〔註56〕《韓國青年》第1卷,第2期,1940年9月。
〔註57〕夏野:《給韓國青年的公開書信》,《韓國青年》第1卷,第2期。
〔註58〕《韓國青年》第1卷,第4期,1941年9月。
〔註59〕景海:《八‧一三 (上海事變) 紀念과 現在 우리들의 任務》,《韓國青年》第1卷、第2期,1940年9月。
〔註60〕工作隊於1940年6月《韓國青年》第1期刊發文章後,到1941年9月發刊了4次。發刊目的就是增進中韓同志的理解和鼓吹,以中韓合作來抵抗日本帝國主義。因此登載的文章的主要內容為中韓兩國的革命歷史、革命志士的傳記、國際政治和經濟、革命理論和技術、敵軍的情況、文藝作品以及劇本等。

陰謀；第四、開進敵軍後方，救出韓人同胞。並組織韓國武裝軍隊，在戰線
或敵的後方開展戰鬥，戰鬥中建立韓國革命軍的基礎；第五、鼓吹國內同胞
和敵國民眾的革命思想，以文學的力量發動廣範圍的革命運動，促進韓國的
復興。〔註61〕在羅月煥等人的號召下，韓人青年積極從事搜集日軍機密和情報、
輔助日軍內韓籍青年的脫營、瓦解日軍、援助中國人戰鬥、招募韓國青年、宣
傳與情報、組織武裝隊伍、向國內韓人和日人宣傳革命思想等革命活動。

　　1939 年 10 月，工作隊計劃將根據地從重慶遷徙到陝西省西安，這是達
成中韓合作的重要步驟。〔註62〕他們希望在戰場通過中韓聯合直接開展軍事
鬥爭。同年 11 月，工作隊以西安市二府街 29 號為根據地，與「中國三四集
團軍」合作，結果他們可以得到蔣介石麾下胡宗南（1896～1962）部隊的援
助。〔註63〕當時胡宗南屯兵西安，負責西北防禦。胡宗南的恩師葉淨秀、兄
弟胡保一、秘書金蘭都是安那其主義者，由於他們的積極撮合，工作隊方能
得到胡宗南的支持和蔭庇。

　　1940 年 1 月，工作隊組織醫療隊，從事撲滅沙眼（trachoma）運動。1 月
4 日，羅月煥經過與中方政治顧問討論，明晰認識到韓人青年的運動方向。

　　同年 3 月，他們在「中國戰時工作幹部訓練班第四團」內組織了「韓國
青年訓練班」（略稱為韓青班），從 4 月正式參加訓練。截至到 1942 年 10 月，
「韓青班」總共培養了三批 90 多青年。這些青年都加入了「韓國光復軍」，
積極開展抗日戰鬥。

　　1940 年 5 月，胡宗南成為第三四集團軍的總司令，將韓人李海平等一分
隊派到戰場。他們是作為第三四集團軍太行山游擊隊，開展了太行山敵後工
作。他們以太行山口為分隊的本部。在中央軍第 27 軍范漢傑支持之下，金東
洙在本部、金天成、李海平在潞安縣（長治縣）、金容珠、朴永晉在新鄉地區
積極活動。〔註64〕因此，雖然根據地是西安，可是他們在柳州、重慶、西安、
河南、河北等地開展活動。他們又在「中國戰時工作幹部訓練班」受一年左
右的軍事訓練，隨後在洛陽、鄭州等地參加韓國光復軍。

〔註61〕獨立運動史編纂委員會：《獨立運動史（六）》，獨立運動史編纂委員會出版，
　　　　165～166 頁。
〔註62〕《生長柱의 어린 싹》，《韓國青年》第 1 卷，第 1 期，1940 年 6 月。
〔註63〕按照鄭華岩的回顧，他們由中國安那其主義者葉淨秀的介紹，可以與三十四
　　　　集團軍進行合作。（參見鄭華岩：《이 祖國 어디로 갈 것인가》，自由文庫，
　　　　1982 年，215 頁。）
〔註64〕參見李海平：《光復》，1991 年 6 月 15 日。

　　1940 年 7 月，「韓青班」第一期訓練結束，9 至 10 月間所有參加訓練的韓人都被派往戰場參加實戰鍛鍊。〔註65〕同時，韓國臨時政府於 1940 年 9 月 17 日在重慶重組光復軍，因臨時政府的邀請，羅月煥也重新整編。11 月工作隊與光復軍合作組織「光復軍第五支隊」，翌年 1 月 1 日，「韓國光復軍第五支隊」正式成立。羅月煥擔任支隊長〔註66〕，金東洙任副支隊長、李何有任政訓組長、朴基成任訓練組長、李海平任工作組長、韓悠韓任藝術組長，工作隊的幹部連任第五支隊的幹部。表面上他們屬於臨時政府的管轄，但實際上他們保持工作隊的基本運動方向。1941 年 9 月他們繼續刊發《韓國青年》雜誌，宣傳其政見。

　　令人扼腕的是，由於革命信念和理念大相庭徑，民族主義、安那其主義與馬列主義等陣營派系之間矛盾重重。1942 年 3 月，對聯合陣線深懷不滿的共產黨員朴東雲暗殺了羅月煥。羅月煥被犧牲後，宋虎聲（1889～1959）代替他的位置，不久金東洙、李海平等 20 多個人被捕，組織瓦解。〔註67〕光復軍內部的矛盾自然引起在華韓人安那其主義勢力的萎縮，1942 年 5 月剩下的隊員加入光復軍第二支隊。

　　為提高革命活動效率，他們刊發《韓國青年》雜誌，強調中韓聯合、組建基於韓民眾的武裝部隊以及加強韓人之間團結一致的重要性。他們還以中國人和韓人為對象進行了多次宣傳性公演活動。最受歡迎的鼓吹韓人意識和抗爭精神的劇目有《阿里朗》、《韓國的第一勇士》、《邊關的夜晚》等。這些公演活動不僅使中國人積極支持韓人的獨立運動，而且使韓人認識到中韓聯合抗日的必要性與任務的緊迫性。

　　除此之外，柳子明等人也在「戰地工作隊」活動。柳子明在立達學園組織幾名韓人青年，宣傳安那其主義思想，創立了「不滅俱樂部」。他們在上海進行敵後攪亂、除奸、救護傷員等工作。〔註68〕當時，巴金參考韓人盟友柳子明的解釋，在《火》第一部中詳細描寫韓人「戰地工作隊」的活動。巴金不贊同地下暗殺活動，而主張積極參加游擊戰。他在《火》的後記中對韓人

〔註65〕《韓青隊 一年의 簡單한 記錄》《韓國青年》第 1 卷，第 3 期，1941 年 6 月。

〔註66〕《韓青隊 一年의 簡單한 記錄》《韓國青年》第 1 卷，第 3 期。此外，金東洙任副支隊長、李何有任政治訓練組長、朴基成任訓練組長、李海平任工作組長、韓悠韓任藝術組長。

〔註67〕韓時俊：《韓國光復軍研究》，一潮閣出版社，1993 年，159～162 頁。

〔註68〕韓洪九：《韓國民族解放運動史料（中國篇）》，韓國國會圖書館，1967 年，694 頁。

安那其主義者表示敬意，並歌頌韓人的通過義烈行動的犧牲精神。〔註 69〕至
於文學的價值，《火》的價值不高，巴金自己也為「相當失敗」。〔註 70〕給予
共同的社會理想，不少韓人安那其主義者，如柳林、沈茹秋、柳基石、柳子
明、鄭華岩等，在中國開展獨立運動的過程中，以直接或間接的方式來與巴
金維持密切的關係，積極呼籲或投身於建設安那其主義社會運動。

　　柳子明與巴金的交往按時間和地點，可分為上海時期、廣西時期和四川
時期三階段。〔註 71〕巴金準備北大入學考試時，因肺結核放棄考試赴上海「華
光醫院」接受治療。當時主治醫生是鄧夢仙〔註 72〕。直到 1927 年 1 月巴金才
赴法留學。柳子明和巴金兩人都受到克魯泡特金《倫理學》的影響，沉迷於
其中的安那其主義說教。在這段時期，巴金顯然認真參加安那其主義運動。
華光醫院坐落於上海法租借公安局的對面，在鄧夢仙的影響下，華光醫院逐
漸成為中國安那其主義聯絡基地。後來巴金在法租借開辦「文化生活出版
社」，於是華光醫院和文化生活出版社兩地成為上海地區甚至中國安那其主義
的根據地。柳子明也自然來往這兩個地方，與中國安那其主義者交流、討論
思想。經鄧夢仙介紹，柳子明在華光醫院第一次見到巴金。〔註 73〕他們正式

〔註 69〕從 1938 年到 1943 年完成。
〔註 70〕巴金指出：「老實說，我想寫一本宣傳的東西。但是看著寫完的十八章，自己
　　　　也覺得這工作失敗了。也許我缺少充足的時間，也許我更缺少充分的經驗和
　　　　可以借用的材料，無論如何，我不能替自己的淺陋辯護。我也不能再找一些
　　　　託辭來求嚴正的讀者的寬宥。」（參見巴金：《火》第一部後記。）
〔註 71〕柳子明 1922 年冬天加入直接行動團體——「義烈團」。他結合義烈團的鬥爭
　　　　理論和安那其主義的激進的理論，辯護義烈團的鬥爭，撰寫《義烈團簡史》、
　　　　《朝鮮革命宣言》等，成為義烈團的理論家。他是在華韓人中第一個接受安
　　　　那其主義，並且給其他韓人接受安那其主義時有影響的人物。他在「東方無
　　　　政府主義者聯盟」、「南華韓人青年聯盟」、「朝鮮無政府主義者聯盟」等各種
　　　　主要在華韓人安那其主義團體指導理念、暗殺、破壞工作等。他是作為農學
　　　　家，不像其他韓人志士，有自己的工作單位，基於自己的工作與中國各界的
　　　　代表人物不斷的交流，使中國社會積極協助在華韓人的獨立、復國運動。
〔註 72〕鄧夢仙早年是同盟會成員，留學日本，畢業於千葉醫科專門學校，在日本接
　　　　受安那其主義，回國後在上海法租界創辦了「華光醫院」。該醫院成為安那其
　　　　主義者的聯絡點，是中、日、韓等地安那其主義者的重要活動之地。
〔註 73〕據嶼田恭子，巴金和柳子明 1933 年正式認識。1933 年馬宗融、羅世彌夫妻從
　　　　法國留學回國以後，馬宗融在復旦大學、羅世彌在立達學園工作。柳子明從
　　　　1931 年起在立達學園農村教育科工作，即巴金由羅世彌的介紹認識了柳子
　　　　明。（參考嶼田恭子《巴金與韓國安那其主義者》，《韓國安那其主義運動的軌
　　　　跡和二十世紀展望》，自由社會運動研究會，1995 年，26 頁。）

相識的時間是在 1930 年到 1933 年的泉州。1930 年夏，柳子明接到陳範予的信，答應陳範予的邀請擔任黎明中學的生物教師。〔註 74〕柳子明和巴金在黎明中學任教期間的短期接觸，爲兩人日後的革命情深打下了基礎。1931 年 1 月，柳子明離開泉州到上海立達學園擔任農村教育科的農學和日文教師。該學園是安那其主義者匡互生於 1925 年在上海江灣舉辦。匡互生聘請許多安那其主義信仰者當教員，這些活動屬於安那其主義「以教育改造社會」實踐內容。巴金通過其胞弟李採臣的介紹，對柳子明的經歷有所瞭解，尤其是柳在立達學園開展的各種義烈鬥爭。〔註 75〕巴金還於 1936 年 4 月發表短小說《發的故事》〔註 76〕，對韓人志士抗日鬥爭作了生動描寫。據柳子明回憶，抗戰時期他與巴金有過三次會面。1937 年南京陷落時，柳子明避難於漢口組織了「朝鮮民族戰線聯盟」，翌年 10 月，武漢失陷，柳子明隨該聯盟的下屬武裝團體──朝鮮義勇隊逃亡於桂林，在桂林七星巖他與巴金重逢。此時，巴金在桂林開辦「文化生活出版社」。1939 年 1 月，柳子明離開桂林赴重慶，1942 年回桂林時他們再次相遇。1944 年 7 月，柳子明爲參加「朝鮮革命各黨派統一會議」去重慶時，見到巴金夫妻。日本敗亡後，柳子明被派遣到臺灣指導

〔註 74〕 陳範予：浙江諸暨江藻鎮山後村人。是一個教育家、科學家、文化戰士。1918 年畢業於諸暨縣樂安高小，考入浙江第一師範求學，與馮雪峰、潘漠華、汪靜之、柔石等建立晨光社，開發新文化運動。畢業前後執教於滬、京、廈、泉等學校。他學問淵博，涉獵廣泛，諸如自然科學的生物學、天文學和社會科學的文學、史學、哲學、社會學等無不精通。1930 年與文學家巴金結識，互爲知己，翌年曾爲營救同學柔石奔走呼號，惜未如願。抗日戰爭年代，抱病輾轉於福建各地，協助黎烈文創辦改進出版社，爲《改進》、《現代青年》等雜誌的主要撰稿人之一。後因患肺病，在崇安武夷山暫寓，邊休養治病，邊撰述文章。1941 年 2 月，病逝於武夷山。巴金聞訊，撰寫《做一個戰士》、《死》、《悼範兄》三文悼念。他一生著譯有《新宇宙觀》、《科學與人生》、《達爾文》（譯）、《科學方法精華》（譯）、《遺傳與人性》（譯）等傳世。

〔註 75〕 柳子明在立達學園工作時（1930～1935），引導上海地區的韓人安那其主義團體「南華韓人青年聯盟」，該團體把親日密探誘引到立達學園暗殺。

〔註 76〕 《發的故事》是 1936 年巴金在上海發表的作品。主要內容是抗戰情況下的主人公和他的韓國朋友的生活以及他們之間的關係。他在《關於「火」》指出發表《發的故事》的原因：「我們就坐在院子裏乘涼。沈比較文雅，他的朋友卻很熱情，滔滔不絕地對我講了好些朝鮮愛國志士同日本侵略者鬥爭的故事。我第一次瞭解了朝鮮人民艱苦而英雄的鬥爭，對朝鮮的革命者我始終抱著敬意。我後來就把那些故事寫在《發的故事》裏面。」（參見巴金《關於「火」》，《巴金全集》，人民文學出版社，1990 年，651 頁。）

農業改革時，巴金特意到臺灣問候柳子明。巴金和柳子明的友情延續多年，直到 1984 年柳子明的去世。

柳子明臨死前留了一本韓文版回憶錄—《我的回憶（別名：一個革命家的回憶錄）》。〔註 77〕該書是柳子明聽從巴金勸告後，對自身經歷所作的的整理和思考。〔註 78〕在鄭華岩的文稿中也多次提到巴金和「文化生活出版社」。他在上海運營鋼筆廠時，時常出入文化會生活出版社，結識巴金。太平洋戰爭爆發後，1942 年 4 月日本佔領上海公共租界，鑒於鄭華岩影響力較大，日本企圖對他採取懷柔策略，誘惑他放棄安那其主義。日本帝國主義計劃破滅後，日本警察爲了逮捕他，搜索他往來的地方。在搜索文化生活出版社時，鄭華岩不在，當時巴金也在重慶活動，於是日本警察沒收了該社所有書籍，並逮捕了另一中國革命志士陸蠡〔註 79〕，文化生活出版社被迫歇業。〔註 80〕如此，鄭華岩認爲巴金的這些遭遇與自己難脫干係〔註 81〕，但是孫晶、陳思和、李輝、朱洗、靳以等人認爲，這並不是日本單純爲逮捕鄭華岩的緣故，而是佔領上海後日本強化言論的措施。〔註 82〕巴金設立的文化生活出版社是當時在滬韓人流浪客的避難處和重要活動場所。日本敗亡後，鄭華岩和他的

〔註 77〕遼寧出版社，1983 年。在回憶錄的名稱來自於克魯泡特金的回憶錄《一個革命家的回憶》，即我們不難發現柳子明到末年仍然沒放棄安那其主義信仰。

〔註 78〕【韓】忠州市政府：《柳子明資料集 1》，忠州市政府出版 2006 年，195～197 頁。

〔註 79〕陸蠡（1908～1942），原名陸考原，學名陸聖泉。天台平鎮岩頭下村人。1922 年跨越初中，考入之江大學附屬高中部，初露文學創作的才華。1924 年升入之江大學機械系。1927 年，轉國立勞動大學工學院機械工程系，二年後畢業。1931 年秋，他和吳朗西等南下福建，任泉州平民中學理化教員，並且從事創作和翻譯。1934 年，他到上海立達學園農村教育科任數理教員。一年後，因吳朗西和巴金等在上海創辦文化生活出版社，便辭去教職，改任編輯。在此期間，經常與巴金、麗尼、許天虹等交流。1937 年 8 月，吳朗西、巴金分別去重慶、廣州籌建分社，上海文化生活出版社便由陸蠡負責。1942 年 4 月，陸蠡發往西南的抗日書籍在金華被扣，日本憲兵隊追蹤到上海，查封了書店，沒收了全部《文學叢刊》。陸蠡親自去巡捕房交涉，便遭關押。同年 7 月 21 日臨刑時，年 34 歲。

〔註 80〕鄭華岩，《이 祖國 어디로 갈 것인가》，自由文庫，1982 年，191～198 頁。

〔註 81〕鄭華岩，《이 祖國 어디로 갈 것인가》，自由文庫，1982 年，199 頁。

〔註 82〕（1）孫晶《文化生活出版社與現代文學》，廣西教育出版社，1999 年，81 頁；（2）陳思和、李輝《記文化生活出版社》，《新文學史料》，1982 年，207～208 頁；（3）靳以《憶陸蠡》（1947.11.10），《靳以散文選集》，百花文藝出版社，1995 年，78～79。

戰地工作隊回到上海，他們仍以文化生活出版社爲活動根據地。〔註 83〕此時，
他還應李石曾的邀請設立世界學傳館，辦設「朝鮮學傳館」，努力介紹和傳播
韓文化。此時的巴金、畢修勺以及其他中國安那其主義者也積極援助韓國安
那其主義者的活動。〔註 84〕

二、中韓合同游擊隊

在「南華聯盟」的鄭華岩、李何有、柳基石等人的倡議與支持下，1937
年 2 月 17 日韓人安那其主義者在上海刊行《南華通訊》，宣傳安那其主義革
命。同年 9 月，他們與中國安那其主義者組織「中韓青年聯合會」，並且於 10
月 5 日和 15 日連續發行《抗戰時報》第一、第二號，散發各地，鼓舞了中國
人民的鬥志，加深了中韓兩國人民的戰鬥情誼。他們大力宣傳中韓兩國人民
聯合抗日的緊迫性及其意義，呼籲韓人積極投身中國抗戰事業和世界各國支
持中國反法西斯戰爭。〔註 85〕他們在上海法租界還積極爭取革命活動經費。
上海被陷落後的 11 月，鄭華岩等人逃到福建省泉州，繼續開展抗日鬥爭。鄭
華岩認識到在江西上饒和福建建陽有不少的韓人安那其主義者，決定暫時保
留前往重慶參加臨時政府的計劃，以建陽、上饒爲根據地，重新開展抗日運
動。福建曾經一度是安那其主義的樂園〔註 86〕，當時仍具備開展安那其運動
的條件。鄭華岩、李何有、沈容徹等人在泉州「平民中學」輔助中國革命人
士許烈秋、吳世民等，以教師身份從事教育活動。

鄭華岩主張組織「中韓合同游擊隊」，不少韓人踴躍參與。在泉州的李
剛也趕到建陽輔助鄭華岩的革命運動，並且爲他們爭取了福建政府軍的支
持。〔註 87〕1939 年秋，鄭華岩、柳子明、李剛等人將福建建陽爲基地，在國
民政府軍的支持下組建了「中韓合同游擊隊」。〔註 88〕他們在顧祝同（1893～
1987）軍團的第三戰區開展了除奸活動、拯救韓籍日軍、救出歐美盟軍、宣

〔註 83〕鄭華岩，《이 祖國 어디로 갈 것인가》，自由文庫，1982 年，229～245 頁。
〔註 84〕鄭華岩，《이 祖國 어디로 갈 것인가》，自由文庫，1982 年，250 頁。
〔註 85〕王培文：《中國抗日戰爭時期朝鮮無政府主義者的活動》，《時代人物》，2008 年。
〔註 86〕（1）蔣剛：《泉州無政府主義運動史實初探》，《韓國獨立運動研究》，學院出
　　　　版社，1999 年；（2）辜也平：《泉州民眾運動中的黎明高中與平民中學》，《泉
　　　　州師範學院學報》第 24 卷，第 5 期，2006 年 9 月；（3）白貴一：《陳炯明地
　　　　方自治及其評析》，《韻關學院學報（社會科學）》第 28 卷，第 11 期，2007
　　　　年 11 月等。
〔註 87〕李庭植：《革命家들의 抗日回想》，民音社，1988 年，431 頁。
〔註 88〕鄭華岩：《이 祖國 어디로 갈 것인가》，自由文庫，1982 年，216 頁。

傳抗日、說服韓人學生兵歸順等工作。有一部分則被派到滿洲、平津、上海一帶從事情報工作。他們以不同方式開展抗日鬥爭，為中韓兩國抗日戰爭做出了一定的貢獻。〔註89〕

　　柳子明所在的立達學園的中國學生岳國華和金言也參加了上述活動〔註90〕。鄭華岩指出：「我們組織游擊隊以後，以西安為基點的『韓國青年戰地工作隊』和以上饒和建陽為根據地的『游擊隊』相互維持緊密的關係，而開展了對日本的抗戰。從此之後，我們和其他獨立運動家同中國軍合作隨行各種軍事活動，並且潛入於日軍佔領地區攪亂了日軍後方，並進行零星的游擊戰。」〔註91〕1945 年 8 月，日本投降以後，積極開展游擊鬥爭工作的鄭華岩和工作隊的李何有得到李石曾、吳稚暉、揚家駱（1912～1991）、朱洗等中國安那其主義者的支持，在上海設立「世界學院朝鮮學展館」和「申采浩學舍」，為中國的韓學研究奠定基礎。他們還於 1947 年 3 月在上海刊行《朝鮮學展》。柳林、鄭華岩、許烈秋、柳子明、柳基石等人與朱洗、巴金等在上海舉辦「中韓無政府主義者大會」，繼續維繫中韓兩國安那其主義追求的再度攜手合作。〔註92〕

　　透過安那其主義者之間的交流、革命活動可以看出在華韓人安那其式抗日鬥爭的雛形、思想的國際性以及破除不少人具有的「安那其主義是一個暴力的空想主義」的成見。〔註93〕他們都在民族危亡的時代背景下接受安那其主義，並因安那其主義的共同信念，在各自國家爭取民族獨立的過程中結成深厚的友誼。儘管就對安那其主義者的理解和認知程度並不完全相同，但他們所追求的社會理想，都是建設沒有壓迫的、自由平等的社會。這種對理想社會的追求，使得安那其主義者比其他主義更容易實現國際聯合。他們的安那其主義運動，及其所具有的國際主義價值，對生活在當今世界的人們無疑

〔註89〕王培文：《中國境內朝鮮無政府主義運動史論（1919～1945）》，廣西師範大學碩士學位，2005 年，41 頁。

〔註90〕柳子明：《한 革命者의 回憶錄》，獨立紀念館，1999 年。

〔註91〕鄭華岩：《이 祖國 어디로 갈 것인가》，自由文庫，1982 年，217 頁。

〔註92〕無政府主義運動史編纂委員會，《韓國 anarchism 運動史》，螢雪出版社，1978 年，393 頁。

〔註93〕但到目前在中國探討有關巴金和韓人安那其主義者的關係的文章是只有何森先生整理的《巴金和朝鮮無政府主義者柳子明》一篇小文章。巴金與韓人的關係從他的少年時期持續到末年。通過巴金的著作與回顧以及韓人安那其主義者留下的回顧，我們可以得知當時韓人的在華各種活動以及巴金等中國安那其主義者之間的關係。

有著重要的啓示意義。〔註94〕

第三節　小　結

　　1930 年代，日本的國家發展迅速轉入軍國主義發展之道，政府實行法西斯體制，對外實行了對其他東亞國家侵略擴張的發展策略，在國內禁止一切其他思想傳播，實行思想專制獨裁統治。日本對中國實行大規模侵略和奴役之時，中韓兩國安那其主義者選擇了和以前不同的生存和運動方式。面對日本帝國主義對中國大陸的全面侵略，中國國內各種政治勢力試圖聯合，比如國共兩黨放棄前嫌結成了「抗日民族統一戰線」，集全國人力、物力、財力，實行全民抗戰。中國國內也掀起強烈的民族主義社會思潮，國共兩黨實行合作，重組結構，曾經反對民族主義和國家主義的中國安那其主義也漸漸失去立足之地。韓人安那其主義者的命運也受到國際情勢變化的影響。甚至在日韓人安那其主義者從 30 年代開始迫於無奈不得不接受「中央集權主義」和「民眾獨裁論」等傳統的安那其主義反感和排斥的思想。在華韓人安那其主義者也在努力尋求與國民黨、共產黨或韓人民族主義者聯合的方式。在「戰時動員體制」的極端情況下，他們無法撇開現實政治的需要而直接聲揚既往純粹安那其主義理想和主張。韓國國內的情況也基本類似。中韓兩國的安那其主義者依然在進行思想活動，但不再成爲思想運動的主流勢力。

　　抗日戰爭時期，中韓兩國安那其主義大概顯出如下的思想特徵。

　　第一，中韓安那其主義者的國家觀、政府觀的變化在某種意義上確實與既往安那其主義理念有所不同。這些變化或不同之處起源於東亞安那其主義的「層次革命論」，首先通過民族戰線的聯合完成第一次民族革命，隨後再考慮建設安那其主義社會，即先完成民族革命，後進行社會革命。民族革命意味著建設「民族國家」，因此他們在民族革命階段，一定程度上認定國家或政府的存在。但我們不能說，他們放棄或背叛了安那其主義理念，因爲他們想建設的民族國家並不是資產階級主導的民主國家，也不是無產階級專制的馬列主義國家模式。對此，韓人安那其主義者柳林也曾提出，他構想的政府不是行使統治權，而是開展革命的革命議政員和革命政府。對他們來說，政府是安那其主義革命的「跳板」或者是一個立足之地。在抗日戰爭期間，對中

〔註94〕對巴金與韓人安那其主義者之間的關係有拙稿：《在華韓人安那其主義者與巴金》，《韓國研究論叢（21）》，2010 年。

韓安那其主義者來說，「民族」是可以犧牲一切的最高的價值。因爲民族被破壞的情況下，其他任何價值無法代替民族解放和自由，它是不證自明的理應完成的首要目標。但是，安那其主義者的民族觀並不是封閉的、孤立的價值。一般安那其主義者否定強烈的民族主體性，但他們爲了恢復民族之價值而接受了安那其主義，則是恰到好處地應用了他們的思想。

第二，韓人安那其主義者擺脫了傳統的「中華中心」的國家和民族概念。他們認爲中國和華人是幫助韓民族獲得獨立、解放的最有力的同伴，即他們將中韓關係認爲相互互補的互生關係。他們認爲在抗日戰爭過程中，中國取得勝利的話自然會帶來朝鮮民族的獨立。他們早就盼望通過中韓民族間的革命聯合來共同抵禦日本帝國主義的殖民統治，合作開展中韓聯合鬥爭，因此積極投身中國的抗日戰爭。〔註95〕對此，中國國民政府也顧及與日本政府的關係，轉而公開支持韓人的獨立運動以及給予大量援助。韓人安那其主義者得到中國政府的公開支持，一定程度上解決了革命經費和革命隊伍訓練等方面的問題。他們還與國內其他陣營開展聯合。然而，由於二十多年難以解決的相互不信任，並未與馬列主義陣營聯合，韓人安那其主義者不相信信奉馬列主義的共產主義者。他們進入民族主義陣營的軍隊裏，開展宣傳以及地下工作等活動。至於中國安那其主義者，盧劍波、巴金等人站在安那其主義的立場，提出戰時國共兩大政黨聯合的方法，並爲之作出了應有的貢獻。

第三，韓人安那其主義者對聯合抗日鬥爭的熱情，很大程度上基於國際主義的民族主義。他們從感想的、排他的封閉的空間，爲實現所有民族的新的近代社會建設，加強中韓兩國或東亞被壓迫民族的國際的聯合與紐帶關係。

〔註95〕　比如金若山主張：「中國抗戰與遠東一切被壓迫民族解放的利益完全一致，中國抗戰起了遠東反帝鬥爭的主導作用，吹響了遠東被壓迫民族解放的號角。……這是一切遠東被壓迫民族爭取共同解放的唯一正確道路。正是因爲如此，中國抗戰一開始，我們朝鮮革命者就以狂熱的姿態迎接和參加了中國抗戰。」（金若山：《一切反日力量團結起來》，載《朝鮮義勇隊》，重慶，1945年。）

第六章　結　論

　　一般而言，人類歷史可以說是意識形態之間的矛盾以及克服的過程，正如科林伍德（1889～1943）〔註1〕所言「一切歷史都是思想史」。〔註2〕少數精英提出的運營人類社會的方法滲透於歷史民眾，形成巨大的社會思想潮流並產生現實影響，其流動造成了歷史潮流。中韓兩國近現代的思想發展脈絡也是如此。爲克服封建思想、帝國主義，許多民族精英圍繞各種意識形態進行論爭，其中比較代表性的是資本主義和共產主義、自由民主主義和民主主義、民族主義和國際主義等。然而，二戰結束後，中韓兩國社會正處於由單純黑與白的意識形態支配的局面，在此情形下，第三條路線（安那其主義等其他政治意識形態）難有生存和發展的空間。

　　歷史上安那其主義作爲抵抗精神的象徵，抵抗了宗教勢力、絕對王權、資產階級勢力、無產階級專政和布爾什維克等。首先，安那其主義否定了支配全歐洲近一千多年的天主教（教皇廳）勢力的權威，爲打倒教會（天主教）勢力，安那其主義者與新教徒聯合；其次，中世紀「神權」的沒落後，絕對王權代替其權威，因此安那其主義爲了驅逐「絕對王權」，與民主主義、社會主義聯合，引起了法國大革命；第三，絕對王權的沒落帶來只辯護資產階級利益的議會和政黨。安那其主義者爲打倒資產階級國家，與社會主義聯合；第四，安那其主義者又無法接受社會主義的變質狀態（布爾什維克和無產階級專政），對他們來說布爾什維克只是得打倒的另外一個強權勢力而已。

〔註1〕Robin Crearge Collingwood：英國哲學家，歷史學家和美學家。
〔註2〕參見【英】柯林武德：《歷史的觀念》，商務印書館，1997 年 9 月版。

　　安那其主義 19 世紀末到 20 世紀初，作爲被壓迫民族、被壓迫民眾之解放手段，在東亞中韓兩國的精英階層中得到傳播。他們爲了解決當時兩國面對的共同問題——反帝・反封建，積極展開了基於安那其主義的各種運動，其影響不僅在知識界，也滲透到底層民眾。安那其主義本身具有「世界性」的思想，既有「國際化」的明顯特徵，若我們的研究範疇僅限於一個民族、一個國家的話，不僅會產生視域狹小、研究深度不夠的問題，也不容易全面認識東亞近代安那其主義思想和運動的特點與思想價值。從這意義上看，筆者認爲關於中韓兩國安那其主義思想和運動的比較研究是一個有價值的研究的項目。

　　從學理上講，西方安那其主義的最終目標是建立每個人都享受絕對自由的社會，所以西方安那其主義者強調在本性隱含的對自由的渴望出發，爲實現自由社會，與妨礙它的一切權威和權力進行鬥爭。在他們看來，強迫、壓制個人自由的最有代表性的存在就是國家和政府。然而，我們放眼於東亞各國近代歷史的話，安那其主義思想必然反映出當時不同的國情以及安那其主義者個人的精神。對中韓兩國來說，資本主義並不成熟，因此不像西方由於階級矛盾而發生社會運動，而是作爲從西方舶來的新思潮而傳播。因此在中韓兩國，包括安那其主義的各種社會主義思潮的發展模式與傳統西歐或日本截然不同。中韓兩國近代史是「救亡圖存」的歷史，兩國人民爲尋求「救亡圖存」而開展前赴後繼的拋頭顱、灑熱血嘗試。中韓安那其主義者雖然基本上接受了西方古典安那其主義的觀點，徹底反對社會、經濟的不平等，並爲解決此問題選擇直接行動，可他們更關注民眾、民族解放等社會問題。

　　在中國，清政府在最後「迴光返照」的時光裏竭力加強政治控制的傾向相當明顯，尤其清政府對戊戌維新進行血腥屠殺，這不僅使得清政府喪失了對知識分子階層的同情和支持，而且引起了民眾的反感（至少在追求社會革命的知識精英群體中）。在這一時期，安那其主義思想觀在中國得到了迅速傳播和發展，並一度與革命力量結合，成爲改造中國的理論武器之一。基於一種憤怒情緒，知識青年很容易走向打碎一切國家機器的破壞情感傾向。這是在當時思想界和青年學生階層表現出來的普遍現象。上海活動的知識分子、在日本的革命派、留學生群體以及在法華人知識分子群體繼而認識並接受了以安那其主義爲代表的各種社會主義思想。然而中國的知識精英不像西方古典的安那其主義者，不僅採取極端的手段，而且採取改良主義的方法。並且

他們從早期開始建設各種組織，安那其主義成爲社會運動的基礎。他們要反對的第一對象並不是清政府，而是以皇帝爲中心的封建帝制本身，即主張「倒皇革命」。他們以不同的方式去實行安那其主義，比如馬敍倫主張「天然自由」；張繼關注安那其主義的暴力手段；李石曾、吳稚暉、蔡元培等重視教育；劉師復等堅持安那其主義的純粹性；江亢虎等主張人道主義和非極端主義；新文化運動時期的錢玄同（1887～1939）、周作人等疾呼開展「新村運動」。中國安那其主義者對中國傳統文化也持有不同看法。以劉師培爲中心的天義派圓滿嫁接中國傳統思想和近代安那其主義理念；以吳稚暉、李石曾爲中心的新世紀派則對中國傳統思想持徹底否定態度，他們的這種特點影響到新文化運動時期的反傳統主義及其社會改造意識。1920 年代是中國安那其主義運動的鼎盛期。辛亥革命後，袁世凱軍政府對各種所謂「異端思想」進行高壓政策，但安那其主義思想和運動以中國社會黨、民聲派爲中心繼續發展。「民聲派」幾乎是當時唯一堅持安那其主義活動的激進主義派別。劉師復死後，他的繼承者秉承「師復主義」，積極參與新文化運動。五四運動前安那其主義成爲中國社會主義思潮中的主流思想，尤其對後來接受布爾什維克思想的知識分子較大影響。

　　韓人在失去國家主權的特殊背景下接受了安那其主義思想，因此他們經歷了與中國安那其主義者不同的演進路徑。首先，韓人的安那其主義基本上是在異國土壤上孕育而成，其次當時朝鮮民族要解決的第一課題是驅逐日本殖民統治勢力，並要建立自主、獨立的民族國家。但該主義基本上反對政府機構和國家，所以韓人一開始不容易接受所謂的「反國家思想」。結果韓人比日、中兩國人晚點接受安那其主義思想。然而，由於「3·1」運動等各種國內外影響、民族精英獨立運動方式的有限性、對蘇俄模式的失望、與在華外國人或中國人之間的關係等一系列的原因，一些激進知識分子將安那其主義思想作爲民族解放運動的指導理念。尤其他們發現安那其主義和民族主義之間的共同點，兩者之間並沒有理論上的矛盾，他們把安那其主義作爲民族解放的手段而接受。所以韓人安那其主義運動一直具有濃厚的民族主義傾向和政治色彩。爲建設自由聯合的新社會，首要的任務就是要從日本殖民統治的束縛中「奪回」朝鮮民眾的生存權。對此問題，韓人安那其主義者把日本帝國定義爲壓迫朝鮮民眾的強權。

　　韓人的安那其主義是基於既往的民族主義，嫁接上激進自由主義和浪漫

社會主義等思想而成型的的思想譜系。1920 年代初開始，他們結成各種傾向於安那其主義的團體，提倡「民眾直接革命論」。

　　韓人安那其主義運動與國內相比在國外更加爲活躍。他們主要分佈於日本、中國等地，自然受到當地安那其主義運動的影響。在日韓人安那其主義者重視理論和勞動問題，而在華韓人安那其主義者卻重視手段。然而，在華韓人大多數都是逃亡異國他鄉的政客或知識精英，即由於缺乏民族土壤，開展民眾運動顯得困難重重，只能轉而尋求以暗殺、破壞等暴力手段去實踐其革命運動。

　　安那其主義同民族主義、馬列主義等運動派別在民族解放鬥爭中發揮自身力量。他們對日本帝國的頑強鬥爭，打擊了日本帝國的囂張氣焰，促進了民族覺醒，爲民族獨立和國家解放做出了重要貢獻。同時他們發揚國際主義精神，投身於中國的抗戰，爲中國人的民族解放鬥爭做出不少貢獻。並且他們設計爭取復國後的新韓人社會，即基於民族固有的、無強權的、相互扶助的社會。這種理想社會就是基於民眾自己自由聯合建設的反強權的平均社會、反資本主義社會，不依靠任何外部勢力的，以道德和自主思想爲主體的社會。

　　通過研究，筆者對中韓兩國安那其主義有以下幾個方面的發現：

　　第一，發現中韓安那其主義者有著一些共同點，表現爲：一，兩國安那其主義者都反對少數政治集團的領導和專制政治，因而都激烈反對布爾什維克模式；他們堅信只能通過民眾的自由參與政治才能成就社會改造；二，兩國安那其主義者的理論都主要來源於巴枯寧和克魯泡特金。巴枯寧的「破壞‧建設論」和克氏的「相互扶助論」是在兩國安那其主義者的核心理念，並都以克魯泡特金提出的「無政府共產社會」作爲他們的目標，克氏提倡的「國際連帶」也使他們具有國際主義的認識；三，中韓兩國安那其主義顯出強烈的民族主義傾向（哪怕其程度不同）。中韓兩國人民都受到帝國主義強權的壓迫，因此近代兩國的安那其主義也無法避免這特點，即使在西方有類似傾向於民族主義的安那其主義運動（比如波蘭等地），但相對而言民族主義的特點沒有東方明顯。其結果他們都以獨有的彈性糅合表面上相互之間存在矛盾的民族主義勢力。尤其韓國安那其主義者認爲該主義是實現民族、民眾解放的最高理論。可他們對於民族主義陣營，要求在民族成員內部之平等的價值；而對布爾什維克陣營，提出清算對蘇聯的從屬態度、尊重個人自由，並憂慮

「先解決階級矛盾、後解決民族矛盾」的態度；四、他們重視總體的「社會革命」。他們共同提倡知識與勞動的結合，強調社會應該評價勞動能力和成果的公平性。

第二，發現中韓安那其主義也有著諸多不同的方面，表現爲：一、安那其主義在中國新文化運動期間達到興旺的高點，成爲激進主義思想界的主流思潮。而在進入 1920 年代後逐漸喪失的它的地位，雖然他們各自尋找新的出路，可信奉者人數卻大爲減少。而在華韓人安那其主義的鼎盛期是 1920 年代。他們也隨著情況的變化，選各自實踐安那其主義的方法，而標榜該主義的人數沒變少；二、華人安那其主義者感到思想主張和活動空間的危機之後，努力尋找堅持安那其主義的出路，這過程中產生安那其主義者之間的論爭和分裂。然而韓人安那其主義者相對來說具有第一要解決的驅逐日本帝國主義問題，因此安那其主義者之間基本沒發生過矛盾；三、當時中韓兩國的最大時代課題就是「反帝・反封建」。然而華人安那其主義者更關注中國內部的矛盾以及它的解決方案，從而安那其主義成爲反封建的主要理論武器。韓人則是更關心驅逐日本帝國主義的問題，即安那其主義是對他們來說解決反帝國主義的手段；四、在理論和實踐問題上，華人安那其主義者將安那其主義當成爲一個思想理論，因此他們留下多量的理論書籍、翻譯書籍等思想本身的資料。可對韓人來說，該主義並不是一個哲學理論，而是爭取民族、民眾解放的手段。結果韓人安那其主義者多數不是理論家，而是實踐家。

第三，雖然中韓安那其主義運動在兩國現代歷史上有一定的貢獻和歷史意義，可無法否認一些限制。首先，勢力還不穩定的情況下開展的運動必會受到很多束縛。他們依靠國民黨、民族主義、外國華僑等非安那其主義陣營、甚至反安那其主義力量的輔助之下開展了思想運動。在驅除帝國主義勢力的同一目標促使下，兩國安那其主義者都與國民黨政府或所謂的右派陣營聯合。對這一問題，一些學者們認爲他們放棄了安那其主義的本質，但筆者仍然認爲他們還是堅持了安那其主義基本理念和理想，只不過當時的現實情況不允許他們正常開展他們所構想的計劃。由於得到國民政府或民族主義勢力的幫助，他們無法明確批判國民政府的獨裁、親日政策、民族主義孕育的各種矛盾等。若沒有這些輔助和支持，他們很不容易進行本來的計劃，對外部勢力的問題只能顯出消極的態度。由於與民族主義勢力實行聯合，他們自然比以前更容易攻擊馬列主義勢力，即某種意義上中韓安那其主義者爲了對

抗、遏制超越民族主義強權的馬列主義勢力的擴張，同時為了解決安那其社會建設中需要的資金問題，嘗試與國民政府或民族主義勢力聯合。可他們無法克服所謂的右派勢力，並且由於外部力量的干擾（日本帝國的侵華、土匪和馬列主義勢力的妨害等），更無法實現他們所計劃的安那其理想社會建設，開展的各種革命活動多數都以失敗告終。其次，安那其主義本身主張鬆散的組織結構，反對嚴緊的組織，即不集結大眾工人和農民的情況下很不容易確保強大力量的基礎。因此，中國安那其主義者從 20 年代初以後逐漸丟失既往具有的工人、社會運動的地位；沒有具備農民大眾的在華韓人安那其主義者更不能實踐自己的理想。

第四，發現安那其主義在當代社會的價值：在本書中，筆者擺脫了盲目非難安那其主義的立場，克服了學界對安那其主義思想具有的偏見和誤解。雖然至今大多數人仍然站在否定安那其主義思想的立場之上，將安那其主義思想和活動評價為空想、謬論、過激等。然而，筆者發現在中韓兩國當今社會中安那其主義的價值關懷仍不失其生命力。儘管就成員數量來看，安那其主義者比其他陣營少得多，其組織能力也脆弱，但他們所選擇的民族、國家發展路徑，從長遠考之，實是一種著眼於人類社會未來發展的理論主張，不僅具有合理性，也具有相當深邃眼光。比如，中韓安那其主義者所批判的帝國主義、資本主義、馬列主義存在的各種弊病都是正確的。在中國反封建啟蒙運動和韓國復國運動中安那其主義堅持的社會革命價值，不在於它的理想是否能夠實現，它的道路是否能夠在現實中行得通，而在於安那其主義作為思想的深遠存在。對當時僵化的社會政治秩序，安那其主義提供了一種清洗腐化思想、輸入新鮮空氣的參照。它產生於資本主義、帝國主義的擴張中，而批判資本主義、帝國主義的侵略性，並且在馬列主義崩潰幾十年之前，早就預言了馬列主義變質的結局。究其實而言，當時他們所預言的馬列主義的弊端，在不久就在韓半島的北部顯現出來，到現在還在不變其模式中維繫著。這種警告不僅有預言的效果，而且讓馬列主義者不斷反省自身的問題以及各種歷史經驗。安那其主義反對社會不平等的主張，促使其他「進步主義思潮」的興起和發展。

並且，我們無法否認接受安那其主義的人都具有高潔的人格，並且他們基本上都具有樂觀豁達的人生觀，隱含著對個人和社會真摯的反思、對社會現實不完美的煩憂和對未來社會發展模式的敏銳反省。從人性的角度而言，

糾纏人類幾千年的「對人的信賴」和「對權力的拒絕」的敏感命題，使得生活在道德的價值基準混亂時代的人們學會聽從良知的聲音。在某種意義上，安那其主義提供當代社會內存在的各種問題也有一定程度的指導意義。冷戰體制的解體和世界的資本主義化要求我們具備超越民族、國境的新模式，達致「大同世界」、「萬民同權整體」（pantisocracy）。在這樣的環境下，早就主張超越人種、民族、國境、身份的安那其主義的連帶主義（Solidarism）似乎讓人們對安那其主義的歷史價值和現實關懷意義予以客觀評價提供重新思考的空間。

然而，問題在於安那其主義思想體系所提出代替這些弊病的方案是否只是空想的甜言蜜語。批判安那其主義的人認為，安那其主義並沒提示針對現實問題的適合方案，只固執原理和原則，因此無法避免沒落。然而安那其主義群體張揚著各種理想主義的展望是生活於當代社會的人們值得追求的社會模式，並且至今為止人們似乎對安那其主義提出的關於人、社會、國家的本質問題都沒有找到合理的答案。安那其主義者提倡的宗旨，在某種意義上已經成為我們日常社會生活中的基本內容，對現代社會而言，其具體建設意義至今仍在。就是人和自然之間的關係、人對自然的概念、脫中心化、多元的社會組織，這些理念也為當今環保運動和文化多元論等思想體系所吸收而進而發展。但是，安那其主義思想並非所有的主張都是那麼唯美的和值得人們確信不疑的，比如幾乎所有安那其主義者提倡使用世界語。事實上，世界語的使用問題與他們的理論根底之間就不可避免自相矛盾。安那其主義的核心理論就是保障個人或小規模團體、集團的自由，即他們夢想的社會就是老子所說的「小國寡民」式社會。那問題就在於世界語與「小國寡民」之間聯繫的必然性關係。社會真變成他們所說的自由聯合的社會的話，個人的空間被縮小，自然而然與外地人的交流也變少。提倡世界語的原因是為了打破侵略的民族主義——帝國主義，但世界語本身是基於西班牙語、葡萄牙語等的拉丁語系，雖然表面上強調世界各民族平等，但實際效果上可能還比不上現在使用的國際語言。

既往馬列主義學者們主張隨著馬列主義的興起，大眾運動也開始依靠馬列主義意識形態，安那其主義自然無法避免衰落。然而，筆者認為即使馬列主義思想完美無缺、社會改造功能無懈可擊，也不可把安那其主義思潮的衰落或者失勢的原因歸納為馬列主義的登場。在此還需要探討「安那其主義的

衰落」說法的客觀性與恰當性。日本帝國主義侵略韓半島實行殖民統治時代，日本殖民統治者就對安那其主義和馬列主義兩大思想陣營實行分而治之的政策。20世紀20年代初是恐怖事件發生最多的時期，馬列主義團體按照國際共產的指令，禁止開展義烈團運動等一切所謂「非法（恐怖）」運動。同時日本政府也為了撲滅恐怖主義團體，一定程度上允許馬列主義團體宣傳和開展民眾運動。在國際舞臺上日益強勢的蘇聯的支持使得革命青年選擇參與國際共產領導的合法或半合法運動。在中國，所謂的五四變革運動結束，國共兩黨崛起，合作與分裂成為主宰整個時代的兩大主要因素，國共兩大黨派成為左右時局的核心勢力，這意味著所謂開放性社會運動的結束。安那其主義運動也無法避免國民黨的鎮壓，不管哪種集權勢力以固守自己主導的革命為理由，壓制了與自己不同政見的任何主張（輿論）。雖然在成員數量上，安那其主義者比其他勢力或陣營少得多，而且組織能力也相當脆弱，可也不能否定關於他們選擇的民族國家發展路徑具有深邃的眼光和為人類社會未來發展樹立遠大理想法的合理性。雖然20年代後期，馬列主義在社會主義運動中掌握優勢，但就運動的獨立性、熾烈性、非妥協性等方面而言，安那其主義者卻比其他見解的革命團體保持了更純粹的理念。並且，安那其主義思想對帝國主義和侵略者的頑強抗爭以及所作貢獻，更是值得今人給予高度評價和肯定的。因此，對「安那其主義之沒落」這一說法的合理性，的確是一個可以進一步探討的問題。總之，今人對安那其主義思想理論和安那其主義運動實踐的評價都應該客觀、全面，對其思想價值也應給以重新思考，並給予更恰當的定位和評價。

安那其主義在20世紀30年代工團主義（Syndicalism）運動失敗以後，失去作為激進主義社會運動的地位。然而，60年代以後，它在歐美一些國家開始重新抬頭。西歐的資本主義經過第二次世界大戰後的經濟繁榮，又面臨新的停滯階段，國家權力對經濟和社會生活的干涉所帶來的弊病日益顯現出來，即對資本的信賴、革命的效果、國家的功能的懷疑。由於現代資本主義文明（包括它的對手馬列主義思想）的發展而帶來人與社會的異化，逐漸露出思想的限制，並且這些思潮造就的社會包含不少社會的、自然的非理性，引起民眾的極大不滿，於是出現各種批判資本主義（包括共產主義）制度的思潮和理論。比如，各種地區共同體運動、公會、相互扶助運動、工地的自主管理運動都是通過自由聯合追求自律人生的安那其主義運動的典型。雖然

這些運動沒發展到革命的程度，但是一定程度上幫助新社會運動（new social movements）的形成。

　　筆者認爲解決我們當下各種問題的最佳之法便是樹立嶄新的範式（Paradigm），其中一個就是安那其主義，它會成爲替換性質的一種新的範式。因爲安那其主義具有解決當代世界該解決的問題時需要的生態的、女性的、非中央集權的、人道主義的特點。上述的一些運動都具有「脫中心、解體、反權威性」等安那其的傾向。它反對資本主義式的競爭模式，提倡「相互扶助」的共同體；反對職業革命家主導的權威的階級獨裁，提倡民眾直接參與的自由主義的（libertarian）「自治社會」；反對基於暴力和壓制的強權的國家支配，而提倡以地區爲單位的「小規模聯合社會」。並且，因爲資本主義和馬列主義等既往的意識形態（Ideology）已經喪失了對現今社會矛盾的解決能力，所以讓我們關注與此不同的解決方式。〔註3〕筆者認爲在社會體系的危機中（比如追求盲目的成長、發展的價值觀等），安那其主義會提供追求新市民（人民）社會的「新社會運動」的基礎理念。尤其，安那其主義追求的「生態本位的自然觀」批判「人本位的自然觀」，提供解決現今環境破壞的嶄新的、有說服力的對策方案，即可以克服巨大資本主義和馬列主義的限制。筆者認爲這錯誤就是通過生產量的不斷增加，保障無限物質的消費、建設地上樂園的空想。

　　最後，筆者認爲需要評價近代以來的 100 多年間，中韓安那其主義者如何解決兩國的共同「時代課題——反帝‧反封建」。雖然筆者的評價是不完全準確，可看中韓安那其主義者關注的焦點的話，中方更注重「反封建」問題，韓方更注重「反帝國主義」問題。中韓兩國社會還存在該解決的社會問題。現在雖然不能完全使用 100 年之前安那其主義者所主張的一摸一樣的方法，可筆者認爲不僅排除既往具有的對安那其主義思想的偏見，而且可以參考或實現作爲「第三條路線」的安那其主義模式。

〔註 3〕經濟的不平等、政治的壓迫、環境及生態破壞、女性及人種問題、各種暴力問題等。

參考文獻

第一、史料（回顧錄、報刊、文集等）

中文資料

1. 《師覆文存》
2. 《天義報》
3. 《新世紀》
4. 《清議報》
5. 《民報》
6. 《晦鳴錄》
7. 《辛亥革命前十年問時論選集》
8. 《民聲》
9. 《新青年》
10. 《魯迅日記》
11. 《民國日報》
12. 《毛澤東早期文稿》
13. 《獨秀文存》
14. 《每周評論》
15. 《少年》
16. 《廣東群報》
17. 《福建文史資料》
18. 《驚蟄》
19. 《李石曾先生文集（下）》，中國國民黨中央委員會黨史委員會出版，1970年。

20. 《李大釗選集》，人民出版社，1978 年。

21. 清華大學中共史教研組編：《留法儉學會發起及簡章》，《赴法勤工儉學運動史料（一）》，北京出版社，1979 年。

22. 《惲代英日記》，中共中央黨校出版社，1981 年。

23. 中國第二歷史檔案館：《中國無政府主義和中國社會黨》，江蘇人民出版社，1981 年。

24. 清華大學中共黨史教研組：《赴法勤工儉學運動史料》，北京出版社，1981 年。

25. 克魯泡特金（巴金譯）：《麵包與自由》，北京，商務印書館，1982 年。

26. 中國人民大學中共黨史系：《中國無政府主義資料選編》，中國近現代政治思想史教研室，1982 年。

27. 高軍、王檜林、楊樹標：《無政府主義在中國》，湖南人民出版社，1984 年。

28. 葛懋春、蔣俊、李興芝：《無政府主義思想資料集（上下）》，北京大學出版社，1984 年。

29. 陳敬：《無政府主義在中國》，湖南人民出版社，1984 年。

30. 高叔平：《蔡元培全集（二）》，中華書局，1984 年。

31. 克魯泡特金著：《無政府主義》，帕米爾書店，臺北，1987 年 2 版。

32. 徐善廣：《中國無政府主義史》，湖北人民出版社，1989 年。

33. 中共中央文獻辦公室：《毛澤東早期文稿》，湖南出版社，1990 年。

34. 《巴金全集》，人民文學出版社，1993 年。

35. 石源華：《韓國獨立運動與中國》，上海人民出版社，1995 年。

36. 李存光：《無政府主義批判—克魯泡特金在中國》，江西高校出版社，2009 年。

韓文資料

1. 《朝鮮日報》

2. 《東亞日報》

3. 《大韓每日新報》

4. 《申采浩全集》

5. 《奪還》

6. 《南華通訊》

7. 《高麗青年》

8. 《南華通訊》

9. 《韓國青年》

10. 《朝鮮義勇隊》

11. 金在明：《柳林先生의 憂國魂》。

12. 慶尚北道警察部：《高等警察要史》，京城，1934 年。

13. 《朝鮮民族戰線》1938 年。

14. 《韓國青年》，1940 年。

15. 朴泰遠：《元鳳과 義烈團》，1947 年。

16. 李乙奎：《是也金宗鎮先生傳》，1963 年。

17. 柳原植：《나의 아버지 柳林》，《世代》，大韓民國獨立運動功勳社發刊委員會，1971 年。

18. 獨立運動史編纂委員會，《獨立運動史資料集（11）》，1976 年。

19. 金俊燁、金昌順：《韓國共產主義運動史（資料編）1》，1979 年。

20. 鄭華岩：《이 祖國 어디로 갈 것인가》，1982 年。

21. 李恩淑：《民族運動家 아내의 隨記》，正音社，1983 年。

22. 李丁奎：《又觀文存》，國民文化研究所古典刊行會，1984 年。

23. 柳子明：《한 革命家의 回憶錄》，遼寧出版社，1984 年。

24. 李丁奎：《友堂李會榮略傳》，三化印刷出版社，1985 年。

25. 旦洲柳林先生紀念事業會：《旦洲柳林資料集》，旦洲柳林先生紀念事業會，1991 年。

26. 李圭昌：《運命의 餘燼》，寶蓮閣，1992 年。

27. 金山、Wales Nym（著），조우화（譯）：《阿里浪》，東녘出版社，1999 年。

28. 李庭植主編：《革命家들의 抗日回想》，民音社，2005 年。

29. 李文昌：《解放空間에서의 ANARCHIST》，理學社，2008 年。

日文資料

1. 朝鮮總督府高等法院檢事局思想部：《滿洲事變後の在滿朝鮮人の民族主義運動》，《思想月報》，第 3 卷，1933 年 12 月 15 日。

第二、研究書籍

中文書籍

1. 中國人民大學：《無政府主義批判》，中國人民大學，1959 年。

2. 蔡葦：《五四時期馬克思主義反對反馬克思主義》，上海人民出版社，1961 年。

3. 中共中央馬克思列寧恩格斯斯大林著作編譯局：《五四時期期刊介紹》，三聯書店，1979 年。

4. 張允侯、殷敘彝、洪清祥、王雲開：《五四時期的社團》，三聯書店，1979年。

5. 丁守和、殷敘彝：《從五四啟蒙運動到馬克思主義的傳播》，三聯書店，1979年。

6. 張允侯、殷敘彝、李俊晨：《留法勤工儉學運動（1），（2）》，上海人民出版社，1980年。

7. 陳三井：《勤工儉學運動》，臺北，正中書局，1981年。

8. 黃利群：《留法勤工儉學運動簡史》，教育科學出版社，1982年。

9. 陳紀瀅：《一代振奇人——李石曾傳》，近代中國出版社，1982年。

10. 陳旭麓：《五四以來政派及其思想》，上海人民出版社，1987年。

11. 蔡國裕：《1920年代初期中國社會主義論戰》，臺灣商務印書館，1988年。

12. 陳三井：《勤工儉學的發展》，東大圖書公司，臺北，1988年。

13. 徐善廣、劉劍平：《中國無政府主義史》，湖北人民出版社，1989年。

14. 馬思樂：《李大釗與中國馬克思主義的起源》，中譯本，中共黨史資料出版社，1989年。

15. 宋一秀、孫克信、蘇厚重主編：《馬克思主義哲學史》，北京出版社，1989年。

16. 蔣俊、李興芝：《中國近代的無政府主義思潮》，山東人民出版社，1990年。

17. 路哲：《中國無政府主義史稿》，福建人民出版社，1990年。

18. 徐凱雷：《巴金傳》，上海文藝出版社，1991年。

19. 胡慶雲：《中國無政府主義思想史》，國防大學出版社，1994年。

20. 高瑞泉：《中國近代社會思潮》，華東師範大學出版社，1996年。

21. 石源華：《韓國反日獨立運動史論》，中國社會科學出版社，1997年。

22. 湯庭芬：《無政府主義思潮史話》，社會科學文獻出版社，2000年。

23. 李怡：《近代中國無政府主義思潮與中國傳統文化》，華中師範大學出版社，2001年。

24. 羅平漢：《風塵逸士——吳稚暉別傳》，人民文學出版社，2002年。

25. 【韓】曹世鉉：《清末民初無政府派的文化思想》，社會科學文獻出版社，2003年。

26. 【美】周策縱（Chow, Tse tsung）；周子平等譯：《五四運動——現代中國的思想革命》，江蘇人民出版社，2005年。

27. 【美】阿里夫·德里克，孫宜學譯：《中國革命中的無政府主義》，廣西師範大學出版社，2006年。

28. 孟慶澍：《無政府主義與五四新文化——圍繞《新青年》同人所作的考察》，河南大學出版社，2006年。

29. 【日】佐藤慎一，劉岳兵譯：《近代中國的知識分子與文明》，江蘇人民出版社，2006 年。

30. 徐覺哉：《社會主義流派史》，上海人民出版社，2007 年。

31. 白浩：《無政府主義精神與 20 世紀中國文學》，中國社會科學出版社，2008 年。

韓文書籍

1. 無政府主義運動史編撰委員會：《韓國 ANARCHISM 運動史》，無政府主義運動史編撰委員會，1978 年。

2. 姜萬吉：《朝鮮民族革命黨과 統一戰線》，和平社，1991 年。

3. 河岐洛：《自己를 解放하려는 百姓의 意志》，申明出版社，1993 年。

4. Daniel Guerin，河岐洛譯：《現代 ANARCHISM》，新明出版社，1993 年。

5. Leon P Baradat，申福龍等譯：《Political Ideologies：Their Origins and Impact：現代政治思想》，首爾，1995 年。

6. 崔甲龍《荒野의 黑旗》，首爾，理文出版社，1996 年。

7. 吳章煥：《韓國 ANARCHISM 運動史 研究》，國學資料院，1998 年。

8. 金榮範：《韓國 近代民族運動과 義烈團》，創作과 批評社，1997 年

9. 李德逸：《ANARCHIST 李會榮과 젊은 그들》，熊津出版社，2001 年。

10. 李浩龍：《韓國의 ANARCHISM》，知識產業社，2001 年。

11. 朴煥：《大陸으로 간 革命家들》，國學資料院，2003 年。

12. 慎鏞廈：《申采浩의 社會思想研究》，NANA 出版社，2003 年。

13. 【法】Jean Preposiet（著）：이소희，이지선，김지은（译）：《Historie de l'Anarchisme（ANARCHISM 의 歷史）》，이룸出版社，2003 年。

14. 國民文化研究所：《抗日革命家——鷗波 白貞基 義士》，國民文化研究所出版，2004 年。

15. 具升會等：《韓國 ANARCHISM 100 年》，理學社，2004 年。

16. 克魯泡特金，金永範譯：《相互扶助論：萬物은 서로 돕는다》，Renaissance 出版社，2005 年。

17. 朴煥：《殖民地時代 韓人 ANARCHISM 運動史》，先人出版社，2005 年。

18. 金三雄：《丹齋 申采浩 評傳》，時代의 窗出版社，2005 年。

19. 金成局：《韓國의 ANARCHIST》，理學社，2007 年。

20. 【美】Chomsky（著）、이정아（譯）：《Chomsky on ANARCHISM》，해토出版社，2007 年。

21. S.Faure（著）、하승우（譯）：《ANARCHISM》，冊世上出版社，2008 年。

英文書籍

1. Robert Anthony Scalapino and George T Yu ：The Chinese Anarchist Movement》，Berkerly，1961 年。

2. Robert Nozik:《Anarchy，State，and Utopia》，New York，Basic Books，1974 年。

3. Martin Bernal：《Chinese Socialism to 1907》，Cornell University，1976 年。

4. David Miller：《ANARCHISM》，London，1984。

5. Rudolf Rocker：《Anarcho Syndicalism》，London，Pluto Press，1989 年。

6. Peter Zarrow：《ANARCHISM and Chinese Culture》，Columbia University，1990 年。

日文書籍

1. 金正明：《朝鮮獨立運動（2）》，東京原書房，1967 年。

2. 丸山松幸：《中國のアナキズム運動》，紀伊國屋書店，1970 年。

3. 狹間直樹：《中國社會主義の黎明》，東京，岩波書店，1976 年。

4. 玉川信明：《中國の黑い旗》，東京，晶文社，1981 年。

5. 丸山松幸：《中國近代の革命思想》，東京，研文出版社，1982 年。

6. 嵯峨隆：《近代のアナキズム中國研究》，東京，研文出版，1994 年。

7. 阪井洋史、嵯峨隆：《原典中國アナキズム史料集成》，東京，綠蔭書房，1994 年。

8. 丸山眞南、加藤周一：《翻譯和日本的近代》，移山出版社，2000 年。

第三、學位論文

中文資料

（博士學位論文）

1. 張蓉：《中國近代民眾教育思潮研究》，華東師範大學，2001 年。

2. 張全之：《無政府主義與中國近現代文學》，南京大學，2004 年。

3. 白浩：《無政府主義精神與 20 世紀中國文學》，武漢大學，2005 年。

4. 黃有東：《黃文山文化思想研究》，中山大學，2007 年。

5. 張陟遙：《幸德秋水社會主義思想研究》，東北師範大學，2007 年。

6. 轟長久：《中國早期民粹主義政治思想研究（1907～1927)》，吉林大學，2008 年。

7. 嚴麗珍：《論巴金小說中的人物形象》，復旦大學，2008 年。

（碩士學位論文）

1. 易勁鴻：《張繼與辛亥革命》，湖南師範大學，2002 年。

2. 盛小平：《論辛亥革命前後的吳稚暉》，揚州大學，2002 年。

3. 杜可君：《巴金翻譯作品研究》，廣東外語外貿大學，2002 年。

4. 丁三伏：《吳稚暉無政府主義思想探析》，湖南師範大學，2003 年。

5. 趙穎霞：《李石曾的教育思想及其實踐述論》，河北大學，2003 年。

6. 張尚武：《中國無政府主義教育思潮及流派研究》，華中師範大學，2003 年。

7. 譚秋霞：《試論辛亥革命時期吳稚暉的民族主義思想》，湖南師範大學，2004 年。

8. 周寧：《清末民初的互助進化思想》，安徽大學，2004 年。

9. 王華銀：《留法勤工儉學運動與中國現代教育》，河北大學，2004 年。

10. 趙慶云：《試論劉師培早期的民族主義思想》，湖南師範大學，2005 年。

11. 董懷良：《李石曾政治思想及活動述論：1945 年前》，河北大學，2005 年。

12. 金大悟：《魯迅在殖民地韓國的接受～影響研究》，清華大學，2005 年。

13. 齊浩：《文化生活出版社時期巴金的編輯出版思想研究》，河南大學，2005 年。

14. 吳浪波：《互助論在近代中國的傳播與影響》，湖南師範大學，2005 年。

15. 張碩：《20 世紀中國無政府主義思潮研究——從辛亥革命到新文化運動》，中國政法大學，2006 年。

16. 劉聯鋒：《試論劉師培的多變》，華中師範大學，2006 年。

17. 余劍偉：《李石曾文化教育思想研究》，華中師範大學，2006 年。

18. 徐小敏：《巴金在文化生活出版社時期的文學編輯活動研究》，福建師範大學，2006 年。

19. 楊林：《劉師培民族思想探析》，陝西師範大學，2007 年。

20. 楊士清：《吳稚暉教育救國思想評述》，東北師範大學，2007 年。

21. 李同樂：《朱謙之的「唯情哲學」——一個現代性視角的考察》，華東師範大學，2007 年。

22. 齊冰：《毛澤東對民粹主義認識的思想發展軌跡》，河北師範大學，2007 年。

23. 王薇：《抗戰後期巴金小說與俄國文化》，重慶師範大學，2007 年。

24. 唐悅：《無政府主義與蔣光慈小說》，湖南師範大學，2008 年。

25. 黃中軍：《論湖南留法勤工儉學運動》，廣西師範大學，2008 年。

26. 董麗燕：《熊自難留法勤工儉學研究》，貴州師範大學，2008 年。

27. 李邇輯：《徐特立與留法勤工儉學運動》，湘潭大學，2008 年。

28. 熊錫徵：《周恩來留法期間對傳播馬克思主義的貢獻》，湖南師範大學，2008 年。

29. 拙稿：《中日戰爭之前在華韓人安那其主義運動研究》，南京大學，2008 年。

30. 賈慧舫：《20 世紀初新學潮流下的中國社會主義思潮略論》，天津師範大學，2009 年。

31. 王顯波：《《新世紀》中吳稚暉的無政府主義思想》，西北大學，2009 年。

韓文資料

（博士學位論文）

1. 千聖林：《辛亥革命時期 國粹學派에 對한 研究》，梨花女子大學校，1995 年。

2. 朴濟均：《中國「巴黎小組」（1907～1921）의 無政府主義思想과 實踐》，慶北大學校，1996 年。

3. 朴泳模：《義烈團 創團過程의 一考察》，서울大學校，1998 年。

（碩士學位論文）

1. 俞英九：《1930 年 前後 滿洲地域의 民族運動 過程에서 展開된 韓人 ANARCHIST 運動에 關한 研究》，漢陽大學，1986 年。

2. 金世殷：《中共創立時期의 思想鬥爭에 對한 一考察》，成均館大學，1988 年 10 月。

3. 孔基澤：《南華韓人青年聯盟의 無政府主義運動》，國民大學，1990 年。

4. 서점영：《友堂 李會榮의 獨立運動：1920 年代 獨立運動 方案으로서 無政府主義의 受容을 中心으로》全北大學，1992 年。

5. 함용주：《民族解放運動過程에서 ANARCHISM의 役割에 對한 批判的 考察》，西江大學，1994 年。

6. 이경아：《申采浩를 通해 본 韓國 ANARCHISM의 特性》，建國大學，2003 年。

7. 임태영：《1920 年代 申采浩의 ANARCHISM과 郎家思想》，忠北大學，2006 年。

8. 류지아：《申采浩의 民眾革命論과 歷史認識》，釜山大學，2008 年。

第四、一般論文

中文資料

1980 年年以前

1. 姚芳蕃：《我對五四三次論戰中幾個問題的看法》，《學術月刊》第 12 期，1961 年。

2. 葛懋春：《五四時期馬克思主義與無政府主義論戰》，《三東大學學報》第 3 期，1962 年。

3. 李書華：《辛亥革命前後的李石曾》，《傳記文學》，1974 年。

4. 張靜如：《論五四時期具有初步的共產主義思想的知識分子》，《北京師大學報》，1978 年。

1980 年代

1. 姜義華：《論近代中國的小資產階級社會主義》，《復旦學報》，1980 年 1 期。

2. 李光一：《無政府主義在中國的傳播及其破產》，《史學月刊》，1981 年 2 期。

3. 郭傑：《淺談中國的無政府主義》，《山西大學學報》，1981 年 2 期。

4. 湯庭芬：《五四時期的無政府主義的派別及其文化》，《華中師院學報》，1981 年 3 月。

5. 沈駿：《中國早期無政府主義思潮初探》，《華中師範大學學報》，1981 年。

6. 李瑗、胡長水：《從無政府主義者到資產階級政客的吳稚暉》，《求是學刊》，1982 年 5 月。

7. 徐善光：《試論中國無政府主義的特點》，《武漢師範學院學報》，1982 年 6 期。

8. 李瑗、胡長水：《從無政府主義者到資產階級政客的吳稚暉》，《求是學刊》，1982 年。

9. 洪德先：《辛亥革命前的世界社及無政府主義思想》，《食貨月刊》，1982 年。

10. 揚才玉：《建黨時期馬克思主義同無政府主義的鬥爭》，《黨史研究》，1982 年。

11. 湯庭芬：《試論無政府主義在中國的破產》，《華中師院學報》，1983 年 4 期。

12. 簡明：《中國早期共產主義知識分子與無政府主義的影響》，《學術語研究》第 3 期，1983 年。

13. 洪德先：《早期國人對無政府主義的初步認識》，《食貨月刊》，臺北，1985 年。

14. 經盛鴻：《劉師培史事考訂》，《史學月刊》，1986 年。

15. 趙原璧：《留法儉學會和勤工工學會的形成及其指導思想》，《黨史研究》，1986 年。

16. 顧訓中：《試述無政府主義對中國早期馬克思主義的影響》，《黨史研究》第 3 期，1987 年。

17. 左正三：《淺析無政府主義對我國早期共產主義者的思想影響》，《教學與研究》，第 5 期，1988 年。

18. 經盛鴻：《論劉師培的前期思想發展》，《徐州師範學院學報》，1988 年。

19. 經盛鴻：《論劉師培的三次思想變化》，《東南文化》，1988 年。

1990 年代

1. 王敏夫：《上海發起組形成過程》，《黨史縱橫》，1990 年。

2. 周爲號、鐘聲：《吳稚渾無政府主義思想剖析》，《江蘇社會科學》，1991 年。

3. 范秀蓮：《李石曾與勤工儉學運動》，《史學月刊》，1991 年。

4. 關敏：《試論早期馬克思主義者接受無政府主義的影響》，《瀋陽師範學院學報》第 4 期，1992 年。

5. 李少兵：《「五四」時期新村主義新探》，《史學月刊》，1992 年。

6. 陳奇：《講習會派社會主義思想探析》，《近代史研究》，1994 年。

7. 蔣俊：《論劉師培解決中國農民問題的思路》，《齊魯學刊》，1994 年。

8. 劉貴福：《劉師復社會主義思想述論》，《近代史研究》，1994 年。

9. 孟彭興：《近代中國無政府主義思潮的興衰與馬克思主義的勝利》，《史林》，1994 年。

10. 經盛鴻：《民初女權運動概述》，《民國春秋》，1995 年。

11. 劉立善：《日本白樺派與中國作家》，遼寧大學出版社，1995 年。

12. 洪震寰：《清末的「遠東生物學研究會」與「豆腐公司」初探》，《中國科技史料》，1995 年。

13. 郭聖福：《惲代英與五四時期的無政府主義思潮》，《黨史研究與教學》，1996 年第 2 期。

14. 華強：《對中國共產黨上海發起組歷史地位的再認識》，《軍隊政工理論研究》，1996 年。

15. 楊奎松：《從共產國際檔案看中共上海發起組建立史實》，《中共黨史研究》，1996 年。

16. 陳三井：《旅歐教育運動》，臺北，中央研究院近代史研究所，1996 年。

17. 金立人：《中共上海發起組成立前後若干史實考》，《黨的文獻》，1997 年。

18. 吳小龍：《吳稚暉與近代中國的科學主義》，《民主與科學》，1997 年。

19. 齊衛平：《近代中國無政府主義傳播的原因新論》，《學術月刊》，1997 年第 7 期。

20. 馬承倫：《試論無政府主義對早期馬克思主義者產生影響的原因》，《黨史研究與教學》，1998 年第 2 期。

21. 劉聖宜：《師復主義及其評價之我見》，《華南師範大學學報》，1999 年。

22. 【韓】曹世鉉：《20 世紀初的「反對國粹」和「保存國粹」》，《文史知識》，中華書局，1999 年。

2000 年

1. 李洪岩：《劉師培何以要背叛革命》，《中國社會科學院近代史研究所青年學術論壇》，2000 年。

2. 吳豔玲、高士臣：《劉師培無政府主義思想評析》，《齊齊哈爾大學學報》，2000 年。

3. 【韓】曹世鉉：《在國粹與無政府之間——劉師培文化思想管窺》，《東方論壇》，2000 年。

4. 劉貞曄：《論中國近代「天義派」關於婦女問題的主張》，《婦女研究論叢》，2000 年第 2 期。

5. 趙慧峰、楊玉好：《論抗戰時期的吳稚暉》，《煙臺師範學院學報》第 17 卷第 3 期，2000 年。

6. 顧昕：《無政府主義與中國馬克思主義的起源》，《20 世紀中國思想史論》，東方出版中心，2000 年。

2001 年

1. 陳文聯：《論《天義報》的婦女解放思想》，《益陽師專學報》第 22 卷第 2 期，2001 年。

2. 趙炎才：《劉師培無政府主義倫理道德思想析論》，《江海學刊》，2001 年。

3. 經盛鴻：《辛亥革命中一位風雲文人的浮沉——劉師培三次思想劇變述論》，《民國檔案》，2001 年。

4. 趙慧峰、李園：《吳稚暉與教育救國》，《煙臺師範學院學報》第 18 卷第 4 期，2001 年。

5. 歐人、王世勇：《評吳稚暉「反傳統」的道德觀》，《信陽師範學院學報》第 21 卷第 2 期，2001 年。

6. 湯煥磊：《《新世紀》時期吳稚暉政治思想研究》，《臨沂師範學院學報》第 23 卷第 5 期，2001 年。

7. 張勝祖：《劉師復無政府主義思想探析》，《益陽師專學報》第 22 卷第 2 期，2001 年。

8. 張勝祖：《「晦鳴學舍」和中國社會黨》，《益陽師專學報》第 22 卷第 5 期，2001 年。

2002 年

1. 陳奇：《劉師培投身革命原因新探》，《黔南民族師範學院學報》，2002 年。

2. 康重文：《留法勤工儉學運動與社會主義思潮在中國的傳播》，湖南師範大學，2002 年。

3. 彭國運：《五四時期吳稚暉所提倡的科學思想》，《學術研究》，2002 年。

4. 歐陽躍峰：《辛亥革命前無政府主義者對馬克思主義的業餘宣傳》，《安徽師範大學學報》，2002 年。

5. 石源華：《朝鮮義勇軍尹世冑將軍在中國》，《軍事歷史研究》，2002 年。

7. 鄭大華：《第一次世界大戰與戰後（1918－1927）中國思想界》，《東北亞文化研究》，第 2 期，2002 年。

2003 年

1. 劉永生：《何震的無政府主義思想初探》，《貴州師範大學學報》，2003 年。

2. 譚秋霞：《辛亥革命時期吳稚暉民主革命思想形成初探》，《昭通師範高等專科學校學報》第 25 卷第 6 期，2003 年。

3. 楊智勇、丁三伏：《吳稚暉無政府主義思想淵源初探》，《湖南省社會主義學院學報》，2003 年。

4. 楊天石：《四・一二政變前夕的吳稚暉——近世名人未刊函電過眼錄》，《歷史研究》，2003 年。

5. 湯煥磊：《論吳稚暉 20 世紀初期的科學教育思想》，《渝西學院學報》第 2 卷第 3 期，2003 年。

2004 年

1. 楊衛明：《五四時期工讀互助團的教育探索簡論》，福建師範大學，2004 年。

2. 李雷燕：《華法教育會研究》，華中師範大學，2004 年。

3. 趙慶雲、尹巧頤：《劉師培民族主義思想初探》，《船山學刊》，2004 年。

4. 趙炎才：《略述劉師培的家族制度思想及其倫理近代化觀》，《學術研究》，2004 年。

5. 朱義祿、張新：《論劉師培的「大道爲公之世」》，《同濟大學學報》，2004 年。

6. 湯煥磊：《吳稚暉旅歐時期的教育思想淺析》，《商丘師範學院學報》第 20 卷，2004 年。

7. 劉以順：《陳獨秀在黨的創建時期同無政府主義的鬥爭》，安慶師範學院學報，2004 年 7 月

8. 梁華瑋：《淺析 20 世紀 20 年代中後期無政府主義》，《首都師範大學學報》，2004 年。

2005 年

1. 陳奇：《劉師培與暗殺王之春案》,《貴州社會科學》, 2005 年。

2. 孫增閻：《李石曾與留法勤工儉學運動述論》,《黨史博采》, 2005 年 3 月。

3. 湯煥磊：《〈新世紀〉時期吳稚暉對萬國新語的鼓吹》,《煙臺師範學院學報》第 22 卷第 1 期, 2005 年。

4. 彭劍, 湯蕾：《「二度失望」後的抉擇——劉師覆信仰無政府主義起始時間考釋及其他》,《鄂州大學學報》第 12 卷第 1 期, 2005 年。

5. 王培文：《中國境內朝鮮無政府主義運動史論（1919～1945)》, 廣西師範大學碩士學位, 2005 年。

6. 張彥：《王光祈的救國之路》,《文史雜誌》, 2005 年。

7. 張魁中：《上海合作組織發展研究》,《湘潭大學》, 2005 年。

8. 鮑玉倉、把增強：《李石曾與留法勤工儉學運動述論》,《甘肅農業》, 2005 年。

2006 年

1. 賈乾初：《劉師培社會主義觀試探》,《前沿》, 2006 年。

2. 喻大華：《晚清國粹潮流中的章太炎與劉師培》,《河北師範大學學報》, 2006 年。

3. 劉慧英：《從女權主義到無政府主義——何震的隱現與〈天義〉的變遷》,《中國現代文學研究叢刊》, 2006 年。

4. 夏曉虹：《何震的無政府主義「女界革命」論》,《中華文史論叢》, 2006 年。

5. 趙穎霞、齊春梅：《論李石曾的教育思想》,《保定師範專科學校學報》第 19 卷第 1 期, 2006 年。

6. 秦英君：《20 世紀早期吳稚暉的唯科學主義評述》,《新視野》, 2006 年。

7. 王培文：《20 世紀 30 年代初韓國無政府主義者在中國的抗日活動》,《和田師範專科學校學報》第 26 卷, 2006 年。

8. 王培文：《中國境內韓國無政府主義運動的興起》,《赤峰學院學報》第 29 卷, 2006 年。

9. 陳桂香：《「互助論」無政府主義與李大釗的馬克思主義觀》,《山東大學學報》, 2006 年。

10. 簡明：《中國早期共產主義知識分子與無政府主義》,《學術研究》, 2006 年。

11. 司麗靜、李榮：《王光祈愛國思想》,《河北理工大學學報》, 2006 年。

12. 金京姬：《韓國獨立運動在上海》,《延邊大學》, 2006 年 5 月。

13. 趙穎霞、鄭志廷：《留法儉學會的成立及其活動》,《河北大學承認教育學院學報》, 2006 年。

2007 年

1. 李京龍、周俊紅：《李石曾對近代高陽的影響》，《黨史博采》，2007 年。

2. 劉曉：《李石曾與近代學術界劉發牌的形成》，《科學文化評論》，2007 年。

3. 王磊：《李石曾與民初進德改良運動》，《文教資料》，2007 年。

4. 闞京田：《解析劉師復及其思想》，《科技咨詢導報》，2007 年。

5. 王紅霞：《試論陳獨秀和區聲白關於無政府主義的論戰》，《四川理工學院學報》，2007 年。

2008 年

1. 馮朝亮：《劉師培的無政府主義社會理想探析》，《傳承》，2008 年。

2. 化貫軍：《劉師培民族主義思想探析（1903～1907）》，《遼寧行政學院學報》，2008 年。

3. 趙炎才：《清末民初的革命人格與國民人格——以劉師培與陳獨秀為中心》，《東南大學學報》，2008 年。

4. 趙炎才：《清末民初劉師培陳獨秀人格說合論》，《天府新論》2008 年。

5. 劉曉：《李石曾與中華民國大學院》，《中國科技史雜誌》第 29 卷第 2 期，2008 年。

6. 王培文：《中國抗日戰爭時期朝鮮無政府主義者的活動》，《時代人物》，2008 年。

7. 黃民文：《論王光祈社會改造思想之特徵》，《湖南人文科技學院學報》，2008。

8. 黃民文：《王光祈早年思想發展探析》，《邵陽學院學報》，2008 年。

2009 年

1. 劉曉：《李石曾的桃花源——1918～1937 年北京西山的鄉村教育和建設實驗》，《科學文化評論》第 6 卷第 3 期，2009 年。

2. 趙穎霞：《李石曾的政治思想及實踐活動述評》，《保定學院學報》第 22 卷第 2 期，2009 年。

3. 趙穎霞、石麗娟：《李石曾近現代大學區制教育思想與實踐評析》，《保定學院學報》第 22 卷第 3 期，2009 年。

4. 趙穎霞：《李石曾與留法勤工儉學運動》，《教育評論》，2009 年。

5. 張全之：《無政府主義「天義派」與中國現代文學》，《上海師範大學學報》，2009 年。

6. 安秀麗：《以國粹論證無政府主義——「天義」派知識分子的理想社會觀》，《滄州師範專科學校學報》，2009 年。

7. 譚秋霞：《辛亥革命時期吳稚暉的國民性思想淺析》，《內江師範學院學報》第 24 卷第 5 期，2009 年。

8. 王培文：《中國關內地區韓國無政府主義團體初探》，《當代韓國》，2009 年。

9. 王培文：《中國境內韓國無政府主義運動及其評價》，《上饒師範學院學報》，2009 年第 1 期。

10. 張琳：《馬克思主義在中國早期傳播的思想土壤》，《科學社會主義》，2009 年。

11. 拙稿：《在華韓人安那其主義者與巴金》，《韓國研究叢書 21》，2009 年。

韓文資料

2000 年以前

1. 千亨均：《丹齋 申采浩의 思想에 나타난 民族主義 理念의 特性》，1976 年。

2. 張乙炳：《丹齋 申采浩의 民族主義와 無政府主義》，《丹齋申采浩와 民族史觀》，丹齋 申采浩 先生 紀念事業會，1980 年。

3. 河岐洛：《丹齋의 ANARCHISM》，《丹齋 申采浩와 民族史觀》，螢雪出版社，1980 年。

4. 【日】堀內念：《在日朝鮮人 Anarchism 勞動運動（解放前）——朝鮮勞動東興同盟會》，《在日朝鮮人史研究》第 16 號，東京，1986 年。

5. 【日】堀內念：《日帝下朝鮮北部地方에서의 ANARCHISM 運動》，《朝鮮民族運動史研究》第 5 集，朝鮮民族運動史研究會，東京，1988 年。

6. 朴煥：《1920 年代 在中韓國人 無政府主義運動과《奪還》의 刊行》，《韓國學報》第 52 集，1988 年。

7. 朴煥：《朝鮮共產無政府主義者聯盟의 結成》，《國史館論叢》第 41 集，1988 年。

8. 金世銀：《中國共產黨 創立 時期의 思想鬥爭에 關하여》，《成大史林》，1988 年。

9. 吳章煥：《1920 年代在中國韓人無政府主義運動》，《國史館論叢》第 25 集，國史編纂委員會，1991 年。

10. 金喜坤：《旦洲 柳林의 獨立運動과 思想》，《安東文化研究》第 6 集，安東文化研究會，1992 年。

11. 朴濟均《無政府主義 思想의 中國으로의 傳播》，《慶北史學》第 16 集，1993 年。

12. 朴英蘭：《巴金의 抗戰三部作《火》研究》，《中國語文論叢》第 6 集，1993 年。

13. 朴煥：《朝鮮共產無政府主義者聯盟의 結成》，《國史館論叢》，41 卷，1993年。

14. 朴濟均：《《工學》雜誌와 五四時期 無政府主義思想》，《中國近現代史研究》，1995 年。

15. 吳章煥：《1920 年代 初期 國內社會主義 收容期의 ANARCHISM 的 傾向에 關한 一考察》，《ANARCHISM 研究》創刊號，自由社會運動研究會，1995 年。

16. 吳章煥：《李丁奎의 無政府主義運動》，《史學研究》第 49 號，韓國是學會，1995 年。

17. 金成局：《ANARCHIST 申采浩의 試論的 再認識》，《ANARCHISM 研究》創刊號，1995 年。

18. 배용일：《申采浩의 民眾革命의 光復獨立思想考》，《誠信史學》，1995年。

19. 【美】John・Crump：《韓國社會主義運動의 展望》，《ANARCHISM 研究》創刊號，1995 年。

20. 최종순：《丹齋 申采浩小說에 나타난 無政府主義》，《牧園國語國文學》，1996 年。

21. 朴濟均：《民國初期 「Paris group」의 現實 對應과 劉師復의 無政府主義》，《中國史研究》第 1 集，1996 年。

22. 朴濟均：《辛亥革命前「新世紀派」의 無政府主義 思想》，《慶北史學》第 19 集，1996 年。

23. 曹世鉉：《中國 ANARCHIST 의 「國家」와 「政黨」에 對한 論議》，《東亞研究》第 32 集，1996 年。

24. 金成局：《ANARCHIST 申采浩의 試論的 再認識》，《ANARCHI・環境・共同體》，摸索，1996 年。

25. 金榮範：《韓國近代民族運動과 義烈團》，創作과 批評社，1997 年。

26. 曹世鉉：《清末民國初 無政府主義와 家族革命論》，《中國現代史研究》第 8 集，1999 年。

2000 年以後

1. 朴蘭英：《1920 年代 巴金 ANARCHISM 研究》，《中國語文論叢》第 19集，2000 年。

2. 具承會：《Marx 인가，Bakunin 인가》，《Anarchi・環境・共同體》，摸索出版社，2000 年。

3. 李浩龍：《解放前後 韓國 ANARCHIST 들의 國家觀》，《韓國史學報》第 9 號，2000 年。

4. 李浩龍：《在中國韓國人 ANARCHIST 의 民族解放運動》，國史編纂委員會，2000 年。

5. 曹世鉉：《1920 年代後半 中國無政府主義者들의 政治活動（上、下）》，《中國史研究》第 14 集，2001 年。

6. 曹世鉉：《中國 五四運動 時期 Anarchism Bolshevism 論爭》，歷史批判論壇，2001 年。

7. 金容達：《秋岡 金祉燮의 生涯와 獨立運動》，《安東史學》，2001 年。

8. 金成局：《旦洲 柳林과 韓國 ANARCHISM 의 獨自性》，《社會調查研究》16 卷，釜山大學社會調查研究所，2001 年。

9. 金喜坤：《旦州 柳林의 獨立運動》，《韓國近現代史研究》，18 卷，2001 年。

10. 朴蘭英：《1930 年代 巴金 ANARCHISM 研究》，《中語中文學》第 30 集，2002 年。

11. 李浩龍：《日帝強佔期 國內 ANARCHIST 들의 組織과 活動》，《歷史와 現實》，2002 年。

12. 曹世鉉：《中國 五四運動 時期 Anarchism Bolshevism 論爭》，《歷批論壇》，2003 年。

13. 曹世鉉：《民國初 中國社會黨의 政治思想》，《歷史와 境界》，2003 年。

14. 朴蘭英：《巴金과 韓國人 ANARCHIST》，《中國語文論叢》第 25 集，2003 年。

15. 朴蘭英：《巴金의 抗戰三部作《火》과 韓國人》，《中國語文學志》第 14 集，2003 年。

16. 李浩龍：《申采浩의 ANARCHISM》，《歷史學報》第 177 集，2003 年。

17. 李浩龍：《柳林의 ANARCHIST 思想과 活動》，2003 年。

18. 오두영：《ANARCHISM 과 聯邦主義》，《日帝下 ANARCHISM 運動의 展開》，國學資料院，2003 年。

19. 李浩龍：《申采浩，民族解放을 꿈꾼 ANARCHIST》，《来日을 여는 历史》，2004 年。

20. 曹世鉉：《Voitinsky 의 中國 訪問과 社會主義者同盟》，《中國史研究》第 36 集，2005 年。

21. 李浩龍：《日帝強佔期 國內 ANARCHIST 들의 宣傳活動》，《韓國民族運動史研究》，2005 年。

22. 李浩龍：《日帝強佔期 國內 ANARCHIST 들의 共產主義에 對한 批判的 活動》，《歷史와 現實》，2006 年。

23. 朴蘭英：《申采浩와 巴金의 ANARCHISM 과 反戰思想》，《中國現代文學》第 38 號，2006 年。

24. 朴英姬：《朝鮮義烈團의 成立과 抗日鬥爭》，《歷史檔案》，2006 年。

25. 金明燮：《友堂 李會榮의 ANARCHISM 認識과 抗日 獨立運動》，《東洋政治思想史》，2007 年。

26 金甲秀：《ANARCHISM 의 倫理觀과 傳統 倫理觀의 만남 및 變用》，《時代와 哲學》，2007 年。

英文資料

1. John Crump ：《Anarchist and Nationalism in East Asia》，《Anarchist Studies（4～1）》，1996 年。

日文資料

1. 丸山松幸：《中國における無政府主義と民族主義共產主義》，《中國近代の革命思想》，研文出版，1982 年。

後　記

　　首先衷心地感謝筆者在 08 年 9 月份成爲博士生開始到現在，爲了圓滿地
完成筆者的研究課題不斷以熱心照顧的申曉雲教授。因筆者是來自韓國的留
學生，所以用中文寫一篇博士學位論文是並不簡單的事，可申曉雲指導教授
一次也沒對我表示不耐煩的態度，而熱心、熱情地指導了筆者。同時，對董
國強教授也表示衷心的謝意，筆者攻讀碩士課程時（2005 年 9 月～2008 年 6
月）董國強教授細心指導、照顧，使筆者認識如何研究歷史問題。另外，在
老家（韓國公州市）的父母和在南京的妻子也爲了筆者的攻讀博士課程和圓
滿的畢業，到現在爲止在物心兩面支持了筆者，趁這一次的機會對他們再一
次表示感謝。

　　筆者在韓國讀本科時的專業也是歷史學，當時對東亞歷史有了興趣，所
以本科一年級（1998 年）開始學習中文和日文。某一天，在學校（國立公州
大學）圖書館偶然發現了中國學者李怡先生撰寫的《近代中國無政府主義思
潮與中國傳統文化》（華中師範大學出版社，2001 年），其實那時筆者才知道
了「無政府主義」的概念，當時我心裏想怎麼可能有「無政府」的概念呢？
可對「無政府主義」產生了一種好奇心，並且爲了提高中文閱讀水平順便讀
了一遍，心裏逐漸產生了所謂「無政府主義」社會並不是一個空想的理念。
雖然那本書的作者李怡先生對「無政府主義」表示否定的態度，可筆者卻從
那時起比較系統地閱讀關於「無政府主義」的國內（韓國）著作以及研究論
文。這過程中發現「無政府主義」一詞稱呼上有問題，以後特意不用「無政
府主義」，而使用「安那其主義」。筆者雖然不是一個安那其主義者（Anarchist），
可對安那其主義思想體系有一定的好感，並同情該主義。因此碩士課程時期

也以《中日戰爭之前在華韓人安那其主義運動研究》爲題目研究了日本殖民統治時期在中國大陸活動的一些韓人安那其主義者的獨立運動。成爲博士生以後，擴大研究範圍，以比較研究法嘗試比較了中國和韓國的近代史上共同出現過，並貢獻於中韓兩國歷史發展的安那其主義思想以及運動。雖然這篇論文有許多的不足，但是在學習、研究過程中筆者逐漸發現安那其主義具有的魅力，雖然不少人（多數是集權者、既得權力的勢力）反對安那其或類似於安那其主義的抬頭趨勢，可至於解決世界政治、社會、經濟、文化上的許多問題，我們可以將安那其主義追求的社會模式爲目標，以安那其主義者使用過的方法爲借鑒而邁進。